대승불교 시리즈 4

지혜 · 세계 · 언어

대승불전 I

시모다 마사히로 외 저
김천학, 김경남 역

씨아이알

SERIES DAIJŌ BUKKYŌ 4-CHIE/ SEKAI/ KOTOBA_ DAIJŌ BUTTEN Ⅰ
Supervised by TAKASAKI Jikidō
Compiled by KATSURA Shōryū, SAITŌ Akira, SHIMODA Masahiro, SUEKI Fumihiko

Originally published in Japan by Shunjusha Publishing Company
Korean translation rights arranged with Shunjusha Publishing Company
through BESTUN KOREA AGENCY

머리말

대승경전은 종류도 다양하고 분량도 방대하다. 그렇지만 대승불교의 특징을 이해하기 위해 불가결한 경전을 뽑아서 최신의 연구 성과를 참고하며 그 내용을 소개하는 것이 본 시리즈의 제4권과 제5권이다. 그중에 제4권에서는 반야경과 『화엄경』과 『법화경』을 다룬다.

넓은 의미의 초기 대승경전에 속하는 이들 경전은 인도뿐만 아니라 중앙아시아와 동아시아 등 그것이 전파된 불교권에도 지대한 영향을 미쳤다. 『법화경』은 여러 대승경전 중에서도 지금까지 가장 많은 산스크리트어 사본이 발견된 것에서 알 수 있듯이, 북전 경로로 전파된 곳곳에서 절대적인 인기를 누렸다. 반야경은 벵골, 스리랑카, 길기트, 남아시아 등 광역에 걸쳐 사본이나 비문의 소재가 확인되며, 『화엄경』 역시 중앙아시아에서 인도네시아의 보로부두르에 이르기까지 그 영향의 흔적이 남기도 하였다. 모두 북전 불교의 지역을 넘어서 범아시아적으로 유포된 경전이다.

근 이천 년의 역사를 간직한 이들 대승경전을 고찰할 때, 우리는 그것이 성립한 남아시아에서의 전개와 각지에 전파된 뒤의 전개 양쪽을 이해할 필요가 있다. 대승경전의 경우는 한 경전이 천 년에 이르는 변용의 역사를 가지는 일이 있다. 이것은 기독교나 이슬람교 등 타 종교는 물론, 전통 불교와 비교했을 때도 두드러지는 특징이다. 경전이 다음 세대로 계승될 때 경전에 대한 해석이 따른다는 점, 그 해석이 해당 경전 속에 반영된다는 점 그리고 그러한 과정을 파악해야 한다. 또한 그 경전들은 남아시아를 넘어 널리 전파된 뒤 전파된 지역의 문화를 변용했다. 경전의 존재의의를 파악하기 위해서는 이러한 과정을 이해하는 것이 필요하다. 본 권은 이런 두 가지 관점에 서서 주요한 세 경전을 해명하고 새로운 대승불교의 이해로 독자들을 안내한다.

제1장은 초기 대승경전 전체를 이해하기 위한 서론이다. 대승불전 연구에 있어서는 19세기 중엽 근대불교학이 시작된 이래 방법론을 둘러싼 여러 가지 문제가 해결되지 않은 채 혹은 인식되지 않은 채로 방치되어 왔다. 여기에서는 그러한 문제를 정리하고 최신의 연구 성과를 참고하면서, 반세기도 전에 나타난 대승불교의 재가·불탑 기원설을 대신할 수 있는 새로운 가설을 제시하고자 한다. 논술이 크게 확대된 것은 본 권의 서론에 머물지 않고 본 시리즈 전체의 대승경전 연구에 대한 도입부의 역할을 의도했기 때문이다. 서사 경전의 출현에 의해 대승이 탄생했다는, 결론으로 제시한 가설을 비롯해서 불교학 방법론에 대해 제기한 여러 문제에 대해서는 이후의 학계의 판단을 기다려야 할 것이다.

제2장과 제3장은 대승경전의 근간을 이루는 반야경을 주제로 한다. 반야경이 성립된 인도에 한정해서 경전 자체의 내용과 연구, 경전에 대한 해석이라는 두 가지 시점에서 고찰한다. 제2장에서는 인도에서 기원후 1세기부터 12세기에 걸쳐서 증광, 축소, 파생, 개별화 및 운문화, 밀교화라는 과정을 거쳐 소품계, 대품계, 십만송계로 분화한, 천여 년에 이르는 반야경의 형성과 발전의 역사를 법멸, 수기, 아촉신앙 등 주요 개념을 중심으로 명쾌하게 논한다. 최신의 반야경 사본 연구의 동향도 주목되는 점으로, 반야경에 대한 최고의 해설이라고 할 수 있다.

제3장은 반야경에 대해 후대의 인도 논사들이 어떤 태도로 임했는지를 논한다.

지금 말한 것처럼 대승경전에는 경전에 대한 해석이 그 경전 자체에 보이는 경우가 더러 있다. 하지만 논사가 경전을 해설할 때는 독자적 사상 체계에 따르면서 그 체계의 의의와 함께 경전의 의미를 밝히는 독특한 해석학적 태도를 보인다. 본 장에서 주로 다루는 『현관장엄론광명』은 『팔천송반야경』을 축어적으로 주석하면서 다른 계통에 속하는 『이만오천송반야경』을 정리한 『현관장엄론』의 사상체계를 참고로 한다. 이러한 주석의 흔적을 따라감으로써 인도에서 경전을 수용하는 태도의 일면을 볼 수 있다.

제4장부터 제6장까지는 『화엄경』을 다룬다. 제4장은 19세기부터 시작하는 중앙아시아에서의 불전의 발굴과정에서 『화엄경』의 산스크리트 원전이 어떠한 역사적 배경 아래 발견되었으며, 언어학과 고문서학의 지식을 동원하면서 그 모습을 드러낼 수 있었는지를 밝힌다. 경전의 말 하나가 복원되기까지 어떠한 역사적 우연이나 인간의 지성에 의한 해명이 있는지, 인도학으로서의 경전 연구의 실제를 보여주는 이 귀중한 보고를 통해서 독자는 그 일단을 접할 수 있을 것이다.

『화엄경』은 완성된 한역으로 80권에 달하는 대부의 경전이다. 제5장은 이 경전 속에 설해진 코스모그래피로서의 세계상에 초점을 맞추어, 그것이 최초기의 반야경의 세계상과 거의 완전히 일치하는 점, 그 편집에는 법장부와의 관계가 보이는 점, 아울러 바이로차나는 여래가 아니라 보살로서의 석가라고 이해해야 하는 점 등, 면밀한 검토를 통해서 새로운 지견을 제시하기에 이르렀다.

제6장은 동아시아 전체에 퍼진 『화엄경』 수용의 양상을 구석구석 고찰한다. 전파된 지역에서 불교를 넘어서 널리 사상 형성 일반에 큰 역할을 수행한 경전으로서 『화엄경』을 뛰어넘는 것은 없을 것이다. 그것은 바로 『화엄경』이 개별성과 보편

성, 형상과 자료, 주체와 객체라는 관계 개념에서 시간, 계기, 역용, 존재론 등의 주요한 주제에 이르기까지 포함하고 있기 때문이다. '이理'와 '사事'라는 용어로 이것을 포섭하는 『화엄경』의 사상이 중국에서 한국, 일본에 이르는 전개를 이만한 규모로 소개한 것은 첫 시도일 것이다.

제7장에서 제9장은 『법화경』에 대해서 각각 인도, 중국, 일본의 입장에서 논한다. 그중 제7장은 인도에서의 『법화경』의 탄생과 전개의 의의에 대해서 기존의 축적된 연구사를 참고하면서 매우 균형 잡힌 이해를 보여준다. 전통불교와의 차이와 연속을 시야에 넣으면서 『법화경』 탄생의 요점을 특히 경전의 언어의 문제에 집약해서 밝힌 점은 모든 경전의 왕이라고 불리는 『법화경』의 특성을 적확하게 찌르고 있다. 여러 가지 점에서 제1장에서 제기한 논의와도 호응하며 새로운 『법화경』 해석으로서 주목되는 바이다.

제8장은 『법화경』의 중국적 전개를 논한다. 중국불교의 완성기에 해당하고 동시에 동아시아에의 영향을 거의 결정한 시기에 상당하는 수·당대의 『법화경』의 수용 형태에 대해서 일불승, 구원의 석존의 사상, 지용地涌의 보살이라는 중심 주제의 해석을 중심으로, 중국 천태사상 연구의 제1인자가 간명하게 요점을 설명한다. 또한 관음신앙, 응험기, 위경 『관세음삼매경』에까지 미치는 민중종교로서의 『법화경』 수용 양상의 해명은 교상판석 중심이었던 종래의 『법화경』 이해를 넘는 것으로 주목된다.

제9장은 나라 시대에서 현대에 이르기까지 1400년에 달하는 『법화경』 수용의 일본적 전개를 주제로 해서 논하고 있다. 이 논술을 보면 『법화경』이 다양한 관점에서 일본불교를 지탱하는 지주가 되어온 사실이 뚜렷하다. 호국삼부경의 하나로

중용되고 국분니사國分尼寺 건립의 기본이념이 된 시대부터 승려의 득도 시험에의 채용, 사이초最澄에 의한 일본 천태종의 창시, 『험기』에 의한 『법화경』의 대중화로의 이행 그리고 니치렌日蓮의 등장에 따른 『법화경』 이해의 혁신, 민중에 의한 수용에서 근현대 『법화경』에 의거하는 불교운동에 이르기까지 매우 명쾌하게 논하는 이 장은, 하나의 일본불교사이기도 하다.

지혜, 세계, 언어. 반야경, 『화엄경』, 『법화경』이 아시아 전체에 있어서 역사를 이끄는 불교의 지혜로서 작용하며 불교의 세계를 구축해온 것, 그것은 본 권에 담긴 각 논문이 설득력을 가지고 누누이 보이는 점이다. 기원인 인도에서, 전파된 아시아 지역에서 사람들을 새로운 방향으로 이끄는 지혜와 거기에 출현하는 세계. 그것들은 모두 여기에 든 경전에 담긴 '언어'에 의해 생겨났다. 지혜와 세계와 언어가 일체가 된 존재, 그것이 본 권에 보이는 대승경전인 것이다.

2013년 3월

시모다 마사히로

목 차

머리말 _ iii

제1장 초기 대승경전의 새로운 이해를 위해 –대승불교기원 재고 시모다 마사히로

1. 불교 연구방법 재고 _ 3
2. 불탑 연구 재고–역사학적 방법이 연 고대 인도불교의 경관 _ 13
3. 초기 대승경전 해명의 배경 _ 37
4. 서사의 출현과 대승경전의 출현 _ 50
5. 경전에 보이는 정통성의 창출과 경신 _ 65

제2장 반야경의 형성과 전개 와타나베 쇼고

1. 들어가는 말 _ 101
2. 반야경의 형성과 종류 _ 102
3. 반야경을 형성하는 두 개의 골격–『대반야경』의 구성에서 본 성립 상황 _ 107
4. 법멸法滅과 수기授記의 형식 _ 114
5. 교리(내부 구조)의 분석 _ 120
6. 반야바라밀과 공 _ 127
7. 최신의 반야경 사본연구 _ 139

제3장 반야경의 해석 세계 스즈키 겐타

1. 들어가는 말–붓다의 말에 관한 해석의 역사 _ 155
2. 반야경전류의 전개 _ 157
3. 경의 증광 _ 158
4. 경經에서 주註로 _ 160
5. 『현관장엄론』과 『현관장엄론광명』 _ 162
6. '반야경'과 『현관장엄론』 및 그 주석 문헌 _ 172
7. 맺는말 _ 173

제4장 『화엄경』 원전의 역사 –산스크리트 사본 단편 연구의 의의 호리 신이치로

1. 『화엄경』 원전의 전승과 코탄 _ 181
2. 새로 발견된 『화엄경』의 산스크리트 사본 _ 186
3. 본 사본의 산스크리트 텍스트 _ 197

제5장 『화엄경』의 세계상 –특히 성문승과의 관계를 중심으로 오타케 스스무

1. 들어가는 말 _ 211
2. 색계 제천의 수–사바세계 _ 212
3. 불화엄–삼천대천세계 _ 217
4. 바이로차나–화장장엄세계해 _ 220

제6장 동아시아의 화엄세계 김천학

1. 들어가는 말 _ 233
2. 화엄종 성립 이전의 무애 개념 _ 234
3. 중국 화엄종의 무애의 _ 237
4. 신라 및 고려 화엄종의 무애의 _ 248
5. 일본 화엄종의 무애의 _ 256
6. 맺는말 _ 261

제7장 『법화경』의 탄생과 전개 오카다 유키히로

1. 들어가는 말 _ 271
2. 새로운 경전의 출현과 그 배경 _ 273
3. 「서품」—붓다의 입멸과 『법화경』 성립기의 불교세계 _ 275
4. 「방편품」의 구성과 불제자에 대한 수기 _ 278
5. 『법화경』의 담당자—수지와 유통 _ 287
6. 실제로 존재하는 붓다—「여래수량품」과 「여래신력품」 _ 292
7. 『법화경』의 전개 _ 295

제8장 『법화경』의 중국적 전개 간노 히로시

1. 들어가는 말 _ 307
2. 법화경 주석서에 보이는 중국의 『법화경』 사상 수용 _ 307
3. 『법화경』의 민중적 신앙 _ 316

제9장 『법화경』 수용의 일본적 전개 미노와 겐료
1. 들어가는 말 _ 333
2. 불교전래와 『법화경』 _ 334
3. 헤이안 시대의 『법화경』 강설 _ 338
4. 법화회와 미하코 _ 340
5. 사원에서의 『법화경』의 강설 _ 345
6. 홋쇼지 미하코 _ 348
7. 지경자持經者의 등장 _ 350
8. 가마쿠라 시대 니치렌日蓮의 수용—'색독色讀'을 중심으로 _ 353
9. 쵸슈町衆에 의한 『법화경』 수용 _ 354
10. 에도 시대 하쿠인白隱의 수용 _ 358
11. 근현대의 전개 _ 360
12. 맺는말 _ 361

색인 _ 365

제1장

초기 대승경전의 새로운 이해를 위해

대승불교기원 재고

시모다 마사히로

1.
불교 연구방법 재고

1) 인문학 방법론 검토의 필요성

새롭게 초기 대승경전의 의의를 이해하고 그것을 통해 대승불교의 기원을 재고한다는 본 장의 주제에 들어가기 전에 언급해야 하는 과제가 있다. 그것은 불교학 방법론의 문제이자, 나아가 넓게 불교학을 성립시키고 있는 인문학 방법론의 문제이다. 이 얼핏 거창해 보이는 문제를 앞에 두고, 여러 식자는 '닭 잡는 데 소 잡는 칼을 쓰는' 과오를 떠올릴 것이다. 하지만 근대불교학에서 약 170년 역사에 걸쳐서 축적해온 대승불교 이해를 계속해서 만들어지고 있는 거대한 하나의 건조물에 비유한다면, 그것은 준공 당초부터 뒤틀림을 안은 채 공사가 진행되어 이대로 방치하면 조만간 전체가 크게 기울어버릴 수도 있다. 일단 공사를 중단하고 건물 전체를 주의 깊게 조사해야 한다. 그러기 위해서는 이 건조물이 대승불교 이해라는 건조물이기 이전에 건조물 일반이라는 인식을 가지고 건축에 필요한 요건을 한번 확인한 뒤에 공사를 재개해야 한다. 다시 말하면 대승불교경전의 연구방법을 재고할 때, 인문학 방법론을 재고할 필요가 있다.

연구방법을 반성적 자각으로 비춤에 따라 그것을 통해 생겨나는 성과도 적절히 제어된 것이 된다. 불교 연구가 인문학의 어느 한 방법에 의해 성립하는 것은 분명해서, 아무리 개성 있는 연구라고 해도 그 방법의 범위를 넘어서는 일은 없다. 하지만 오늘날까지 수많은 뛰어난 불교 연구의 성과가 축적되어온 가운데, 서양의 연구를 포함해서 인문학 방법론이라는 시야에서 불교 연구를 재고한 논고는 필자가 아는 한 보지 못했다.

방법론을 고찰할 때 중요한 것은 채용해야 하는 방법이 해당 연구 과제를 둘러싼 역사자료의 상황에 어느 정도 적합한지를 적절히 판단하는 것이다. 아무리 일반적으로 유효하게 보이는 방법일지라도 개개의 역사자료의 상황에 맞지 않는 것은 채용할 수 없다. 게다가 역사자료의 상황 자체도 새로운 자료가 발견되거나 해석이 바뀜으로 인해 변화한다. 따라서 한 번 채용한 방법도 연구가 진전됨에 따라 계속해서 재고하지 않으면 안 된다. 하지만 연구자들은 한 가지 분야에서 유력하다고 생각되는 방법을 얻으면 그런 점에 둔감해져서 같은 방법을 여러 대상에 적용하려는 경향이 있다. 그것은 결국 연구의 올바른 발전을 방해하기 시작한다.

1960년대 말 일본에 대승불교 재가·불탑기원설이 출현한 이래, 대승경전을 교단사적 관점에서 해명하는 연구에 이런 문제가 나타났다. 대승경전 연구가 저자의 사회적 상황, 즉 누가 대승경전을 편찬했는지 － 예를 들어 비구인지 사미인지 우바새인지 적주賊住비구인지 － 를 해명하지 않고는 성립하지 않는다는 의식이 학계에 침투했다. 여기에는 대승불교뿐만 아니라 불교 연구 전체에서 중요한 몇 가지 문제가 배태되어 있기 때문에, 좀 더 신중하게 정리하지 않으면 안 된다. 그러기 위해서 일단 불교학을 포함하는 인문학 방법론이라는 보다 넓은 지평으로 시점을 옮기는 것이 돌아가는 길처럼 보여도 실은 지름길이 된다. 이하 도입부가 다소 길어지는 것을 양해 바란다.

2) 인문학의 세 가지 방법론－텍스트 언설과의 거리와 관계의 차이

일반적으로 문화라는 개념에 포함되는 인간의 활동 전체를 주제로 하는 현재의 인문학 연구를, 연구 대상인 텍스트의 언설과 어떤 관계를 갖는가 하는 방법적 차이에 주목해서 분류하자면, 크게 역사학적 방법, 사상적 혹은 언어·문학적 방법, 행동과학적 방법의 세 가지로 크게 나눌 수 있다.

첫 번째의 역사학적 방법은 기록으로 남은 언설과 그 언설의 외부에 있는 사건 혹은 사실의 관계를 계시繼時적 기준 틀 속에서 인과관계로 연결해서 재구성하는 방법이다. 무질서하게 흩어진 언설과 사건, 사물의 모든 조각들의 안개 속에서 특정 텍스트의 특정 언설과 특정한 외부의 사실과 사물을 추출하고 대조해서, 언제 어디서 누가 무엇을 왜 어떻게 했는지를 논리적이고 실증적인 절차를 거쳐서 구성하고 그것을 통해서 텍스트와 외부의 사실, 사물을 함께 성립시키는 제3의 사건 – 이상적으로는 시스템이나 메커니즘 – 을 밝혀가는 이 방법은 과거의 텍스트를 다루는 인문학 가운데 가장 우세한 방법이다.

이 연구방법에서 텍스트의 언설은 텍스트 외부에 있는 시스템이나 메커니즘의 소산이라고 간주된다. 여기에서 해명할 것은 결과 혹은 소산으로서의 텍스트의 언설 자체가 아니라, 원인 혹은 능산能産이라고 간주되는 텍스트 외부의 힘이나 제3의 사건이다.

이에 비해 두 번째 사상적 혹은 언어·문학적 방법은 텍스트의 언설에서 절대적 시간의 기준이나 텍스트 밖의 사건을 외부적이고 2차적인 것으로 간주하고, 오직 텍스트 내부의 언설에 주목해서 그 특성, 그것이 환기하는 표상, 또한 그것에 의해 만들어지는 세계의 양태나 구조에 초점을 맞춘다. 텍스트의 언설 내부의 세계를 드러내려고 하는 이 방법에서는 역사학적 방법에서 필수 전제였던 '언제' '어디서'라는 시간적·지리적 제약이 뒤로 후퇴하고, 그 대신 시대와 지역을 넘어서는 여러 관련 텍스트 사이의 공시성이 전면에 나온다.

텍스트 내부의 세계가 외부 세계의 영향을 배척한 채 형성, 보존, 계승되어 시대 상황이나 사회변화의 영향을 넘어서 현재의 연구자의 의식의 대상이 된다는 – 통상의 역사학적 방법에서는 상정하지 않는 – 텍스트와 연구자의 이런 관계는 사상 연구나 문학 연구에 있어서 중요한 전제가 된다. 텍스트 외부의 사건을 고찰하는 경우에도 그 목적은 어디까지나 해당 텍스트 자체의 형성과정이나 그 언설이 표출하는 세계의 구조를 해명하는 데에 있다. 거꾸로 시스템이든 메커니즘이든, 텍스트 외부의 힘이 텍스트 내부의 언설의 의미형성에 관여하는 사태는 여기서는 2차적으로밖에 상정되지 않는다.

물론 이러한 텍스트의 형성 활동은 넓은 의미의 역사 안에 있다. 하지만 이 역사는 통상의 역사 연구에 수렴·흡수되는 일은 없다. 왜냐하면 역사 연구가 다루는 텍스트는 텍스트 외부의 힘에 의해 형성된 역사적 '소산'임에 비해, 여기서 문제가 되는 것은 전파의 과정을 통해 거꾸로 역사를 형성, 변용하는 힘을 가진 역사적 '능산'으로서의 텍스트이기 때문이다.

이상의 두 가지 방법과 달리, 세 번째의 행동과학적 방법은 과거에서 주어진 텍스트의 언설은 채용하지 않고 대신 텍스트 밖에 있는 인간의 행동에 초점을 맞춰 그것을 연구자 자신의 언설에 따라 기술하려고 한다. 첫 번째와 두 번째 방법에서 연구의 소재가 되는 텍스트의 언설이 과거에서 주어진 것이었다면, 사회학이나 심리학으로 대표되는 세 번째 방법에서 연구 소재로서의 언설은 개인이나 집단의 행동에 대한 관찰이나 실험을 통해 연구자 자신에 의해 구축된다. 말하자면 연구의 기반이 되는 언설 자체를 작성하는 권리와 의무가 함께 연구자에게 주어졌다는 점에서, 앞의 두 가지와는 크게 다르다.

오늘날 자료의 홍수 속에서 목적에 맞는 정보를 찾아내고 그것을 연구 대상으로 해서 신뢰할 수 있는 언설로 구축하기 위해서는, 그 구축과정에서 어떻게 객관성을 확보하고 그 결과로서의 언설의 유효성을 어떻게 측정할 것인가가 중요한 과제가 된다. 이렇게 해서 행동과학적 방법은 그 언설을 최대한 흔들림/진동을 배제하면서 일정한 형식으로 정리하는 것이 요구되므로, 명확한 프로토콜의 형식에 따라서 조사와 관찰을 하고, 정확하게 반복 가능한 장치에 의한 실험을 하고, 그 결과를 적정하게 수량화해서 통계학적으로 해독하는, 자연과학을 모델로 하는 언설구축으로 기울게 된다.

역사학적 방법, 사상적 혹은 언어·문학적 방법, 행동과학적 방법이라는 인문학의 세 가지 방법은 적용되는 연구 대상의 의의를 각각의 특성에 따라 다르게 표출한다. 연구자는 대상으로 하는 역사자료의 상황의 차이에 따라 그리고 도달할 목적의 차이에 따라 어느 한 가지 방법을 채용할 수도 있고 여러 개를 동시에 채용할 수도 있다. 실제로 현장에서는 이들 방법을 어떤 일정한 비율로 혼합해서 쓰고 있으며, 명확한 구분은 어디까지나 개념적인 것에 그친다.

현재 진행되고 있는 불교 연구가 위의 세 가지 방법 혹은 그들이 융합된 형태로 수렴된다는 점에 이론은 없을 것이다. 첫 번째의 역사학적 방법은 19세기 서양에서 '인간 붓다'를 재구성한 것에서 시작한 근대불교학의 면모를 보여주는 방법으로서 부동의 평가를 얻고 있다. 현재는 연구 대상의 시대나 지역과 무관하게 모든 불교 연구의 기초를 이루는 방법으로 인식되고 있다.

두 번째의 사상적 혹은 언어·문학적 방법은 불교의 전승과 거의 같은 정도의 역사를 갖는다. 전통적으로는 교의 연구, 근대 이후에는 사상 연구라는 말로 표현되어온 불전 연구방법이 그것에 해당한다. 사실 이 연구 방법은 불교 연구에 있어서 중요한 의미를 가지며, 특히 대승경전을 연구할 때 불가결한 것이다. 이 점은 본 장 전체의 주제이므로, 본 절 제4항 그리고 제3절 이하에 자세히 논한다.

이 두 가지 방법에 비해, 세 번째의 행동과학적 방법은 비교적 역사가 새롭다. 이 방법은 전승된 삼장이라는 텍스트의 내용에서 불교를 이해하는 방법에 의문을 제기한다. 그리고 과거의 불교를 역사적으로 재현한다는 관심에서 벗어나서 현대의 실제 생활에서 직접 불교의 양상을 파악하려고 한다. 구체적으로는 1960년대 영국에서 기존의 서양의 팔리 불교 연구를 비판하는 모습으로 출현한, 사회인류학 혹은 종교인류학에서 불교를 연구하는 방법으로, 오늘날은 주로 지역 연구의 형태로 계승되고 있다. 근년 주목되는 참여 불교Engaged Buddhism나 불교 윤리학Buddhist Ethics 영역의 연구도 여기에 해당한다고 볼 수 있다.

3) 인도불교 연구에 있어서 역사학적 방법의 과제

이러한 세 가지 방법에 의거한 현재의 불교 연구 중에서 대승경전 연구와 관련해서 문제가 되는 것은, 우선 인문학에서 가장 우세해진 첫 번째의 역사학적 방법이다. 이 방법은 특히 전후의 일본에서 불교 연구의 방향을 거의 결정할 만큼 유력해졌다. 그 배경에는 직접적으로는 서로 관련이 없는 중요한 두 가지의 연구가 있었다. 한 가지는 나카무라 하지메가 서양 학계에서 연구가 종료됐던 '역사적 붓다'를 다시 주제로 삼은 것이다. 또 한 가지는 서양 학계에는 없던 대승불교의 역사적 정통성 해명이 히라카와 아키라平川彰에 의해 사회사적 시야에서 대규모로 시도된 것이다. 1945년 이전의 불교 연구와는 일획을 긋는 이들 연구가 융성의 극에 달한 배경에는 1945년 이후 일본에서의 사상연구의 사회과학화라는 주목할 만한 시대적 특징이 있었다. 이 문제는 이미 논했기 때문에 여기에서는 생략하고(시모다[2011a]), 이러한 역사학적 방법이 고대 인도의 불교 연구, 특히 대승불교의 해명에 어느 정도 적정하게 적용될 수 있는지를 신중하게 고찰하고자 한다.

앞 항에서 언급했듯이, 역사학적 방법에서는 텍스트의 언설과 언설 외의 사물 혹은 사실 양쪽을 주시하면서, 그 두 가지를 동시에 성립시키고 있는 제3의 사건 – 혹은 시스템이나 메커니즘 – 을 상상해야 한다. 그러기 위해서는 이 일련의 사건이 언제 어디서 일어났는지를 충분한 확실성을 가지고 특정할 필요가 있다. 그것이 가능하려면 시간과 장소를 명시하는 외적 사실이 존재함과 동시에, 무엇보다도 텍스트의 언설이 텍스트 외부의 사물 혹은 사실의 시간과 장소를 입증하는 요건을 갖추지 않으면 안 된다. 구체적으로 말하자면 첫째, 텍스트의 언설과 외적 사실이 동일한 지역과 시대에 속해야 한다. 둘째, 그 언설은 주관적 또는 창작적 요소를 배제한 순수한 기록일 필요가 있다. 한편, 현재 남아 있는 방대한 양의 대승경전은 이 두 가지 면에서 큰 문제를 안고 있다. 하나는 언설을 담고 있는 문헌이 지역 및 시대적으로 매우 광범위하게 확대되어 있다는 점이고, 또 한 가지는 그 언설의 내용이 두드러지게 개념적이고 창작적 성격을 띠고 있다는 점이다.

첫째, 기원 전후의 고대 인도불교의 교단의 실정을 복원하기 위해 대대적으로 쓰이는 텍스트의 언설은 빨라야 백 년 혹은 이백 년의 세월을 거쳐 중국이라는 이국 땅에 출현한 중국어로 된 문헌이고, 팔백 년쯤 지나서 번역된 티벳어 문헌이며, 대개의 경우 천오백 년 이상 지나서 네팔이나 티벳에서 서사된 산스크리트어 문헌이다. 이용하는 자료가 안고 있는 이 정도의 지역적·시간적·언어적 차이는 역사학이 일반적으로 상정하는 범위를 훨씬 뛰어넘는다. 이들 텍스트의 언설을 모아서 고대 인도의, 텍스트 밖의 세계인 '언제'와 '어디'를 특정하려고 해도 그 신뢰도는 현저히 떨어진다.

둘째, 대승불교의 언설자료인 경전은 경장이라는 범주로 특징지어지는 이념이나 가치의 표출을 목적으로 하는 텍스트이다. 거기에서 어떤 역사가 밝혀진다고 하면 그것은 경전의 이념이나 가치가 형성되고 변용되는 과정으로서의 역사이지, 그들 외부에 있는 객관적 사건으로서의 역사는 아니다. 게다가 이러한 이념이나 가치가 불교도에게는 지역과 시대의 제약을 넘어서 성립하고 초지역적으로 현재화되어야 하는 것이다. 이 중요한 특징에 대해서는 나중에 다시 다루겠지만, 이러한 텍스트의 언설을 이용해서 고대 인도의 '언제'와 '어디'를 특정하려는 것은 방법적으로 부적합하다.

물론 이런 문헌도 가끔 그 내부 모순으로서 서술상 정합성을 잃고 거기에 외부의 정보가 섞여버리는 일도 있다. 어떤 서술이 그것이 형성된 당시를 반영하는 일도 가능하기 때문이다. 뒤에서 언급하겠지만(제2절 4항, 5항), 연구자는 그것을 민감하게 포착함으로써 일부의 역사를 복원하는 데 성공하기도 하는데, 그것은 인도불교 연구의 중요한 성과가 된다. 하지만 그것이 현존하는 삼장이라는 텍스트 안에서 어느 정도의 규모와 신뢰성을 가지고 이루어지는지에 대해서 결코 낙관할 수는 없다. 텍스트 속의 언설이 외부 세계의 사실을 어느 정도의 굴절률을 가지고 반영하는지를 자세히 조사해서 밝혀내지 못하면, 재가·불탑기원설의 사례에서 보듯이 정반대로 이해해서 실체 없는 역사를 만드는 경우도 있다.

4) 사상적 혹은 언어·문학적 연구방법으로서의 불교학

이번에는 현재의 불교학에서 진행하고 있는 연구를 돌아보자. 예를 들어『법화경』을 연구할 때, 기원후 3세기의 축법호 혹은 5세기의 구마라집이 번역한 한어 텍스트를 이용할 뿐 아니라, 길기트 gilgit에서 출토된 6-8세기의 산스크리트어 사본, 카슈가르 kashgar에서 출토된 9-10세기의 산스크리트어 사본, 12세기의 네팔에 전승된 산스크리트어 사본을 이용하고, 또 9세기 전후에 역출되었다는 티벳역 텍스트를 참조하고, 18-19세기에 서사된 기록이 있는 동남아시아의 팔리어 텍스트를 고려한다. 인도불교 연구자 중에 이런 절차의 필요성과 방법의 타당성을 인정하지 않는 사람은 없을 것이다. 지역적·시간적·언어적으로 이렇게 광범위한 자료를 구사하고, 또 관련된 모든 경전과 번역을 고찰 대상으로 하면서, 예를 들어 와타나베 쇼코 渡辺照宏나 도다 히로후미 戸田宏英가 한 것처럼 길기트나 중앙아시아의 사본에 출현하는 말을 한 글자 한 음씩 검토하면서 독해 가능한 산스크리트어 텍스트를 만드는 것 혹은 가라시마 세이시 辛嶋静志가 진행하는 것처럼 모든 언어 번역을 대조해서 치밀하고 상세한 사전 내지 어휘집을 만드는 것은 인도불교학의 기초를 구축하는 중요한 일이다.

이렇게 텍스트를 교정하고 사전을 작성하는 일은 글자 모양(자형)의 시대적 특성과 역사적 추이, 음의 계시 繼時적 혹은 지역적 변화, 사본을 서사하고 전승하는 과정에서 일어나는 착오, 재정정과 과잉복원의 과정, 시공과 언어 환경의 변화에 따르는 어휘의 확대와 의미의 변용 등 각각의 소리나 글자가 거쳤을 만한 시간적 추이나 지역적 변화를 면밀하게 고증하는 작업이다. 이것은 모두 텍스트의 역사와 관련된 것이기 때문에, 연구자들은 이 작업을 역사학적 연구라고 의식하기도 할 것이다.

하지만 인문학 전체의 방법론이라는 관점에서 보았을 때, 여기서 이루어지는 해명은 대부분 텍스트의 언어와 언설 내용에 관한 것이고, 역사학적 방법으로 복원되는, 텍스트 외부의 사건으로서의 역사에 관한 것은 아니다. 앞서 말했듯이, 역사학에서의 텍스트의 언설은 텍스트 외부의 힘의 소산으로서의 2차적인 사물로 한 단계 떨어지고, 해명이 추구하는 것은 그 언설을 낳은 원인인 외부의 힘이다. 하지만 이 텍스트 교정과정에 있어서 텍스트의 언어, 즉 언설이야말로 1차적인 해명 대상이고 거기서 밝혀지는 역사의 성과도 전부 텍스트 자체의 해독으로 수렴된다.

이러한 텍스트 교정 방법은 텍스트를 해석하는 방법으로 직결된다. 말하자면 『법화경』이라는 텍스트의 언설을 이해하기 위해 연구자는 제목이 같은 이역 텍스트는 물론, 관련 텍스트를 동시에 이용해서 거기에 보이는 개념, 어휘, 문구, 모티브 등을 시대, 지역, 문화, 언어의 차이를 넘어 비교대조함으로써 하나하나의 의미를 밝혀간다. 이 방법을 통해서 밝혀지는 것은 사상이나 플롯에 관계없이 공시적으로 다룬 텍스트가 전체적으로 시사하는 내용이다. 비록 그들 텍스트를 성립과정순으로 시계열時系列로 배열하는 경우에도, 목적은 텍스트 내용의 형성과정을 해명하는 데에 있다.

그렇다면 인도불교 연구자가 막연하게 '역사학적 연구'라고 이해하는 것은 지역적·시간적 제약과 문화적·언어적 제약을 넘어 관련 텍스트를 공시적으로 다루며 텍스트 내부의 언설을 텍스트 자체에 의해 해독하는, 사상적 혹은 언어·문학적 방법이라는 것을 알 수 있다. 대승경전 연구는 대부분 텍스트의 의의가 외부 세계의 무언가에 의존하는 일 없이, 시대·지역·사회·문화의 영향을 넘어서 경전 자체가 역사를 벗어나서 존속한다는 이해를 전제로 성립한다. 문헌학이라고 표현되는 이 방법은, 원어 필로로지 philology가 언어적 이성 logos을 희구하는 philos 행위를 가리키듯, 방법적 태도로서 풍부한 깊이를 가지고 있다. 그것은 텍스트 외부의 세계와 관련을 짓기 위해 텍스트의 언설을 실증적 도구로 사용하는 역사학적 방법과 달리, 언어가 지니는 자립성과 창조성을 존중하는 태도이다.

여기서 중요한 것은 불교학의 이러한 방법론이 연구자가 의도적으로 만든 것이 아니라, 선행하는 인문학의 경험에 기초하고 실제로 존재하는 역사자료의 상황에 따라 자연스럽게 개척되어 왔다는 점이다. 역사를 파악하기 곤란한 고대 인도와 인도라는 지역과 고대라는 시대를 훨씬 넘어서 존재하는 불교경전이라는 두 가지의 과제를 동시에 수행해야 하는 인도불교학은 지역과 시대의 특정을 필수로 하는 역사적 실증성이라는 개념에 과도하게 의존할 수는 없다. 그 대신 텍스트 내부의 세계를 꼼꼼하게 분석하고 고찰하는 작업을 보다 비판적으로 방법화하지 않으면 안 된다.

2.
불탑 연구 재고-역사학적 방법이 연 고대 인도불교의 경관

1) 불탑 연구와 고대 인도불교사

대승경전을 연구하는 전제로, 여기에 덧붙여 언급해야 할 중요한 과제가 있다. 그것은 불탑 연구의 현황을 확인하고 평가하는 일이다. 역사학적 방법에 따른 연구가 텍스트의 언설과 텍스트 밖의 사물의 고정을 전제로 한다는 것은 앞 절에서 언급했다. 그 가운데 텍스트 외부 사물에 관한 연구는 비문, 건축, 화폐, 조형물 등의 유물을 대상으로 하는 고고학, 고문서학, 미술사학, 비문학 등에 의해 진행되었다. 그중에 인도아대륙 불교의 존재를 해명한 성과의 대부분은 불탑을 주제로 한 연구에서 비롯되었다. 다양한 고대 유물 중에 불탑은 불교에 특유한 것으로 인정되어, 인도 문화에 융해된 모든 사물 중에서도 불교를 추출하기 위한 이상적인 제재로 간주되어 왔다.

특히 근 20년간의 연구는 눈부시게 발전했다. 지금까지 대승불교 연구에 역사학적 방법을 적용하는 점에 대해 원칙적 입장에서 부정적으로 기술했다. 하지만 역사학적 방법에 따른 연구의 대표격인 불탑 연구에 대해 제대로 된 평가를 내리지 않고는 이 부분의 정당한 판단은 불가능하다. 이하 대승경전 연구의 도입으로서 다소 많은 지면을 할애해서 고찰하고자 한다.

근년의 불탑 연구의 성과 중에 특히 주목할 만한 것은, 고대 인도에 있어서 불탑이 출가, 재가, 이교도, 각종 사회계층을 포함하는 다양한 종교, 산업, 문화 활동을 뒷받침하는 제도로서 중요한 역할을 수행했다는 사실이 밝혀지고 있다는 점이다. 대승불교의 재가·불탑기원설 자체는 지금은 지지되지는 않는다. 하지만 스리랑카 대사파 大寺派에 속하는 율장이나 경장, 즉 '팔리 문헌'을 중심으로 이해되어온 '정통 승원불교'와는 전혀 양상이 다른 불교가 불탑 및 승원과 일체가 되어 부파 횡단적으로 존재하고 있었다는 것이 고고학이나 미술사학계에서 널리 지지되기에 이르렀다. 이것은 초기 대승경전의 특질을 – 결론부터 말하자면, 이러한 불탑을 둘러싼 불교의 양상과는 대조적인 형태로 – 이해하기 위한 중요한 테마이다.

이러한 과제는 불탑을 둘러싼 연구사의 개관을 통해 그 과정에서 나오는 문제점을 살펴보면서 진행하는 것이 지름길이다. 최신 연구성과 Hawkes and Shimada [2009]를 참고로 해서, 우선 최초기부터 연구의 확립기, 즉 19세기 말까지를 돌아보기로 한다.

불탑발굴의 역사는 1798년 콜린 맥켄지 Colin Mackenzie가 아마라바티 Amaravati의 불탑을 발견함으로써 시작되었다. 그것은 윌리엄 존스 William Jones의 산스크리트어 해명에서 20년 정도 지난 시기로, 텍스트 연구에 있어서의 인도학의 여명기와 거의 중복된다. 다만 초기의 발굴은 가끔 아마추어에 의한 것으로, 적절한 방법에 의한 조사나 정확한 정보의 제공이 이루어지지 않았을 뿐만 아니라, 때로는 도굴에 가까운 양상을 보여 유적이 원형을 복원할 수 없을 정도로 훼손되는 등 많은 문제를 안고 있었다(Shimada[2006]).

19세기 중엽에는 조사와 연구의 양상이 크게 달라졌다. 특히 1834년부터 37년에 걸쳐 제임스 프린세프 James Prinsep가 브라흐미 Brāhmī 문자와 카로슈티 Kharoṣṭhī 문자의 해독에 성공한 것은 후대의 연구에 큰 영향을 미쳤다. 연구의 흐름이 급변해서 방대한 비문이나 고화폐의 해독이 한꺼번에 이루어지기 시작했다. 화폐나 비문이 출토된 지점이 '어디'를 입증하고 조각된 지배자의 이름이 '언제'를 보이므로, 사물의 단편이 역사를 특정하는 확실한 징표가 되었다. 프린세프가 요절한 뒤 비문과 고문서의 연구는 존 플리트 John Fleet, 오이겐 훌취 Eugen Hultzsch, 하인리히 뤼더스 Heinrich Lüders, 게오르그 뷜러 Georg Bühler 등의 석학으로 이어지고, 이윽고 1877년의 *Corpus Inscriptionum Indicarum*, 1888년의 *Epigraphia Indica*의 발간에 따라 인도역사학의 기초를 구축하는 분야로 자립했다.

19세기 중엽은 유진 뷔르누프 Eugene Burnouf의 출현에 의해 텍스트 연구를 중심으로 하는 근대불교학이 형성되어, 힌두교와 대치하는 불교로 이해하는 구도가 서양에 보급하는 시대와 겹친다. 불탑 연구의 주역인 알렉산더 커닝엄 Alexander Cunningham이 등장해서 활약한 데는 이러한 시대배경이 있었다. 뷔르누프가 텍스트 연구에 있어서의 근대불교학의 아버지라면, 불탑 연구에서 그 지위를 차지하는 것이 커닝엄이라는 사실에 이의를 제기하는 사람은 없을 것이다. 그는 1836년에 불어로 번역된 법현 法顯의 『불국기』, 1853년에 불어로 번역된 현장의 『대당서역기』, 1850년대에 입수 가능해진 『도사 島史』, 『대사 大史』를 근거로 해서 불탑의 지리적 위치를 동정 同定하고 시대의 특정을 진행했다. 그 수많은 성과 중에서도 1873년에서 1876년에 걸친 바르후트 불탑의 조사보고는 고대 인도사와 불교사의 성립에 고고학적 성과가 미친 영향을 정밀하게 입증한 것으로(Cunningham[1879]; [1879a]), 1854년의 산치 불탑의 발굴보고(Cunningham[1854])와 함께 불탑 연구를 고대사 연구의 중심에 올려놓은 기념비적인 업적이 되었다. 다만 문헌 외부의 사물을 특정하기 위한 텍스트의 언설이 그 사물의 시대에서 팔백 년에서 천 년이나 떨어진 이국의 여행기록이라는 점은 통상의 역사 연구에서 보면 그 실증성을 의심스럽게 한다.

커닝엄의 공적 중에 덧붙여 언급해야 할 점은, 1861년 인도 고고학 조사국의 개설과 함께 그 연보 *Annual Reports of the Archaeological Survey of India*에 성과를 공표함으로써, 아마추어 수준과는 차원을 달리하는 제도적인 학문영역으로서 불탑 연구를 확립한 것이다. 서양에서 오랜 전통을 갖는 텍스트 연구에 있어서 불교 연구의 성과가 처음부터 아카데미즘에 있어서 발신된 것에 비해, 인도의 유적 발굴조사는 아직 그 방법과 형태가 학문으로서 확립하는 데는 이르지 못했다. 연구의 질적

향상은 물론이고, 그 성과를 아카데미즘의 제도적 언설로 나타내는 것은 학문을 수립하는 데 있어서 중요한 과제이다. 커닝엄은 정력적인 발표를 통해서, 비문학에 앞서 이것을 인도 고고학의 영역으로 만들었다.

1870년대에 들어가면 주목할 만한 새로운 연구 동향이 출현한다. 제임스 퍼거슨이 최초로 양식사의 시점에서 고찰한 불탑 연구를 공개했다(Fergusson[1868]). 그는 아마라바티 불탑의 조각상을 칸헤리와 나시크의 조각상과 비교해서, 양식적 상호관계와 성립과정을 추정했다. 이러한 연구는 인도미술, 인도불교미술 연구의 개막을 알렸으며, 이후 이 분야에는 알버트 그륀베델 Albert Grünwedel, 빈센트 스미스 Vincent Smith, 알프레드 푸쉐 Alfred Foucher, 존 마샬 John Hubert Marshall 등의 유명한 연구자가 이어진다. 그리고 이러한 흐름은 미술사와 건축사와 심성사를 종합적으로 고려한 20세기 초두의 아난다 쿠마라스와미 Ananda Kentish Coomaraswamy, 루드비히 바하호퍼 Ludwig Bachhofer의 업적으로 발전해서, 오늘날 일반화된 미술사로서의 불탑 연구 영역을 확정하기에 이른다. 이렇게 해서 불탑 연구는 19세기의 백 년 사이에 학문적 기초를 수립했다.

여기서 한 가지 주의해야 할 것은 불탑 연구와 근대불교학의 주류인 텍스트 연구의 관계이다. 사실 19세기 후반 이후, 텍스트 연구자들은 불탑 연구의 성과를 적극적으로 이용하기 시작했다. 하지만 그 목적은 올덴베르그 Hermann Oldenberg나 리스 데이비스 Rhys Davids 등으로 대표되듯이, 텍스트의 개개의 장면을 불탑의 조각상과 일일이 비교해서, '역사적 붓다'의 '순수한' 불교를 텍스트 속에서 확인하는 데에 있었다. 불탑은 텍스트 연구의 보조자료이고, 텍스트와 불탑 양자가 보여주는 내용이 일치하지 않는 경우, 불탑에서 보이는 사실은 '속신俗信'으로 버려질 운명에 있었다. 텍스트 연구자의 이런 태도는 학계에 오랫동안 존속해서, 결과적으로 불탑 연구와 텍스트 연구의 양쪽을 왜곡시켜 역사학적 방법에 따른 올바른 불교 연구의 진보를 방해하는 요소가 되었다. 다음 항에서 언급하지만, 이 문제가 드러나는 것은 20세기 중엽이고 그에 대한 적절한 응답이 출현하는 것은 20세기 말, 자세히는 그레고리 쇼펜의 출현을 기다리지 않으면 안 된다.

2) 불탑 연구의 제 과제

20세기 이후의 불탑 연구는 한편으로는 앞 세기의 연구를 심화함과 동시에 다른 한편으로는 불탑 자체가 본래 어떤 사물이며 어떤 방법으로 해명되어야 하는지를 정면에서 묻기 시작했다. 이 과정에서 불탑 연구는 두 가지 과제에 직면한다. 한 가지는 지금 말한 대로 텍스트 연구와의 사이에 생기는 괴리에 어떻게 대처할 것인가 하는 문제, 또 한 가지는 연구가 깊어짐에 따라 나타나는 불탑 연구의 방법 자체에 내재하는 문제다. 우선 첫 번째 문제부터 살펴보자.

텍스트 연구에서 텍스트의 시대와 지리적 관계를 결정하고 그 역사적 신빙성을 확보하기 위해 대개 조각상에 한해서 불탑을 이용하는 것은 20세기에도 일관된다. 다만 그 시대에는 붓다를 이해할 때 역사 외에도 전설이라는 중요한 측면을 고려하기 시작해서 외적 사물의 취급이 어느 정도 신중해졌다는 점(Cf. Thomas[1927]) 그리고 의례와 관련해서 불탑을 주목하기 시작한 점(Dutt[1941])에 새로운 진전이 있다. 이런 가운데, 팔리 율장에 불탑에 대한 규정이 없다는 점(Bareau[1960: 229]) 그리고 팔리 『열반경』의 한 구절(*Mahāparinibbānasuttanta* Chap.5.2, DN i. 137-8)에 '출가자가 불탑의례에 관여하는 것을 금지한다'라고도 해석할 수 있는 문장이 있다는 것이 학계의 주목을 모아서 문제시되었다. 그 결과, 출가자는 불탑의 관리에는 관여하지 않고, 재가자에 의해서만 뒷받침되었다는 이해가 나오기에 이르렀다(Dutt[1945: 250-1]; Dutt[1962: 183]).

불탑을 중심으로 하는 재가자의 불교 운동을 상정하고 거기에 대승불교의 기원을 찾은 히라카와 아키라에 의한 재가·불탑기원설은 이러한 해외의 이해를 예기치 않게 극단까지 밀어붙인 것이었다. 즉, 불탑에 보이는 다양한 현상과 전통불교 – 본고에서 전통불교라는 술어는 현재 구미 학계에서 거의 공유하는 Mainstream Buddhism에 대한 역어로 사용한다 – 의 삼장으로 상정되는 '순수한 불교'를 준별하고, 승원과 불탑을 상호배타적인 존재로 간주하고, 거기에 부파와 대승을 구별하고 재가불교만의 계보를 수립한다는 구상이다. 일본 학계의 연구사만을 거슬러 올라가면 1960년대 말에 갑자기 나타난 것처럼 보이는 이 설도 백수십 년에 이르는 불탑 연구의 역사, 특히 19세기 말부터 시작된 불탑 연구와 텍스트 연구의 괴리 상황을 생각하면, 언젠가 어떤 형식으로든 출현할 운명에 있던 가설이었을 것이다. 이러한 연구 동향의 기저에 있는 것은 과거 불교의 역사성을 복원하는 데 있어서 텍스트 외부의 사물에 비해 텍스트가 가지고 있는 압도적인 우위로, 특히 팔리 불전의 권위가 크다.

왜냐하면 일찍이 1960년에 앙드레 바로 André Bareau가 상세히 밝혔듯이, 설일체유부, 법장부, 대중부를 막론하고 인도아대륙에 근거지를 갖는 부파의 율장 속에는 불탑의 의례에 관한 규정이 상세하다. 그것은 인도아대륙에서 발견된 불탑의 실상과 일치하고, 텍스트와 유적 어디에 있어서도 승원과 불탑이 동일한 불교 공간을 구성하고 있다는 것이 이 시점에서 밝혀졌다. 그럼에도 불구하고 팔리 『열반경』의 그 짧은 문장에 대한 해석 가능성과 『팔리율』 – 쇼펜의 용어를 빌리면 '대사파 大寺派율' – 에 불탑에 대한 규정이 없다는 사실 때문에, 광대한 인도아대륙에 퍼져 있는 불탑의 의의가 백 년에 걸쳐 '정통' 불교세계에서 배제되어 왔다. 뒤에서도 언급하겠지만, 여기에는 대승불교 이해를 크게 왜곡한 중요한 문제가 들어 있다.

이와 같이 텍스트 연구와 불탑 연구가 어긋나는 문제에 대해 정면으로 묻게 되는 것은 1970년대 말부터 1990년대에 걸쳐서 정력적으로 불교사를 재검토한 쇼펜이 등장한 뒤부터다. 쇼펜의 업적과 그 의의에 대해서는 지금까지 여러 기회에 언급해왔기 때문에 반복을 삼간다. 다만 불탑 연구사에 큰 전환을 가져온 점을 두 가지로 좁히면, 첫째 논란이 된 팔리 『열반경』의 대목은 불탑의례를 금하는 것이 아니라 장례의례에 관여하는 것을 꺼리는 내용으로, 최종적으로는 그것을 시인한다는 점, 둘째 『팔리율』에 불탑에 대한 기술이 없는 것은 스리랑카에 전승된 한 부파의 특이성에서 비롯된다는 점을 밝힌 것이다.

한편 이러한 텍스트 연구와 달리, 직접 불탑 자체를 연구하는 방법이 심화한 것도 20세기의 특징이다. 불탑 연구의 두 번째 과제이다. 이 연구는 1920년대부터 1930년대에 나타나서 고고학, 인류학, 텍스트 연구 등의 성과를 폭넓게 받아들이면서 다양한 종교적 요소와 관련해서 불탑의 의의를 고찰하는 상징주의(심볼리즘)적 입장에서의 해명으로 대표된다. 대표적인 업적으로 폴 뮈Paul Mus의 보로부두르Borobudur Temple Compounds 불탑에 관한 연구가 있다(Mus[1932];[1933]). 뮈는 불탑을 붓다의 기념비적 묘로 이해하는 것에 만족하지 않고, 그 건축학적 구조와 우주의 중심인 수메르 산, 우주의 축axis mundi, 인드라 궁전 등, 불교 이전의 다양한 종교적 상징과의 관계를 해명했다. 뮈에서 시작된 이러한 접근은 존 어윈Jhon Irwin, 앤드류

스노드그래스 Andrew Snodgrass 등으로 계승되어 오늘날까지 이어져, 텍스트 연구자에 의한 불탑의 취급과는 대조적으로 학계에 풍부한 방법과 의의를 제공하고 있다. 이 방법의 고찰 대상인 불탑의 범위는 인도 및 남아시아를 넘어서 동남아시아, 티벳, 동아시아 전체에 미친다(Hawkes and Shimada[2009: xxvii]). 이것은 곧 불교의 판도 자체로, 불탑이 거의 불교를 대변하는 존재라는 것을 뒷받침한다. 일본의 불탑 연구의 대표인 스기모토[1984]도 이런 경향 위에 있다고 볼 수 있다.

다만 이런 상징주의적 입장에 의거한 연구에는 엄격한 비판도 있다. 그것은 이러한 공시적 관점에서 해석한 불탑은 지나치게 이념화한 것으로, 현실의 어느 시대 어느 지역에도 존재한 적이 없다고 비판한다(Fussman[1986: 41-4]; Brown[1986: 219-20]). 역사적으로 전개한 불탑을 파악하려고 할 때 생기는 이 모순은 불교를 파악하려고 할 때 생기는 모순과 동질적이다. 지역과 역사에 한정된 개별상의 불교를 해명하는가 혹은 그 한정을 넘어서 전파한 보편상의 불교를 해명하는가. 이것은 원칙적으로 어느 한쪽을 옳다고 할 수 없는 질문이다. 보편상이 밝혀지지 않으면 개별상은 보이지 않고, 개별상은 보편상과의 대비를 통해서 구체적으로 가시화한다.

이 본질적인 비판은 인문학이 갖는 역사학적 방법과 사상 혹은 언어·문학적 방법 사이의 모순과도 통한다. 상징주의적 입장에서의 불탑 연구는 이 중 후자에 해당한다. 즉, 불탑을 외계로부터 독립한 텍스트로 간주하고, 외부에 있는 제도적인 요인에 좌우되지 않고, 그 본질이 전파한 존재, 즉 역사적 '능산'으로 파악하려고 한다. 그에 비해 역사학적 방법이 해명하는 것은 단독의 불탑 자체가 아니라 그것을 성립시키는 외부의 힘이나 시스템과의 관계 아래에 있는 역사적 '소산'으로서의 불탑이다. 그런데 근 20년 사이에, 이 역사학적 방법이 다시 불탑 연구라는 무대의 중심에 등장했다. 다음에 고찰하듯이, 이것은 불교 연구의 장래에 매우 중요한 영향을 줄 변화를 가져왔다.

3) 불탑이라는 공간–연구의 변용과 풍경의 변화

역사학적 방법이 이상적으로 기능한다면, 우선 연구 대상의 '언제' '어디서'가 특정되고 또 '누가' '왜' '어떻게'가 구성되며, 마지막으로 대상을 둘러싼 시스템이나 메커니즘의 존재와 기능이 밝혀진다. 근년의 불탑 연구는 바로 이런 방향으로 착실히 진행하고 있다. 특히 주목되는 것이 불탑 발굴에서 방향성이 변화하는 점이다.

이러한 이백 년 가까이 불탑이나 사찰 터에 대한 연구는 사물 자체의 해명을 목적으로 해서, 불탑이나 사찰에 대해서 수직 방향으로 발굴조사가 진행되어 왔다. 하지만 최근, 연구자들은 불탑이나 사찰을 보다 넓은 고고학적·지리적 지평에 위치지울 필요를 통감하고, 수평 방향으로의 발굴, 즉 주변 지역의 발굴에 착수했다(Chakrabarti[1995], Shaw[2009]). 불탑 연구 방법론의 커다란 전환이다. 이로써 각 지역의 불탑과 사찰이 다양한 요소로 이루어지는 지리적 현실의 확대에 있어서 비교되기 시작했다. 그 결과 승원에 의한 불탑의 관리, 불교와 토착종교의 공존, 출가자의 장송의례에의 관여, 도시화와 불교사원의 역할 등이 밝혀져(Hawkes[2009: 147]), 불탑을 둘러싼 역사가 놀랄 만큼 동적이고 입체적으로 되었다.

이러한 연구가 공통적으로 증언하는 것은 기원전 6, 7세기 이후의 북인도에서 착실히 진행된 도시화를 배경으로 해서, 기원전 3세기 이후의 포스트 아쇼카 기의 불탑과 승원은 어떤 지역에서도 일체가 되어 기능하고 광범위한 지역의 다양한 교류활동을 성립시키는 거점 역할을 수행했다는 사실이다. 거기에서 드러나는 것은 지금까지처럼 승원과 단절되고 『팔리율』에 의해 정통 불교의 범위 밖으로 되어, 고립된 유적으로서 움직이지 않는 불탑이 아니라, 승원도 텍스트도 함께 포섭하면서 광역의 산업과 문화 제 활동의 중심에서, 마치 살아 있는 붓다와 같은 역할을 수행하는 역동적인 불탑이다. 연구 대상이 되는 지역과 연구 방법을 둘러싼 특징을 고려하여, 이들 연구의 대표적 사례를 몇 가지 뽑는다면, 제이슨 호크스 Jason Hawkes, 줄리아 쇼 Julia Shaw, 시마다 아키라의 연구를 빼놓을 수 없다.

이 가운데 제이슨 호크스는 커닝엄의 발굴 이래 대부분 거기에 새겨진 조각상만을 주목하고 있던 바르후트 불탑에 대해서, 주위 10km의 상세한 발굴조사 결과를 주위 150km를 넘는 광범위한 고고학적 상황에 비추면서 지정학적인 시점에서 계시적으로 분석해서, 기원전 3세기부터 기원전 1, 2세기에 걸친 바르후트 불탑의 정치·경제적, 사회·종교적 장(공간)으로서의 의의를 해명했다.

그 결과, 바르후트는 본래 지역의 민속종교의 성지이고 불탑은 그들에 선행하는 종교를 불교라는 새로운 체재로 재편하는 중심 거점으로서 기능한 점, 이 땅은 마우리아 왕조하에 도시화한 지역의 남과 북을 묶는 교통과 교역의 요충지였다는 점, 교통과 교역의 발전은 동시에 농업의 수요의 증대를 불러일으켜 시대를 거치면서 바르후트 불탑의 주위에 복수의 농경 촌락을 출현시킨 점 등 일찍이 보이지 않았던 여러 가지 사실을 밝혔다. 이로써 텍스트에서 뽑은 장면을 새기는 유물로서의, 텍스트의 보조자료로서의 불탑이 아니라, 광대한 지역의 산업이나 문화의 네트워크를 가동시키는 중심기지로서의 불탑이 가시화되었다.

한편 기원전 3세기의 아쇼카 왕 시대부터 12세기에 이르기까지 대략 천 년에 걸쳐서 증·개축되어온 산치와 그 주변의 불탑군을 조사하는 줄리아 쇼의 프로젝트는 제이슨 호크스와는 다른 관점에서, 특히 불탑과 승원의 관계에 새로운 지견을 제시했다(Shaw[2007]; [2009]). 산치의 불탑과 승원은 언덕 위에 있다는 점에 특색이 있다. 분명히 산업이라는 관점에서 보면 이러한 토지는 토양이 척박하고 관개치수가 곤란한 점 때문에 농경이 불가능한 불모지이고, 보시 등의 소득에 의해 성립하는 승원 밖에 거주 가능한 공간은 못 된다는 이유가 있다. 하지만 언덕 위에 세워진 불탑과 그 조금 밑에 지어진 승원의 위치관계를 염두에 두고 특히 승원에서 바라보는 불탑의 풍경을 시야에 넣었을 때, 거기에는 불탑이 실제상의 필요성과 교의상의 이유를 함께 만족시키는 위치를 차지하고 있는 것이 일목요연하다. 다시 말해 현실적인 이유에서 불탑을 언덕 위에 세우고 부근에 승원을 배치하는 것은 성스러운 불사리나 고가의 물건으로 이루어진 불탑을 지키기 위해 불탑에의 침입을 방지하고 승원에서 늘 감시하기 위해 가장 효과적인 방법이다. 교의상의 이유로서는 승원에서 불탑을 올려다봄으로써 불탑에 대한 숭경행위가 자연스럽게 실현된다. 여기에서도 '불탑을 보는 것이 곧 붓다를 보는 것'이라는 이해가 중요하다. 이미 말했듯이 본래 불교의 승원이나 불탑의 유적은 불교 이전의 토착종교의 성지와 겹치고 (Kosambi[1962]), 언덕 위는 토지의 신들의 매개체라고도 할 수 있는 장소이다 (Misra[1981: 50]). 이 위치를 불탑이 차지하는 것은 여러 종교의 작은 전통을 불교가 통합했다는 것을 의미한다.

이러한 풍경이 갖는 의의는 시야를 불탑 주변으로 확대했을 때 한층 분명해진다. 언덕 위에 우뚝 선 중심의 불탑은 몇 마일이나 떨어진 촌락에서도 바라볼 수 있는 풍경을 구성해서 지역 전체가 '붓다를 우러러보는' 지세가 되어 있다. 한편 승원의 중심이 되는 방에서 시선을 옮겼을 때 멀리 증축된 불탑들이 중심 탑 뒤로 펼쳐지는 모습을 한눈에 볼 수 있다. 비구들에게는 마치 제불의 정토를 한눈에 바라보는 듯한 기하학적인 풍경이 펼쳐진다.

마지막으로 시마다 아키라의 연구에 주목하자. 그는 도시의 승원과 불탑이 도시에서 차지하는 지리적 위치와 그 의의를 밝히기 위해 기원전 3세기부터 기원후 3세기에 걸친 아마라바티의 승원과 불탑을 그것이 속한 성벽 도시 다니야카타카 Dhanyakataka와의 관계에 있어서 조사 분석했다. 그 결과 승원과 불탑은 성벽 밖의, 하지만 성문 부근에 있다는 것을 밝혔다. 성시의 안과 밖을 매개로 하는 이 위치는 산나티 Sannati의 일례를 제외하고 전인도의 도시의 승원과 불탑에도 공통된다.

『실리론 實利論』에 따르면, 성벽 안은 바르나의 질서와 베다 의례가 지배하는 한편, 성벽 밖은 도시 권력의 지배 아래에 있으면서도 브라흐마니즘의 질서 밖이 되어, 양자는 종교, 사회, 문화적 측면에서 눈에 띄는 특징을 보인다. 이 밖의 영역은 승원과 불탑 외에 베다 전통에서 벗어난 사당 caitya, 성지 puṇyasthāna, 수호신의 숲 vana이 차지하고, 바르나에서 제외되는 이방의 교역상인, 기술자, 불가촉천민, 행상 캐러반· 대상 부대가 거주한다. 고고학적으로 주목되는 것은 이곳이 매장지이기도 하다는 점이다.

정통 바라문교 입장에서 보면 부정 不淨한 카오스에 불과한 이 땅의 중심을 불교의 승원과 불탑이 차지한다는 점, 특히 매장장과 가깝다는 사실은 인도 각지에서 확인되고 있다. 아마라바티 불탑에서 북서로 백 미터쯤 되는 거리에 복층화한 매장터가 있다. 나가르주나콘다의 불탑 부근에는 초대 및 삼대 이크쉬바크 왕의 매장석주가 있고, 그 주위에서 방대한 수의 사자 死者와 관련된 소탑이 발견되었다(Sircar and Krishnan[1963]). 나가르주나콘다의 불교 승원이 매장지가 있는 도시 동쪽에 위치하는 데 비해서, 바라문의 사원은 정반대인 서쪽의 크리슈나 강가에 있다. 바라문이 기피하는 장례의식에 불교가 관여하고 있었다는 것은 이러한 고고학적 상황으로 봐서 의심의 여지가 없다.

촌락 grāma에 비해서 아란야(阿蘭若 araṇya)에 해당하는 이 성벽 밖의 땅은 정통문화에서 본 변경이기는 해도 산업 활동에서 본 변경은 아니다. 왜냐하면 승원과 불탑은 동시에 시장과 가까운 거리에 위치하고 있고 교역의 중심에 해당한다. 바르나에서 유래하는 정부정 淨不淨의 관념을 철저하게 발전시켜서 모든 사물에까지 적용한 브라흐마니즘의 입장에서 보면 교역, 즉 정체가 불분명한 자들과 물건을 교환한다는 것은 그럼으로써 사회 전체에 부정함을 퍼뜨리는 위험천만한 행위가 된다. 이것을 정당화할 수 있는 종교자가 있다면, 그것은 정부정의 관념을 초월하고 스스로 바르나를 뛰어넘은 출가자 외에는 없다.

이렇게 생각하면 승원과 불탑이 매장장과 시장이라는 얼핏 전혀 무관해 보이는 공간의 양쪽에 공통적으로 세워져 있다는 점은 주연성 周緣性이라기보다 정과 부정, 삶과 죽음, 안과 밖이라는 이분된 경계를 뛰어넘는 것으로 이해할 수 있다. 이러한 토포스의 출현은 사회집단을 지역을 넘어 교류하게 하고, 각각의 전통에 갇혀 있던 기능이나 지식의 교환을 촉구하고 유동화시켜서 새로운 지 知를 낳는 공간이 된다.

이상 호크스, 쇼, 시마다의 성과는 불탑과 승원의 관계 그리고 인도사회와 불교의 관계에 대해서 지금까지의 학계에서 연구자들이 그리고 있던 풍경을 크게 변모시켰다. 동시에 기원전 3세기 이후, 적어도 수 세기에 걸친 인도불교의 이런 현실을 눈앞에 마주했을 때, 불탑에 대한 기술이 하나도 없는 스리랑카 대사파에 전해진

율이 고대 인도불교의 역사적 실태를 복원하는 자료로서 얼마나 불완전한 것인지가 분명해진다. 뒤에 다시 언급하지만, 팔리어 자료의 언어 연구자료로서의 가치와 역사적 자료로서의 가치를 혼동해서는 안 된다.

이상의 연구 성과가 불교 연구에서의 역사학적 방법에 대해서 제기하는 문제 두 가지를 덧붙인다. 첫째, 이들 연구 성과가 대부분 문헌 텍스트에 의존하지 않고 고고학적 조사에 의해 획득되었다는 점이 중요하다. 성립 시기가 불분명한 불전의 내용과 불탑의 조각상을 직접 비교한다는, 출처도 성질도 전혀 다른 자료의 오랜 상호의존관계를 끊어버리고 고고학적 자료에 의해 역사를 재구성한 것은 역사 연구의 진전에 있어서 큰 의미가 있다. 둘째, 이들 연구가 전부 역사를 해명하기 위해 지리의 해명에 힘을 쏟았다는 점이다. 역사적 해명의 가능성은 실은 지리적 해명의 가능성에 달려 있다. 사건은 시공 속에 위치를 점할 때 비로소 특정된다. '언제'와 '어디'는 사건을 구성하는 불가결한 두 가지 차원이고, 양자가 동시에 해명되지 않으면 역사는 성립하지 않는다. 이들 두 가지를 이해할 때 율장이나 경장의 텍스트만으로 역사를 재구성하려고 하는 시도가 방법으로서 얼마나 위험한 것인가가 분명해진다.

그럼 고대 인도불교의 텍스트 연구는 고대 인도 역사의 재구축에 공헌할 수 없을까? 앞서 말했듯이, 텍스트의 언설이 그것이 서술된 당시의 현실을 반영할 가능성은 있고, 텍스트 밖의 사실이 어떤 '굴절율'을 가지고 텍스트 내의 서술로서 비치고 있는지가 밝혀진다면, 텍스트를 사용함으로써 신뢰할 만한 역사를 구성할 수 있다. 지금까지의 연구에서 이 사례에 적합한 연구가 있다면 그것은 조나단 월터스 Jonathan Walters의 연구일 것이다. 결론의 진위에 대한 판단은 잠시 보류하기로 하고, 방법론의 확실함으로 보면 다른 연구에서는 찾아볼 수 없고, 특히 그 소재가 대승경전의 고찰에도 중요한 의미를 가진다. 이하 항을 4)와 5) 둘로 나누어 조금 자세히 다룬다.

4) 불탑과 텍스트–조나단 월터스가 보이는 가능성

1997년 조나단 월터스는 「불탑, 이야기, 제국 – 초기 포스트 아쇼카 기 인도 불전의 구성」이라는 중요한 논문을 발표했다. 그는 그 논문에서 『아파다나 *Apadana*』, 『붓다밤사 *Buddhavamsa*』, 『차리야피타카 *Cariya Pitaka*』의 불전 삼부작 – 월터스의 표현에 따르면 각 머리글자를 딴 ABC – 과 바르후트, 산치, 아마라바티의 불탑 및 관련 비문 기록을 대조함으로써 텍스트와 불탑과 비문이 전체적으로 그려내는 고대 인도의 사회, 정치, 종교의 공간과 거기에 있어서의 불전의 역할을 해명했다.

이 논문은 프랭크 레이놀드 Frank Reynolds가 1976년에 발표한 「붓다의 수많은 생애 – 성자전과 테라바다 전통연구」(Reynolds[1976])를 발전적으로 계승했는데, 정확하건 부정확하건 간에 붓다의 전기를 '역사적 붓다의 생애'의 반영으로서 읽는 것이 아니라 불교 내부의 모든 전통을 창조하거나 변용하는 기반 locus이라고 본다. 제1절에서 말한 역사적 '능산'으로서 텍스트를 이해하는 입장이다.

월터스의 이 논문은 시험적인 단계에 있기 때문에 보다 상세한 논증이 필요하다. 특히 『아파다나』의 시대를 어떻게 설정할지는, 그가 고찰에서 제외하는, 마찬가지로 불탑을 칭송하는 북전의 자료 – 예를 들어 *Lokānuvartanāsūtra*나 *Avalokanasūtra* – 와 비교할 때 중요하다. 이러한 과제를 남아 있기는 하지만, 이 논문의 취지는 제1절에서 언급한 역사학적 연구를 불교 연구에 구체화한 예로서 중요하다. 우선 본 항에서는 역사 연구에 공헌할 수 있는 텍스트 연구의 방법론에 한정해서 논의한다.

월터스는 이 삼부작을 고찰할 때, 텍스트가 역사를 복원하는 근거로서 얼마나 정당하게 쓰일 수 있는지에 대해서, 불교 연구에 있어서의 의식적인 방법을 명확하게 했다.

> 이들[삼부작]의 텍스트 자체는 재구축되어야 할 역사적 상황을 밝히지는 못한다. 그것들은 사념할 수 없는 과거에 대한 시詩이지 과학적인 역사는 아니다. 이런 당연한 사실을 여기에서 지적하는 이유는 불교학에서는 그것이 항상 인식되는 것은 아니기 때문이다. 마치 성전의 작자들이 스스로 살았던 시간과 장소를 객관적으로 기술하려고 노력이라도 한 것처럼, 불교학에는 남아 있는 문학작품에서 직접 역사를 엮으려는 경향이 있다. 그것에 대해서는 최근 10년간 그레고리 쇼펜이 다양한 형식으로 철저하게 비판했다. 그는 불교학이라는 건축물 – 비구와 재가자 사이에 보이는 여러 가지 구별이나 대승불교의 기원 – 의 기반에 과감하게 도전해서, 근년의 텍스트 사본이 아니라 수 세기 이전에/의 시대를 특정할 수 있는 비문에서 증거를 구했다(Walters[2009: 236]에 재수록한 내용으로부터 인용).

이 비판은 중요하다. 많은 불교 연구자가 오로지 텍스트의 내용을 근거로 역사를 재구성하려고 했다. 특히 경전 내용을 기초로 대승불교를 '교단사적'으로 해명하려는 연구자들에게 현저하다. 하지만 경전이라는 텍스트의 내용에만 근거해서, 그 작품이 만들어진 시대의 사회상이며 작품의 작자를 역사적으로 복원하는 것은 불가능하다. 제1절에서 말했듯이, 역사는 문헌 자료와 문헌 외 자료 두 가지의 일치를 전제로 구성된다. 그럼에도 불구하고 무엇보다 그런 일치가 매우 드물다는 점 그리고 일치한다고 하더라도 그것이 텍스트 작자의 실상으로까지 이어지는 것은 생각하기 힘들기 때문이다. 월터스도 이 점을 자각하고 있어서, 역사를 복원하는 작업에서 비문과 텍스트가 동시에 필요하다는 것을 지적한다. 비문을 해독하기 위해서는 텍스트 해독이 대전제가 된다는 것을 말한 다음, 텍스트가 비문에 대해서 갖는 역할을 다음과 같이 지적한다.

> 쇼펜의 비판은 비문이 텍스트에 새로운 문제를 제기할 때 그리고 이 점을 부가하는 것이 중요하지만, 이어서/겸해서 텍스트를 통해 비문에 새로운 질문을 던질 때 비로소 결실을 거두기 시작한다. …… [중략] …… 특정 텍스트가 그 텍스트 자체에 있어서는 부분적으로 외부인(비문이나 고고학의 – 원저자) 증거에 입각해서 복원 가능한 특정 시대의 산물로 볼 수 있을 때 텍스트 연구와 비문 연구의 쌍방이 되살아난다. 쇼펜의 연구가 분명히 보여주듯이, 텍스트 연구를 비문 역사 속에 놓는 것이 가능해지면 불교학의 새로운 영역이 열린다(ibid. 236-7).

동시에 그가 주의를 환기하는 것은 커닝엄 Cunningham, 쿠마라스와미 Coomaraswamy, 푸세 Foucher, 마샬 Marshall, 뮈 Mus 등 당대 제일의 연구자들이 『디비야 아바다나 *Divya-avadana*』, 『라리타비스타라 *Lalita-Vistara*』, 『마하바스투』, 『자타카마라 *Jataka Mara*』, 『담마파다앗타카타 *Dhammapaeta Atagata*』 등 일반적으로 기원후 1세기에서 5세기에 성립한 것으로 보이는 후대의 문헌을 이용해서, 기원전 3-2세기의 불탑의 부조상에 대해서 말하는 아나크로니즘이다. 이런 시대착오가 연구방법으로서 수용된 배경에는, 텍스트가 과거에 구두 전승되던 시대의 내용을 그대로 복원한 것이라는 이해 혹은 후대에 성립되었더라도 서사가 상세한 텍스트는 그만큼 역사적 신빙성을 가진다는 암묵의 전제가 있다. 하지만 그것은 모두 근거 없는 상정이고, 무엇보다도 조각상과 텍스트의 서사가 일치한다는 것 자체가 대부분의 경우에 추론의 영역을 벗어나지 않는다. 가령 한 보 양보해서 조각상과 후대의 서사 사이에 영향관계를 인정했다고 해도, 그것은 앞 시대의 조각상이 뒤 시대의 이야기 제작에 영향을 미친 것이지 그 반대는 아니다. 월터스의 이런 비판은 불탑의 부조상과 텍스트의 관계를 둘러싼 종래의 연구뿐만 아니라 대승불교의 교단적 실태를 언급하는 대부분의 연구에 적용된다.

월터스는 위와 같이 비판한 뒤에 바르후트, 산치, 아마라바티 불탑 구축과정과 그 의의를 분석하고, 그것과 불전 삼부작의 제작과정과 내용을 상세히 비교해서, 양자에 내용적으로 밀접한 공통점이 확인된다는 점, 특히 성립시기가 일치한다는 점을 인정했다. 구체적으로는 Wader[1967: 303], Bechert[1976: 48], Abeynayake [1984: 165-82]가 어휘, 문법과 운율의 구조, 사상과 신화적 특징을 근거로 해서 불전 삼부작을 포스트 아쇼카 기로 설정한 점, 삼부작이 『차리야피타카』→『붓다밤사』→『아파다나』의 순서로 명확하게 이어지면서 제작된 점, 이들 텍스트에 나오는 불탑공양에 대한 구체적인 기술이 거대 불탑의 제작과정과 보기 좋게 일치한다는 점, 이러한 사실을 전제로 해서 불전 삼부작은 불탑의 제작과정과 겹치고, 텍스트와 불탑은 불전의 창성創成이라는 동일한 활동의 두 가지 측면으로서 상호보완적으로 기능했다는 결론을 끌어냈다.

5) 불탑과 불전

이상의 방법적 반성 위에 이루어진 월터스의 고찰은 시사하는 바가 풍부하다. 본래 불전은 붓다 단 한 사람의 일대기가 아니라 붓다와 함께 살았던 사람들의 공동체 전체의 이야기이다. 보살을 모시던 이들이 보살과 동일한 세계에 다시 태어나서 열반에의 길을 함께 걷는 것 그리고 열반에 들어갈 때도 주인공 한 사람뿐만 아니라 그를 둘러싼 자들도 모두 동시라는 것 등에서 알 수 있듯이, 완성된 불전에서 붓다와 붓다를 만나는 자들은 동일한 세계를 함께 사는 불가분의 전체가 되어 있다.

불전 삼부작의 마지막 작품『아파다나』에서는 보살로서의 붓다뿐만 아니라 독각과 성문들의 일대기가 설해져서, 이른바 삼승에 해당하는 것이 전부 나온다. 거기에는 다양한 계층과 출신과 직업과 입장의 장로, 장로니들의 과거에서 현세에 이르는 생애를 주제로 해서, 그것이 붓다를 중심으로 한 거대한 세계의 이야기를 구성한다. 붓다는 먼 과거에 이들과 함께 목적을 달성하리라는 서원을 세우고 그것이 보리수 아래의 비원성취로서 나타났다. 이 이야기는『테라가타 長老偈』나『테리가타 長老尼偈』 등 종전의 제자들의 전기가, 출가 후부터 깨달음에 이르는 현생에 한정되고, 그 모티브도 출가→수행→깨달음이라는, 대부분의 일반 신자들에게 의미 없는 단순한 단편이었던 것과는 전혀 다르다.

불탑은 실은 이러한 텍스트로서의 불전을 외화한 건조물로서의 불전에 다름 아니다. 거기에 먼 과거에서 현생에 이르기까지 수많은 생애를 거쳐온 보살로서의 붓다 그리고 그 보살과 함께 있던 여러 독각, 성문, 중생들의 장대한 우주의 이야기를 조각상으로 표현한 것이다.

여기에서 불탑을 시주한 사람에 대해 주목해보자. 지금까지 연구자들은 불탑을 시주한 주체를 특정하기 위해 여러 가지로 비문을 해독해서, 라모트나 바로는 부파를, 쇼펜은 출가와 재가의 차이를, 차크라바르티는 사회적 지위를 알아냈다. 하지만 여기에서 중요한 것은 비문을 시주한 것이 대부분 가족, 친족, 직업 집단, 마을 등의 공동체이고, 개인명은 그 대표라는 점이다. 말하자면 불탑을 제작한 주체는 '복합적 사업체 complex agency'이고, 그 활동은 다양한 커뮤니티가 섞인 전체에 의해 유지되었다. 불탑이라는 축제의 공간에 참가하는 사람들은 그것을 통해 스스로 불전의 일부로 동화하고 함께 불전을 사는 존재가 된다. 실제로 여기에 드는 거대한 불탑은 전체가 한꺼번에 제작된 것이 아니라 오랜 세월을 거쳐 여러 부분이 증축된 것이다. 그 시주 하나하나에 시대와 지역과 직업과 계층을 달리하는 다양한 사람들이 관여해서 공동으로 불탑이라는 불전을 창성한다. 그리고 이 행위는 과거에 종료한 것이 아니라 현재도 이루어지고 있으며 또 미래를 향해 진행되고 있다. 불탑을 살아 있는 붓다라고 하는 이유가 여기에 있다.

이렇게 순차적으로 보시가 증대했다는 사실은 텍스트와 비문의 관계를 밝히는 데 매우 중요하다. 삼부작 가운데 가장 늦게 성립한 『아파다나』에는 팔리 『열반경』에는 없고 비문에만 확인되는 보시물 - 등명, 난간, 등받침 있는 사자좌, 장식 우산, 법륜 - 이 나온다. 이것은 정전기 正典期에서 포스트 정전기에 걸친 변화로, 이것을 불탑 유적과 대조함으로써 어느 정도 연대를 확정할 수 있다. 왜냐하면 마우리야 조의 비문에는 기둥, 빗장, 난간, 왕관, 법륜, 등명 등 시대가 지날수록 보시하는 물건이 변화해서 계시적으로 비교대조하는 것이 가능하기 때문이다. 『차리야피타카』에 나오는 붓다관이 현생에 한정되어 있는 것은 바르후트 대탑 조각상의 내용과 일치한다. 『붓다밤사』의 내용은 난간의 시대에 그리고 『아파다나』는 아마라바티 불탑의 시대와 일치한다. 또 『아파다나』에 등장하는 물건들은 아마라바티의 비문과 일치하지만, 후기 이쿠슈바크 왕조의 비문과는 일치하지 않는다. 이것들을 종합하면 『아파다나』에 대해서 성립 장소를 안드라 지방, 성립 시기를 포스트 마우리야기 혹은 프리 이쿠슈바크 기로 상정할 수 있다.

그런데 소위 자연발생적으로 이루어지는 이런 공동체적 행위를 과연 누가 종합했을까? 이 점에 대해서 불탑 자체에는 아무런 언급도 없다. 그 실상을 밝혀주는 것 역시 텍스트이다. 『아파다나』의 내용은 불탑을 제작하는 과정을 보여준다. 즉, 어떤 개인이 축제를 조직하고 거기에 여러 사람들이 모여 시주해서 비로소 거대한 축제가 완성된다. 역사적 사실에서는 축제를 조직한 이 개인이 마우리야 조의 아쇼카 왕이고, 또 사타바하나 Satavahana 조 혹은 슝가 Shunga 조의 왕들로, 통틀어 전륜성왕이라고 불리는 사람들임은 의심의 여지가 없다. 최초기의 비문에는 아쇼카, 사타바하나, 슝가의 왕밖에 보이지 않고, 다양한 시주자가 출현하는 것은 더 나중이다. 이러한 동향을 반영하는 불전은 대중에 전해진 과거의 전승이 아니라, 포스트 아쇼카 기의 제국통일이라는 사건과 관련된, 정치사회적 현실을 반영하는 당시의 전기이다.

불탑이 불전으로 다양한 사람들의 행위의 결과로 이루어진 복합체라는 점은 강조할 만하다. 그것은 동시대가 갖는 다양성의 복합체일뿐만 아니라 다른 시대도 포함하는 복합체이다. 즉, 역대의 왕들은 자신의 치세의 정통성을 표현할 때, 새로 불탑을 건립하는 것이 아니라 이미 건립되어 있던 불탑에 새로운 요소를 부가한다. 주목할 것은 새롭게 추가되는 조각상의 모티브로 쓰이는 것이 자기 자신의 모습이 아니라 아자타샤트루 Ajatasatru 왕이나 아쇼카 왕 등 과거의 왕의 모습이라는 사실이다. 그 이미지는 바로 공동체의 집합적 기억의 발로로서, 아자타샤트루나 아쇼카의 모습을 빌려서 당시의 왕의 축제를 새긴 것이다. 미술사학자 사이에서는 이미 알려져 있는 이러한 경향은 과거를 현재에 대입해서 현재의 정통성을 주장하는 중요한 방법으로서, 다시(제5절 제4항) 말하겠지만 초기 대승경전의 구조에도 반영된다.

마지막으로, 이들 불전 삼부작은 불탑이라는 축제의 공간에서 실제로 독송되었을 가능성이 높다. 작품은 모두 운문 형식이고, 불탑이나 불전에 참여한 사람들을 전면적으로 찬미하는 내용이다. 이것을 불탑이라는 공간을 무대로 해서 음영함으로써 그 의의가 충분히 발휘된다. 월터스는 그것이 왕후에서 서민에 이르기까지 모든 인도 사람들을 아우르는, 인도세계에 새롭게 태어난 서사시가 된 것이 틀림없다고 말한다.

월터스는 불탑과 텍스트가 단순히 어느 한쪽이 다른 쪽을 모사한 것이 아니라 각각 한 가지 사고의 고고학적 측면과 인식론적 측면, 외화된 행위와 그 내부의 관계에 있다고 본다. 본래 텍스트로서의 불전 삼부작이 없으면 불탑이 제작되는 과정을 이해할 수 없고, 불탑에 새겨진 사실이 없으면 삼부작의 구체적인 의의를 알 수 없다. 불탑에서의 축제나 공양의 활동을 전제로 하지 않고 불탑공양을 주제로 하는 텍스트가 제작될 까닭이 없고, 텍스트에 명시된 이념 없이는 거대한 건조물로서의 불탑이 제축되는 일도 없다. 그런 의미에서 양자는 상보적으로 기능한다.

이 지적은 불교세계와 교전教典의 관계에서 한 걸음 더 고찰을 심화할 가치가 있다. 종교학 일반의 성전연구에 있어서는 윌프레드 캔트웰 스미스가 만년의 저작 속에서 밝혔듯이, 드러난 구체적 형상으로서의 성전과 잠재적 형태의 성전, 두 가지를 구별할 필요가 있다(Smith[1993]). 이것은 불전연구에 있어서도 마찬가지로, 필자는 이 점에 대해서 다음과 같이 말한 바 있다.

> 구체적인 불전이 출현하기 위해서는 세대를 넘어서 붓다의 가르침을 기억하고 보존하는 가치나 유효성에 대한 종교적·정치적·사회적이고 지적 혹은 정서적 합의가 공동체에 미리 형성되어 있지 않으면 안 된다. 주지하듯이, 붓다 자신은 불전의 편찬에 전혀 관여하지 않았다. 그럼에도 불구하고 불전이 제작되어 전승된 것은 붓다의 가르침을 마주해서 그것을 불교세계의 중심에 두려는 해석행위의 수행의지가 구체적인 불전이 출현하기 이전에 공동체 내부에 형성되어 있었다는 것을 말해준다. 공동체에 있어서의 해석행위로서 존재하는 잠재적 형태의 불전은 동류의 것을 계속해서 발견해서 일련의 불전으로 포괄해가는 힘을 가지고 있다. 그것은 말로 된 텍스트의 범위를 넘어 성상, 성유물, 조형물, 건축물 등의 인공물에 대해서도 마찬가지의 지적·정서적 합의를 형성하고 그것들을 제작하는 데 일정의 제약과 방향성을 제공한다. 그것은 언어 차원에서 기능하면서도 비언어 차원의 모든 활동도 동화해가며, 가치나 질서의 규범으로서 작용하는 불전과 마찬가지 성격과 기능을 그들 사물에도 부여한다(시모다[2011], 198항).

월터스가 지적한 것은 바로 이러한 성전의 양상으로서의 불전과 불탑의 관계이다.

이상의 제2절의 고찰을 통해서 밝혀지는 것은, 불탑이 불전과 표리일체가 되어 인도불교사에서 살아 있는 붓다로서의 역할을 수행해왔다는 사실이다. 고대 인도 역사상 최초로 슈라마나(승려/사문)들을 정연한 질서 아래 공동체화하고 마가다 국왕을 비롯한 여러 유력자를 귀의시킨 붓다의 위력은 붓다 재세 시부터 사람들의 눈에 놀라운 일로 비쳤음이 틀림없다. 이러한 사실이 없었다면, 붓다 입멸 직후에 그 사리를 둘러싸고 여러 왕들 사이에 쟁탈전이 벌어지고 또 인도아대륙에 제국통일이 이루어질 때 정통성의 상징으로 계속 문제 삼는 일은 없었을 것이다. 붓다의 위력은 상상 이상으로 강대해서, 일부 경전이나 율의 텍스트에 입각해서 근대불교학이 구축해온 역사적 붓다의 이미지로는 도저히 따라갈 수 없다.

이 압도적인 힘을 가지고 고대 인도에 전개된 현실의 불교를 텍스트 세계를 담당하는 사람들은 도대체 어떤 식으로 이해했을까. 그 한 가지는 이미 언급한 불전 삼부작에 나타난다. 그것은 불탑신앙의 일부로서 불탑신앙을 전면적으로 지지하는 것이었다. 하지만 이것과 전혀 다르게 대처한 사람들이 있었다. 그것이 초기 대승경전을 담당한 사람들이다. 이 주제를 고찰하기 위해서는 전통 불교경전과 초기 대승경전을 둘러싼 전승형태에 대해 최대한 명확히 해둘 필요가 있다. 그것은 두 계통의 경전이 갖는 역사적 기원의 차이를 확인하기 위해 필수적이다. 먼저 근년의 주목할 만한 연구를 소개한다.

3.
초기 대승경전 해명의 배경

1) 길기트에서의 경장의 재발견-여러 대승경전과 근본설일체유부율

단 하나의 고고학적 사실을 발견하는 것이 고대의 역사를 둘러싼 길고 장대한 논의에 종지부를 찍고, 그때까지 존재했던 여러 논의의 의미를 무자비하게도 깨끗이 지우고 새로운 이해를 학계에 가져오는 일이 있다 – 역사학자라면 누구나 기대하면서도 두려워하는 일이 바로 인도 대승불교의 존재형태를 둘러싸고 일어났다.

「길기트 사본군은 어떤 건조물에서 발견되었는가」 – 불과 9년 전에 제라드 휴스만Gerard Fussman이 발표한 50쪽에 이르는 논문은 종래의 대승불교 연구의 역사를 다시 쓰게 만드는 영향력을 가진다(Fussman[2004]). 휴스만은 이 논문에서 지금까지 뉴델리, 로마, 도쿄, 도쿠시마 등의 다른 연구거점에서 나온 출판물로서 전문 연구자 사이에서 친숙해진, 길기트에서 출토된 『법화경』, 『반야경』, 『근본설일체유부율』 「아바다나」 등의 사본군이 길기트의 나우뿌르라는 곳의, 완전히 같은 경장에서 출토되었다는 사실을 밝혔다.

이 경장의 발견, 아니 발견에 이르는 역사의 총괄에 의해 대승경전인 『법화경』이나 『반야경』이 6세기 말에서 8세기 초의 팔로라 사히 Palola Ṣāhī 왕조하에서 『근본설일체유부율』을 교단의 규범 텍스트로 하는 사람들에 의해 – 지금까지의 학계의 상식에 따르면 근본설일체유부에 속하는 승원에 의해 – 전승되었다는 사실이 밝혀졌다. 오랜 세월 학계의 수수께끼였던 대승경전이 어느 부파에 속하는가 하는 문제가 고고학적 연구에 의해 처음으로 밝혀졌다.

그 결과, 대승경전을 전승하는 주체인 교단에 대해서, 지금까지 대승비불설론이 그래왔듯이 전통 불교부파를 벗어난 다른 그룹을 상정할 수 없게 되었고, 쇼펜이 제기한 것처럼(Schopen[2005: 12-13]) 뱅갈의 변경 지역에 한정할 수도 없게 되었으며, 또 오랫동안 학계의 정설이었던 것처럼 대중부에만 귀속시키는 것도 불가능해졌다. 대승경전은 북인도 최대의 부파인 근본설일체유부에 속하는 경장에 존재하고 계승되었다.

휴스만의 논문은 동일한 유적에서 장기간에 걸친 단속적인 발굴조사의 실태를 시간순서대로 따라 개선해가는 것이 얼마나 중요한지를 가르쳐준다. 그것은 여러 사람들이 오랜 시간 동안 조사한 여러 기록을 꼼꼼히 더듬고, 80년 이상의 시간에 걸쳐 세계 각지에 흩어져 있던 정보를 분석적으로 회수하는 작업으로, 고고학적 혜안이 있을 때 비로소 가능한 일이다.

특히 사본에 관한 고고학적 정보에 대해서는, 발굴에서 유통에 이르기까지 여러 브로커가 정보를 감추며 끼어들기 때문에, 발굴 장소에 관한 정확한 정보를 입수할 수 있는 가능성이 매우 낮다. 스코엔 Schoyen 컬렉션이나 바주르 Bajaur 사본 같은 귀중한 발견에도 그들 사본이 어느 승원이나 불탑에서 출현했는지 위치를 확정하는 것은 용이하지 않다. 그래서 아함경전과 대승경전이 동일 컬렉션에 존재하는 것이 밝혀지기는 했지만 원초적인 보존형태는 수수께끼로 남아 있어서, 고고학적 증거에 근거해서 대승불교의 존재형태를 결정하지는 못했다. 하지만 이 최대의 수수께끼를 휴스만의 논문이 마침내 해명해주었다. 그 배경에는 인도 최북단에 단 한 건물이 파괴를 면해 1300년 이상 남아서 거기에서 나온 사본이 세계 각지에 보존되었고 그 과정을 적은 기록까지 남아 있었다는 귀한 우연이 있었다. 고대 인도 불교에 관한 역사학적 연구에 얼마나 많은 곤란이 있는지, 제1절에서 말한 내용을 구체적으로 보여주는 실로 귀중한 연구사례이다.

본 연구는 Schopen[2009]이 문제를 다소 축소하는 방향으로 비판적으로 계승했고, 그 뒤에 von Hinüber[2012]는 이 두 사람의 연구를 발판으로 해서 『법화경』의 연구 보고로서 그 발견의 의의를 소개했다. 본래 휴스만의 논문이 폰 히뉘버의 선행연구와 지견에 많은 영향을 받았다. 따라서 양자를 종합하면 이 경장의 사본에 대해 신뢰할 만한 정보를 입수할 수 있다. 수록되어 있던 문헌은 57개의 표제를 가지고 17개의 아바다나를 포함하는 50개의 사본군으로, 거기에는 *Vinayavastu*, *Vinayavibhaṅga*, *Karmavācanā*, *Ekottarikāgama*, *Dharmaskandha*, *Vajracchedikā*, *Samādhirājasūtra*, *Saddharmapuṇḍudarīkasūtra*, *Aṣṭādaśasāhasrikā-prajñāpāramitā*, *Pañcaviṃśatisāhasrikā-prajñāpāramitā* 등이 들어 있다. 아바다나에 대해서는 개별 문헌으로 존재하고 있었는지 방대한 하나의 사본에 들어 있던 것인지 확실하지 않다고 한다.

아마 2층짜리였다고 생각되는 이 '불교도서관'은 그것을 관리하는 승려(들)의 거주이기도 했다. 그(들)은 지역의 의례를 집행하거나 조언하고 동시에 지역 주민들에 대한 의료에도 관여하고 있었다. 여기에서 출토된 『법화경』의 식어識語에 따르면, 『법화경』의 독송을 중심으로 하는 의례가 있는데, 거기에 많은 이란 계 재가신자들이 관여하고 있었으며, 그 문언이 부르샤스키 Burushaski 방언으로 바뀌는 과정에서 의례 자체가 완전히 지역화해서 정착되었음을 알 수 있다. 『법화경』을 신봉한 사람들은 길기트 지역의 주민뿐만 아니라 중앙아시아에서 이주한 이란계 사람들일 가능성이 높다. 이주민들과의 교류에 승원이 중심적 역할을 수행한 점은 고대 인도의 승원이나 불탑을 둘러싼 사정과 공통된다.

이러한 의례에 법사 dharmabhāṇaka라고 불리는 출가자가 관여한 것은 틀림없다. 그들은 직접 사본을 서사했을 가능성도 있고 또는 경전을 봉납하는 의례에만 관여했을 가능성도 있다. 인더스 강 상류에 남아 있는 비문에 비추어보면, 그들은 지방을 돌아다니는 출가자로서 그 모습은 시모다[1997]가 지적하는 '원시 대승열반경'의 법사와 일치한다고 폰 히뉘버가 말한다. 그리고 그는 이 법사가 '다양한 민족적 배경을 갖는 재가신자의 이익과 공덕을 위해 당시 존재하던 『법화경』 사본의 하나를 서사하게 했다. 이것은 『법화경』이 길기트를 넘어 다양한 민족의 사람들에게 널리 신봉되었다는 것을 보여준다'고 결론을 내린다.

그럼 대승경전을 둘러싼 의례와 법사의 관계를 구체적으로 밝힌 이들 연구를 어떻게 평가할 것인가. 이것은 초기 대승경전을 어떻게 이해할 것인가 하는 본 장의 주요한 과제이기도 하다. 여기서 짚고 넘어가야 하는 점은 대승경전을 둘러싼 이들 사건이 6세기 말에서 8세기 초에 걸친 팔로라 사히 왕조 치하의 길기트 불교문화 속에서 일어났다는 사실이다. 그 이해 위에서 이 사례가 얼마나 지역이나 시대를 뛰어넘어 보편적인 사태를 보여줄 수 있는지 이해할 수 있을지 생각해볼 필요가 있다.

먼저 지역적 측면에서 대답하기는 쉽다. 예를 들어 『반야경』이 뱅갈 지방의 비문 속에 보이고 스리랑카에서 그 실물이 발견된 사실은 대승경전의 유포가 남아시아에 걸친 현상이었다는 것을 보여준다. 다시 말해 이 경장에서 확인되는 대승경전을 신봉하는 현상은 길기트 지방문화에 한정된 것이 아니라 남아시아에 보편적인 사례라고 이해할 수 있다.

거기에 비해 시대적 격차를 뛰어넘은 보편성의 문제는 대답이 간단하지 않다. 즉, 이 길기트의 의례가 초기 대승경전이 출현한 기원 전후에서 오백 년이 넘도록 변화하지 않고 계승되어 왔는가 혹은 전파하는 과정에서 의례화한 것인가 하는 의문에 대해서는, 사례가 하나뿐이기 때문에 결론을 내리는 것이 불가능하다. 역사 연구의 시점에서는 그 출현에서 멀리 떨어진 시대에 존재하는 의례로서 한정적으로 이해하는 것이 타당할 것이다. 이 점은 제4절 이하의 주제와도 연관되기 때문에,

거기서 다시 고찰하기로 한다.

2) 전통경전의 전승형태와 승원의 소유자

앞 항에서 고찰한 길기트 나우뿌르에서 출토된 경전의 전승에 대한 사례는, 경전의 관리는 출가자가 관여하지만 보다 큰 재가자 집단의 힘 아래 이루어졌음을 보여준다. 실은 이러한 전승형태는 후대의 길기트에 고유한 것이 아니라 전통불교의 아함, 니카야, 아비다르마에도 공통된다.

근대불교학에서는 언제부터인가 전통불교 경전의 저자는 붓다이므로 물을 필요가 없지만, 대승경전은 붓다가 저자가 될 수 없기 때문에 그것을 '날조'한 저자에 대해 물어야 한다는 과제가 생겼다. 하지만 현재 입수할 수 있는 자료에 근거하는 한, Gombrich[1988: 33]가 지적한 대로 전통불교 경전의 저자조차 결정하기 곤란하다. 즉, 가장 오래된 것으로 보이는 「앗타카박가 *Aṭṭhaka-vagga*」 조차 그 가르침이 붓다를 기원으로 하는지 아닌지를 결정할 수 없다. 먼저 현존하는 역사자료의 상황에 근거해서 질문을 대답 가능한 것으로 다시 설정할 필요가 있다. 말하자면 경전의 저자를 묻는 것이 아니라 전승형태를 묻는 것이다.

재설정한 이 질문에 대한 전통불교의 답을 보면, 일찍이 von Hinüber[1989]가 주목한 팔리 율장의 「입우안거건도 入雨安居犍度」에 나오는 구절이 명쾌한 사례로 눈에 띈다. 경전을 암송하는 것은 재가자인 우바이다(Oldenberg(ed.) *Vinayapiṭaka* i. 140-2). 그 우바이는 승원과 경장을 건립한 뒤에, 자신이 암송하는 경전이 멸하기 전에 상가에 전승하기 위해 출가 비구를 초대한다. 이러한 경우에 비구는 일주일에 한해서 안거를 중단해도 좋다고 붓다는 말한다.

한역『근본설일체유부율』의 해당 대목은 우바새가 sūtra, mātrikā 및 관련 주석서의 서사를 마치고 기념행사에 출가자를 초대한다는 내용이다(Taisho Vol. 23, 1042c28-1043a3). 이것은 위에서 본 길기트의 경장에 확인되는 서사 경전의 계승 형태, 즉 재가자가 서사행위의 조직화에 중요한 역할을 수행했다는 내용과 일치한다. 한편 산스크리트 사본과 티벳역은 서사에 대해서는 언급하지 않고, 경전을 선설宣說하고 uddiṣṭa 보급시키는 pravṛtta 것이 우바새라고 말한다(Shono[2010: 47]). 『십송율』의 해당 부분에서는 경전 이름을 구체적으로 '대경 mahāsūtra'으로 열거하기는 하지만, 그것을 독송하고 서사하는 주체에 대해 우바새나 우바이라고는 말하지 않는다(Taisho Vol. 22, 174b17-c3). 하지만 이렇게 규정하는 취지는 재가자와 경전을 공유하기 위해 안거를 중단하는 것이고, 재가자가 경전에 높은 관심을 보이고 있었다는 점은 확실하다. 또 mahāsūtra라는 이름은 대승의 『열반경』이 스스로를 부르는 이름으로(Habata[2007]), 양자 사이에 뭔가 관계가 있었을 가능성이 있다.

율장의 기록이 보여주는 이 내용이 대승경전의 보존에 관한 기록과 일치하는 점 더욱 주목할 만하다. 법현이 인도에서 『대승열반경』의 사본을 입수한 경위에 대해서 『출삼장기집』에는 마가다 국의 수도 파탈리푸트라 pātaliputra에 있는 아쇼카왕이 건립한 불탑인 천왕정사 天王精舍에서 카라세나 karasena라는 우바새로부터 원본을 입수했다(Taisho Vol. 55, 60b2-7)고 기록한다. 또 현존하지 않지만 지맹 智猛이 번역했다고 전하는 20권본 『열반경』에 대해서도 거의 유사하게 기록하고 있다. 즉, 파탈리푸트라에 대승을 존숭하고 모든 전적에 통달한 바라문이 많은 일족을 거느리고 있었다. 그 저택에는 가로와 세로가 8척에, 높이가 3척인 은으로 만든 불탑이 있고, 사방의 감실에 있는 은조각상은 높이가 3척이 넘고, 많은 대승경전을 가지고 다양하게 공양하고 있었다. 이 바라문이 당신 나라에는 대승이 있느냐고 물어서 대승뿐이라고 대답하자 그는 경탄하며 『열반경』을 주었다고 한다(Taisho Vol. 55, 60b13-20). 이러한 기록은 대승불교에 특유한 것이라고 생각되어 왔지만, 지금 본 율장의 기록과 비교하고 또 길기트 경장의 예를 고려하면, 전통불교경전, 대승불교경전에 관계없이 불교 일반의 사례로서 받아들여야 한다는 것을 알 수 있다.

여기에서 본래 승원의 소유자가 출가자였는지 재가자였는지 하는 그레고리 쇼펜이 신중하게 검토한 논의를 떠올리는 것은 중요하다. 그것에 따라 경전이 어디에 속하는가 하는 대답이 크게 달라지기 때문이다. Schopen[2004: 217-59]은 비문에 보이는 vihārasvāmin이라는 말에 주목해서, 승원이나 승원에 속하는 물건의 소유권 문제를 『팔리율』과 『근본설일체유부율』의 모든 사례를 대상으로 신중하고 상세하게 검토했다. 그 결과, 승원의 실질적인 소유권은 기진한 재가자에게 속하고, 출가자들이 소유한 것은 말하자면 그것을 이용할 수 있는 권리라는 결론에 도달했다.

율장을 대상으로 특정 주제에 대해서 검토하는 경우는, 다양한 장章에 흩어져 있는 단편적인 기술을 방대한 전체에서 회수해서 검토하는 방법을 취할 수밖에 없다. 승원의 소유권이라는 주제에 대해서도 마찬가지다. 무엇보다 근현대에 완성된 '소유권'이라는 개념으로 고대 인도불교의 사물의 왕래를 일괄하는 위험성을 주의하지 않으면 안 된다. 쇼펜은 이러한 점을 잘 알고 있었다. 그리고 『팔리율』에 더러 우바새에 대해 보이는 '그대의 승원 tuyhaṃ vihāre' '그의 승원 tassa vihāre' 그리고 '어느 우바새의 승원의 사물 aññatarassa upāsakassa vihāraparibhogikam'이라는 표현에 주목해서, 『팔리율』에서 승원의 소유권은 우바새에게 속해 있었다고 보았다.

계속해서 쇼펜은 『근본설일체유부율』을 예로 들어 치밀하게 논의를 진행한다. 승방을 이용하거나 유지하는 방법에 대해 시주한 사람이 상세한 지시를 내리고 승려가 그 지시에 따라 행동규범을 변경하는 점, 승원에서 행하는 일상의 의식에 시주자의 의향이 지속적으로 반영되는 점, 기진뿐 아니라 유지도 지속적인 지원이 필요하기 때문에 시주자는 승원의 운영에 계속 관여하는 점 등을 근거로, 이러한 실질을 동반하는 명사 viahārasvāsmin은 소유자를 가리킨다고 보는 것이 타당하다고 한다. 영속적인 永代공양을 조건으로 재가자의 시주가 이루어졌기 때문에, 재가자는 승원의 의식에까지 관여한 것이다. 출가자는 지어진 시설이나 물건을 계속해서 적절하게 사용할 책임이 있었다. 왜냐하면 출가자가 보시를 받고 보시받은 것을 계속 사용하면 그것을 시주한 재가자의 복덕이 늘어난다는 이해가 양자 사이에 성립했기 때문이다.

승원의 실질적인 소유자가 시주한 재가자라고 하면, 거기에 갖추어진 경장이나 경전 – 경우에 따라서는 율장까지 – 도 출가자만의 것이라고 할 수 없게 된다. 이 결론은 앞에서 본 율의 기술에 있어서의 경전 암송이나 서사에 의한 전승의 문제와 상통한다. 이러한 사실을 전제로 하면, 본래 승원에서 산출되는 지적 재산은 재가자가 어떤 형식으로든 누리는 것이 요구되었음을 알 수 있다. 아바다나가 다량으로 율에 수록되게 된 경위도 이해가 가고, 아함이나 니카야로 대표되는 전통불교경전에 재가적 성격(Cf. Manné[1990], 후쿠다[2011])이 나오는 이유도 쉽게 이해할 수 있다.

전통불교경전의 서사를 둘러싼 재가와 출가 쌍방의 관계는 비교적 최근에 이르기까지 바뀌지 않았다. 근년 담마차이 연구소는 스리랑카, 타이, 미얀마, 캄보디아, 라오스, 란나Lanna의 49편의 사본을 모아 일찍이 없었던 엄밀한 교정방법을 확립해서 『디가니까야*dighanikāya*』「계온품」의 파일럿판을 완성했다. 이 본들의 다양한 식어를 검토하면, 경전은 출가 승려가 서사한 것과 우바새라고 지목되는 재가자가 서사한 것의 두 가지 경우가 있다. 앞에서 본, 율의 규정이나 길기트의 대승경전 서사의 사례와 일치한다.

3) 불전=불탑에 보이는 대승불교의 이념과 『팔리율』의 평가

경전의 전승형태에 관해서 전통불교와 대승불교 간에 차이가 보이지 않는다는 이상의 결과를 바탕으로, 초기 대승경전이 출현한 배경에 대해서 제2절의 고찰 결과로 돌아가보자. 제2절에서 불탑과 불전에 대해서 고찰한 내용은, 거기에 과거불에서 미래불까지를 포함하는 발전된 붓다관, 대중 구제를 목표로 하는 자비의 불교, 나아가야 할 길로서 설해진 성문·독각·보살의 구별, 보살의 서원에 의한 중생구제의 이념 등 지금까지 대승불교의 특징적인 요소라고 간주되었던 것이 모두 나온다는 사실이다. 여기에 덧붙여 붓다의 가르침은 반드시 소멸한다는 점, 그중에 『붓다밤사』의 길이 확립되어 중생들을 이끄는 것을 설한다는 것을 안다면, 여기에는 이미 법멸사상까지 갖추어져 있어서 대승불교가 출현하는 데에 필요한 요소는 이미 완비되어 있다.

특히 불전은 보살과 함께 다시 태어나서 살아가는 사람들이 이루는 공동체 전체의 이야기이며, 중생이 석가보살과 불가분의 관계로서 함께 열반을 향해 가는 존재라는 점은, 시즈타니[1974]가 말하는 '누구든지 보살'과 통한다. 대승경전을 내용상 보살승과 동의라고 봐도 좋다는 사실은 대승불교의 연구자라면 예외 없이 인정하는 점이지만, 이것이 이미 불탑=불전이라는 문맥에서 보이고 있다.

실제로 여기에 든 찬불승, 삼승, 서원, 자비, 붓다관, 불탑, 법멸사상 등의 테마는 지금까지의 대승불교 연구에서 여러 연구자가 논해왔다. 대승경전이 출현한 시기가 기원 전후라면 앞 절에서 말한 세계에 관한 이야기로서의 불전과 불탑이 인도를 통틀어서 융성했던 시기와 겹치고 있어, 연구자들의 견해는 정곡을 찌르고 있다. 그렇다면 초기 대승경전을 이러한 인도불교사 속에 단순히 위치시켜도 좋았을 텐데, 연구자들은 그러지 못하고 오직 하나의 과제에 대해 계속 고민했다. 여기에서 드러나는 불교의 풍경은 근대불교학에서 만들어져 온 '역사적 붓다'나 '원시불교'의 이미지와 전혀 어울리지 않았다. 연구자들은 그 이미지를 버리고 고고학적 사실에 주의를 기울이지 않고, 불전이나 불탑에 나타나는 특징 그리고 그런 요소를 갖는 대승불교를 '정통적'이고 '순수한' 승원불교에서 완강하게 배제해왔다.

연구자들은 지금까지 '역사적 붓다'나 '원시불교'를 구상할 때, 니카야의 일부 경전에 근거하거나 혹은 율의 일부 기술에 근거해서 진행했다. 전자에서는 이성적인 철학사상을 설해서 인류를 보편적인 인간애로 이끄는 붓다의 불교를 예상할 수 있고, 후자에서는 소유나 현실의 생업과는 거리가 먼 청빈을 철저히 하고 자력으로 수행에 힘쓰는 수행자의 불교가 도출된다. 하지만 필립 오르몬드 Phillip Ormondo 가『영국의 불교 발견』을 상재한 이래, 적지 않은 식자들이 지적해왔듯이, 이것들은 한정된 문헌에 근거해서 근대 특유의 가치관이나 이념에 맞추어 창출한 이념에 지나지 않는다. 그리고 전부 현대의 종교자들이 추구하는 이상상이 미리 투영된 것이기 때문에, 연구자들은 그 이미지에 이르는 과정의 문제점을 알아차리지 못했다. 전자의 문제, 즉 이성적 철학자 혹은 인류 보편의 도덕가로서의 붓다라는 문제에 대해서는 몇 번인가 논했기 때문에(시모다[2005], [2005a], [2006], [2010]) 생략하고, 여기서는 율의 기술에 근거한 '원시불교'를 복원하는 문제에 대해 살펴본다.

제도적 측면의 불교 연구는 헤르만 올덴베르그가 『팔리율』의 텍스트를 출판하면서 불교교단을 고찰함으로써 시작되었다. 그는 '파티목카(patimokkha 戒本)'를 '원시불교'의 핵이라고 보고 거기에 세속을 떠난 출가자들의 청빈한 모임을 상정해서, 그것을 본래의 불교라고 했다. 올덴베르그와 그에게 공감하는 리즈 데이비스가 부여한 이러한 제도적인 불교의 이미지는 그 후 학계의 불교 이해에 거의 결정적인 영향을 미쳐서 오늘날까지 뿌리 깊게 남아 있다.

일본 학계에 공통된 불교 이해 역시 여기에 속한다. 주지하듯이 히라카와 아키라의 초기 대승불교 연구는 율장 연구를 기본으로 성립했다. 하지만 그의 율장 이해는 명저 『원시불교의 연구』에 보이듯이 '파티목카'를 기반으로 하는 '경분별'에 근거하고 있으며, 올덴베르그나 리즈 데이비스의 이해를 전제로 한다. 이 때문에 불교 교단의 실태에 대한 이해는 유난히 이념적으로 치우쳐서, 불탑이나 불전을 중심으로 이해하는 불교와는 양립할 수 없게 되었다. 불탑신앙을 논할 때 재가불탑교단이라는 다른 제도를 상정할 수밖에 없게 된 최대의 이유가 여기에 있다.

어찌 됐든 율장 연구자가 승원 불교를 고찰할 때 스스로 율장에서의 불탑 기술을 배척한 것은 유감스러운 사태였다. 히라카와는 바로 Bareau의 연구에서 보이는 불탑에 대한 율장의 기술에 대해서도 당연히 알아차리고, 가끔은 바로보다 상세하게 그 기술을 분석했다. 그럼에도 불구하고 『팔리율』에 불탑에 관한 언급이 없다는 사실과 『열반경』이 사리공양을 부정한다는 억측에 근거해서, 율에 보이는 불탑에 관한 기술에 재가교단의 영향이 있다고 이해했다. 불탑신앙의 중요성을 누누이 지적하고 일관되게 『팔리율』을 최고로 보았던 만큼, 결과적으로 학계는 이전보다도 『팔리율』에 편중하는 경향이 정착했다.

이러한 경향은 서양에서도 완전히 마찬가지다. 앞서 말한 월터스 Walters의 논문은 이 굳은 편견을 바로잡기 위해 많은 지면을 할애했다. 불전 삼부작의 평판은 출판 당초에서부터 매우 나빠서 '역사적 붓다'의 이미지가 흐려진다는 이유로 오랜 시간에 걸쳐서 연구에서 배제되었다. 텍스트는 교정이 허술하고 절판된 채 오랫동안 입수가 불가능한 상태였다. 텍스트 연구자들에 의해 배척되었기 때문에 고고학자도 미술사학자도 그 내용조차 알 수 없었다. 이렇게 해서 텍스트 연구와 고고학적 연구는 적절한 접점을 찾지 못한 채로 왔다.

여기에서 불교 연구자는 『팔리율』의 자료로서의 의의를 정확하게 재평가할 필요가 있다. 그것은 언어적으로는 베다에 통하는 매우 오래된 요소를 가지고 있고 자이나의 자료와도 공통점이 있으며, 구조면에서도 오래된 형태를 보존하고 있을 가능성이 많다. 따라서 언어자료로서의 가치는 번역된 다른 율과는 비교되지 않을 정도로 높고, 편찬 시의 원초적 형태를 아는 데도 중요한 기준을 제공할 가능성이 있다.

하지만 한편으로 인도아대륙에서 전개된 불교의 역사적 실태를 파악하고자 한다면, 『팔리율』의 이상의 특징은 곧 결점이기도 하다. 다른 율에는 보이는 불탑을 둘러싼 역사적 실태가 『팔리율』에 빠진 점이 그것을 사용하고 있던 교단에 불탑이 존재하지 않았다는 사실을 의미하느냐고 묻는다면, 아마 대답은 '아니오'일 것이다. 율의 운용에서 문제가 되는 것은 규정으로 정해진 것뿐이고, 정해지지 않은 것에 대해서는 고려의 범위 밖에 있다. 따라서 설사 불탑의례를 가진 상좌부가 그것에 관여했다고 하더라도, 『팔리율』은 그것을 규정화할 의무가 없고 방임하더라도 잘못이 아니다. 율장에 정해진 규정으로부터 복원되는 역사적 사태는 사실의 극히 일부분에 지나지 않는다. 만일 『팔리율』이 상황의 변용에 따라 일일이 율 규정을 변경하지 않았다면, 사회·제도적인 시대적 변화를 복원하는 자료로서는 다른 율에 비해서 그만큼 가치가 떨어지는 것이 된다. 적어도 초기 대승경전이 출현하는 시기의 인도불교사를 재구축하는 데 이바지하는 바가 거의 없다.

4.
서사의 출현과 대승경전의 출현

1) 서사 경전의 출현, 이설의 출현과 공존

이상의 제2절과 제3절의 고찰을 통해서 밝혀진 것은 초기 대승경전이라는 텍스트가 출현하기 위한 전제가 되는 텍스트 외부의 사회·제도적 상황이다. 그것을 해명하는 방법은 제1절에서 논한 인문학의 방법론으로 말하자면 역사학적 방법에 해당한다. 그 위에 제2절에서는 불탑을 둘러싼 고고학적 조사결과를 살펴봤는데, 그것은 초기 대승경전 텍스트가 출현하는 시대 밖의 상황이고, 대승경전의 내용을 검토한 것은 아니다. 제3절에서 『법화경』을 둘러싼 의례의 존재방식을 논했을 때도 그 식어에 근거했으며, 『법화경』의 내용에 대해서는 아무것도 언급하지 않았다. 식어는 텍스트 자체에 대해서 외부에서 사후에 덧붙인 메타 데이터이고 텍스트 내부의 언어와는 차원이 다르다. 식어가 알려주는 역사는 텍스트의 내용과 직접 관계가 없는 역사적 '소산'으로서의 『법화경』을 둘러싼 역사가 된다.

초기 대승경전을 텍스트 외부와 관련해서 해명하고 역사적으로 파악하려고 할 때, 현재까지의 연구 및 역사자료의 상황으로는 제3절까지 살펴본 것이 우선 하나의 도달점을 보인다. 지금까지 대승불교의 교단 혹은 제도적 기원에 대해서 몇 가지 가설이 나왔지만, 전부 제3절까지의 고찰을 넘어서지 못한다.

대승불교 전체가 재가·불탑교단에 기원을 둔다고 하는 히라카와[1968]의 재가·불탑기원설, 『호국장자소문경』이 아란야주 阿蘭若住의 비구에 기원을 둔다고 하는 Boucher[2008]의 아란야주 기원설, 『법화경』이 촌락주 村落住의 비구들을 배경으로 한다는 가라시마[2005]의 촌락주 기원설 등, 대승의 기원을 고찰하는 대부분의 연구는 경전이 설하는 내용을 거의 그대로 제도적 역사로 받아들이려고 한다. 위에서 보았듯이 이것은 역사학적 방법과 사상적 혹은 언어·문학적 방법을 혼동하는 방법상의 문제를 안고 있다.

인도에 원전자료가 존재하지 않는 점과 『근본설일체유부율』에 보이는 내용에 비교해서 대승의 의의를 과소평가하려고 하는 Schopen[2004]이 제기한 설은 기원후 1세기의 대승경전의 존재를 입증하는 바주르 사본 및 『근본설일체유부율』과 대승경전을 보유하는 길기트 경장의 발견에 의해 간단히 부정되었다. 한편 오랫동안 학계에서 지지되어온 대중부 기원설에 대해서는, 아발로키타브라타 Avalokitavrata의 증언으로 대중부에 대승경전이 존재했다는 사실은 인정하지만, 대중부에만 한정하는 것 역시 길기트 경장의 존재에 의해 부정되었다.

사사키[2000]가 제시한, 율의 파승 破僧에 대한 정의가 변화함에 따라 이설이 발생해서 대승이 생겼다고 하는 상정은 네 가지의 문제점을 남기고 있다. 첫째,

이 파승 정의가 변화했다는 주장은 기원후 5세기의 한역자료 『마하승기율』의 한 곳에 보이는 기술을 기원전 3세기 중반의 인도의 비문에 새겨진 사건이라고 결정함으로써 입증되었다는 점이다. 7백 년이나 떨어져 있는 이 언어의 문헌자료와 비문에 보이는 사실이 정확하게 일치한다고 주장하려면 이 한역자료가 인도의 역사를 절대 연대마다 현미경 같은 정확함으로 복원할 수 있는 사료라는 것이 입증된 뒤가 아니면 안 된다. 둘째, 이 사건에서 대승불교가 출현하기까지는 2백 년이라는 간격이 있어서, 그 공백을 메울 설명이 필요하다. 셋째, 출현한 이설이 다음 세대로 전승되는 구조가 밝혀지지 않으면 안 된다. 넷째, 그 이설의 내용이 어떻게 해서 현존하는 대승경전에 고유한 특성이나 다양성을 가지고 있는지를 설명할 필요가 있다. 이 세 번째와 네 번째 문제는 본 장의 주제이므로, 이하 차례로 논한다.

이상 사회·제도적 입장에서 대승불교의 기원을 해명하려고 하는 어떤 설을 봐도 제3절까지 검토한 내용을 통과할 수 있는 것은 없어 보인다. 연구자는 이제 어느 방향으로 가야 하는가. 다시 한번 초기 대승불교를 둘러싼 문제 상황으로 돌아가서 거기에서부터 재출발하지 않으면 안 된다. 대승불교에 관한 최대의 수수께끼는 대승불교가 흥기한 기원 전후부터 초기의 수 세기에 걸쳐서 사회·제도적 흔적을 아무것도 남기지 않고, 텍스트만으로 줄곧 존재해왔다는 점이다. 불탑이나 불상을 둘러싼 의례가 모든 부파에 보편적이며 절대 대승에만 있는 현상이 아니라는 점 그리고 가장 오래된 사본이 대승 관계 경전이라는 점이 근년에 밝혀짐으로써 이제 서사 텍스트로서 존재하는 대승불교라는 특성은 움직이기 어렵게 됐다. 그럼 대승불교의 해명은 서사 텍스트로서의 불교라는 과제에 한정하고, 연구는 서사 텍스트 내부의 해명에 들어갈 수밖에 없다.

여기서 단순히 텍스트라고 하지 않고 '서사' 텍스트라고 한정하는 것은 초기 대승경전의 성립을 논하는 데에 불가결하다. 왜냐하면 선행하는 논문에서 말했듯이, 서사 텍스트의 출현이야말로 대승불교가 흥기한 최대의 요인이라고 생각되기 때문이다. 필자는 대승불교의 흥기에 대해서 상기 논문에서 다음과 같이 말했다.

> 삼장이 전승되는 과정에서 어느 시기 – 근년에 발견된 인도어 제 사본의 추정연대, 한역연대, 팔리어 전승을 고려한다면 아마 기원 전후 – 에 서사가 도입되고, 그것을 계기로 해서 아함과 니카야에 포함된 개개의 경전의 제작이 끝나면서, 전승자 가운데 불설의 정통성을 물으면서 불설을 직접 마주하는 보살의식을 가지고 경으로서의 불설을 계승하는 사람들이 출현했다. 경전을 계승하는 그들의 활동은 기존의 불전을 정리분류하는 작업이 아니라, 개개의 서사 경전을 연속적으로 창성하는 작업으로서 나타난다(시모다[2011b], p.60).

본 장의 결론도 이것을 넘어서지 않고, 이하에 전개하는 논의도 이 점에 수렴된다. 서사라는 특성에 주목해서 그것과의 관련에서 내용을 해명하면, 대승경전 자체의 특성이나 경전을 둘러싼 상황은 꽤 분명해진다.

경전 속에 보이는 서사나 경권숭배 기사에 착목한 연구는 물론 지금까지도 많이 있었다. 하지만 그것들은 모두 경전에 설해진 서사나 경권이라는 말을 경전의 발전단계나 신앙형태를 논하기 위한, 형식적 기호로서 사용하는 데 지나지 않았고, 문자화가 경전의 내실을 형성하는 데 관여하는 중요한 문제를 고찰의 범위 밖에 두고 있었다. 그것에 대해 여기에서 주목하는 것은, 서사 텍스트의 출현에 의해 텍스트 외부의 제도 세계에서 높은 정도로 자립한 텍스트 내부의 언설공간이 탄생하고, 그 공간 속에서 불설의 정통성을 둘러싼 새로운 의식이 싹터서 자라기 시작한 점이다. 말 그대로 대승경전 기원의 중요한 요소를 서사 텍스트의 특성으로 인정한다는 점에서 지금까지 없었던 이해이다.

여기에서 서사 텍스트의 출현이라는 사건이 불교사를 전환한 대승경전의 출현이라는 큰 사건을 낳을 수 있을까 하는 의문이 생길지도 모른다. 이 질문은 대부분의 경우, 지식전승에 있어서 구전에서 서사로의 이행이 문명사에 획을 긋는 사건이었다는, 사상사의 중요한 논의를 거치지 않은 채 제기되었다. 이 과제에 대해서는 일찍이 언급했기 때문에(시모다[2002a]) 여기서는 반복하지 않는다. Ong[1982], Graham[1987]을 참조하면, 인문학과 종교학에서의 이 주제가 갖는 중요성은 일목요연하다.

한편 불교학 분야에서는 팔리 경전이 갖는 구두 전승적 특질에 주목한 연구가 1983년의 렌스 커즌스 Lance Cousins의 논문 이후, 폰 히뉘버 von Hinüber, 마크 알런 Mark Allen, 스티븐 콜린스 Steven Collins, 루퍼트 게틴 Rupert Gethin에 의해 나왔다. 한편 그것과는 달리 서사가 갖는 의의에 대해서 논한 것은 Gombrich[1988], 시모다[1997], [2004], [2011b], Cole[2005]을 제외하면 거의 없다. 불교학에서 이 과제는 간과된 채로 있다.

대승불교의 흥기에 서사 경전의 출현이 직접 관계가 있다는 견해를 제일 처음 주장한 것은 리처드 곰브리치이다. 그 논문은 간략하고 대승경전의 내용에는 들어가지 않았다는 문제점을 안고는 있지만, 논의의 도입으로서는 충분한 요건을 갖추고 있다. 곰브리치는 커즌스의 연구를 계승해서 팔리 경전이나 율전이 문자의 존재를 전제로 하면서도 그것에 의존하지 않고 구두 전승되었다는 사실을 입증하는 데에 많은 지면을 할애했다. 팔리, 니카야와 같은 교설을 조직적으로 남기고 있는 경우, 불교에 선행하는 베다의 전승 시스템을 모범으로 하면서 암송의 체계를 제도적으로 구축하는 것이 불가결하다. 그 경우에 전승되는 교설은 상가 공동체의 동의를 필요로 하기 때문에, 이런 상황에서는 이설이 생길 수 없고, 생긴다고 하더라도 전승과정에서 도태된다. 여기에 팔리 교전이 갖는 기본적인 보수성이 있다. 그런데 서사가 출현함으로써 이러한 제도적 제약이 무너지고 이설이 전승에 혼입해서 잔존하기 시작한다.

> 이러한 [공동체에 전승되는 구전에 특유한] 상황 속에서는 이미 유포되어 있는 가르침에 대한 비판이나 새로운 무언가를 도입하는 어떤 텍스트도 살아남을 기회가 없다. 몇백, 아니 몇천이라는 비구와 비구니와 재가신자들이 새로운 가르침을 마음에 새기는 비전이나 인스피레이션을 가졌을지도 모르고, 그 가르침을 담은 텍스트를 만들었을 가능성도 있다. 하지만 우리는 그것을 결코 알 수는 없다. 왜냐하면 서사가 없으면 이런 텍스트는 살아남을 수 없기 때문이다(Gombrich [1988: 38]).

이 대목은 사사키[2000]가 주장하는 이설이 발생하는 과정과 비교하면서 읽을 필요가 있다. 사사키가 지적한 대로, 파승의 정의가 변화한 것은 상가 내부에서 발생한 이설과 공존하기 위해서였다고 치자. 그 위에 고려해야 하는 것은 그 이설이 어떻게 살아남아서 다음 세대로 계승될 수 있었나 하는 것이다. 어떤 지식이든 이미 구축되어 있는 지식의 보존 및 전승 시스템에 따라 다음 세대로 계승될 수밖에 없다. 가령 외적 사건에 의해 교단 내에 이설이 생긴다고 해도 지식을 보존하는 시스템이 바뀌지 않는 한, 그 새로운 설이 보존되고 계승되는 일은 없다. 하지만 붓다 입멸 후 아쇼카 왕이 출현하기까지 적어도 백 년 이상의 세월에 걸쳐 상가에 의해 구축되어온 구두 전승의 시스템은 쉽게 바꿀 수가 없다. 따라서 아무리 새로운 설이 생겨나도 살아남지 못했다. 전통경전이나 율전이 부파를 막론하고 거의 공통된 내용을 갖고 오늘날까지 보존되어 있다는 것은 이 시스템이 거의 변화하지 않았다는 것을 보여준다. 그런데 서사가 생겼을 때 그것은 지식의 계승과는 전혀 다른 기술로서 기능하기 시작한다. 거기에는 이미 구전으로 고정된 설과 그것을 벗어나는 새로운 설이 동등한 권리로 살아남아 다음 세대로 계승되는 기회가 주어진다. 물론,

> 기록된 것이라도 제도적으로 보호하지 않으면 소멸된다는 반론이 있을 수 있다. 맞는 말이다. 하지만 이 반론은 나의 가설에는 영향을 주지 않는다. 확실히 무척 많은 대승의 작품이 … [중략] … 인도의 여러 언어의 원전으로서는 사라졌다. 하지만 살아남아서 중국어나 티벳어로 번역된 것도 많다. 이것만으로도 나의 가설에는 충분하다. 하나의 승원에 하나의 사본이 있으면, 비록 아무도 그것을 공부하지 않는다고 해도 흥미를 품는 한 사람의 호사가나 학자가 꺼내어 읽을 수도 있다(Gombrich[1988: 41]).

서사 경전이 출현한 이래 방대한 이설이 한꺼번에 드러나기 시작하고, 그것들이 잔존해서 다음 세대로 계승되었다. 곰브리치는 서사에서 대승의 기원을 보는

자신의 가설의 특징에 대해 다음과 같이 말한다.

> 자각하는 한, 나의 가설은 [종래의 대승불교 기원론의] 어떤 것을 부정하는 것도 긍정하는 것도 아니다. 왜냐하면 이 문제에 다른 차원에서 접근하기 때문이다. 말하자면, 다른 이론은 대승에 대해서 주로 무엇이 다른지를 말하지만, 그 다른 형태의 불교가 출현할 때 왜 (눈에보이게 – 원저자) 나타나지 않으면 안 되었는지에 대해서는 말하지 않는다. 나의 가설을 되풀이하면, 다른 형태의 불교는 과거에 이미 나타났었을지도 모른다. 하지만 그것은 결코 알 수 없다. 왜냐하면 그것들은 덧없이 사라질 운명이기 때문이다(Gombrich[1988: 42]).

왕권이라는 외압에 의해 한때 상가에 다양한 이설이 들어와서 공존했다고 해도 그것은 '덧없이 사라질 운명'이었다. 서사라는 새로운 매체가 등장하지 않았다면, 그 이설들이 방대한 대승경전이 되어 현재까지 전승되는 일은 없었을 것이다.

2) 서사 양상의 변용과 방법론의 전환

서사 텍스트라는 특징으로 수렴되는 초기 대승경전을 연구 대상으로 할 때, 연구방법이 역사학적 방법인가 사상적 혹은 언어·문학적 방법인가 하는 어려운 질문이 생긴다. 이러한 어려움은 동일한 경전을 대상으로 연구할 때 텍스트의 내부와 외부를 구별하기 어렵다는 점에서 비롯된다. 제1절에서 보았듯이, 텍스트 외부와의 관계를 모색하는 것이라면 역사학적 연구방법이 되고, 내부만을 고찰한다면 사상적 혹은 언어·문학적 연구방법이 된다. 앞서 『법화경』의 식어에 관해서 논할 때 언급했듯이, 동일 텍스트를 연구 대상으로 하는 경우 텍스트의 내부와 외부의 경계가 애매해 보인다. 물론 식어의 경우에는 한번 보면 그것이 외부에서 붙여진 각인이라고 실수 없이 판단할 수 있을 정도라 크게 문제되지 않는다. 그에 비해서 초기 대승경전이라는 텍스트 전체를 대상으로 할 경우에는 문제가 커진다.

사실 곰브리치는 대승경전 연구의 역사학적 방법과 사상 혹은 언어·문학적 방법의 차이를 인식하는 데는 이르지 않았다. 그래서 고찰이 어중간하게 끝났다. 그가 결론적으로 자신의 가설에 대해, 다른 연구자들과는 '다른 차원에서 문제에 접근했다'는 애매한 표현에 그칠 수밖에 없었던 점에 그 이해의 불충분함이 보인다. 여기에서 곰브리치의 고찰을 비판적으로 다시 파악할 필요가 있다. 두 가지 문제점을 지적할 수 있다. 하나는 대승경전의 편찬을 현저하게 개인적인 것으로 본 점, 또 하나는 대승경전의 내용을 문제 삼지 않았다는 점이다.

전자에 대해서는, 위에서 시모다[2011]를 인용해서 '구체적인 불전이 출현하기 위해서는 세대를 뛰어넘어 붓다의 가르침을 기억하고 보존하는 가치나 유효성에 대한 종교적·정치적·사회적인·지적 혹은 정서적 합의가 공동체에 미리 형성되어 있지 않으면 안 된다'는 것을 말했다. 초기 대승경전 전체를 볼 때, 거기에서 확인되는 여러 가지 공통성은 이러한 암묵적인 합의가 어떤 형태로든 편찬자들 사이에 형성되어 있었음을 보여준다. 그들이 서로 상대의 경전을 참고한 것은 의심할 여지가 없고, 경전 편찬자들 사이에는 개인적인 영감과는 다른 차원의 어떤 네트워크가 존재했음이 틀림없다.

후자에 대해서, 곰브리치는 대승경전을 고찰할 때 서사 경전이라는 텍스트의 매체의 특징만을 고찰의 대상으로 하고, 매체에 실린 내용에 대해서는 모든 것을 '이설'로서 개괄했을 뿐 아무런 고찰도 더하지 않았다. 그런 점에서 보면 곰브리치가 택한 연구 방법은 『법화경』의 식어로 분석하는 것과 마찬가지로 대승경전을 물건으로 다루는 역사학적 방법이다. 따라서 거기에서 도출되는 결론은 이설이 출현하는 시스템이며, 대승경전은 그 시스템의 소산에 그친다.

하지만 고찰이 여기서 그치면 대승불교 흥기의 문제를 제대로 밝힐 수 없다. 만약 초기 대승불교가 서사 경전의 출현에 의해 나타났다고 하면, 대승경전의 내용은 서사라는 매체의 특성과 밀접한 관계를 가지고 있을 것이다. 연구는 경전의 내용을 고찰할 필요가 있다. 따라서 향후의 초기 대승경전의 고찰은 사상적 혹은 언어·문학적 방법으로 바뀌지 않으면 안 된다.

제1절에서 고찰한 것처럼, 사상적 혹은 언어·문학적 방법은 텍스트 내부의 언설에 주목해서 그 특성, 환기하는 표상, 그것들이 엮어서 만들어내는 세계의 양태나 구조를 고찰한다. 텍스트 내부의 언설의 세계를 드러내는 이 방법에서는, 텍스트 내부의 세계가 외부 세계의 영향을 배척한 채 형성·보존·계승되며, 시대상황이나 사회변화의 영향을 넘어서 현재 연구자의 연구 대상이 된다. 이것을 가능하게 하는 텍스트는 외부 세계에서 언설이 부동浮動하는, 구두 전승에서의 '음성으로서의 텍스트'가 아니라, 음성으로서의 텍스트의 보조자료로서 서사된 텍스트도 아니다. 그것은 외부 세계에서 자립할 정도로 발전한 서사 텍스트이다. 이하 차례로 고찰하겠지만, 초기 대승경전이야말로 이런 특징을 갖추고 있다.

초기 대승경전의 이런 특징은 전통불교의 경전이나 율장의 텍스트와 비교하면 분명해진다. 앞서 말한 커슨스 등의 연구자들이 지적해온 대로, 팔리 텍스트는 구전의 양상을 가지며 서사는 어디까지나 보조적인 의미밖에 갖지 않는다(시모다 [2002a]). 대부분의 경전에서 확인되듯이, 전통불교 경전의 내용은 교설의 모든 요소를 보존하기 위한 암송 목적에 의한 강요서의 역할이나 『염처경念處經』으로 대표되는 실천수행을 위한 매뉴얼의 역할 중 어딘가에 속한다. 니카야 중에서 이야기 형식을 갖는 경전의 완성형이라고 생각되는 『열반경』조차 붓다 최후의 여행이라는 플롯은 모든 교의와 에피소드를 적절하게 배열하기 위한 준거 틀로서의 의미밖에 가지지 않는다. 이것은 『법화경』, 『반야경』, 『화엄경』 등이 갖는 정밀한 플롯과는 비교가 되지 않는다.

초기 대승경전과 팔리 경전의 차이에 대한 유사한 예는 경전과 주석서의 관계에서도 확인된다. 팔리 경전은 경전과 그 주석서인 앗타카타 atthakatha가 구조적으로 정연하게 구분되는 편집방법을 취한다. 그 과정은 구전에 의한 경전 전승이 일단 끝난 단계에서 전체가 서사되거나 혹은 서사에 의해 전승이 끝나고, 그 위에 다음 세대의 축어적 주석이 덧붙여진 것으로 추정된다(시모다[2004]). 그에 비해 초기 대승경전의 경우는 경전 자체에 주석서의 요소가 부가되면서 증대해서, 경전의 전승 작업은 해석행위와 일체가 되어 이루어졌다. 다시 말해 경전의 전승과 해석과 서사가 하나가 될 정도로 서사 경전의 의의가 높아진 것이다.

3) 불탑=불전의 부정과 경전으로의 승화

초기 대승에서 서사에 대한 의식이 현격히 높아진 것을 보여주는 대표적인 사례가 경전에 의한 불탑=불전의 부정과 능가일 것이다. 앞서(제3절 제3항) 확인한 것처럼, 대승불교의 경전이 출현하기 전에 불탑=불전의 이해가 완성되어 있었다. 보살, 자비, 다불, 삼승, 법멸, 바라밀 등 대승에 고유한 것으로 보였던 요소가 불탑과 불전에도 충분히 나타나고 있었다. 근년 히라오카[2012]가 불전과 『법화경』의 관계에 대해서 상세하게 밝힌 것도 이 점에서 일치한다. 하지만 히라카와 아키라나 그레고리 쇼펜을 비롯한 많은 학자들의 의견이 일치하듯이, 초기 대승경전에는 불탑=불전의 의의를 부정하고 경권 신앙으로 승화시키려는 의도를 갖는 것이 적지 않다. 경전 속에서 이 예를 들자면 한이 없지만 『팔천송반야경』에서 한 가지 예를 들자. 샤크라Śakra가 붓다에게 다음과 같이 질문을 한다.

> 세존이시여. 선남자든 선여인이든, 이 지혜의 완성을 적어서 경권으로 만들어 안치한다고 합시다. 그리고 거기에 성스러운 꽃, 훈향, 향료, 화환, 도향, 분향, 천, 우산, 장막, 구슬, 깃발을 갖추고, 또한 주위에 등명이나 화환을 곁들여 온갖 방법으로 공경하고 존중하고 봉사하고 공양하고 찬탄하고 기원한다고 합시다. 한편, 어떤 사람이 공양받을 만한, 완전히 깨달은 여래가 반열반에 들었을 때 그 사리를 불탑 속에 안치해서 자신의 것으로 보존한다고 합시다. 또한 거기에 성스러운 꽃, 훈향, 향료, 화환, 도향, 분향, 옷감, 우산, 장막, 구슬, 깃발을 갖추고, 또한 주위에 등명이나 화환을 곁들여 온갖 방법으로 공경하고 존중하고 봉사하고 공양하고 찬탄하고 기원한다고 합시다. 이들 두 종류의 선남자, 선여인 중에 어느 쪽이 많은 복덕을 획득하겠습니까(P. L. Vaidya (ed.) *Aṣṭasāhasrikā-prajñāpāramitā*, Buddhist Sanskrit Text No.4, Darbhanga 1960, pp.28-29, Cf. 가지야마 유이치 역『대승불전 2 팔천송반야경 I』 주코문고).

질문을 받은 붓다는 샤크라Śakra와 문답을 하면서 여래의 본성에 대해서 그 내실을 차근차근 해명한다. 여래는 지혜의 완성prajñāpāramitā을 배워 전지자성(全知者性, sarvajñatā)을 달성했고, 전지자성은 바로 지혜의 완성의 소산이다. 여래의 32상을 갖춘 신체는 지혜의 완성의 뛰어난 방편upāyakauśalya으로서 전지자성의 그릇이고

거기에서 삼보 전체가 현현하는 인이 된다. 따라서

그것은 중생에게 있어서 탑묘caitya이다. 공경하고 존중하고 봉사하고 공양하고 찬탄하고 기원해야 할 대상이다. 이러한 이유로 내가 반열반에 들면 내 유골의 일부가 공양을 받게 된다. [이상의] 이유로 선남자든 선여인이든 간에 누군가가 이 지혜의 완성을 적어서 경권으로 만들어 안치한다고 하자. 그리고 거기에 성스러운 꽃, 훈향, 향료, 화환, 도향, 분향, 천, 우산, 장막, 구슬, 깃발을 갖추고, 또 주위에 등명이나 화환을 곁들여 온갖 방법으로 공경하고 존중하고 봉사하고 공양하고 찬탄하고 기원한다고 하자. 카우시카여, 이들 두 종류의 선남자, 선여인 가운데 후자가 더욱 많은 복덕을 획득할 것이다. 왜냐하면 그 선남자, 선여인은 여래의 전지자성을 공양한 것이 되기 때문이다(ibid. pp.29-30).

불탑공양을 여래의 전지자성에 대한 공양이라고 정의하고, 그 전지자성은 지혜의 완성이라는 새로운 이념(교의)에서 생겨났으며 그 이념은 바로 이 경권에 들어 있기 때문에 이 경권이야말로 탑묘, 즉 불탑의 인이자 공양해야 할 본체라는 이해이다.

이 구절에 보이는 경권→이념(교의)→불탑이라는 기본 구조는 다른 초기 대승경전에도 공통된다. 다만 이 세 가지 요소 중 중간항인 이념(교의)은, 『반야경』의 경우에는 지혜의 완성이 오고 『법화경』의 경우에는 여래의 선교방편이 오는 식으로 각 경전의 독자성이 나타난다. 어찌 됐든 불탑신앙의 근거는 경전과 그 안에 담긴 새로운 이념에 있으며, 의례행위로서의 불탑신앙 자체는 경전을 능가하지 못한다.

물론 불탑신앙을 명시적으로 부정하지 않는 대승경전도 있는가 하면, 불탑을 언급하지 않는 대승경전도 있다. 거기에는 '경권→이념(교의)→불탑'의 마지막 항인 불탑이 필요 없고, 이념(교의)만으로 성립한다. 그것은 불탑신앙의 부정적 능가를 의식할 필요가 없고 경전의 자립성만을 확보하고 있는 경전이다.

월터스가 밝힌 불전=불탑의 관계를 이러한 경권신앙의 탄생을 주제로 재고하면, 서사 경전으로서의 초기 대승경전은 눈앞에 펼쳐지는 불탑에서의 거대한 규모의 축제적 종교 활동에 끌려 들어가는 것을 거부하고, 텍스트 외부의 행위를 모두 텍스트 내부의 언어로서 결정화結晶化하려는 것 같다. 불전의 전개가 불탑이라는 외부 공간을 계속 성역화하는 것이라고 하면, 초기 대승불교 경전은 외계를 차단하고 경전 내부를 성역화한다. 이것이 불전 삼부작과 결정적으로 다른 점이다. 여기에 경전이 곧 붓다라는 세계가 탄생하고, 경전이 불탑을 대신하고, 보살의식이 경권을 담당하는 보살의식으로 전환하는 계기가 생긴다. 고대 인도에서 율장, 논장, 전통불교의 경장의 어떤 텍스트 위에도 일어나지 않았던 이 변화가 다름 아닌 불교에 있어서의 성전scripture의 출현이다. 월터스가 말하듯이, 불탑=불전이 고대 인도, 초기 포스트 아쇼카 기에 있어서 제국의 권위를 대변하는 거대한 이야기가 되었다면, 그런 외적 사실을 동일 차원에서 부정하는 운동이 일어날 리가 없다. 서사 경권이라는 전혀 다른 차원이 구성되어 있었기 때문에 실현할 수 있었던 전통 불교 세계의 변혁이다.

경권 신앙의 기원은 물상화된 것을 숭배하는 주술행위에 있지 않다. 그런 행위는 이미 불탑=불전의 존재로 충분히 이루어졌고 새롭게 만들 필요가 없다. 초기 대승경전의 경권 신앙의 기원은 붓다를 텍스트 내부의 언어로서 재생시키려고 하는 강한 언어적 이성의 발동에 있으며, 주술적 경권 신앙은 거기에서 파생된 사태에 불과하다. 새로운 이념(교의)을 전개하는 화자의 출현과 그것을 담아내는 경권의 출현, 즉 쓰는 행위와 쓴 결과가 동일한 물건으로 결실을 맺는다는 일찍이 없었던 사태의 출현은 단순히 서사라는 말로 포괄할 수는 없다. 여기에는 잭 데리다가 음성언어 활동인 빠롤과 대비해서 사용한 술어 에크리튀르가 어울린다.

물론 초기 대승경전에 있어서 경권 혹은 해당 경전을 가리키는 말이 경전 속에 보이지 않는 경우가 적잖이 있고, 무엇보다 구전의 요소를 엿볼 수 있는 기술이 다분히 존재한다. 이러한 사태를 고려하면, 서사 행위와 그 결과로서의 서사 경전의 출현은 구두 전승을 거친 대승불교의 역사의 두 번째 단계에 위치하는 것처럼 보일지도 모른다. 하지만 뒤에서(제5절 제6항) 부연하겠지만, 초기 대승경전에서 구전을 시사하는 기술은 편찬자들의 불교사 해석일 뿐이다. 왜냐하면 일찍이 『법화경』을 사례로 논했듯이(시모다[2011c]), 경전의 편찬자들은 놀랄 만큼 불교사에 정통했다. 그들은 붓다 입멸 이래, 구두 전승으로 계승된 가르침이 이 서사 경전에 흘러들어가 있다는 줄거리를 경전 속에 만들고 있기 때문이다.

대승경전에 있어서의 서사에 관한 내용의 유무는 지금까지 대승불교의 발전단계를 변별하기 위한 중요한 지표로서 연구자들에 의해 채용되어 왔다. 그 집대성을 이룬 것은 시즈타니[1974]의 '원시 대승불교'의 상정과 그 구체적 경전의 산출이다. 시즈타니는 대승경전에서의 교의나 의례에 대한 모든 요소를 번역연대의 시時계열에 맞추어 상세하게 분석 정리해서, 대승경전의 모든 개념의 형성사를 생각하기 위한 귀중한 기초를 완성했다. 하지만 서사를 모르고 불탑신앙, 보살, 다불, 서원, 바라밀 등을 인정하는 불교를 원시 대승불교로서 인정하면, 불전 삼부작으로 대표되는 불탑=불전의 불교야말로 원시 전승이 되고 만다. 그것은 초기 대승불교보다 앞서는 불교이기는 하지만, 거기에 대승이라는 이름을 붙이면 불탑=불전과 초기 대승경전 사이의 가장 중요한 차이가 보이지 않게 된다. 원시 전승에 들어가는 것은 대승불교의 출현에 대한 이해를 오히려 멀어지게 하는 것이 된다.

5.
경전에 보이는 정통성의 창출과 경신

1) 앨런 콜의 연구가 보여주는 것

서사 경전의 출현으로 인해 일어난 다양한 변화 가운데에서 대승불교가 흥기하는 데 핵심적 요소가 된 것은 시모다[2011b]에서도 언급했듯이, 경전 내부에 있어서 진정한 불설이 무엇인지를 묻고 새로운 불설의 정통성을 구축하기 시작했다는 점이다. 바로 앞(제4절 제3항)에서 본 '불탑신앙의 부정'이라는 요소도 이 정통성의 경신이라는 테마에 포함된다. 그 설시의 양상說相에 대해서는『반야경』,『유마경』등처럼 선행하는 전통의 부정을 명시하는 것,『법화경』처럼 전통의 교체에 도리를 세우는 것,『대아미타경』처럼 특별히 언급이 없는 것 등 각각 차이가 있다. 하지만 전부 진정한 불설의 확립을 목표로 한다는 점에서는 공통된다.

다시 한번 확인하지만, 불설의 정통성에 대한 질문은 경과 그것을 전하는 사람이 일치하는 구두 전승의 경우에는 발생할 수 없다. 왜냐하면 경의 내용을 비불설이라고 부정하는 것은 가르침을 기억해서 실제로 발화하고 있는 사승師僧의 존재를 부정하는 것으로 이어지고, 그 자리에서 전승은 끊어지기 때문이다. 붓다의 가르침을 전승하는 공동체의 존재를 인정하고 출가자들이 그들이 서는 기반을 스스로 무너뜨리는 행동을 하리라고는 생각하기 어렵다. 그럼에도 불구하고 초기 대승경전은 그런 위험하기 짝이 없는 의식을 중심으로 해서 성립한다. 이것이 가능하기 위해서는 사람으로서 나타나는 전승을 보다 상대화하고, 또 부정하는 행위가 지속적으로 가능한 공간이 있어야 한다. 그것이 서사 경전, 즉 사람에서 독립한 불설의 존재방식이다.

텍스트 속에서 불탑의례 행위의 의의를 상대화하고 전승의 정통성을 심의하는 에크리튀르가 된 불교를 연구하는 데는, 제1절에서 보인 인문학의 연구방법 가운데 사상적 혹은 언어·문학적 방법을 취하는 것이 적합하다. 그러나 근대불교학은 이 방법을 거의 염두에 두지 않았다. 아마도 유일한 예외가 Cole[2005]이다. 『법화경』, 『유마경』, 『금강반야경』, 『여래장경』의 대승경전을 예로 들어 300쪽 넘게 논하는 논술의 핵심을 한 마디로 요약하면, 그것은 서사 경전에 보이는 새로운 정통성의 확립에 관한 상세한 분석이다. 이 문제를 해명하는 데 있어서 콜은 대승경전을 문학작품으로서 분석하는 방법을 선언한다. '아버지로서의 경전 Text as Father'이라는 제목의 연구는 참신한 내용으로 가득한데, 특히 서론에 그 내용이 응축되어 있다.

> 이 서론에서 약속하고 싶은 것은, 초기 대승경전을 상세히 조사하면 적어도 이 [여기에서 다루는 네 경전의] 부분에서, 경전의 권위와 정통성을 조직화하는 데 있어서 경전 속에서 생겨난 아버지의 이미지가 얼마나 중요한지는 의심할 여지가 없다는 점이다. 나의 이해를 결정적으로 형성한 것은, 이들 대승경전이

> 읽는 행위를 통해서 완성되는 권위의 이미지를 창조하려는 수완 좋은 저자들에 의해 의식적으로 만들어졌다는 이해이다. 말하자면 나는 [경전 속의] 붓다나 다른 권위자들의 목소리를 이들 경전을 채우고 있는 진실이나 실재에 관한, 선행하는 구전적 표현이나 혹시 소박한 주장의 반영이라고 읽지 않는다. 오히려 나는 그것들을 사람이 만나는 문학적 공간 속에서 머물러 작용하도록 정확하게 설계되어 있기에 각각의 형태를 갖추고 있는, 주의 깊게 만들어진 문학적 구성물이라고 본다. 따라서 '아버지로서의 경전'이라는 제목은 경전이 '진리의 아버지들'이라는 이미지를 창조해서 드러내고, 무엇보다도 그 이미지를 담고 있는 경전이라는 매체의 정통성을 말해서, 그 자기긍정의 이야기군 속에 독자를 불교의 전통과 선행하는 진리와 권위의 표상이 재편되는 곳으로 끌어들이기 위해서 택했다 (Cole[2005: 1]).

여기에 제기된 문제는 불교 연구자들에게 별로 익숙하지 않을지도 모른다. 아버지의 이미지에 대해서는 뒤에서 다시 언급하기로 하고, 그 밖의 취지를 간략히 정리한다. 초기 대승경전의 해명에 필요한 것은 불교의 전통에 관한 권위와 정통성을 재편하려는 의도가 각 교설의 기저에 있다는 사실을 아는 데에 있다. 현재 대승경전을 읽을 때, 누구나 예외 없이 그 내용을 그대로 이해하려고 할 것이다. 예를 들어, 경전에 이 가르침이 먼 과거에서부터 계승되어 왔다고 적혀 있으면, 그것은 이 경전에 앞선 구전 단계의 경전의 존재를 보여주는 것으로 받아들인다. 그리고 경전을 담당하는 보살의 아란야주를 칭송하는 내용이 있으면, 그것은 이 경전이 고행을 중시하는 불교의 어떤 전통을 잇는 것이라고 이해한다. 팔정도나 사제를 긍정하는 내용이 있으면 전통적 교의와 모순하지 않는 교의를 갖는 부파의 경전이라고 이해하려고 한다. 말하자면 겉으로 드러난 그대로 이해한다. 그런데 콜은 대승경전은 문학적으로 치밀하게 구성되어, 거기에 설해진 언설을 있는 그대로 이해해서는 경전이 구성되어 있는 사태를 해명하지 못한다고 한다. 중요한 것은 이러한 언설을 '읽음'으로써 독자의 의식 속에서 종래의 전통적인 진리와 권위의 이미지가 쇄신되어 새로운 것으로 재편되어 가는 과정을 해명하는 것이다. 이런 기본적인 입장에 근거해서 콜은 다음과 같이 네 경전을 분석한다.

> 이들 경전을 꼼꼼하게 읽어나가는 가운데, 그들 이야기 서사가 어떻게 해서, 권위, 정통성, 성성聖性을 이전의 불교 전통 속에 구성되어 있었던 것처럼 정리하고 또 그것을 경전 자신의 내부에 다시 위치시키는지를 보인다. 따라서 이들 네 경전 모두에서 이야기 서술은 일단 [경전을 설하는 붓다의 이미지가] 이야기의 흐름 속에 확립되었다면, [불교의] 전통의 총체가 읽는 경험만으로, 그리고 경전이라는 순전한 물건을 통해서 손에 들어온다는 것을 읽는 사람에게 설명하는 새로운 붓다의 이미지를 제공한다. 텍스트성性[과 표리일체]과 물성을 남김없이 이용하는 멋진 전술에 있어서 이야기 서술이 [그 이야기를] 살아서 이야기하는 붓다의 모습을 묘사하고, 다른 한편 [붓다가] 이야기하는 내용은 경전의 – 아마도 패엽 위의 – 순수한 물성만이 붓다의 존재를 보인다고 설명한다. 이렇게 해서 텍스트라는 형태의 두 가지 측면 – 그 기원과 수용 – 에 있어서의 붓다의 존재를 섬세하게 균형 잡힌 이야기 서술의 플롯을 만듦으로써, 이들 경전은 언제 어디서나 어떤 독자에게도 진실과 정통성을 현실의 것으로 하는 것을 보증하고 불교의 진정성에 대한 유일한 수단으로서 작용하도록 설계되어 있다(Cole[2005: 1-2]).

『반야경』, 『법화경』, 『유마경』, 『여래장경』의 모든 초기 대승경전은 저마다 전통을 다시 말하고 그것을 각 경전 속에 새롭게 재생하려고 한다. 즉, '권위, 정통성, 성성聖性을 이전의 불교 전통 속에 구성되어 있던 것처럼 정리하고 또 그것을 경전 자신의 내부에 다시 위치시킨다'는 구상이다. 그리고 그런 의도는 서사 경전이라는 텍스트 구조 속에서 이루어진다. 붓다는 경전 내용을 설하는 사람이자 동시에 설해진 결과가 담긴 경권 내부에 존재한다. 다시 말해 붓다는 경전의 내용인 교설을 열어 보인다는 기원과 그것이 수용된 결과로서의 경권이라는 두 가지 '형태의 측면'에 절묘하게 균형을 유지하면서 존재한다. 앞 항에서 초기 대승경전의 출현을 '새로운 이념을 전개하는 화자의 출현과 그것을 담는 경권의 출현, 즉 쓰는 행위와 쓴 결과를 동일한 물건으로 결실시키는 일찍이 없었던 사태'라고 이해하고, 그것을 '잭 데리다가 음성언어 활동인 빠롤과 대비해서 사용한 술어 에크리튀르가 어울린다'고 이해했다. 그것을 바꾸어 말한 것이다.

경전이 설하는 정통성을 이해하기 위해서는 오로지 읽는 행위에 의하면 된다. 경전 속에서 붓다가 '설하는' 말은 문자로서만 존재하며, 붓다가 설하는 내용을 '듣기' 위해 우리는 그것을 '읽을' 수밖에 없다. 그런데 읽는 사람의 의식이 글로 적힌 붓다의 말에만 향할 때, 붓다의 말을 읽는다는 것은 읽는 자의 의식 속에서는 붓다의 말을 '직접 듣는' 사태와 겹친다. 오히려 그것은 '지금이야말로 붓다의 말을 진정으로 듣고 있다'는, 귀로 들을 때는 얻지 못한 강한 확신을 낳게 한다. 글을 읽을 때 의식에 떠오르는 이 직관적인 명증성이야말로 정통성이라는 애매한 개념을 보증하는 가장 강력한 근거가 된다. 이렇게 해서 초기 대승경전은 읽는 행위를 통해서 읽는 자에게 붓다와 직접 마주하는 것을 가능하게 하고, 게다가 경권으로서 언제까지나 존재하기 때문에 그 정통성의 의식을 '언제 어디서나' 계속해서 보증한다.

> 약간 과장해서 말하면, 각각의 경전이 보증하는 것은 다음과 같다. 첫째, 왜 '진정한' 불교의 전통이 승원에 없는지 혹은 처음부터 불교를 형성해온 공인된 의례나 법전이나 수행에 없는지를 설명한다. 둘째, 이러한 논증에 따라 전통을 뛰어넘으려고 하는 경전 속에 전통이 완전하게 갖추어져 있음을 설명하는 서술을 읽고 믿는 사람은 정통의 불교도가 될 수 있다는 것이다. 그 결과 이들 네 경전에서의 구제는 이제 [전통적인 이해처럼] 단순히 실재의 진실된 성질을 통찰함으로써 갈애나 무명을 극복하는 불교적 노력이라고 정의되지 않는다. 오히려 구제는 전통을 완전히 다시 정의하는, 이들 경전의 새로운 이야기 서술에 읽는 자가 주의를 기울이는 것에 의존하고 있는 것이다(Cole[2005: 2]).

초기 대승경전은 현실에 존재하는 불교를 단순히 모사하거나 기록하는 것이 아니다. 거꾸로 그 의의를 뿌리째 뽑아 경전 내부에 옮겨 심어서 불교의 새로운 전통을 수립하려는 것이다. 앞 항에서 불탑신앙을 부정적으로 넘어선다는 대승경전의 특징을 확인했다. 실은 그것은 불탑에 그치는 것이 아니라 승원에서의 활동이나 법전이나 의례 등 불교 활동 전체에 미친다. 불교를 경전 속에 놓고 의미를 고찰하고 새로운 가치를 부여하기 위해서는 현실에 존재하는 불교를 경전 위에서 일단 해체해야 한다. 이것을 통해서 초기 대승경전은 스스로가 불교의 진실한 전통을 구현하고 있다는 이해를 수립할 수 있다.

2) 전통을 쇄신하는 초기 대승경전의 구조 : 공, 자비, 방편

지금까지 말한 서사 경전으로서의 대승불교의 특징을 Cole[2005 : 330-40]을 참고하면서 초기 대승경전 전체를 관통하는 공, 자비, 방편이라는 이념(교의)에 대해 재고하자. 결론부터 말하자면, 이들 이념은 모두 '읽고 쓰는' 행위 위에 성립하는 대승불교의 양식을 집약하는 개념으로 기능한다. 우선 대승불교를 대표하는 개념인 공에 대해서 살펴보자.

필자는 일찍이 공에 대해 '전통적으로 이어져 구축되어온 모든 교의적인 개념이나 텍스트에서의 탈구축을 실현하는 술어'라고 규정하고 거기에서 대승의 의의를 찾았다(시모다[2002], p.27). 『반야경』에 나오는 오온, 십이처, 십팔계, 칠각지, 사제, 팔정도, 십이연기 등의 모든 교의가 실천적인 내실을 잃고 순수한 언어의 지평으로 이식되었다. 이 점을 콜은 서사 경전과의 관계에서 다음과 같이 해명한다.

> 이야기 서사의 수단으로서의 공의 수사법을 읽는 열쇠는 공이, 정확하게는 부정과 초극이 이제 자동차나 움직임이나 여자의 몸 같은 일반적인 대상을 구명하는 것이 아니라, 붓다나 실천이나 불성의 전승이나 성인의 서열 등으로 향하고 있다는 것을 알아차리는 데에 있다. 공의 수사법은 [경전을] 읽는 자들이 낡은 형태의 불교와 연을 끊고, 새로운 형태의 불교로서 경전을 수용하기 위한 일종의 의례 같은 과정을 경험하게 하는 상투구로 바뀌었다. …… [중략] …… 따라서 부정을 통한 규범적인 부계적 정체성의 수립과 공이 실제로 이러한 이야기 서사에 적용되는 것 사이에는 밀접한 관계가 있다. 즉, 공은 낡은 형태의 불법을 무너뜨리기 위한 기초가 되는 것은 아니다. 이들 [대승경전의] 저자들은 시대적으로 선행하는 형태와의 동정 행위(同定行爲, identification, 일체화)로부터 읽는 자를 떼어내고

정체성을 다시 정의하는 능력을 가진, 아버지로서의 경전을 수용하도록 강요하는 기본적인 임무를 위해 공을 적용한 것이다(Cole[2005: 330]).

모든 존재의 무자성을 본성으로 하는 공은 선행하는 모든 불교전통의 의의를 무화하고 쇄신하기 위해 가장 적합한 개념이다. 공이라는 술어를 쓰지 않아도 괜찮다. 예를 들어 『유마경』에 보이는 전통을 부정하는 모든 논법은 이 경전이야말로 전통의 원천이라는 것을 강렬하게 각인시키고 독자를 새로운 불교의 정체성으로 이끈다. 이 논법은 초기 대승경전에 보이는 법멸사상과도 밀접한 관계를 가지고 있다. 와타나베[2011](89항)가 주목하듯이, '정법멸진(법멸)의 문맥에는 대승불교가 성립하기 위한 정법의 해석, 즉 정법의 멸진에 이어지는 새로운 가르침(정법)의 재흥이라는 구조가 갖추어져 있다'.

초기 대승경전에 보이는 자비도 공과 마찬가지 시점에서 검토할 필요가 있다. 말하자면 보상을 바라지 않는 사랑으로 널리 사람들을 구제한다는 의미에서의 붓다의 자비라면, 불탑=불전의 중심 테마로서 이미 실현되어 있다. 거기에 비해서 초기 대승경전에서의 붓다의 자비는, 경전에 설해진 내용, 특히 불설의 정통성에 대한 전면적인 승인과 타자에 대한 경전의 유포 행위로 구체적으로 나타난다.

경전의 첫머리에는, 일찍이 설시된 적 없는 가르침이 붓다의 자비의 발로로 중생에게 무조건적으로 베풀어진다. 하지만 그에 따른 경의 전개는 그런 경전의 내용을 중생이 받아들일지 어떨지에 대한 긴장된 대화로 변한다. 붓다의 자비의 완성은 실은 읽는 측의 태도 여하에 달려 있다. 만일 '무상의'라는 말이 무조건적이고 일방적이라는 의미라면, 초기 대승경전에서의 붓다의 자비는 무상의 자비라고는 할 수 없다. 왜냐하면 그것은 경전이 설하는 진정성의 수용을 대전제로 할 뿐만 아니라 읽는 자의 대응을 요구하는 쌍방향적인 것이기 때문이다. 이것이 불전에 보이는 붓다의 자비와 두드러지게 대조되는 점이다. 실제로 대승경전은 자비를 보이면서도, 법을 훼방하는 자(훼법자)에 대해서는 일변해서 준엄한 태도를 취한다는 것은 잘 알려진 사실이다.

자비가 일체중생에게 존재하는 불성 – 각 경전이 이 술어를 사용하는지의 문제는 차치하고 – 이라는 개념으로 이어지는 점도, 경전의 정통성의 수용과 선양이라는 관점에서 재고할 필요가 있다. 위에서 보았듯이 자비의 완성은 곧 경전의 수용의 완성이지만, 경전의 수용의 완성은 더 나아가 타자에 대한 경전의 선양으로 변화하지 않으면 안 된다. 왜냐하면 경전의 존재는 경전의 계승의 실현에 달려 있고, '정법이 멸진'하는 가운데 경을 계속 존재하도록 하기 위해서는 자신이 경전을 수용한 것과 마찬가지 경험을 타자 속에 만드는 방법 외에는 없기 때문이다. 경을 수용했던 자는 이번에는 자신이 붓다를 대신하는 보살의 사명에 선다. 자비가 완성되는 것이 경전의 수용이 완성되는 때이고, 그것이 곧 경전을 수용하는 사람 속에 불성이 현현하는 때라는 것을 안다면, 그리고 이 경험이 본래 모든 타자에게 실현되어야 함을 안다면, 보편적인 자비는 경전의 전파와 존속을 통해 개인의 불성의 현현으로 직결한다.

불성 개념은 대승경전이 형성하는 데 중요한 요소인 수기를 발전적으로 해소하는 이론이기도 하다. 불전에 보이듯이, 연등불이든 다른 붓다든 간에 붓다로부터 수기를 받음으로써 붓다가 될 수 있는 인因(불성)이 탄생한다는 것은 전통불교의 중요한 이해였다. 거기에 비해 불성의 존재가 보편적으로 인정된다면 중생에 대한 수기는 이미 완료된 셈이다. 그리고 이 수기의 완성도 경전의 정통성의 수수라는 테마에 직결된다. 대승경전에서의 수기의 완성은 바로 그 경전의 진실성과 정통성을 독자가 인정하는 것에 있다. 즉, 읽는 자가 경전을 만나서 그 정통성을 인정한 시점에 수용이나 인정을 초월한, 본래 그러해야 할 필연적 귀결로서 불성의 존재가 인정된다는 구도이다. 『대승열반경』의 불성사상도 불성이 구체화한 것으로서의 경권의 존재와 수용을 전제로 하면 한층 명확해진다.

마지막으로 방편에 대해서 살펴보자. 대승경전에 보이는 방편은 붓다나 보살들이 중생을 깨달음이나 열반으로 인도하기 위해 행하는 온갖 교묘한 행위이고, 얼핏 서사 경전과는 아무 관계도 없는 것처럼 보인다. 하지만 잘 보면 붓다나 보살들의 방편이야말로 경전 편찬자들의 '쓰는' 행위 그 자체라는 것을 알 수 있다. 방편은 붓다가 비유, 은유, 우화 등을 이용해서 중생을 진실한 가르침으로 이끄는 수단이다. 그것은 『법화경』의 편찬자들이 경전의 언설을 구성한 행위와 다르지 않다. 초기 대승경전에서 사용된 방편은 경전의 언설 활동을 가리키는 것으로, 넓은 의미에서의 방법 일반은 아니다.

3) 공동 주관적 언설공간으로서의 경권 : 보살과 법사에 대한 재고

이상의 고찰을 전제로 해서, 학계의 오래된 두 가지 오해를 바로잡을 필요가 있다. 즉, 첫째는 초기 대승경전에 등장하는 보살의 이해에 대해서이고, 둘째는 법사의 평가에 대해서이다. 먼저 보살에 관해서 살펴보자.

지금까지 특히 일본의 연구자들은 대승불교의 보살을 불전의 보살과 엄격히 구별해서 독자적인 의의를 부여해왔다. 즉, 불전에 설해진 보살은 민중들이 붓다를

'신격화'한 소산이라고 간주하고, 대승경전이 설하는 보살은 그것과 여러 가지로 차이를 두려고 했다. 후자를 '누구든지 보살'이라고 표현하는 시즈타니 마사오의 이해는 니시 요시오, 야마다 류세이, 히라카와 아키라로 이어진 보살 이해의 변천에서 하나의 도달점이라고 할 수 있다. '원시 대승', 즉 대승의 기원과 보살의 관계에 대해서 시즈타니는 다음과 같이 말한다.

> 따라서 원시 대승의 성립은 '누구든지 보살'의 등장으로 시작한다. 재가와 출가, 남녀, 빈부, 귀천을 불문하고, 붓다의 깨달음을 구해 보살행을 실천하는 사람은 누구든지 보살일 수 있다고 하는 사상은 도대체 어디에서 생겨났을까? 이 보살은 불전문학이나 부파불교의 문헌에 나오는 석가보살과는 천지 차이다(시즈타니 [1974], p.238).

시즈타니의 이런 이해는 한편으로는 본질에 다가갔지만 다른 한편으로는 멀어져버렸다. 확실히 '누구든지 보살'이 될 수 있다는 점은 그대로 초기 대승경전이 설한 보살과 같다. 하지만 본고의 지금까지의 고찰을 전제로 했을 때, 그것은 누구나 '붓다의 깨달음을 구해서 보살행을 실천'하기 때문에 보살이 된다는 말이 아니다. 누구나 서사 경전이 설하는 내용의 진실성을 인정하고, 끊임없이 그 정통성을 수립하고 경권을 담당하는 자로 있기 때문에 보살일 수 있다는 것이다. 불전의 보살에서 초기 대승경전의 보살로 전환한 것은 경전 밖을 사는 보살에서 경전 안을 사는 보살로 바뀐 것이다. 불전의 석가보살과 대승의 보살이 '천지 차이'인 것도 바로 이런 점 때문이다. Nattier[2003](Cf. 시모다[2004a])가 이야기하듯, 이것을 제외하면 대승경전에 있어서 보살이 하는 행위는 불탑=불전의 보살과 다름이 없다.

서사 경전이 출현하기 전의 대승을 상정하고, 서사 경전의 존재를 2차적 사태로 보고 초기 대승경전을 생각하면, 이 문제는 전혀 보이지 않게 된다. 이미(제4절 제3항) 언급했듯이, 초기 대승경전 이전에 구두 전승의 원시 대승을 상정하는 것은 무의미하다. 또 이 보살들이 과연 대승경전에 적힌 대로 구전된 가르침을 보존하고 보살행을 실천했는지는 알 도리가 없다. 어디에도 문학적인 장에서의 서술이 현실을 반영했다고 볼 수 있는 보증도 없고 또 부정할 수 있는 근거도 없기 때문이다. 월터스의 말을 빌리자면 '텍스트 그 자체는 재구성되어야 하는 역사적 상황을 밝히지 못한다. 그것들은 사념할 수 없는 과거에 대한 포엠이지 과학적인 역사는 아니다'.

다음으로 초기 대승경전에서의 법사의 역할에 대한 종래의 평가에 대해서 살펴보자. 종래의 연구에서 법사는 초기 대승경전의 작자와 거의 동일시되어 왔다. 하지만 초기 대승경전에 일어난 일을 정확하게 파악하고자 한다면, 법사의 존재를 과대평가해서는 안 된다. 법사의 존재에 현혹되면 법사의 배후에 그가 하는 말의 원천이자 정통성을 보증하는 서사 경전의 존재가 보이지 않게 된다.

법사는 경전에 설치되어 있는 시나리오를 재현하는 사람이지 그 시나리오를 제작한 사람이 아니다. 연극에서 연출가와 연기자가 다른 것처럼, 아니 설령 동일 인물이더라도 그 역할이 전혀 다른 것처럼, 초기 대승경전에 있어서도 법사와 경전의 편찬자는 별개라고 봐야 한다. 길기트의 경장에서 발견된 『법화경』의 식어에서 법사가 『법화경』을 둘러싼 의례에 관여하는 여러 인물 중 '한 사람'으로 열거되는 점에서도 이 상정은 타당한 것으로 보인다.

더 중대한 문제는, 만일 경전의 작자가 법사라면 그것은 독자가 쉽게 알 수 있도록 작자가 모습을 드러내는 것이 되어 대승경전의 정통성은 처음부터 성립하지 않는다는 점이다. 언설로서의 대승경전의 정통성은 그것이 일관적으로 붓다의 말이라는 사실뿐이다. 거기에 법사라는 작자와 붓다의 말을 넘어서 붓다에게 말하게 하는 제삼의 존재가 개입하게 되면 경전의 내용은 성립하지 않는다. 하지만 초기 대승경전의 편찬자들은 무척 신중하게 경전의 익명성을 일관되게 유지하고 있었다.

이 익명성은 정통성을 문제로 하는 대승경전의 언설구조에서 매우 중요한 의미를 갖는다. 본래 자신의 언설의 정통성을 수립하기 위해서는 타자에게 그 정통성을 인정받는 것이 대전제가 된다. 즉, 정통성의 수립이라는 행위는 그 메시지를 발신하는 사람의 주관과 함께 거기에 호응하는 수신자의 주관을 필요로 하는, 공동 주관적인 사태이다. 그렇다면 정통성을 주장하는 언설에 있어서 중요한 것은, 그 언설이 공동 주관성을 성립하게 하는 보다 차원 높은 공간에 놓여 있다는 점이다. 초기 대승경전에서는 이 공간이 서사 경전이라는, 쓴 사람의 주관과 읽는 사람의 주관 사이에 개재하는, 일찍이 없었던 이상적인 형식으로 완성되었다.

여기에서 중요한 것은 공동 주관성을 성립하게 하는 서사 경전의 내부는 일종의 공공 공간이라는 점이다. 그곳에는 어떤 특권적인 인물이라도, 즉 경전의 작자이든 편자이든 간에 모습을 드러내는 것이 허용되지 않는다. 저자의 일인칭 언설이 출현하는 순간, 경전 내부의 공간은 사적인 언설 공간으로 바뀌고 공동 주관성은 한꺼번에 사라진다. 초기 대승경전에서 모습을 밖에 드러내서 경전을 독송하는 법사가 자신의 말의 정통성을 익명성을 지닌 경권의 존재에 돌리고 있는 것에는 이러한 중요한 경위가 있다.

이러한 이해가 없으면, 이야기 속의 사건을 수행하는 보살과 이야기를 재현하는 법사 양자를 주인공으로 하는 초기 대승경전의 언설구조는 영문을 모를 것이 되고 만다. 앞 논고에서 '대승불교에서의 정통성 논쟁은 일관적으로 텍스트 안에서 이루어졌고, 정통성의 확보는 – 동일한 이름이 붙은 경전이든 다른 이름의 경전이든 간에 – 다음 경전의 창출에 의해 이루어진다. 이렇게 해서 서사 경전의 정통성의 수립을 둘러싸고 텍스트가 텍스트를 창출하는 세계가 드러난다'(시모다[2011], p.55)고 해서, 대승경전의 해명이라는 과제에서 작자성 혹은 저자성을 완전히 배제했다. 이상이 초기 대승경전의 언설구조를 이해하기 위한 요소이다.

4) 아버지로서의 경전 : 단절, 재회, 상기

초기 대승경전을 일관하는 새로운 정통성의 수립이라는 과제는 앨런 콜의 저서의 제목 '아버지로서의 경전'이라는 은유가 훌륭하게 보여준다. 시모다[2011c]에서도 논했듯이, 『법화경』의 편찬자(들)는 역사적 붓다의 입멸에 따른 불교의 위상의 전환, 거기에 동반하는 붓다의 존재 양식의 변화, 교설과 불탑의 평행적인 전개 등, 불교사의 근간이 되는 주제들에 대해 놀랄 만큼 의식하고 있었다. 초기 대승경전에는 이러한 불교사에 대한 높은 의식을 많든 적든 확인할 수 있다. 그로 인해 초기 대승경전의 편자들은 '권위, 정통성, 성성을 이전의 불교 전통 속에 구성되어 있던 것처럼 정리하고 이어서 그것을 경전 자신의 내부에 다시 위치지우는' 것이 가능했다.

서사 경전의 출현에 의해 구두 전승의 시대에는 보이지 않던 언어의 심층에 도달한 초기 대승경전의 편자들에게는 입멸로 잃은 붓다를 경전의 언어 속에서 다시 찾을 수 있다는 강한 의식이 있었다. 초기 대승경전 전체에서 떠오르는 중요한 모티브는 '붓다의 자식佛子'이다. 그것은 아이가 아버지와 헤어져서 자신의 정체성을 잃고 방황하지만 결국 아버지가 찾아내고 그는 아버지의 부름에 응함으로써 진정한 자기 자신을 회복한다는 『법화경』「신해품」의 장자궁자의 일화에 전형적으로 보인다.

이 모티브는, 아이는 붓다를 아버지로 가지면서도 오랫동안 떨어져 있었다는 것, 아이를 찾아서 진정한 자기 자신을 깨닫게 하는 것은 아버지인 붓다라는 것, 아이는 너무나 엄청난 이 사실을 차마 받아들이지 못하고 아버지인 붓다를 거부한다는 것, 그럼에도 불구하고 아버지인 붓다는 포기하지 않고 아이에 대해 계속 방법을 궁리해서 결국 아이는 붓다의 아이로서 자신의 정체성을 회복한다는 요소로 구성되어 있다.

아버지인 붓다가 아이인 중생을 찾아서 붓다의 길로 이끈다는 모티브는 다양하게 모습을 바꾸면서 초기 대승경전 전반에 나타난다. 거의 모든 경전이 아버지인 붓다가 자식을 부르고, 그 부름을 받은 아이가 현재의 잘못된 정체성(불교이해)을 버리고 아버지인 진리(교설내용)로 돌아간다는 과정을 갖추고 있다.

초기 대승경전에 등장하는 석가불은 연등불보다도 훨씬 거슬러 올라가는 과거의 붓다로부터 이어져온 계보에 위치한다. 즉, 석가불 역시 아득히 먼 붓다의 계보에서 가까이에 있는 붓다의 아이에 다름 아니다. 진정한 의미에서 붓다의 제자가 된다는 것은 그 붓다의 아이의 아이가 되는 것이다. 하지만 전통불교의 제자인 성문에게 그런 인식은 없었다. 그런 인식이 없다는 것 자체가 근원적인 정체성을 상실한 결과라고 초기 대승경전은 생각한다. 그리고 자신이 누구인지를 잊은 사람들도 경전에 있는 아버지인 붓다의 음성을 들음으로써 붓다의 아이가 되어 진정한 자기 자신으로 돌아갈 수 있다고 한다.

먼 과거의 붓다의 계보에서 이어지는 이 장대한 자기동일성의 의식이 월터스가 보인 불탑=불전에서의, 붓다와 함께 있는 자들의 이야기를 전제로 한다는 것은 말할 것도 없다. 불전은 과거에서 현세에 이르기까지 수많은 생을 거친 보살로서의 붓다와 그와 함께 있던 여러 독각, 성문, 중생들이 엮는 장대한 우주의 이야기였다. 다만, 불전과 다른 점은 – 설명이 중복되지만 – 이 장대한 자기동일성이 경전의 말 속에서 보인다는 점이다. 붓다의 입멸로 인해 붓다를 상실했던 자들은 오랜 시간이 걸려 경전에서 다시 붓다를 발견했다. 경전이야말로 아버지이자 동시에 붓다이다.

아득한 과거로부터의 자기동일성을 회복하는 것이 붓다와의 재회이자 붓다의 아이가 되는 것이라면, 이 사건에는 재회와 상기라는 계기가 있다. 붓다와의 재회는 처음 있는 사건 같지만, 보다 깊은 차원에서의 자기동일성의 회복이자 재회이다. 이 재회가 가능하기 위해서는 자기 자신 속에서 잊고 있던 과거를 떠올리는 것, 즉 상기하는 것이 반드시 필요하다. 초기 대승경전의 언어는 분명히 지금 처음 출현한 희유한 사건이다. 하지만 그 새로움과 희유함은 오랫동안 떠나 까맣게 잊고 있던 붓다, 즉 본래의 자기 자신의 원천과 재회하는 새로운 감동으로 나타난다.

여기서 초기 대승경전의 편자들의 의식은, 질 들뢰즈가 말하는 과거와 현재 사이에 보이는 차이와 반복, 동일성과 차이성을 둘러싼 존재론적 사태의 분석과 상통한다. 정통성의 수립은 과거가 바르게 반복되는 것을 의미한다. 하지만 그 반복은 과거와는 다른 현재에 이루어져야 하기 때문에 결정적인 차이가 있다.

이 존재론적 기제는 현실에 어떻게 반영될까? 앞서 불탑 조각상의 모티브에 대해 언급했던 대목으로 돌아가자. 포스트 아쇼카 기의 조각상에는 당시의 왕들의 초상이 아니라 과거의 왕인 아자타샤트루나 아쇼카를 계속해서 조각했다. 그것은 공동체의 집단적 기억의 발로로서, 과거의 왕의 모습에 비추어 당시 왕의 축제를 조각한 것이었다. 그것이야말로 현재에 과거가 반복되는 사례이고, 차이와 반복을 현재에 동시에 성립하게 하면서 정통성을 수립하는 모습이다.

과거를 현재에 비추면서 현재의 새로운 정통성을 수립하는 방법은 텍스트로서의 경진뿐만 아니라 비텍스트인 불탑에서도 마찬가지로 이루어졌다. 이것이 가능한 것은 역시 공동 주관을 성립시키는 공간이 출현했기 때문이다. 즉, 조각하는 이의 주관과 감상하는 이의 주관이 중첩하는 조각상이라는 물건은, 마치 쓰는 이의 주관과 읽는 이의 주관이 중첩되는 경권과 같은 역할을 수행하며, 공동 주관을 존립시키는 공간이 된다. 조각상에 대해 그 작자를 묻는 사람은 아무도 없다. 이 물건은 익명성이라는 공공성을 실현하고 있다는 점에서도 서사 경전과 다를 바 없다. 여기까지 오면 불탑과 서사 경전의 유사성이 선명해지고, 둘 사이에 긴장관계가 생기는 이유도 이해할 수 있다.

5) 경이라는 범주 : 여시아문

상기와 재회라는 요소를 중심으로 해서 언설을 구조화하고 존재론적 기제를 갖는 텍스트가 경전이라는 장르에 포함되거나 혹은 그 장르를 구성해온 것은 결코 우연이 아니다. 전통불교와 대승을 불문하고 모든 경전 첫머리에 '이와 같이 나는 들었다. 어느 날 붓다님이……'라는 문장이 등장하며, 이 문장이 사실상 경전이라는 형식을 결정한다는 것은 주지의 사실이다. 지금까지 고찰해온 초기 대승경전의 특징을 이해함에 있어서, 마지막으로 이 문장이 갖는 중요성을 확인할 필요가 있다.

경전 첫머리의 이 문장을 어떻게 해석하는가 하는 논의는 근대에 홀슈타인 Holstein, 브라우 Brough, 폰 히뉘버, 라모트, 실크, 해리슨으로 이어졌는데(시모다[1993], p.23), 이 문제를 문헌학적이고도 언어학적으로 본격적으로 제기하고 또 매우 간결하게 논의한 것으로 Brough[1950]을 넘어서는 것은 없을 것이다. 브라우가 제기한 문제는 다음의 세 가지이다. 첫째, '어느 날'에 상당하는 산스크리트어 원문이 ekasmin samaye로 처격인 데에 비해, 팔리어 원문은 ekam samayam으로 목적격이라는 차이를 어떻게 이해할 것인가. 둘째, 문장을 끊을 때 '여시아문, 일시 …… (evaṃ mayā śrutam/ ekasmin samaye …)'와 '여시아문일시, …… (evaṃ mayā śrutam ekasmin samaye … /)'의 두 가지로 나뉘는 문제를 어떻게 생각할 것인가. 셋째, 그들을 해결한 다음 evaṃ mayā śrutam이라는 과거수동분사가 쓰인 이 첫 구 전체를 어떤 의미로 이해할 것인가.

브라우는 관련된 중국어, 티벳어, 산스크리트어, 팔리어 경전과 주석서 그리고 대응하는 자이나교 문헌을 섭렵하며 신중하게 논의를 진행했다. 그 결과 팔리어의 목적격이 본래의 형태이며, 티벳역 경전에 전승된 '여시아문일시, ……'라는 끊어 읽기가 본래의 모습으로 보인다고 결론지었다. 이 판단에는 중요한 의미가 있다.

우선 팔리어 경전의 첫머리에 있는 목적격의 용법에 대해서 보자. 이것은 소위 일반적인 '계속 duration'이라는 의미에 포함되는 용례가 아니고 avyāyībhāva도 아니다. 실은 팔리 문헌에서도 드문 용례이고 산스크리트에는 대응하는 용례가 없기 때문에, 이 문장이 산스크리트화할 때 처격으로 바뀔 수밖에 없었다. 그 한정된 팔리어의 용례를 분석해서 알 수 있는 것은, 이 시간을 나타내는 목적격은 '특히 화자의 개인적인 경험 속에 있는 것을 상기하는 데에 적합하다'는 것이다. "따라서 '옛날 옛적 once upon a time'이라는 개인의 경험을 배제하는 영어 번역과는 전혀 다르다(Brough[1950: 423])."

이 시간을 나타내는 목적격의 해석은 sutam이라는 과거수동분사의 용례에 보이는 특징과도 일치한다. 한스 헨드릭슨Hans Hendricksen은 명저 『팔리어 부정동사 구문』에서 아오리스트와 과거분사의 차이를 분석해서, 전자를 '이야기 서술 narration' 후자를 '전달 communication'이라고 구별했다(Hendriksen[1944: 5-53]). 팔리어에는 과거 시제를 두 가지로 구분하는데, 아오리스트는 이야기의 상황을 서술하는 순수한 과거로 쓰이고, 과거분사는 현재에 있는 화자의 언설로서 이야기 서술의 밖에 있는 과거를 표현한다.

> 과거수동분사와 단순과거는 보통 다른 문맥에 쓰인다. 즉, 과거수동분사는 전달적인 문맥에서(즉, 직접화법이나 화자의 방백 author's aside에 있어서) 보이고, 단순과거는 이야기 서술의 문맥에서(일반적인 진술과는 다른 이야기에 있어서 …… [중략 ……) 보인다. 위에서 말한 특징 외에도, 전달문과 이야기 서술문의 명확한 차이로서 마지막으로 언급하고 싶은 것은, 전자는 가끔(짧은 진술이나 삽입된 화자의 방백에서) 따로 쓰이는 데 비해, 후자는 보통 긴 문장 속에 나타난다는 점이다(Hendriksen[1944: 53](괄호 안 원저자)).

즉, 첫머리의 '여시아문 evaṃ mayā śrutam'은 경전 밖에 서서 그 모습을 숨기고 있는 화자의 방백으로서 예외적인 언설이다. 게다가 그것은 화자가 내적 경험을 상기하는 것이고, 그 경험의 내용은 상기 행위와 밀접하게 연결되는 시간을 나타내는 목적격에 의해 드러난다. 상기한 내용은 물론 경전 내용 그 자체이고, 구체적으로는 붓다와 그를 둘러싸고 일어나는 사건이다. 이렇게 해서 화자의 경험을 불러일으키는 고차원의 언설이 내재하는 전통경전에 있어서는 청자가 항상 화자의 현재에 접하면서, 상기하는 내용인 붓다 재세 시의 과거에 접한다는, 이중의 시간 속의 언설을 상대하고 있다. 그리고 이 이중의 시간은 청자의 듣는 행위에 있어서 하나로 융합되어 간다.

전통불교의 경전에 있어서 이중으로 되어 있던 경전의 언설이 초기 대승경전에 있어서 서사 경전이라는 물건으로 장소를 옮기면, 경전을 둘러싸고 존재하는 시간은 쓰는 자(외견상 '말하는 자')의 시간, 적혀 있는(외견상 '말해진') 내용의 시간 그리고 그 양자를 동시에 파악하는 읽는 자(외견상 '듣는 자')의 시간으로 삼중이 된다. 시간을 나타내는 목적격이 처격으로 바뀐 만큼 첫머리의 언설이 서술적 측면에 치우쳐 있기는 하지만, 언설 전체를 완전히 물화하고 현재라는 시간으로 결정結晶되어 가는 경권의 존재는 그 부족한 부분을 보충하고도 남는다.

여기에 더해서 초기 대승경전에서 붓다는 늘 자신의 정체성, 즉 언설의 정통성을 언급하기 때문에, 삼중화한 시간 또한 자기언급적으로 변화하고 착종한 현재를 구성한다. 전통경전에서 이중화한 시간이 청자의 듣는 행위에 있어서 하나로 융합되었듯이, 읽는 자는 이 변화를 동반해서 삼중화한 시간을 읽는다는 행위에 있어서 하나로 융합한다. 이 착종한 시간 구조 속의 언설을 읽고 나서 경권을 앞에 하고 있는 자에게는 과거의 붓다로부터 이어지는 넓고도 먼 시간의 간격에 대한 감각과 그 붓다와 재회하는 신기한 감각 그리고 이 감각들을 아우르는 눈앞에 있는 경권의 존재에 대한 놀라움이 동시에 일어난다.

6) 초기 대승경전의 저자를 둘러싼 상황

여기까지 오면 초기 대승경전을 언설내용에 근거해서 역사학적 방법에 따라 연구하는 것이 얼마나 어려운지 알 수 있다. 제1절에서 말했듯이, 역사학적 방법이 가능하기 위해서는 '시간과 장소를 명시하는 외적 사실의 존재와 함께, 무엇보다도 텍스트의 언설이 텍스트 외부의 사물이나 사실의 시간과 장소를 입증하는 요건을 갖추'지 않으면 안 된다. 그런데 초기 대승경전의 시간은 삼중으로 분화하고, 게다가 그 시간이 '설하는 붓다'와 '설해지는 붓다' 사이에서 반사적으로 대응하는 복잡함을 안고 있다. 거기에 나타나는 장소 역시 이러한 시간 구조로 인해 다양해질 수밖에 없다. 이러한 언설구조를 갖고 있는 텍스트를 기본으로 해서 역사학에서 말하는 역사적 사건을 재구성한다는 것은 거의 불가능한 일이다.

더욱 주의해야 할 것은 본래 초기 대승경전에서는 경전의 저자가 완전히 사라지는 구조가 되어 있다는 점이다. 본 절 제3항에서 말했듯이, 언설의 정통성을 수립하기 위해서는 언설 속에 저자의 존재가 드러나는 것을 철저하게 피하지 않으면 안 된다. 정통성의 수립이 공동 주관적인 행위이고 그 언설 공간이 공공 공간인 이상, 거기에는 어떤 외부자의 목소리도 끼어들지 않도록 배려해야 한다. 이 점이 무너지면 초기 대승경전은 존재의의를 상실한다. 콜은 이 문제에 대해 초기 대승경전에 보이는 겉모습뿐인 구두 전승이라는 주제로 다음과 같이 말한다.

> 붓다의 구두 설법을 기록하는 모든 시도는 그 서사의 기원을 완전히 지워버리는 결과가 된다. …… [중략] …… 텍스트의 어젠다는 텍스트가 산출된 현장에서 완전히 분리했을 때 성공을 거둔다. 따라서 텍스트의 음성은 패엽 위에 쓰여진 서사문자로부터 완전히 떼어내어 표현할 필요가 있고, 또 서사문자는 저자와 떨어져 있는 것처럼 보일 필요가 있다. 또 저자 자신이 완전히 사라져서, 이러한 전통의 재편성을 기능하게 하는 기술로 확실히 배려하는 복잡한 서사 문화에 [저자 자신이] 소속하고 있는 흔적을 완전히 지울 필요가 있다(Cole[2005: 331]).

제3절 제2항에서 본 것처럼, 현존하는 사료에서 복원이 가능한 것은 경전의 전승형태이며, 저자는 알 수 없다. 게다가 저자성을 소거하는 방향으로 구성된 텍스트를 대상으로 한다면, 저자를 알아내는 일은 거의 절망적이다. 그런 가운데 대승경전의 제작에 관여한 사람들의 소재에 대해 굳이 묻는다는 전제 아래 앞의 논문(시모다[2011b], p.62)에서 다음과 같이 말한 바 있다.

> 율장과 논장이 인도의 불교 승원의 어떤 곳에서 어떻게 형성되었는지에 관해 대체로 정보가 부족한 것과 마찬가지로, 전통경전과 그 연장선에 있는 대승경전이 어디에서 어떻게 형성되었는지에 관한 정보도 전혀 없다. 하지만 환경의 변화에 따라 율장의 규칙이 개변되고 논쟁의 전개에 의해 논장에 새로운 텍스트가 늘어날 때, 그러한 텍스트를 제작하는 활동이 승원 밖에서 이루어졌다고 굳이 생각할 필요가 없다면, 전통경전의 편찬이나 대승경전의 제작이나 마찬가지일 것이다.

또 덧붙여서 다음과 같이 말했다.

> 형성 활동이 거의 끝난 경장을 담당한 사람들 중에 일부는 붓다의 말이 서사경전 안에 존재한다는 사실의 중대한 의의를 통찰하고, 진정한 불설이 무엇인지를 묻는 동시에 경전의 존재의의를 담당하는 사람들이 출현했다. 즉, 대승경전이 출현한 기원은 전통경전의 제작을 담당한 경사經師들에게 있었다(ibid. p.58).

누가 대승경전을 제작하기 시작했는지는 현존하는 문헌자료에서 보는 한, 전통불교의 경전 제작과 마찬가지로 엄밀히는 알 수 없다. 하지만 경전이 어떻게 보존되고 전승되었는지에 관해 문헌자료가 보여주는 내용은 대승경전이나 전통불교 경전이나 다르지 않다. 역사상에 확인되는 유일한 고고학적 증거인 길기트 나우뿌르 경장의 존재에 의해서, 양 계통의 경전이 모두 승원에서 전승되고 있었다는 것은 이제는 부동의 사실이 되었다. 게다가 초기 대승경전의 편찬자들은 전통불교에 대해 정통했고, 이 특징은 시대가 지나서 유식계 대승경전이 되면 더욱 두드러진다. 이러한 사실을 전제로 했을 때, 대승경전이라는 새로운 경전이 제작된 장소와 제작자에 대해 굳이 따진다면, 전통불교 경전과 마찬가지로 제작된 곳은 승원이고 제작자는 경사라고 보는 것이 가장 타당할 것이다.

경사를 둘러싼 문제를 해명하는 데에는 한계가 있다. 본래 전통불교에서 경전을 제작한 사람들이 출가자뿐이었는지는 과제로 남겨두는 편이 낫다. von Hinüber[1989: 28-9]가 지적했듯이, 니카야에서 설법사dhammakathika라고 불리는 제일인자는 칫타라는 이름의 재가자 일족의 수장gahapati이었고(AN.i 26.5), 우안거의 예외규정이 보여주듯이, 경전을 암송하고 서사하는 것은 우바새와 우바이이다. 경전의 전승에는 재가자가 지도적인 역할을 수행하고 있었다. 다만 이러한 사실이 선행연구(츠카모토[1980], pp.387-409)에 나오는 경전을 전승하는 사람의 명칭 – dhammadhara, dhammavādin, dhammakathika, suttantika, nikāyadhara, pañcanekāyika, dīghabhāṇaka 등 – 과 어떻게 관련되는지는 현재의 역사자료의 상황에서는 좀처럼 드러나지 않는다.

이 이상 저자에 대해 추측하는 것은 연구의 영역을 벗어나게 된다. 본고에서는 대승경전의 내용에서 그 저자상을 상정하는 것의 위험을 누누이 지적했기 때문에, 필자 개인의 인상을 말하는 것은 삼가기로 한다. 대신 초기 대승경전에 대해서 일찍이 없었을 정도로 비판적으로 해석하고 때로 익살스러운 논의도 마다하지 않는 앨런 콜이 언급하는 대승경전의 저자에 대한 이미지를 참고삼아 인용한다. 콜은 전통의 혁신을 경전 속에서 이루려고 하는 초기 대승경전의 저자에 대해서, 전통에 대해 악의에 찬 저자상에서 순수하게 선의에 찬 저자상까지 세 가지 시나리오를 만든 뒤, 결론으로서 다음과 같이 말한다.

> 사실, 붓다는 윤회의 이 마지막 생에 있어서 불교를 실천하고 있었다고는 표현되지 않기 때문에, [초기 대승경전의 저자인] 읽는 자들은 기본적 수준의 전통을 거부할 때 붓다에게 훨씬 더 친근감을 느꼈을 것이다. 이렇게 해서 그들이 불교의 전통적 형태를 방기할 때, 개조인 붓다의 행동과 중복된다는 감각을 느꼈을 것이다. 자기가 가지고 있던 정체성과 집과 지평을 방기하는 것은, 이런 방기 행위의 궁극적 가치를 이미 알고 있는 진리의 아버지의 보다 높은 길로 올라가기 위해서이다. 이렇게 보면 [초기 대승경전의] 저자들의 동기는 완전히 소박하게 자선적이

지는 않더라도 꽤 따뜻한 것으로 보인다(Cole[2005: 344]).

7) 경전이 드러내는 현실세계

서사 경전을 제작하는 활동으로서 출현한 대승불교는 이윽고 현실에 영향을 주고 현실을 변용하고 현실에 대승교단을 만들어간다. 마치 예언이 실현되듯이 경전의 내용이 현실이 된다. 이것을 앞의 논고에서는 '학계가 오늘날까지 심혈을 기울여온 대승불교의 교단사적 해명이라는 시점에서 조금 대담하게 다시 말한다면, 대승교단이 대승경전을 낳은 것이 아니라 대승경전이 대승교단을 낳았다는, 종래의 학계의 이해와는 정반대 결론이 된다(시모다[2011b], p.38)'고 말했다.

이것은 대승경전을 연구하는 데에 중요한 의미를 갖는다. 순수하게 서사 경전으로서 출현한 단계의 대승은 사상적 혹은 언어·문학적 방법에 따라 연구되어야 한다. 하지만 그것이 교단을 형성하기 시작한 단계 이후의 연구가 되면, 텍스트 밖의 사건과 텍스트 내부의 관계를 고려하는 역사학적 방법으로 이행할 필요가 있다. 따라서 초기 대승경전에서 중기 대승경전으로 가는 과정에서 연구방법이 어느 정도 이 방향으로 전환하지 않으면 안 된다. 불전 삼부작에서도 보이듯이, 교단화하는 단계에 이르면 텍스트 밖의 의례행위를 거의 그대로 텍스트화하는, 일종의 퇴행현상이 일어나기도 한다.

대승경전의 내용을 실현한다는 의미에서의 교단화의 대표적 사례는 경권 숭배의 등장이다. 이 문제를 고찰할 때 주의해야 할 점은, 소위 페티시즘으로서의 경권 숭배는 경권 숭배의 두 번째 단계에서 일어나는 것이지 최초의 형태가 아니라는 사실이다. 쇼펜을 포함해서 대부분의 연구자들도 이 점에 대해서는 생각하지 않았다. 최초에 일어난 경권 숭배는 텍스트에 그 이전의 불교의 전통을 모두 포섭해서 새로 의미를 부여하는 힘이 있다는 사실 그리고 공동 주관성을 유지하는 장을 형성하고 있다는 사실에 대한 놀라움에서 비롯되었다. 전통경전이나 율장에 대해서는 서사를 통한 숭배행위가 일어나지 않았다. 이러한 사실은 숭배와 관련된 차이를 해명하는 데 중요하다. 하지만 얼마 지나자 서사 텍스트가 갖는 의의와 전혀 관계없이, 경전을 탑묘 대신으로 사용하는 물상 숭배적 의례가 등장한다. 이러한 일련의 변화는 '서사 경전 제작에 따른 의례의 탈실질화' → '의례를 무력하게 하는 경전의 힘에 대한 감탄' → '경전의 힘의 구체화'라는 과정으로 정리된다.

대승불교에 보이는 법사 숭배도 마찬가지 현상으로 이해할 수 있다. 법사는 문자로 된 경전을 음성으로서의 경전으로 바꾸고, 서사 텍스트로서의 대승불교의 존재를 구두 전승의 불교인 것처럼 현실에 부활시킨다. 즉, 경전의 내용을 서사 텍스트 안에서 떼어내어 생활공간으로 외화하고 현실화하고 교단화하는 데에 중요한 역할을 수행했다. 하지만 법사의 역할은 텍스트와 외적 세계를 매개하는 것에 그칠 뿐, 서사 경전을 대신할 수 있는 존재는 아니었다. 법사를 매개로 해서 대승경전에 일어난 변화는 '외부에 있는 설법자 일반의 서사 경전 속으로 내화함' → '법사가 경전의 독송함으로써 경전의 내부 세계를 외화함' → '매개자인 법사의 역할이 물상화함'이었다.

법사는 특정 대승경전을 전문으로 독송하기보다 여러 경전을 독송하고 있었을 가능성이 높다. 왜냐하면 제3절 제1항에서 보았듯이, 폰 히뉘버는 길기트의 경장에서 출토된 『법화경』의 식어에 나오는 법사를 비문자료의 내용과 일치하는 것에서 유행자라고 간주했다. 그의 추정이 맞다면, 그리고 경장에서 출토된 대승경전이 여러 시기에 걸쳐 있다는 것을 고려하면, 외부자인 법사가 경장이 있는 승원을 방문해서 경전을 음성화하는 – 혹은 서사하는 – 의례적 역할을 수행했다고 생각된다. 그때 법사는 요청이 있으면 『법화경』 이외의 경전의 의례에 관여하는 일도 있었을 것이다. 실제로 폰 히뉘버도 보고했듯이, 『승가탁경 *Saṃghāṭasūtra*』은 『법화경』의 인기를 능가하는 경전이었던 것 같다.

그럼 초기 대승경전은 무엇 때문에 전통경전과 달리 현실을 창성하는 힘을 가질 수 있었을까? 그 가장 큰 요인은 초기 대승경전의 언설 공간이 발신자의 존재(쓰는 사람의 주관)와 수신자의 존재(읽는 사람의 주관)를 동시에 성립시키고, 그로 인해 공동주관성이 성립하는 구조를 형성하고 있다는 점에 있다. 이 텍스트는 그것을 대하는 자의 주관을 텍스트의 주관과 동화하는 힘을 가지며, 텍스트를 매개로 한 자타 관계, 즉 교단을 형성하는 구조를 내재한다. 발신자에서 수신자로 향하는 일방적인 전통경전과 달리 수신자의 존재로 인해 생명이 부여되는 경전이 탄생한 것, 여기에 대승불교의 특징이 있다.

제1절에서 본 것처럼, 역사학적 방법에서 다루는 텍스트는 텍스트 외부의 힘에 의해 형성된 역사적 '소산'으로서의 텍스트였다. 거기에 비해 본 장에서 주제로 다루어온 초기 대승경전은 전파하는 과정을 통해서 거꾸로 역사를 형성하고, 변용하는 힘을 가진 역사적 '능산'으로서의 텍스트이며 그 자신이 역사의 당체當體가 되는 것이다.

이 주장이 이상하게 들린다면, 그것은 인류 정신사에서 텍스트가 수행하는 힘을 연구 대상으로 하는 방법이 불교 연구자 사이에서 어느새 잊혔기 때문일 것이다. 고전이나 성전 등의 텍스트가 외부 세계에서 자립해서 보존, 전승되어 적절한 시기에 외부 세계로 열릴 때, 텍스트는 외부 세계를 변용해서 새로운 제도를 창조한다. 이런 사태를 이해하려면, 자본주의라는 강대한 경제제도가 성서라는 텍스트를 손에 든 프로테스탄트의 예정설이라는 종교이념에서 태어났다는 것을 입증한 베버의 이론을 상기하는 것으로 충분하다. 텍스트 속에 담긴 이념은 역사의 궤도를 움직일 수 있는 것이다.

경전을 붓다와 동일시해서, 과거에서 미래로 이어지는 수수행위를 텍스트화한 초기 대승경전의 언설은 불교사의 핵심을 찌르고 있다. 불교의 역사는 스승인 붓다의 존재만으로 이루어진 것이 아니다. 스승의 말과 행위 그리고 존재는 그것을 받아들이는 제자의 존재에 의해 완성된다. 발신자와 함께 수신자가 없으면 불교는 존재할 수 없으며, 제자의 탄생에 의해 생명을 지속해온 것이 불교의 역사이다. 과거와 현재 사이에 공동 주관의 장이 성립하는 것, 거기에 불교의 존재와 역사가 있다. 그것은 현재에 머물지 않고 미래를 향해서 계속된다. 앞 논고의 끝(시모다[2011b], p.66)에서 발견적 방법에 의해 대승불교를 해명해야 한다고 끝을 맺은 것도 그 때문이다.

시대가 지나면 초기 대승경전이 출현한 이러한 정신은 사라지고, 이윽고 서사경전이라는 형식만 이용한 방대한 양의 경전이 산출되기 시작한다. 그것은 마치 자본주의가 프로테스탄티즘 정신이라는 기반에서 떨어져서 단순한 경제 제도로 형해화해서 전 세계에 전파된 모습과 유사하다. 얼핏 동일하게 보이는 현상 속에 파고들어가서 숨어 있는 모든 현상의 질적 차이를 치밀하게 구별하는 것, 거기에 불교학의 중요한 역할이 있다. 그 역할을 수행했을 때 도달한 결론의 타당성은 사람들이 지금까지 알고 있던 사실에 얼마나 정합적인가에 따라 판단할 수 있을 것이다.

참고문헌

가라시마 세이시(辛嶋靜志)

2005 「初期大乘佛教は誰が作ったか － 阿蘭若住比丘と村住比丘の對立」『佛教大學綜合研究所紀要別冊・佛教と自然』, pp.45-70.

니시 요시오(西 義雄)

1968 『大乘菩薩道の研究』, 平樂寺書店.

사사키 시즈카(佐々木閑)

2000 『インド佛教變移論』, 大藏出版社..

스기모토 다쿠슈(杉本卓洲)

1984 『インド佛塔の研究』, 平樂寺書店.

시모다 마사히로(下田正弘)

1993 『藏文和譯『大乘涅槃經』I』, 山喜房佛書林..

1997 『涅槃經の研究 － 大乘經典研究方法試論』, 春秋社.

2002 「生活世界の復權 － 新たなる佛教學の地平へ」『宗教研究』333, pp.1-27.

2002a 「口頭傳承から見たインド佛教聖典研究についての覺え書き」『印度哲學佛教學』17, pp.30-45.

2004 「聖なる書物のかなたに － 新たなる佛教史へ」『言語と身体ー聖なるものの場と媒体』 岩波講座・宗教5, 岩波書店, pp.25-52.

2004a 「菩薩の佛教 － ジャン・ナティエ著『ア・フュー・グッド・メン』に寄せて」『法華文化研究』30, pp.1-18.

2005 「佛教研究と時代精神」『龍谷史壇』122, pp.27-55.

2005a 「<物語られるブッダ>の復活ー歴史學としての佛教學を再考する」『佛教とジャイナ教』, 平樂寺書店, pp.357-379.

2006 「近代佛教學の展開とアジア認識」『「帝國」日本の學知・第三卷 東洋學の磁場』, 岩波書店, pp.175-214.

2009 「傳承といういとなみー實踐佛教の解釋學」『親鸞教學』93, pp.23-44.

2010 「近代佛教學の形成と展開」『佛教の形成と展開 新アジア佛教史02』 佼成出版社, pp.13-55.

2010a 「戰前日本における佛教研究」『宗教研究』83(4), pp.1172-1173.

2011 「經典研究の可能性を再考する: セッションNo.5の發表に對するコメント」『日本佛教學會年報』76, pp.195-207.

2011a 「經典研究の展開からみた大乘佛教」『大乘佛教とは何か』シリーズ大乘佛教 1, 春秋社, pp.39-71.

2011b 「經典を創出する － 大乘世界の出現」『大乘佛教の誕生』シリーズ大乘佛教2, 春秋社, pp.37-71.

2011c 「<涅槃經>經典群の編纂過程から照らす<法華經> － <法華經>の構造解明のための準備として」『法華文化研究』36, pp.1-17.

시즈타니 마사오(靜谷正雄)
1974 『初期大乘佛教の成立過程』, 百華苑.
야마다 류조(山田龍城)
1959 『大乘佛教成立論序說』, 平樂寺書店.
와타나베 쇼고(渡邊章悟)
2011 「大乘佛教における法滅と授記の役割 － 般若經を中心として」『大乘佛教の誕生』, シリーズ大乘佛教 2, 春秋社, pp.73-108.
츠카모토 게이쇼(塚本啓祥)
1980 『改訂增補 初期佛教教團史の研究 － 部派の形成に關する文化史的考察』, 山喜房佛書林.
후쿠다 다쿠미(福田 琢)
2011 「『遊行經』における說法の意味」『日本佛教學會年報』 76, pp.117-145.
히라오카 사토시(平岡 聰)
2012 『法華經成立の新解釋』, 大藏出版社.
히라카와 아키라(平川 彰)
1964 『原始佛教の研究 － 教團組織の原型』, 春秋社.
1968 『初期大乘佛教の研究』, 春秋社.
Abeynayake, O.
1984 *A Textual and Historical Analysis of Khuddaka Nikāya*, Colombo: Tisara.
Bareau, A.
1960 "La construction et culte des stūpa d'après les Vinayapiṭaka," *Bulletin de l'École Française d'Extrême-Orient*, 50(2), pp.229-274.
Bechere, H.
1976 "Buddha-Feld und Verdienstübertragung : Mahāyāna-Ideen im Theravāda-Buddhismus Ceylons," *Bulletin de la classe des lettres et des sciences morales* et politiques, 5e. série, vol. 62, pp.27-51.
Browa, R.L.
1986 "Recent Stūpa Literature : A Review Article," *Journal of Asian History*, 20, pp.215-232.
Brough, J.
1950 "Thus have I heard...," *Bulletin of the school of Oriental and African Studies, University of London*, 13(2), pp.416-426.
Boucher, D.
2008 *Bodhisattvas of the Forest and the Formation of the Mahāyāna : A Study and Translation of the Rāṣṭrapālaparipṛcchā-sūtra*, Honolulu: University of Hawai'i Press.
Chakrabarti, D.K.
1995 "Buddhist Sites across South Asia as Influenced by Political and Economic Forces," *World Archaeology*, 27, pp.185-202.

Cole, A.

2005 *Text as Father : Paternal Seductions in Early Mahāyāna Buddhist Literature*, Berkeley and Los Angels: University of California Press.

Cunningham, A.

1854 *The Bhilsa Topes or Buddhist Monuments of Central India*, London: Smith Elder.

1879 *Report of a Tour in Bundelkhand and Malwa, 1871-72, and in the Central Provinces, 1873-74* (Archaeological Survey of India,), Calcutta: Government of India Publications (rep. Delhi: Rahul Publishing House).

1879a *The Stūpa of Bhārhut*, London: W. H. Allen.

Dutt, N.

1941 *Early Monastic Buddhism*, Vol. 1, Calcutta: Calcutta Oriental Book Agency.

1945 *Early Monastic Buddhism*, Vol. 2, Calcutta: Calcutta Oriental Book Agency.

Dutt, S.

1962 *Buddhist Monks and Monasteries of India: Their History and Their Contribution to Indian Culture*, London: Allen and Unwin.

Fergusson, J.

1968 *Tree and Serpent Worship*, London: W H Allen.

Fussman, G.

1986 "Symbolism of the Buddhist Stūpa," *Journal of the International Association of Buddhist Studies*, 9(2), pp.37-53.

2004 "Dans quel type de bâtiment furent trouvés les manuscrits de Gilgit?" *Journal Asiatique*, 292(1-2), pp.101-150.

Graham, W. A.

1987 *Beyond the Written Word: Oral Aspects of Scripture in the History of Religion*, Cambridge: Cambridge University Press.

Gombrich, R.

1988 "How the Mahāyāna Began," *Journal of the Pāli and the Buddhism*, 1, pp.29-46.

Habata, H.

2007 *Die Zentralasiatischen Sanskrit-Fragmente des Mahāparinirvāṇa-Mahāsūtra: Kritische Ausgabe des Sanskrittextes und seiner tibetischen Übertragung im Vergleich mit den chinesischen Übersetzungen*, Marburg: Indica et Tibetica Verlag.

Hawkes J. and Shimada, A.

2009 *Buddhist Stupas in South Asia: Recent Archaeological, Art-Historical, and Historical Perspectives*, Oxford: Oxford University Press.

Hawkes J.

2009 "The Wider Archaeological Contexts of the Buddhist Stūpa Site of Bharhut," in Hawkes and Shimada[2009], pp.146-174.

Hendriksen, H.

1944 *Syntax of the Infinite Verb-forms of Pāli*, Copenhagen: Einar Munksgaard.

von Hinüber, O.

1989 *Der Beginn der Schrift und frühe Schriftlichkeit in Indien*, Mainz: Akademie der Wissenschaften GMBH.

2012 "The Saddharmapuṇḍarıkasūtra at Gilgit: Manuscripts, Worshippers, and Artists," *The Journal of Oriental Studies*, 22, pp.52-67.

Kosambi, D.D.

1962 *Myth and Reality : Studies in the Formation of Indian Culture*, Bombay: Popular Prakashan.

Manné, J.

1990 "Categories of the Sutta in the Pāli Nikāyas and Their Implications for Our Appreciation of the Buddhist Teaching and Literature," *Journal of Pāli Text Society*, 15, pp.29-87.

Misra, R. N.

1981 *Yaksha Cult and Iconography*, New Delhi: Munshiram Manoharlal.

Mus, P.

1932 "Bārabuḍūr, les origines du stūpa et la trnasmigration," *Bulletin de l'École Française d'Extrême-Orient*, 32(1), pp.269-439.

1933 "Bārabuḍūr, les origines du stūpa et la trnasmigration," *Bulletin de l'École Française d'Extrême-Orient*, 33(1), pp.577-980.

Nattier, J.

2003 *A Few Good Men : The Bodhisattva Path according to The Inquiry of Ugra (Ugraparipṛcchā)*, Honolulu: University of Hawai'i Press.

Ong, W. J.

1982 *Orality and Literacy : The Technologizing of the word*, Lnodon and New York: Methuen.

Reynolds, F. E.

1976 "The Many Lives of the Buddha : A Study of Sacred Biography and Theravāda Tradition," F. E. Reynolds and D. Capps (eds.), *The Biographical Process : Studies in the History of the Psychology of Religion*, The Hague: Mouton.

Schopen, G.

1989 "The Stupa Cult and the Extant Pali Vinaya," *Journal of the Pali Tests Society*, 13, pp.83-100.

2004 *Buddhist Monks and Business Matters: Still More Papers on Monastic Buddhism in India*, Honolulu: University of Hawai'i Press.

2005 *Figments and Fragments of Mahāyāna Buddhism in India : More Collected Papers*, Honolulu: University of Hawai'i Press.

2009 "On the Absence of Urtexts and Otiose Ācāryas Buildings, Books, and Lay Buddhist Ritual at Gilgit," G. Colas et G. Gerschheimer (eds.), *Écrire er transmettre en Inde classique*, Paris: École Française d'Extrême-Orient, pp.189-219.

Shaw, J.

2007 *Buddist Landscapes in Central India: Sanchi Hill and Archaeologies of Religious and Social Change, c. 3rd Century BC to 5th Century AD*, London: The British Academy.

2009 "Stūpas, Monasteries, and Relics in the Landscape: Typological, Spatial, and Temporal Patterns in the Sanchi Area," in Hawkes and Shimada[2009], pp.114-145.

Shimada, A.

2006 "The Great Railing at Amaravati : An Architectural and Chronological Reconstruction," *Artibus Asiae*, 66(1), pp.89-142.

2009 "Amaravati and Dhānyakaṭaka : Topology of Monastic Spaces in Ancient Indian Cites," in Hawkes and Shimada[2009], pp.216-234.

Shōno, M.

2010 "A Re-edited Text of the *Varṣāvastu in th Vinayavastu* and a Tentative Re-edited Text of the *Vārṣikavastu* in the *Vinayasūtra*," *Acta Asiatica et Buddhist*, 3, pp.1-129.

Sircar, D. C. and Krishnan, K. G.

1963 "Two Inscriptions from Nāgārjunakoṇḍa," *Epigraphia Indica (1961-1962)*, 34, pp. 17-22.

Smith, W. C.

1993 *What is Scripture? : A Comparative Approach*, Minneapolis: Fortress Press.

Thomas, E. J.

1927 *The Life of Buddha : As Legend and History*, London: Kegan Paul.

Warder, A. K.

1967 *Pali Metre*, London, Pali Text Society.

Walters, J.

2009 "Stūpa, Story and Empire: Constructions of the Buddha Biography in Early Post-Aśokan Indian," in Hawkes and Shimada[2009], pp. 235-263. (J. Schober (ed.) *Sacred Biography in the Buddhist Traditions of South and Southeast Asia*, Honolulu: University of Hawai'i, 1997, pp.160-192.)

*본고는 시모다[2011b]의 속편이다. 그 논문 가운데 가라시마 세이시(辛嶋靜志)가 서술한 『법화경』의 교단적 성립 상황을 둘러싼 이해에 대해 잘못 소개했다. 가라시마[2005]는 아란야주형(阿蘭若住型)과는 대조적으로 촌락주형에서 『법화경』의 교단적 특징을 확정지으려고 하였다. 가라시마 및 오해를 산 관계자 여러분들에게 진심으로 사과드리며 여기에서 정정한다.

제2장

반야경의 형성과 전개

와타나베 쇼고

1.
들어가는 말

반야경은 최초로 대승(마하연)을 제창한 초기 대승경전의 선구로 알려져 있다. 지금까지 발견된 반야경 사본 중에 가장 오래된 바주르 사본이 기원후 1세기 전반에 서사되었다는 사실로 미루어보면, 경전으로서의 성립은 기원전 1세기까지 거슬러 올라간다.

반야경은 아마 부파불교 중에서도 깨달음을 추구하는 의식이 강한 수행승(보살)들에 의해 만들어졌을 것이다. 그들은 일체지자인 붓다의 지혜에 주목해서 깨달음에 이르는 지혜(prajñā 般若)를 새롭게 반야바라밀 prajñāpāramitā로서 제시하고, 그 지혜를 획득하기 위한 수행의 단계를 모색했다. 그것은 붓다에 이르는 길을 '붓다를 낳는 지혜'를 중심으로 해서 재편성한 것이다. 구체적으로 말하면 전통적인 성자의 단계 四向四果의 수행 체계를 기초로 하면서도, 그것을 뛰어넘어 보살에서 붓다에 이르는 길을 지 智의 체계와 연결시키면서 불퇴전과 십지를 중심으로 하는 새로운 대승의 수행 단계를 재구성한 것이다.

여기에서 알 수 있듯이, 반야바라밀경은 붓다의 깨달음을 가능하게 한 지혜를 현창하고 그 지혜에 입각해서 실천하는 것을 목적으로 만든 경전이다. 대개 설법하는 붓다와 수브티 혹은 사리푸트라 등의 대론으로 이루어지며, 그 가르침을 실천하는 사람이 대승보살이고, 찬동자를 선남자 선여인 혹은 좋은 사람(현자 satpuruṣa)이라고 한다. 그들이 어떤 사람들이었는지는 확실하지 않지만, 부파의 교단에 속해 있던 출가자를 중심으로 해서 지지자들이 모인 그룹이었으리라고 생각한다. 그런데 이 경전은 여기서 논하기에는 너무나 방대하기 때문에, 기본적인 반야경전을 중심으로 해서 그 구조와 사상 형성을 개관하고자 한다.

2.
반야경의 형성과 종류

1) 반야경의 개관

'반야경'은 대략 천 년에 걸쳐 증광과 축소와 파생을 반복한 방대한 일련의 문헌이다. 그 전개과정을 간단하게 살펴보면 다음과 같다.

[1] 초기 반야경전의 형성(기원전 100년-기원후 100년)

[2] 경전의 증광기(기원후 100년-300년)

[3] 교설의 개별화와 운문화의 시기(300년-500년)

[4] 밀교화의 시기(500/600년-1200년)

기원은 확실하지 않지만, 현존하는 사본의 상황으로 보면 대략 기원전 1세기경의 서북 인도였다고 본다. 그것을 초기 반야경이라고 부른다. 그 소박한 대승의 선언이 서서히 일정한 형태를 갖추면서 인도 각지에 확대되었다.

그리고 기원후 100년경부터 오랜 세월에 걸쳐서 많은 반야경전류가 계속해서 제작되는데, 그 주요한 반야경은 '마하반야 Mahāprajñāpāramitā'라고 불린다. 올챙이와 개구리 혹은 고치와 나비처럼, 본래 동일한 생물이지만 점차 그 모습이 증대하면서 다른 생물과 같은 외양을 갖추게 되었다. 이렇게 해서 오늘날 볼 수 있는 여러 가지 비슷한 문헌이 생겨난 것이다. 이것이 두 번째 단계인 '경전의 증광기'인데, 뒤에 소개하는 소품계 반야와 대품계 반야의 많은 유사본이 이 시기에 성립했다. 주된 사상적 주제를 보면, 이 시기에 거의 완성했다고 할 수 있다.

그런데 반대로 그중의 특정 주제를 강조하면서 개별 경전을 생성하는 흐름도 있었다. 세 번째 '교설의 개별화와 운문화의 시기'이다. 이 시대에는 기존에 볼 수 없던 운문에 의한 요약도 진행되었다. 비교적 짧고 내용이 잘 갖추어진 『승천왕반야』, 『문수반야』, 『선용맹반야』 등이 대표적이다. 『금강반야경』도 이 그룹에 속한다.

마지막 단계는 '밀교화의 시기'인데, 반야가 불모佛母로 신격화하고 다양한 만트라나 종자種子나 밀교적 의궤가 보이기 시작한다. 『반야이취경』, 『제석반야』, 『일장반야』, 『월장반야』, 『일자반야』 등이 있다. 『반야심경』은 제3기 혹은 이 시기에 들어갈 것이다. 이상이 반야경의 전개를 둘러싼 역사적 외관이다.

그런데 이런 틀 외에도 불교사상사에서 본 '반야경'이라는 특수성을 고려할 필요가 있다. 대승불교 운동의 고조와 함께 다양한 사상이 대두하자 '반야경'도 그들 주제를 요령껏 도입해서 '반야경' 속에서 그것을 표현하기 시작했다. 사이구사 미츠요시[1983, p.95]는 이 반야경의 증광 및 발전의 경위를 다음과 같이 논평했다.

> 대승불교 내부 또는 그 첨단에 그때까지 보이지 않았던 새로운 사상이 싹트자, 스스로 '반야경'이라는 이름을 붙여서 하나의 새로운 경전을 만들기 시작했다. 이러한 사실은 종래의 어떤 연구자도 전혀 지적하지 않았지만, '반야경'이라는

이름 자체 그리고 그것이 갖는 이미지를 이해하는 데에 중요한 의미를 가진다고 생각한다. 그 좋은 예가 『이취[반야]경』으로, 대승불교 속에서 자랐는데 결국은 후기 대승불교의 중심을 차지하는 밀교를 설하고 있다. 바꾸어 말하면 밀교(정확히는'순밀 純密')이라는 이른바 신新불교를 『이취[반야]경』으로서 세상에 내놓았다고 평가할 수 있다.

사이구사의 이 말처럼, 어떤 시기에는 새로운 사상을 편입할 때 제목에 '반야경'이라는 이름을 붙였을 것이다. 그것은 붓다의 지혜를 표방하는 반야 교단의 표어였을지도 모른다. 이런 경향이 두드러지는 것은 후기 반야경전, 특히 대부분 밀교계 반야경전이다. '반야경'은 이들 경전을 전부 흡수해서 지혜의 경전으로서 제시해간 것이다.

지혜인 프라즈냐(반야)는 붓다를 낳는 근거, 말하자면 '붓다의 부모'이다. 따라서 모든 붓다들의 어머니이고, 여성명사이기 때문에 '불모 佛母'라고 불린다. 석존의 어머니 마야가 붓다를 낳은 것과 마찬가지로, 불모 프라즈냐가 중생을 깨달음으로 이끈다. 밀교 문헌이 계속해서 등장한 시대에는 이러한 인식 – 불모로서의 반야 – 아래 많은 새로운 가르침이 편입되었을 것이다.

2) 반야경의 종류와 계통

현재 반야경전은 밀교계의 의궤 등을 포함해서 대략 40종이 확인된다. 그중에서 한역된 것만도 42종에 이르고, 각종 산스크리트본이나 티벳역본(36종)이 여기에 포함된다. 이 방대한 문헌류를 내용별로 보면, 아래의 19종으로 분류할 수 있다.

(1) 소품계 반야경	『도행반야경』, 『소품반야경』, 『대명도경』, 『마하반야초경』(부분), 『대반야경 · 제4회 · 제5회』, 『팔천송반야』(범 · 티벳역) 등	기본적 반야경
(2) 대품계 반야경	『방광반야경』, 『광찬반야경』, 『대품반야경』, 『대반야경 · 제2회 · 제3회』, 『일만팔천송반야』(범 · 티벳역), 『이만오천송반야』(범 · 티벳역) 등	
(3) 『십만송반야』	『대반야경 · 초회』, 『십만송반야』(범 · 티벳역)	
(4) 『금강반야경』	범 · 티벳역 외 『능단금강반야바라밀경』 등 한역 8종	발전적 반야경
(5) 『문수반야경』	범 · 티벳역 외 만다라선역과 승가바라역과 현장역 한역 3종	
(6) 『반야심경』	소본, 대본(범 · 티벳역) 외 현장역 등의 한역 8종	
(7) 『선용맹반야경』	범 · 티벳역 외 현장역 한역 1종	
(8) 『유수濡首반야경』	송의 상공역과 현장역 한역 2종뿐	
(9) 『승천왕반야경』	월파수나역과 현장역 한역 2종뿐	
(10) 『개각자성반야경』	유정 등에 의한 한역 1종	
(11) 『반야이취경』	범 · 티벳역 외 금강지역, 불공역 등 수종의 한역류본 있음	밀교적 반야경
(12) 『일자반야경』	티벳역뿐	
(13) 『제석반야경』	범 · 티벳역 외 한역은 시호역 『제석반야바라밀다심경』	
(14) 『소자반야경』	범 · 티벳역과 천식재天息災의 한역 1봉	
(15) 『일장반야경』	티벳역뿐	
(16) 『월장반야경』	티벳역뿐	
(17) 『백팔명반야경』	티벳역, 한역(시호역) 『성팔천송반야바라밀다일백팔명진실원의다라니경』	
(18) 『인왕반야경』	구마라집역 『인왕반야바라밀경』과 불공역 『인왕호국반야바라밀다경』의 한역 2종뿐	
(19) 『대반야바라밀다경』	현장에 의한 한역, 16회, 600권	

이 중에 중요한 것으로 (1) 소품계, (2) 대품계, (3) 『십만송반야』가 있고, 일반적으로 '반야경'이라고 할 때는 이것을 가리키는 경우가 많다. 성립 순서는 (1)에서 (2)로, (2)에서 (3)으로 증광하지만, 반드시 직선 방향으로 전개하는 것은 아니다. 각 경전들이 저마다 독자적으로 발전하면서도 서로 영향을 미치고 있었고, 같은 그룹이라도 성립 시기에 많은 차이가 있다. 특히 그 점은 한역의 성립연대에서 두드

러지는데, 대체로 산스크리트 간본과 티벳역이 새로운 형태를 보존한다. 반야경의 중심 사상이 대체로 이 안에 들어 있기 때문에, 본 장에서는 이 계통을 기본적 반야경이라고 부르고 이것을 중심으로 해설한다. E. Conze는 이것을 [확]대반야경 The Large Sūtra이라고 부르고, (4)『금강반야』나 (5)『문수반야』 등을 단축형 Abbreviations이라 불러서 구별한다.

다음으로 다양한 주제를 갖는 이들 기본적 반야경에 비해 (4)『금강반야경』에서 (10)『개각자성반야경』까지는 특정 주제를 강조하는 독자적인 반야경이기 때문에, 여기에서는 임의로 '발전적 반야경'이라 불러서 구별한다. 그중에『금강반야경』은 단독 경전으로서는 가장 널리 유포된 반야경의 하나이다. 동아시아에서는 선禪과 관계가 깊고 (6)『반야심경』과 함께 널리 유행했다. (7)『선용맹반야경』은 육바라밀경 중 마지막인 여섯 번째 '지혜 바라밀경'에 상당한다.

이상의 주요한 반야경에 비해서, (11)에서 (17)은 밀교화한 반야경이다. 첫 번째의 (11)『반야이취경』은 밀교의 소의경전이고, (12)는 부정사 'a' 한 글자로 수렴된 궁극적인 경전이다. (17)『백팔명반야경』은 반야바라밀의 108개의 특징을 열거한 것으로, 시바신이나 비쉬누신의 공덕을 108개의 명호를 들어 찬탄하는 힌두교의 성전류와 마찬가지 성격을 지닌다.

마지막은 (18)『인왕반야경』과 (19)『대반야바라밀다경』이다.『인왕반야경』은 일본에서 호국경전으로서 중시되었는데, 중국에서 편찬되었을 가능성이 높다.『대반야바라밀다경』은 16종의 반야경전을 모은 반야경 총서로, 최대의 불교경전으로 알려져 있다. 현장이 번역했으며 총 6백 권으로 되어 있다. 이 두 경전은 각각 인왕회와 대반야회 때 독송하는 경전으로서 한자문화권에서 가장 유행했다.

3.
반야경을 형성하는 두 개의 골격-『대반야경』의 구성에서 본 성립 상황

반야경이 형성된 과정을 고찰할 때 교리와 구성이라는 두 가지 측면에서 볼 필요가 있다. '교리' 면에서는 특정 사상이나 개념이 어떻게 형성되고 발전해갔는지를 보는데, 소품계와 대품계로 대표되는 기본적 반야경의 서술을 비교 검토하는 방법이 유효하다. 뒤에서 자세히 언급하겠지만, 반야바라밀 혹은 삼지 三智 등의 지혜나 삼승사상에 대한 검토가 매우 효과적이다.

한편 '구성'면에서의 고찰은 각 경전을 대응하는 장별로 검토하는 방법으로, 시이오 벤쿄 椎尾辨匡, 가지요시 고운 梶芳光運, 야마다 류조 山田龍城, 히카타 류쇼 干潟龍祥 등, 종래의 많은 연구자들이 채용해왔다. 다만 지금까지 이 두 가지 골격이 충분히 의식적으로 검토되었다고는 할 수 없다. 왜냐하면 반야경이 너무나 방대해서 종합적으로 검토하는 데에 어려움이 있었기 때문이다.

지금도 그런 상황에는 변함이 없지만, 근년에는 단편적인 연구 결과가 축적되어 반야경이 형성된 상황이 조금씩 밝혀지고 있다. 다만 생각하건대, 반야경의 중심 사상은 일반적으로 알려진 것 같이 공사상이 아니라 반야바라밀과 보살사상이다. 삼지와 삼승사상과 수도론도 전부 여기에 귀결되고, 공사상 역시 그 일환으로 설한 것이다.

어쨌든 중심이 되는 것은 소품계와 대품계를 비교하는 일이다. 특히 [1] 가장 오래된 완본자료인 『도행반야』와 『방광반야』, [2] 구마라집 역 『소품반야』와 『대품반야』 그리고 [3] 범문자료인 『팔천송반야』와 『이만오천송반야』를 비교하는 방법이다.

이것은 유효한 방법이기는 하지만, '구성'면에서 종합적으로 분석한다면 오히려 [4] 현장 역 『대반야경』을 비교하는 방법이 가장 유효하다. 따라서 본 장에서는 다른 기본적 반야경과 비교하기 위해서, 현장 역 『대반야경·초회』–『제5회』를 비교한 대조표를 사용한다. 다만 현장 역은 663년으로 역출 연대가 비교적 늦기 때문에 다른 자료도 보충하면서 고찰한다.

『대반야경』 오회 장별 대조표

	초회	대정·쪽		제2회	대정·쪽		제3회	대정·쪽		제4회	대정·쪽		제5회	대정·쪽	現觀
1	緣起	1b	1	緣起	1b	1	緣起	427b	1	妙行	763b	1	善現	865c	Chap.1
2	學觀	11c	2	歡喜	7a	2	舍利子	429b		없음			없음		
	〃	17b	3	歡照	11b		〃	433b		없음			없음		
3	相應	20c		〃	13b		〃	435a		없음			없음		
4	轉生	37b		〃	18a		〃	439a		없음			없음		
5	讚勝德	50c	4	無等々	27a		〃	445c		없음			없음		
6	現舌相	53b	5	舌根相	28a		〃	446b		없음			없음		
7	教誡教授	56a	6	善現	28c	3	善現	446c	(1	妙行)	763b	(1	善現)	865c	
8	勸學	199c	7	入離生	43a		〃	454c		〃	763c		〃	866a	
9	無住	203a	8	勝軍	45b		〃	457a		〃	764a		〃	866a	
10	般若行相	210a		〃	49a		〃	460c		〃	764c		〃	866c	
	〃	212c	9	行相	49c		〃	461b		〃	765a		〃	867a	
11	譬喩	234a	10	幻喩	53a		〃	464a		〃	766a		〃	867c	
12	菩薩	255c	11	譬喩	57b		〃	466b		〃	766b		〃	868a	
13	摩訶薩	263a		〃	60a		〃	469a		〃	766b		〃	868a	
	〃	264b	12	斷諸見	61a		〃	467a		〃	766b		〃	868a	
	〃	267c	13	到彼岸	62a		〃	471a		〃	766c		〃	868b	
	〃	274a	14	乘大乘	67b		〃	474c		〃	766c		〃	868b	
14	大乘鎧	276c	15	無縛解	68b		〃	475b		〃	766c		〃	868b	
15	辨大乘	290a	16	三摩地	72c		〃	479c		〃	767a		〃	868c	
	〃	297b	17	念住等	77c		〃	484c		〃	767a		〃	868c	
	〃	303a	18	修治地	82b		〃	490b		〃	767b		〃	868c	
	〃	309b	19	出住	88c		〃	497b		〃	767b		〃	868c	
16	讚大乘	318c	20	超勝	94a		〃	505b		〃	767b		〃	868c	
	〃	322c	21	無所有	97b		〃	508b		〃	767b		〃	868c	

『대반야경』 오회 장별 대조표(계속)

	초회	대정·쪽		제2회	대정·쪽		제3회	대정·쪽		제4회	대정·쪽		제5회	대정·쪽	現觀
17	隨順	343b	22	隨順	110a		〃	519c		〃	767b		〃	869a	
18	無所得	344c	23	無邊際	110c		〃	521a		〃	767c		〃	869a	
19	勸行	396a		〃	123c		〃	530c		〃	768a		〃	869c	
	〃	403c	24	遠離	126b		〃	531a		없음			없음		
20	無生	418a		〃	128b		〃	532a	(1	妙行)	768a	(1	善現)	869b	
21	淨道	424a		〃	130b		〃	533c		없음			없음		
	〃	426c		〃	131b		〃	535b	(1	妙行)	769a	(1	善現)	870a	
22	天帝	431a	25	帝釋	133c	4	天帝	536b	2	帝釋	769c	2	天帝	870a	Chap.2
23	諸天子	454b		〃	138b		〃	540b		〃	770b		〃	870c	
	〃	457b	26	信受	139c		〃	541a		〃	770c		〃	871a	
24	受教	458c		〃	140a		〃	541b		〃	771a		〃	871a	
25	散花	471a	27	散花	141a		〃	543a		〃	771a		〃	871a	
26	學般若	478b		〃	141b		〃	543b		〃	771b		〃	871b	
27	求般若	497b		〃	142c		〃	544c		〃	771c		〃	871b	
28	歎衆德	542c		〃	144c		〃	545a		〃	771c		〃	871c	
29	攝受	550a	28	授記	145c	5	現窣堵波	546a		〃	772b	3	窣堵波	872b	
	〃	552c		〃	146b		〃	546c	3	供養窣堵波	772c		〃	872b	
	〃	557b	29	攝受	147b		〃	548a		〃	773a		〃	873a	
	〃	568a	30	窣堵波	150c		〃	551a		〃	774a		〃	873a	
30	校量功德	570c		〃	152a		〃	552a		〃	775c		〃	873b	
	〃	578a	31	福生	155a	6	称揚功德	555a		〃	775c		〃	874c	
	〃	579b	32	功德	155c		〃	555c		〃	777b	4	神呪	874c	
	〃	583c	33	外道	157a		〃	557a		〃	778b		〃	875b	
	〃	585a	34	天來	168a		〃	558a		〃	778c		〃	875c	
	〃	695c	35	設利羅	161c	7	設利羅	561a	4	称揚功德	781b	5	設利羅	877c	
	〃	704a		〃	164b	8	福衆	563c		〃	782c		〃	878b	
	〃	708c		〃	165b		〃	565a	5	福門	783a		〃	878c	
	〃	709c	36	經文	166a		〃	566a		〃	783c	6	經典	879a	
31	隨喜迴向	906c	37	隨喜迴向	174b	9	隨喜迴向	570c	6	隨喜迴向	790c	7	迴向	880b	
32	讚般若	924c	38	大師	182a	10	地獄	576b	7	地獄	798c	8	地獄	883b	
33	謗般若	975a	39	地獄	186c		〃	578c		〃	800a		〃	884a	
34	難信解	v979a		〃	189c		〃	581a	8	清淨	801c		〃	886a	
35	讚清淨	vi448a	40	清淨	192c	11	歎淨	582b		〃	802a	9	清淨	885b	
36	著不著相	461b		〃	195c		〃	583b		〃	802b		〃	885c	Chap.3
	〃	468a	41	無標幟	196c		〃	584c		〃	803a		〃	886a	
37	說般若相	484a		〃	199a		〃	586b		〃	804a		〃	886c	
	〃	484b		〃	199b		〃	586b	9	讚歎	804a		〃	886c	
	〃	504b		〃	200b	12	讚德	587a		〃	804b		〃	886c	

『대반야경』 오회 장별 대조표(계속)

	초회	대정·쪽		제2회	대정·쪽		제3회	대정·쪽		제4회	대정·쪽		제5회	대정·쪽	現觀
38	波羅蜜多	506c	42	不可得	202a		〃	588b		〃	805a		〃	887a	Chap.4
39	難聞功德	509c	43	東北方	204a	13	陀羅尼	589b	10	総持	805b	10	不思議	887c	
40	魔事	541a	44	魔事	215c	14	魔事	596a	11	魔事	810a	11	魔事	890c	
	〃	546b	45	不和合	218b		〃	598a		〃	811c		〃	891c	
	〃	551b		〃	223b		〃	601a		〃	814a	12	眞如	892c	
41	佛母	552c	46	佛母	224c	15	現世間	601c	12	現世間	814b		〃	893a	
	〃	558c	47	示相	230a		〃	604c		〃	817b	13	甚深相	894b	
42	不思議等	571a		〃	235b	16	不思議等	607a	13	不思議等	818a		〃	895b	
43	辦事	580b	48	成辦	237b	17	譬喩	608b	14	譬喩	818b		〃	896a	
44	衆喩	586b		〃	239b		〃	609b		〃	819b		〃	896b	
	〃	589c	49	船等喩	240c		〃	610b		〃	819c	14	船等喩	896c	
45	眞善友	597a	50	初業	244a	18	善友	613a	15	天讃	820c	15	如來	897a	
46	趣智	614b	51	調伏貪等	249c		〃	616c		〃	822a		〃	898a	
47	眞如	624a	52	眞如	250c	19	眞如	618c		〃	823a		〃	898c	
	〃	638c		〃	252c		〃	619b	16	眞如	823a		〃	898c	
48	菩薩住	657a		〃	258c		〃	623b		〃	825c		〃	900c	
49	不退轉	662b	53	不退轉	260b	20	不退轉	625c	17	不退相	825c	16	不退	900c	
	〃	671a	54	轉不轉	264a		〃	629c		〃	827b		〃	901c	
50	巧方便	677b	55	甚深義	268c	21	空相	634c	18	空相	829a	17	貪行	903a	
	〃	690a		〃	272c		〃	639a	19	深功德	831a		〃	904c	
	〃	691b	56	夢行	274a		〃	640a		〃	831c		〃	905b	
51	願行	692a	57	願行	275a		〃	642a		〃	832c		〃	906a	
52	藝伽天	697c	58	藝伽天	278b	22	藝伽天	644c	20	藝伽天	833b	18	姉妹	906c	
53	善學	698b	59	習近	279b	23	巧便	645b	21	覚魔事	834a		〃	907a	
	〃	702c	60	增上慢	283a		〃	649a		〃	836a	19	夢行	908b	Chap.5
	〃	707c		〃	287a		〃	652a	22	善友	839b	20	勝意楽	910b	
54	斷分別	717c		〃	290c		〃	655b		〃	841b		〃	911b	
55	巧便學	716c	61	同學	293b		〃	657c	23	天主	842c		〃	912a	
	〃	729c		〃	295a		〃	659b	24	無雜無異	843c	21	修學	912b	
	〃	732c	62	同性	298a	24	學時	662b	25	迅速	846a		〃	913b	
	〃	750b		〃	300a		〃	663c		〃	847c	22	根栽	913c	
56	願喩	752a	63	無分別	301b	25	見不動	666a	26	幻喩	848c		〃	914b	
57	堅等讃	758a	64	堅非堅	305a		〃	669b	27	堅固	851a		〃	915c	
	〃	777c		〃	309b		〃	673a		〃	853c	23	付囑	916c	
58	囑累	778c	65	實語	310a		〃	673a		〃	854b		〃	917a	
	〃	779c		〃	311a		〃	674c	28	散華	854c		〃	917b	
	〃	783c		〃	313c		〃	676c		〃	857a	24	見不動佛	918c	
59	無尽	785a	66	無尽	315a	26	善巧方便	678a	(29	〃	857c		〃	919b	
60	相弓攝	791c	67	相攝	316c		〃	679a	[29	隨順]	859c-865a		×		

『대반야경』 오회 장별 대조표(계속)

초회	대정·쪽	제2회	대정·쪽	제3회	대정·쪽	제4회 대정·쪽	제5회 대정·쪽	現觀
61 多問不二	803a	68 巧便	322b	〃	683c	없음	없음	
62 實說	873c	69 樹喩	339c	〃	697a	없음	없음	
63 巧便行	882c	70 菩薩行	343b	〃	699c	없음	없음	
〃	887a	71 親近	345a	〃	701a	없음	없음	
64 遍學道	889b	72 遍學	346c	27 慧到彼岸	702a	없음	없음	
65 漸次	917b	73 漸次	353b	28 妙相	707c	없음	없음	Chap.6
66 無相無得	926b	74 無相	358b	〃	712a	없음	없음	Chap.7
67 無雜法義	951c	75 無雜	364a	〃	716c	없음	없음	
68 諸功德相	958b	76 衆德相	369b	〃	720a	없음	없음	Chap.8
69 諸法平等	982a	77 善達	384b	29 施等	730b	없음	없음	
70 不可動	996c	78 實際	394b	〃	735a	없음	없음	
71 成熟有情	1020a	79 無闕	402c	〃	742a	없음	없음	
72 厳淨淨土	1032a	80 道士	409b	30 佛国	748b	없음	없음	
73 淨土方便	1038c	81 正定	414c	31 宣化	751b	없음	없음	
74 無性自性	1044a	82 佛法	418a	〃	755a	없음	없음	
〃	1046a	83 無事	420a	〃	756b	없음	없음	
75 勝義瑜伽	1049a	84 實說	422a	〃	758b	없음	없음	
76 無動法性	1057c	85 空性	425b	〃	760c-761b	없음	없음	
77 常啼菩薩	1059a	×		×		×	×	
78 法涌菩薩	1067b	×		×		×	×	
79 結勸	1078a-b	×		×		×	×	

이 다섯 회가 성립한 순서는 번호 순서와 반대이다. 『제4회』와 『제5회』가 가장 빠른 소품계에 해당하고, 『제2회』와 『제3회』가 대품계 그리고 가장 방대한 『초회』의 순서로 발달했다. 따라서 제일 먼저 성립한 『제4회』와 『제5회』를 기준으로 분석하면 여기에는 대략 세 가지의 발전단계가 보인다.

【제1단계】

제일 먼저 성립한 것은 가지요시 고운이 원시 반야경이라고 상정한 부분에 해당한다. 원시 반야경이란 『제4회』에서는 「1. 묘행품」, 『제5회』에서는 「1. 선현품」이다. 이것은 『초회』의 「1. 연기분–21. 정도품」, 『제2회』의 「1. 연기품–24. 원리품」, 『제3회』의 「1. 연기품–3. 선현품」에 해당한다. 다만 『초회』에서 『제3회』까지는 이미 증광이 있었기 때문에, 실질적으로는 『초회』의 「7. 교계교수품–21. 정도품」, 『제2회』의 「6. 선현품–24. 원리품」, 『제3회』의 「3. 선현품」부터가 원시 반야경의 내용이 된다.[1]

이 부분은 각각 경의 제목으로도 쓰이듯이 경전을 제작한 의도를 보여주는 것으로, 반야바라밀에 근거한 대승의 실천을 설하는 장이다. 예를 들어 소품계에서 보면, 『도행반야경』에서는 「도행품」, 『대명도경』에서는 「행품」, 『마하반야초경』에서는 「도행품」, 『제4회』에서는 「묘행품」, 산스크리트본에서는 sarvākārajñatā-caryā-parivarta(「모든 형상 形相에 대한 지혜로 가는 실천」이라는 장), 티벳역에서는 rnam pa thams cad mkhyen pa nyid kyi spyod pa'i le'u라고 하는 부분이다.

이 원시 반야경에 해당하는 분량은 전체에서 보면 10%도 되지 않는다. 대반야경의 『제4회』는 18권 29품(대정대장경 약 103쪽분), 『제5회』는 10권 24품(약 55쪽분)이다. 말하자면 경전 전체에서 차지하는 비율은 품별로 보면 각각 29분의 1, 24분의 1이고, 매수로 하면 5–8쪽에 불과하다. 하지만 이 원초적 부분이 대품계가 되면 비약적으로 확대한다. 단순히 분량만 보면 20배 정도로 증광했다. 내용을 봐도 『대품반야』에서 말하는 삼지를 설하는 「삼가품」「구의품」, 대승의 법상 法相을 병기해서 해설하는 「승승품」「문승품」 등이 부가되었다. 그리고 사전도설 四顚倒說, 백팔삼매 百八三昧, 공 共·불공 不共의 십지, 십팔공 十八空 등 대부분의 주요한 교리가 여기에 보인다. 따라서 이 소품계의 원초적 부분이 대품계로 전개하는 과정에서 기본적인 사상이 확립되었다고 할 수 있다.

【제2단계】

제2의 증광기는 '원시 반야경'에서 이어지는 부분, 즉 『제4회』「2. 제석품」부터 마지막 장(29. 수순품)까지다. 이 단계에서 불탑숭배, 서원과 수기, 수희회향이라는 소품계 반야경의 중심 교리가 완성되었다고 할 수 있다.

이 부분에 해당하는 마지막 장을 보면, 『제4회』는 「27. 견고품·28. 산화품·29. 수순품」로 이어지고 『제5회』는 「23. 부촉품·24. 견부동불품」이다. 한편 다른 소품계는 『도행』「25. 누교품」, 『대명도경』「25. 누교품」, 『소품』「24. 촉루품·25. 견아촉품」, 대품계는 『방광』「67. 촉루품」, 『대품』「65. 누교품」, 『초회』「58. 촉루품」 등과 같이, 확실하게 마지막 장의 특색을 보인다. 그리고 내용면에서 전부 촉루품 가운데 또는 뒤에 아촉불(부동불)을 언급하는 장이 존재한다는 점을 지적할 수 있다.

【제3단계】

다음으로 제3의 부가로서 『초회』의 제77-79「상제보살·법용보살·결권結勸」까지의 제2의 마지막 장이 있다. 그런데 대품계 한역뿐만 아니라 『도행』을 비롯한 모든 소품계 한역본들과 산스크리트 본과 티벳역에도 들어 있는 점으로 봐서, 부가된 시대가 상당히 이른 시기까지 올라갈 수 있다. 오히려 『대반야경·제2회-제5회』에 공통적으로 이 설화가 없는 것은 경문에 일관성을 주기 위해 삭제했을지도 모른다.

4.
법멸 法滅과 수기 授記의 형식

필자는 본 시리즈 제2권 『대승불교의 탄생』의 제3장에서 대승불전에서의 법멸과 수기의 역할에 대해 논했다. 거기에서 말했듯이, 법멸사상이란 '붓다가 설한 바른 가르침 자체도 '무상 無常'에서 예외일 수 없으며 그 전통은 언젠가 멸한다'는 비관적인 불교사관으로 이해된다.

한편, 수기란 '눈앞에 있는 붓다가 수행자에게 '미래세에 반드시 붓다가 될 것'을 예언하고 보장하는 것'이다. 종래 이 두 가지는 발생도 전개도 따로 논의되어온 경향이 있지만, 초기 대승경전에 따르는 한, 종종 같은 문맥에서 등장하고 있고, 같은 의도를 가지는 것으로 보인다. 또 이 두 가지 사상이 대승불교의 성립에 불가결하고 그 성립에 가장 유효한 수단이 되었다는 것을 위의 논고에서 밝혔다고 본다. 중복되는 부분이 없지 않지만, 여기에서는 이런 점을 반야경전 속에서 확인하고자 한다.

우선 '법멸'에 관해서 보자. 법멸은 정법멸진 saddharma-vipralopa이라고도 해서, 말 그대로 바른 가르침이 멸하는 것이다. 이것은 초기 불교에서 대승경전에까지 일관적으로 등장하는데, 초기 경전에서는 오직 불교도의 신앙태도와 관련해서 말한다. 말하자면 사중이 나태해서 삼보를 공경하지 않으면 정법이 멸하고 상법이 흥하지만, 삼보를 공경하고 따르면 정법이 멸하지 않는다는 것이다.

그에 비해 초기 대승경전에서는, 붓다가 입멸하고 나서 500년이 지나 그 가르침(바른 가르침)이 소멸한다는, 불교의 존속을 우려하는 표현이다.[2] 하지만 대승의 법멸사상에서는 정법이 소멸하는 때야말로 [새로운] 정법(대승불교)의 가르침을 믿고 실천하는 보살이 출현한다고 한다. 그 보살들은 지혜에 따라 선근을 쌓는다. 그리고 그 지혜의 근원이 반야경전이라는 것이다. 이렇게 해서 반야경전은 법멸사상과 대승불교의 확립을 밀접하게 관련지어 설명한다.

다음은 '수기'이다. 이것도 초기경전부터 보이는데, 불제자가 삼보 등을 귀하게 여기면 자신의 운명을 자유롭게 결정할 수 있다고 하는 개념이다. 이 사상은 대승경전에도 계승되기는 하지만, '법멸'과 마찬가지로 반야경전에서는 삼보에 대한 존숭이 그 정도로 중시되지는 않았다. 중요한 것은 정법에 대한 정의, 즉 '석존으로부터 전해진 법(소승불교)'을 '새롭게 해석된 정법(대승불교)'이라고 바꾸어 읽고, 그것을 전달하는 것을 수기라는 형태로 말했다는 점이다.

또 반야경전은 이 경전에 근거한 지혜에 따라 선근을 쌓는 보살을 과거의 무수한 선근에 의해 이번 생에 정법(반야경전)을 들을 수 있게 된 보살이라고 한다. 이것은 연등불이 전생의 석존에게 수기를 내린 것과 마찬가지로, 과거의 좋은 원인에 따른 미래의 결과라는 구조를 갖는다. 초기의 붓다의 가르침이 쇠퇴하려는 시대에 뛰어난 지혜를 가진 보살이 나타나서 붓다의 신이한 가호 아래 활동하고 그것을 과거의 선업의 성과라고 하는 수기의 내용은 당시 대승경전을 믿으려는 사람들에게 용기를 주었다.

물론 '수기'에 관한 반야경전의 기술은 연등불이 전생의 석존에게 수기를 주었을 때의 기술과 유사하지만, 중심은 '새로운 가르침(대승불교)을 듣는 것'에 있다. 여기에 '법멸'사상에 있어서 '새로운 정법이 전달되는 것'과 '수기'에 있어서 '과거의 선근에 의해 현재 법을 들을 수 있다는 것'이 정확히 연결된다. 그리고 이러한 '법멸'

과 '수기'의 구조는 반야경전뿐만 아니라 그 뒤에 이어지는 대승경전의 구조의 기본이 된다.

1) 두 개의 촉루품에 보이는 부촉

경전에는 마지막에 법멸과 수기를 설하는 촉루품이 있다. 대승경전에는 당연히 있는 품인데, 확대 반야경에는 원래 두 개의 촉루품이 있다. 그 부분을 『팔천송반야』에서 인용해보자.

◇ 첫 번째 부촉 『팔천송반야』 제28장 「산화여래 散華如來」

본 장에서 여러 신들과 육천 명의 비구가 붓다에게 꽃을 뿌리며 '세존이시여, 저희들은 이 반야바라밀을 추구할 것입니다. 세존이시여, 저희들은 이 위없는 반야바라밀에 머물러 생활할 것입니다(vayaṃ bhagavan asyāṃ prajñāpāramitāyāṃ cariṣyāmaḥ, vayaṃ bhagavan anena anuttareṇa prajñāpāramitāvihāreṇa vihāriṣyāma[ḥ])'[3]라고 선언한다.

그러자 붓다는 미소를 지으며 아난다에게 이들 육천 명의 비구들이 미래세의 성유겁 星喩劫에 tārakopame kalpe, 위없는 깨달음을 얻은 뒤 모두 산화(散華 avakīrṇakusuma)라는 이름의 여래가 되어 법을 설하게 되리라고 수기를 한다. 이어서 반야바라밀을 추구하게 될 보살마하살에 대해서 다음과 같이 설한다. 그들은,

① 여래에게 보호받는다.
② 여래 밑에서 선근을 심은 자이다.
③ 확실히 여래들 앞에 있었다.

④ 과거의 승자들을 모셨다.

아난다는 이러한 네 가지 조건을 듣는다. 결국 그들은 현세 혹은 과거세에 있어서 반야바라밀의 가르침을 거부하지 않고 받아들였고, 반야바라밀에 대한 서원을 지켜왔기 때문에 이러한 수기를 얻은 것이다.

그래서 육천 명의 비구가 지금 이렇게 다시 반야바라밀에 대한 신앙고백을 하는 것이다. 이때 석존은 아난다에게 새롭게 다음과 같은 네 가지 부촉을 한다.

① 나(석존)는 이 반야바라밀을 문자의 결합부터 배우고 기억하고 이해하고 선포하기 위해 '그것이 영원히 지속하도록, 묻혀 없어지지 않도록'(cirasthitaye … nāntardhīyeta), 특별히 정성을 다해 그대(아난다)에게 위탁(부촉)하고 위촉한다(Wogihara[1973: 869, *ll*.11-14]).
② 나는 이 반야바라밀을 '그것이 묻혀 없어지지 않도록' 그대에게 위탁하고 위촉한다(Wogihara[1973: 870, *ll*.5-6]).
③ 나는 여러 신, 인간, 아수라를 포함하는 세계의 이익과 안녕을 위해 이 반야바라밀을 그대에게 위탁하고 위촉한다(Wogihara[1973: 871, *ll*.25-27]).
④ 나는 이 반야바라밀을 '그것이 묻혀 없어지지 않도록' 두 번이고 세 번이고 특별히 정성을 다해 그대에게 위탁하고 위촉한다(Wogihara[1973: 873, *ll*.14-16]).

이렇게 해서 과거로부터 이어져서 지금 다시 눈앞에 펼쳐지는 '반야바라밀에 따라서 살겠다'는 서원, 다시 말해 반야바라밀(반야경)의 전승이 '미래세에도 끊기는 일이 없도록' 하기 위해 아난다에게 위촉하는 것이다.

그리고 '무너지려고 하는 반야바라밀을 지키는 자는 누구든 삼세의 모든 붓다를 지키는 것이 된다. 왜냐하면 모든 붓다가 이 지혜에서 생겨났기 때문이다'라고 한다. 즉, 현재 반야바라밀의 전승이 어려운 상황에 있으며 바로 그렇기 때문에 불모인 반야바라밀을 수호해야 한다고, 위촉하는 이유를 교시하는 것이다.

◇ 두 번째 부촉 『팔천송반야』 제32장 「위촉」 〈아난다에 대한 석존의 위촉〉

'나는 그대에게 이 반야바라밀이 〈그것이 묻혀 없어지지 않도록〉 두 번이고 세 번이고 위탁하고 위촉하니, 그대가 이 마지막 사람이 되어서는 안 된다(Wogihara[1973: 390, *ll*.19-21]).'

위의 두 가지 위촉 중 유통본에 상당하는 두 번째 위촉은 대승경전의 구조상 중요한 의미를 가지고 있기는 하지만, 그렇게 특별한 언명이라고는 할 수 없다. 주목해야 하는 것은 첫 번째 위촉이다. 애초 하나의 경전에 두 개의 촉루품이 있고 두 가지 위촉이 나온다는 것은 흔치 않고, 확실히 경전이 단계적으로 성립되었음을 보여준다. 여기에서 주목하고 싶은 것은 위촉을 설한 뒤에 이 교법을 베푸는 공덕이 나오고 느닷없이 아촉여래의 세계를 묘사한다는 점이다(Wogihara[1973: 874-875]).

세존은 신통을 써서 아촉불이 사중에게 둘러싸여 설법하는 세계를 보여준 뒤, 곧바로 신통을 거두어 모든 것이 허망해서 실재하지 않는다는 것을 아난다에게 말한다. 그것과 마찬가지로 이렇게 추구하고 있는 보살마하살이야말로 반야바라밀을 추구한다고 할 수 있으며 어떤 것에도 집착하지 않는다고 한다. 이런 경전의 구성은 무척 급작스럽고 부자연스러워서, 아촉불 신앙으로 인해 경전이 증광된 흔적이 엿보인다.

2) 경전 재편성에 미친 아촉불 신앙의 영향

① 아촉 신앙 하의 재구성

소품계 제본에 보이는 아촉 신앙은 대조표의 현관現觀에서 볼 수 있듯이 제4장과 제5장의 마지막(5회대조표11번참조)에 설해진다.[4] 거기에서는 아촉 여래, 그 불국토인 아비라티 妙喜 세계, 간다하스틴 香象 보살, 수바르나푸스파 金花 여래, 라트나케이트 寶幢 보살 등을 언급한다. 이들 요소가 『아촉불국경』의 그것과 공통되는 것으로 보아서 『아촉불국경』의 영향은 의심의 여지가 없다. 그리고 중요한 것은 반야경 속에 그것이 설해지는 위치이다. 대품계는 아촉불이 나오는 대목을 편집하면서 새로운 장을 증광한 것으로 추정된다.

② 상제 常啼보살의 본생담을 마지막 세 장(상제품—촉루품)에 부가

상제보살의 본생담이 『대반야경』에는 「초회」에만 나오지만, 『도행반야』를 비롯한 소품계 제본에는 공통적으로 보인다. 따라서 그 설화는 소품계가 완성하는 시대에 부가된 것으로 추정된다.

③ 『대반야경』에 보이는 1단계의 부가—첫 몇 장(『초회』 제1-제6, 『제2회』 제1-제5)

대품계와 초회에 보이는 첫 몇 장은 소품계 제본과 제4회와 제5회에는 보이지 않기 때문에, 대품계로 발전하는 과정에서 부가되었다고 추정된다.

④『대반야경』에 보이는 2단계의 부가–전반 부분(『제2회』 6장-24장, 『대품』 제7장-제26장)

원시 반야경에 상당하는 부분이 대품계 제본의 성립에 따라 열 배에서 수십 배로 증광되었다. 이것은 범문 현관의 제1장에 해당한다.

⑤ 소품계에서 대품계로(대품계 내부의 발전)

이어서 소품계에서 대품계로 발전하면서 많은 교설이 증광되었다. 이것이 마지막 발전 단계로, 대품계 내의 몇 장(『방광』「17. 마하연품」「20. 다린니품」「69. 육도총상섭품」) 등이 증광되었다. 다만 ④와의 시간적 선후관계는 판정하기 어렵다. 이상이 반야경의 기본적인 발전과정이다.

5.
교리(내부 구조)의 분석

1) 보살을 중심으로 하는 삼승 관념의 성립

삼승이라는 술어는 부파불교, 엄밀히 말하면 북전의 부파(유부와 대중부)에서 성립한 것으로, '성문승·독각승·불승'의 삼승으로 이루어진다. 지금까지의 연구에 따르면 삼승은 『증일아함경』, 『대비바사론』, 『마하바스투 *Mahāvastu*』 등에 보인다고 지적되었다.[5] 삼승사상은 불과에 도달하기 위한 단계를 설한 것으로, 기본적으로 보살승은 포함되지 않는다는 것이 중요하다.

한편 보살사상이 발전함에 따라, 삼승이 '성문승·독각승·보살승'이 되기도 해서, 불승을 보살승이라고 하는 해석이 퍼지게 된다. 또 불승을 성문승·독각승에 비해 오직 하나의 승이라고 보기도 하고 혹은 삼승 전부를 일불승이라고 하는 견해도 등장한다.

예를 들어 『승만경』이 설하는 일승법신一乘法身이나 『법화경』이 말하는 이승을 방편으로 하는 삼거설三車說이나 방편으로서의 삼승과 일불승을 따로 생각하는 사거설四車說 등, 지금까지는 이들 문제를 둘러싸고 삼승사상이 논의되어온 것 같다.[6] 다만 이런 연구는 전부 대승의 삼승설이 완성된 뒤의 발전 형태를 다루는 것으로, 반야경에서의 불승과 보살승과 대승의 관계나, 보살승을 포함하는 삼승사상에 대해서는 불분명한 부분도 있었다.

그중에서 필자가 주목하는 것은 사이토 아키라齋藤明의 '초기의 대승경전은 이러한 전통적인 삼승관을 원용하면서 그중 불승의 위치에 일부러 〈보살승〉이나 〈대승〉이라는 말을 더함으로써 스스로의 존립기반을 강조했다고 할 수 있다. 『소품반야경』 이후에 정착하는 〈대승〉이라는 자칭은 확실히 전통 부파불교의 교리를 성문승 내지 독각승으로 간주해서 상대화하고, 그들 이승, 즉 〈소승〉에 대한 비판의식을 전면에 내놓게 된다'[7]는 견해이다. 이것은 삼승사상의 발전을 분석하는 데 기초가 된다고 본다. 이하 이 학설에 근거해서, 반야경의 삼승사상이 어떻게 성립해갔는지를 정리해보자.

2) 소품계의 보살승의 용례

먼저 소품계 반야경 제본의 '보살승'의 용례를 찾아보면, 『도행』, 『대명도』, 『초경』 등의 고역古譯에는 보이지 않는다. 『소품』에는 두 군데(3예)에만 보이고,[8] 『불모』로 가면 열여섯 군데(26예)로 늘어난다. 이렇게 후대의 번역으로 갈수록 더 많이 쓰인다.

'불승'의 경우도 마찬가지 경향이 보인다. 불승은 『도행』, 『대명도』, 『초경』, 『불모』에는 나오지 않고 『소품』에 한 군데(2예) 보일 뿐이다.[9] 이런 경향은 보살사상의 전개를 파악하는 기준의 하나가 된다. 다음은 범문 『팔천송반야』에 보이는 삼승의 용례로, 사리푸트라가 수브티에게 질문하는 대목이다.

> 또한 수브티 장로여, 여래는 이들 <u>삼종의 보살승</u>[에 따라 수행하는] 사람들을 설했지만, 그들 삼종 사이의 구별은 존재하지 않는다. 왜냐하면 수브티 장로가 설한 대로 오직 하나의 탈것乘, 즉 불승·보살승만이 있기 때문이다.
>
> ye ca khalu punar ime āyuṣman subhūte <u>trayo bodhisattvayānikāḥ pudgalās</u> tathāgatenākhyātāḥ, eṣāṃ trayāṇāṃ vyavasthānaṃ na bhavati / ekam eva hi yānam bhavati yad uta buddhayānaṃ bodhisattvayānaṃ yathā āyuṣmataḥ subhūtir nirdeśaḥ (Wogihara[1973: 657, *ll.*15-19])
>
> 『佛說<u>三乘</u>人則無差別』(『소품반야』 대정 No.227, 563下4-5)

이 예에서 알 수 있듯이, 『팔천송반야』는 불승·보살승을 오직 '하나의 탈것一乘'으로서 동일시한다. 사리푸트라의 이 질문에 대해 수브티는 다음과 같이 대답한다.

> 사리푸트라 장로여, 진여가 진여인 것, 그러한 진여에 있어서 성문승에 따라

혹은 독각승에 따라 혹은 대승[에 따라 수행하는] 자이든, 단지 한 부류의 보살조차 그대가 볼 수 있을까? (Wogihara[1973: 658, *ll*.19-22])

이렇게 『팔천송반야』에서는 삼승을 '여래가 설한 삼종의 보살승'이라고 표명하고, 불승[인] 보살승과 동일시하면서 삼승을 성문승, 독각승, 대승[에 따라 수행하는 자] mahāyānika라고도 한다. 이처럼 이 삼승은 하나의 탈것이며, 그것을 불승[인] 보살승이라고 바꾸어 말하고 있다. 위의 인용 직후, 산스크리트 원문에 '성문승·독각승·내승(śrāvakayānikaṃ vā pratyekabuddhayānikaṃ vā mahāyānikaṃ vā)'[10]이라는 삼승의 용례가 있는데, 주목되는 것은 한역은 전부 '성문·벽지불·불승'이라고 한다는 점이다.

이 삼종의 보살승과 불승의 관계는 『일만팔천송반야』에서 보다 분명해진다. 같은 경(티벳역)은 소품계의 한역을 따르면서 더욱 명쾌하게 '사리푸트라여, 진여에 있어서 삼종의 보살을 인정하는가? 성문승의 보살, 독각승의 보살, 불승의 보살을 인정하는가(sangs rgyas kyi theg pa pa'i byang chub sems dpa' 'dod dam)?'라고 설한다.[11] 이것으로 보면 위에 인용한 범문 『팔천송반야』는 불승을 보살승 혹은 대승으로서 강조하면서 개편한 문맥이라고 생각된다.

3) 용어로서의 삼승 yāna-traya의 유일한 예

다음으로 소품계에 보이는 삼승의 용례를 확인하면, 위의 세 가지 보살승이라는 용례 외에 아래의 『팔천송반야』의 용례가 유일하다.

거기서 사대왕은 세존에게 다음과 같이 말했다. '세존이여. 이 반야바라밀을 손에 들고 기억하고 읊고 학습하고 선포하는 선남자 선여인이 삼승에 있어서 중생을 훈련하면서도 중생이라는 생각을 일으키지 않는다는 것은 극히 드문 일입니다.'

atha khalu catvāro mahārājāṇo bhagavantam etad avocat / āścaryṃ bhagavan yad imāṃ prajñāpāramitām udgṛhṇan dhārayan vācayan paryavāpnuvan pravartayan sa kula-putro vā kula-duhitā vā yāna-traye sattvān vinayati na ca sattva-saṃjñām utpādayati // (Wogihara[1973: 190, *l*.15])

이 용례는 『팔천송반야』 제3장 「탑품」에 나오는데, 7종의 한역 어디에도 대응하는 부분이 없다.[12] 이것으로 보면 소품 계통에서는 삼승이라는 교설이 확립하지 않았던 것 같다. 위에 보이는 예외적인 용례는 아마도 후대의 다른 문헌에서 영향을 받은 것으로 보인다.

4) 삼승에 대한 소품계와 대품계의 해석 차이

한역 제본에 보이듯이, 소품계의 초기 단계에 있어서 보살승을 포함한 삼승은 보이지 않았고 삼승이라는 용어 자체도 확실하지 않았다. 또 위에 인용한 범문 『팔천송반야』(AS)에서는 삼승에 대해서 '여래가 설한 이들 삼종의 보살승[에 따라 수행하는] 사람들(trayo bodhisattvayānikāḥ pudgalās tathāgatenākhyātāḥ)'(『이만팔천송반야』(AD), 『이만오천송반야』(PV), 제4장에도 동일)[13]이라고 하고, 한역은 『소품』에는 '붓다가 삼승인을 설한다 佛說三乘人', 『대품』에는 '붓다가 설하기를 구도자에 세 가지가 있다 佛說求道者有三種'이라고 해서 다르다.

물론 위의 AS의 용례는 유일한 예외지만, 여기서 주목할 것은 삼승을 보살도의 세 가지 종류로 간주하고 있다는 것이다. 여기에 해당하는 AD(티벳역)도 PV도 '삼종의 보살승에 구별이 없다(trayāṇāṃ bodhisattvayānikānāṃ pudgalānāṃ vyavasthānaṃ na bhaviṣyati)'고 반복하고 있다. 이것은 다름 아닌 보살의 세 가지 형태이다.

또 소품과 대품 모두 삼승을 '성문승, 벽지불, 불승'이라고 하고, 여래는 이렇게 삼종의 보살승을 설하고 있지만, 진여의 입장에서 보면 보살의 존재방식은 한 가지이다. 이 '하나의 보살'을 AS는 '오직 하나의 탈것, 즉 불승[인] 보살승만이 있다(ekam eva hi yānaṃ bhavati yad uta buddhayānaṃ bodhisattvayānaṃ)'라고 한다.

이 '오직 하나의 탈것'에 대응하는 소품계 한역본들을 보면 『도행』(454上), 『대명도』(494中), 『초경』(526中)은 '일도一道'라고 하고, 『소품』(563下)은 '일승[인]一乘[人]'이라고 번역했다. 확실히 이것은 후대의 일승사상의 맹아로서 주목되지만 동일하지는 않다. 어디까지나 보살도를 중시하는 맥락에서 설해진 문장에 지나지 않는다.

한편 PV도 '이들 세 보살승의 사람들'[14]이라고 한다. 그리고 '보살마하살은 오직 하나가 될 것이다. 말하자면 [수브티 장로가 설한] 보살승에 속하는 자이다(eka eva bodhisattvo mahāsattvo bhaviṣyati yad uta bodhisattvayāniko)'(*ibid.*, p.133, *l.*21)라고 하며, 세 보살승을 '성문승의 보살, 독각승의 보살, 보살승의 보살'(*ibid.*, p.134, *ll.*2-3) 혹은 '성문승의 보살, 독각승의 보살, 불승의 보살'(*ibid.*, p.134, *ll.*16-17)이라고 한다. 한편 티벳역 『일만팔천송반야』(Pi 162a5-6)에서는 '수브티가 설한 것과 같이 "보살마하살은 오직 하나의 불승에 속한다(byang chup sems dpa' sems dpa' chen po ni sangs rgyas kyi theg pa pa gcig bur 'gyur ro)."라고 한다.

이 '하나의 불승에 속한다'에 대응하는 대품계 한역본들을 보면, 『방광』(85中)은

'일승', 『대품』(337下)은 '일보살승', 『제2회』(대정7, 258上)는 '일보살승 일정득각승'이라고 한다. 그리고 PV는 '오직 하나의 보살·마하살이 된다. 즉, 수브티가 설한 보살승에 속하는 것이다.'(Kimura[1990: 133, *ll*.20-22])라고 해서 '불승의 보살'과 '보살승의 보살'이 바뀌어, 점차 보살승으로 시점이 이동한다. 또 대품계 중에서 역출연대가 가장 빠른 『방광』(85下2)에서는 삼승을 '나한승, 벽지불승, 보살불승'이라고 해서, 보살승이 독립되지 않고 불승과 하나가 된다.

이와 같이 삼종의 보살승은 소품계와 대품계에 공통된다. 다만 AS가 삼승의 마지막에 보살승을 넣지 않고 대승 혹은 불승을 배치하는 것에 비해, 『일만팔천송』은 '불승', 『방광』은 '보살불승' 그리고 PV는 보살승을 취한다. 여기서 후대의 삼승 관념이 확립되는 과정을 볼 수 있다. 이것을 정리하면 다음과 같다.

① 소품계 ⇒ 보살승이 아니라 불승으로 한다.
② 대품계 ⇒ 보살승으로 집약되어간다.

이처럼 삼승사상은 보살사상의 발달과 함께 성립했다. 이런 흐름은 반야경의 기본적인 전개에 대해서도 말할 수 있다. 소품 계통은 도달할 목표로 붓다의 지혜인 일체지(一切智 sarvajña[-tā])를 말하고, 대품 계통은 보살의 지혜인 도지 道智를 더해서 일체지, 도지 mārga-jña[-tā], 일체상지(一切相智 sarvākāra-jña[-tā])의 삼지 三智를 전개한다. 반야경은 이러한 지혜의 발전을 반야바라밀에 근거하는 수행의 체계로서 구축해간다.[15]

6.
반야바라밀과 공

1) 반야바라밀이라는 제목

반야경이란 반야바라밀경 혹은 반야바라밀다경의 약칭이다. 반야바라밀이라는 한역은 프라즈냐파라미타 prajñāpāramitā를 음역한 것으로, 지혜를 의미하는 '프라즈냐'와 완성, 성취를 의미하는 '파라미타'로 이루어져서, '지혜의 완성' '완전한 지혜'라고 번역된다. 용수가 지었다고 전하는 『대지도론』(구마라집 역)은 '마하반야바라밀', 즉 '대반야바라밀경'의 주석인데, 여기서 '지도 智度'라는 말이 바로 프라즈냐파라미타를 의역한 것이다. 이 말을 프라즈냐와 파라미타로 나누어 해설해보자.

[1] 프라즈냐(반야)란

산스크리트어 프라즈냐 prajñā는 보통 반야 般若, 파야 波若, 발야 鉢若 등으로 그대로 음사한다. 그것은 번역하지 않는 다섯 가지(五種不翻, 다라니처럼 미묘하고 깊은 말, 여러 가지 뜻이 있는 말, 중국에 없는 것, 예부터 소리 나는 대로 써온 말, 번역하면 뜻이 가벼워지는 경우)라는 번역 규칙 가운데 '뜻이 가벼워지는 경우'에 따른 것이다. 즉, '반야는 깊고 중하지만 지혜는 가볍고 얇은 것과 같다'라고 한다. 또 반야라는 역어에 대해 '사람들이 공경하는 마음을 낳기 때문에 번역하지 않는다'(『번역명의집』 서문)고 한다.[16] 다시 말해 프라즈냐와 같이 심오한 의미를 갖는 말은 번역하면 원어의 깊은 뜻을 잃기 때문에 음역에 그친 것이다.

그런데 굳이 말하자면, 프라즈냐(prajñā 반야)의 '프라 般'는 '앞의' 또는 '대단하다'

라는 뜻을 갖는 강조의 접두사이고 뒤의 '즈냐若'는 '지혜智'이므로, 프라즈냐는 일반적인 지식이 아니라 '지혜' 혹은 '근원적인 지'이다.

'반야경'은 다양한 소재와 형식을 갖지만 일관적으로 '반야바라밀(프라즈냐파라미타)'을 자처하는 것에서 알 수 있듯이, 깨달음에 직결하는 지혜(프라즈냐, 반야)를 추구하는 경전이다. 따라서 프라즈냐파라미타란 교설인 동시에 그것을 설하는 경전을 가리킨다.

서양의 불교학자 중에는 '반야경'을 불교적 그노시스의 경전이라고 부르는 사람도 있다.[17] '그노시스 gnosis'란 원래 그리스어로 '신지 神智·예지'라고 하고, '구제를 동반하는 신의 인식' 혹은 '신과의 신비적 합일을 가능하게 하는 지혜'라고 한다. 이 그노시스의 어근 그노 gno-도 산스크리트어의 즈냐 jñā-도 모두 '알다'라는 동사로, 인도 유럽어에 공통되는 것을 확인할 수 있다.

이 그노시스와 반야는 어원뿐만 아니라 기능도 매우 유사하다. 그노시스를 통해서 플레로마(充滿界 pleroma)라는 고향으로의 회귀가 실현되고 그것이 '예지의 재현'이라고 일컬어지는 것은, 반야를 차안(미혹)에서 피안(깨달음)으로 우리를 이끄는 예지라고 정의하는 것과 일치한다.

이런 의미에서 '반야'의 지는 깨달음에 직결되고 절대적 경지에 도달하게 하는 기능을 가지고 있다. 그 내실은 신비적 직관이라기보다 구체적이고 창조적인 지혜라고 보아야 할 것이다. 왜냐하면 지혜는 오직 계율을 지키고 삼매에 몰입하는 가운데에 생기며 이 지혜가 있어야 비로소 깨달음의 세계가 열린다는 것을, 초기 불교 이래의 많은 불전이 반복해서 설하기 때문이다. 이하 그 대표적인 예를 『경집(經集 Sutta-nipāta)』에서 들어보자.

'항상 계율을 잘 지키고 지혜paññā를 가지고 마음을 잘 통일하고 깊이 생각하고 바른 생각을 갖는 자야말로 건너기 힘든 거친 강ogha을 건널 수 있다.'(『경집』 Sn 174)

'[사람은] 믿음에 의해 거친 강을 건너고, 방일하지 않음으로써 바다를 건너고, 정진에 의해 괴로움을 넘고, 지혜paññā에 의해 완전히 청정해진다.'(『경집』 Sn 184)

앞의 174번 게에서는 계율sīla, 지혜paññā, 마음의 통일samāhita, 깊은 생각ajjhattacintā, 생각sati의 다섯 가지 실천이 윤회라는 거친 강ogha을 건너기 위한 조건이 된다. 그리고 184번 게에서는 믿음saddhā, 방일하지 않음appamāda, 정진viriya, 지혜paññā의 네 가지를 언급한다. 윤회의 거친 강을 건너 열반에 이르기 위해서 이러한 지혜(반야)가 요구된다.

◇ 다섯 가지 근(능력)

다음으로 해탈에 이르기 위한 다섯 가지 실천에 지혜가 포함되는 경우가 있다. 즉, 믿음信, 정진精進, 생각念, 삼매定, 지혜慧의 다섯 가지 뛰어난 작용을 다섯 가지 근五根 혹은 다섯 가지 능력五力이라고 하며, 37 보리분법 중 하나의 그룹을 이룬다. 이 가르침에 관해서 『경집』 「노력padhāna」(제3장 제2절)에는 아직 체계화되지는 않았지만 다섯 가지 신근에 대한 서술이 나온다.

아래의 게송은 죽음을 두려워하지 않고 고행하는 붓다에게 악마가 고행의 무의미함을 말하자 붓다가 출가 정진하는 의의와 결의를 말하는 내용이다.

'내게는 믿음과 정진과 지혜가 있다. 이렇게 마음을 쏟고 있는 내게 그대는 어찌 하여 목숨을 부지하라고 하는가?'(『경집』 Sn 432)

'피가 마르면 담즙도 가래도 마를 것이다. 살이 없어지면 마음이 점점 고요해지고 나의 생각과 지혜와 삼매가 확립한다.'(『경집』 Sn 434)

'나는 이와 같이 안주해서 최고의 감수작용(受 uttamavedanā)을 얻었으니 내 마음은 어떤 욕망도 돌아보지 않는다. 보라, 심신의 청정함을.'(『경집』 Sn 435)

여기에서도 알 수 있듯이, 지혜는 깨달음에 도달하기 위해 빠뜨릴 수 없는 실천이다. 특히 지혜는 믿음, 정진과 함께 기초적 실천인 동시에 생각, 삼매와 함께 내성에 관한 실천에도 포함되어, 오근에 있어서 근본적인 실천원리이다.

이 prajñā(반야)에 pāramitā(바라밀)를 더해서 만들어진 것이 완전한 깨달음의 지혜를 의미하는 반야바라밀이다. 이 복합어는 대승불교도가 종래의 prajñā(지혜)와 차별화하기 위해 중시한 깨달음을 낳는 지혜이다. '지혜의 완성'이라고 번역되기도 한다.

[2] 파라미타(바라밀다)의 해석

파라미타의 해석은 크게 두 가지로 나뉜다. 첫 번째는 파라미타 pāramitā를 파람 pāram과 이타 itā로 구분하는 것이다.[18]

본래 파라 pāra는 제3류 동사 √pr에서 유래해서 '가로지르다, 반대쪽에 도달하다, 구제하다'라는 의미를 갖는다. 그리고 반대쪽, 언덕 저편, 도달 범위라는 명사가 되기도 한다.

앞부분의 파라가 목적격 파람 pāram이 되고, 거기에 '가다, 도달하다, 떠나다' 등을 의미하는 동사 이(√i)의 과거분사 이타 ita가 와서 파라미타 pāram-ita가 된다. 거기에 추상명사 -tā를 더해서 파라미타타 pāram-ita-tā가 되고, 중첩하는 자음 t가 떨어져서 파라미타 pāramitā가 되었다는 것이 첫 번째 해석이다. 따라서 이 해석에 따르면, '저편(깨달음의 세계)에 도달한 상태'라는 의미가 된다. '도피안'이라는 한역은 이 의미이다.

두 번째 해석은, 첫 번째 해석이 파라미타에 들어 있는 동사를 중시한 데에 비해서 파라미타를 형용사 혹은 명사로 보는 입장이다.

산스크리트에서는 형용사의 어미에 파라마 parama를 붙여서 최상급을 만드는데, 이것이 복합어를 만들 때에 브리디화로 인해 첫 번째 음절이 장모음이 되어 파라마 pārama가 된다. 여기서 파생된 것이 파라미 pāramī 혹은 파라민 pāramin이다.[19]

그리고 파라마에서 파생한 파라미에 추상명사를 만드는 접미사 타 tā를 부가해서, 혹은 파라민에 역시 접미사 타 tā를 부가할 때 -n이 떨어져서 파라미타 pāramitā가 되었다는 해석이다. 따라서 파라미타는 '최고의 것', '가장 뛰어난 상태'라는 의미로, 여기에서 '완성'이라는 역어가 나온다.

첫 번째 해석은 인도 이래의 전통적인 해석으로 많은 불교자가 교리적으로 지지한다. 하지만 『이만오천송반야경』 속에도 두 번째 해석을 지지하는 문맥이 보이고, 문법적으로나 역사적으로나 두 번째 해석이 타당하다고 생각된다.

이상에서 알 수 있듯이 프라즈냐파라미타(반야바라밀)란 깨달음에 이르게 하는 동적인 기능을 갖는 완전한 지혜이며, '반야바라밀경'은 이 지혜를 다양하게 설시한 것이다.

2) 반야바라밀의 의의

반야바라밀로 가는 길에 대해서는 '일체지자성에 집착하면서도 집착하지 않는 듯이 추구하지 않는 사람이야말로 반야바라밀로 향하는 길을 추구한다'라는 식의 역설적인 표현이 반복된다.[20] 하지만 그것이 어떤 것인지 구체적으로 언급하지 않기 때문에, 많은 설명을 요하면서도 정곡에 이르지 못하는 격화소양의 감이 있다.

예를 들어 『팔천송반야』는 반야바라밀이 '모든 것을 낳지도 않고 멸하지도 않으며 더러움 없는 것으로 하기 위해 불괴不壞의 방법으로 봉사한다(sarvadharmānām anutpādāyānirodhāsaṃkleśāyāvināśa-yogena pratyupasthitā, Wogihara'[1973: 440, *ll*.6-7])고 한다. 그때 그 '불괴의 방법 avināśa-yogena'이 어떤 것인가 하면 '어떤 것에도 집착하지 않고 어떤 것에 의해서도 더럽혀지지 않으며 아무것도 취할 수 없는 것'(Wogihara[1973: 440, *ll*.13-14])이라고 한다. 그리고 그 근거로 '그 모든 것은 존재하지도 않고 인식되지도 않는다(na saṃvidyante nopalabhyante 무소유 무소득)'(Wogihara[1973: 440, *ll*.21-22])는 것을 든다. 이와 같이 모든 비실재성을 진정한 존재방식으로 받아들이는 견해, 그 지혜를 반야바라밀이라고 부르는 것이다.

또 그 지혜가 대상으로 하는 '모든 것'에는 5온, 12처, 18계 등의 모든 외적 구성요소는 물론이고, 교리적 진리, 예를 들어 사념처나 팔정도와 같이 깨달음에 필요한 37개 덕목도 포함된다.

공관空觀을 비롯한 초기 불교 이래의 전통적인 교설인 삼해탈문三解脫門을 예로 들어보자. 우선 반야바라밀을 '위대한 완성 mahāpāramitā'이라고 부르고, 모든 것은 결코 생기하는 일이 없고 어떤 것도 멸하지 않는다. 왜냐하면 '모든 것은 본래 생기하지 않았고 ādyanabhinirvṛttā, 모든 것은 본질적으로 이탈해 있기 때문이다 prakṛtiviviktatvāt'(Wogihara[1973: 443, *ll*.16-17])라고 한다. 그리고 '해탈을 향한 세 개의 문이 인식되지 않음으로써 공성 空, 무특징 無相, 무원망 無願이 완성된다'(Wogihara [1973: 453, *ll*.16-17])라고 전개한다.

여기서 경문은 반야바라밀(지혜의 완성)을 이탈의 완성 vivikta-p., 무자성의 완성 asvabhāva-p., 불생의 완성 anutpatti-p., 무집착의 완성 asaṅga-p. 등으로 표현을 달리 하며 논한다. 말하자면 이 교설은 기존의 모든 견해를 일단 부정하면서, '인식하지 못한다(anupalambha, anupalabdhitā 不可得, 無所得)'는 부정적인 방법으로 anupalambha-yogena '인식한다'. 이것이 공을 내실로 하는 반야바라밀이다. 이처럼 반야바라밀은 모든 것의 본질과 양상을 두루 앎으로써 일체지자의 지를 완성한다.[21]

이 반야바라밀과 '일체지'는 대품계로 가면 보살사상의 발달에 따라 삼지 三智로 발전하고, 또 일찰나상응지 ekacittakṣaṇa[ekalakṣaṇa]-samāyukta-prajñā나 금강반야정 vajropamasamādhi과 결합하면서 대승의 새로운 수행 체계를 구축하게 된다.[22]

3) 반야경 속의 육바라밀

최초의 반야경은 반야바라밀을 중시하지만 육바라밀은 체계화되지 않았던 것 같다. 가장 오래된 반야경의 내용을 가지고 있다는 『팔천송반야』 제1장에는 '모든 바라밀'이라는 뜻으로 바라밀 pāramitā의 복수형이 나오지만, 그것을 육바라밀이라고 단정할 수는 없다.[23] 예를 들어 하리바드라는 이것을 십지에 대응시켜서 십바라밀이라고 주석한다. 또 모든 한역본에 여기에 해당하는 부분이 빠져 있어서, 이것이 범본이 증광된 부분이라는 것을 알 수 있다.[24] 한편 소품계 반야에서도 발달 증광한 부분에는 육바라밀이 등장한다.

'육바라밀'(『대명도경』에는 '육도 六度')이라는 말은 대승 최초기에 번역된 『도행반야』 등 반야 계통 경전에서 공통적으로 볼 수 있다. 그 용례를 검토하면, 소품계 중에서도 초기에 성립한 부분에는 보이지 않고 제2기에 증광된 부분부터 등장한다. 이런 점에서 보면, 육바라밀이 먼저 성립하고 그중에서 반야바라밀이 독립한 것이 아니라, 처음에 반야바라밀이 설해지고 그 뒤에 육바라밀이 완성되었거나, 아니면 처음부터 반야바라밀을 설하고 그 뒤에 육바라밀이 인용되었다고 보아야 할 것이다.

본래 소품계 반야에서는 전통적인 불지인 일체지만을 설하지만, 그 '일체지를 낳는' 작용을 갖는 것이 반야바라밀이라고 한다. 그리고 세속적인 과보를 구하는 실천과 구별해서, 각 바라밀의 과보를 일체지성에 '돌리는(회향하는)' 작용을 반야바라밀에서 찾게 된다. 또한 회향과 선교방편이 반야바라밀의 작용이라는 점에서, 반야바라밀을 다른 다섯 바라밀의 선도자 pūrvaṃgama라고 설하며 육바라밀 가운데 최상의 역할을 부여하게 되었다.

한편 대품계 반야에서는 바라밀의 육도상섭 六度相攝을 강조한다. 예를 들어 보시바라밀에 머물면서 지계·인욕·정진·선정·반야바라밀의 수습을 각각 완성하는 것처럼, 육바라밀 하나하나를 다른 다섯 바라밀과 조합해서 실천할 것을 권한다. 그리고 보살이 스스로 육바라밀을 실천함과 동시에 타자에게도 실천하게 한다는 육바라밀의 자리즉이타의 체계가 이루어져서, 바라밀 사상의 완성으로 한 걸음

다가섰다.

4) 불모와 공

한편 반야경은 반야바라밀의 역할이 붓다를 낳는 것이라 해서 '불모'라고 부른다. 소품계에서 대품계로 발전하는 과정에서 일체지에 도지와 일체상지를 더해서 삼지로 발전하는데, 그 지혜를 낳는 것이 반야바라밀이다. 그리고 이 반야바라밀이 드러내는 세계가 바로 공이다. 이것을 설하는 『이만오천송반야』의 예를 든다.

> '반야바라밀은 여래의 부모로, 그 세계를 보여준다.'[25]
>
> '반야바라밀은 세간이 공하다는 것을 알게 한다.'[26]
>
> '반야바라밀은 여래의 세계가 공하다는 것을 보여준다. … 이와 같이 반야바라밀은 여래를 낳으며 이 세계를 시현한다. … 반야바라밀은 여래의 세계가 불가사의함을 보여주고, … 벗어나 있고 필경공이며 자성공이라는 것을 보여준다. … 적정하며 바로 공성임을 보여준다.'[27]

위와 같이 공에 대해 불가사의 acintya, 이탈 vivikta, 필경공 atyantaśūnya, 자성공 svabhāvaśūnya, 적정 śānta 등의 다양한 동의어를 열거하고 있지만, 한 마디로 세계가 공하다는 사실 또는 그 공성을 확실히 알게 하는 지혜를 반야바라밀이라고 하는 것이다.

그런데 초기의 반야경에서는 실은 공이라는 말을 쓰지 않고 허공 ākāśa, 적멸 vivikta, 허깨비(幻 māyā)와 같은 비유를 써서 비실체성을 표현했다. 하지만 공성에 대한 표현이 점점 발달하면서 일련의 유사한 술어와 함께 나타난다. 그 특징적인 예를 『팔천송반야』와 『이만오천송반야』에서 들어보자.

세존이 이르기를 '수브티여, 반야바라밀을 실천하는 보살마하살은 복덕을 짓고 모으는 것이 공하다는 것을 확실히 알고, 실체가 없다는 것을 확실히 알고, 의미가 없다는 것을 확실히 알고, 핵심이 없다는 것을 확실히 안다.'[28](『팔천송반야』)

수브티여, 일체제법은 공하고, 실체가 없고, 의미가 없으며, 핵심이 없는 것이다. 이 방법에 의하면 모든 것은 무지하고 [진실을] 보지 않는 것이다.[29](『이만오천송반야』)

5) 공성 사상의 발달

반야경의 공의 사상은 『팔천송반야』의 간결한 표현을 시작으로 해서 차차 형식을 갖추어간다. 이하는 『반야심경』의 근거라고 알려진 『이만오천송반야』의 '색즉시공 공즉시색色卽是空空卽是色'이라는 구를 예로 들어, 『팔천송반야』와 비교하면서 그 발달의 양상을 시간순으로 열거한 것이다.

① 색의 형태는 공하다(rūpaṃ śūnyam)

② 색의 형태는 색의 형태의 자성이 공하다(rūpaṃ rūpasvabhāvena śūnyam)

③ 자성이 공하다(svabhāśūnya)＝본성공

④ 색의 형태가 바로 공성이다. 공인 것(공성)이 바로 색의 형태이다(rūpam eva śūnyatā śūnyatā-eva rūpam)

이처럼 반야경은 ①과 같은 간단한 표현에서 주어를 확장해서 '모든 것이 공하다(sarvadharmāḥ śūnyāḥ)'라는 일반적인 표현에 도달한다. 다음 단계에서는 자성svabhāva이라는 개념을 명시해서 ② '색의 형태[의 자성]가 공하다'라고 말한다. 단 이 경우에는 주어와 주어의 자성이기 때문에 별로 문제가 되지 않는다. 반야경류에는 '자성이 없다(공하다)(svabhāvena śūnyaḥ)'라는 표현이 자주 나온다. 대부분은 'A에는 A라는 자성이 없다'라고 하는 무자성, 공의 표현이다. 이 구절에서 부정하는 것은 색의 형태가 아니라 그 자성이라는 것이 명시되어 있다. 이 자성과 공을 결합해서 한마디로 표현한 것이 ③ '자성이 공하다svabhāva-śūnyaḥ'라는 술어다. 이 말은 18공이나 20공성설空性說에도 있어, 결코 드물지 않지만 『팔천송반야』에는 보이지 않는다. 『일만팔천송』과 『이만오천송』에 처음 등장하기 때문에, 시간으로 보면 이삼백 년은 걸린 셈이다. 그리고 마지막으로 그 공과 주어(색의 형태)가 바뀌어 ④ '공인 것이 색의 형태이다'라고 말함으로써 부정과 긍정이 교환 가능하게 되고, 공성이 사상적으로 완성했다고 할 수 있다.

6) 공의空義의 이유를 설하는 구

대품 계통 반야경에는 18공이나 20공 등 다양한 공성설이 보이는데, 근거를 말하는 정형적인 구절이 있다는 점에 주목할 만하다. 그것은 다음과 같다.

'영구불변하지도 않고 멸하는 것도 아니기 때문에, A(눈)에는 A(눈)라는 것이 없다(공하다). 왜냐하면 그것이 이것의 본성이기 때문이다.'

tatra cakṣuś cakṣuṣā śūnyam akūṭasthāvināśitām upādāya / tat kasya hetoḥ / prakṛtir asyaiṣā / (Kimura[2009: 60, *ll*.21-22])

이 인용문은 20공의 첫 번째인 내공(內空 adhyātmaśūnyatā)을 정의하는 문맥으로, 눈에는 눈의 자성이 없다는 것을 말한 것이다. 여기서 마지막의 '그것이 이것의 본성이기 때문이다'라는 해석이 중요하다. 우선 '이것의 본성 prakṛtir asya'의 '이것의 asya'는 중성명사인 눈 cakṣus을 가리킬 것이다. 그리고 대명사 '그것 eṣā'은 여성형이므로 앞 문장의 '공성 śūnyatā'을 받는 것으로 보인다. 따라서 눈의 본질이 공성인 것이다. 이렇게 [부정되어야 할] '사물의 본성 prakṛti'을 공의 이유로 드는 것은 언어 표현의 한계라고 할 수밖에 없다. 다만 『이만오천송반야』 속에는 이런 유의 예문이 다수 보인다.[30]

또 『팔천송반야』에서 『이만오천송』이 되면, 자성이나 본질이라는 실체 개념을 긍정적으로 다루는 표현이 증가하는 것도 사실이다. 예를 들어 이 정형적 이유구를 말한 뒤에 '이 방법에 따라 모든 것은 자성이 비존재(무)이다(anena … paryāyeṇa-abhāvasvabhāvāḥ sarvadharmāḥ)'(Kimura[2009: 151, *ll*.8-9])를 부가하고 있는 용례도 더러 있다. 의견이 나뉘는 부분이기는 하지만, 이 abhāvasvabhāva(자성이 무이다)를 현장 역의 '무성위성 無性爲性'처럼 법성 法性과 같은 뜻으로 보고 '무를 자성으로 한다'고 번역할 수도 있을 것이다. 본성청정(prakṛti-prabhāsvara, prakṛti-viśuddhatva), 본성적(本性寂 prakṛti-vivikta) 등과 마찬가지로 자성을 해석함으로써 공을 긍정적으로 해석하게 된 것이 아닌가 생각한다.

공은 불교사상에서 매우 중요하기는 하지만, 반야경에서는 중심이 되는 것은 아니다. 반야경의 중심 사상은 어디까지나 깨달음에 이르기 위한 지혜, 즉 반야바라밀을 선양하는 데에 있다. 공 역시 그 반야바라밀이 파악하는 대상으로 인정되는 세계에 지나지 않는다.

7.
최신의 반야경 사본연구

근년에는 간다라를 비롯한 몇몇 대규모 사본 발견이 계속해서 보고되고 있다. 본 시리즈 제1권 제5장에 수록된 마츠다 가즈노부의 「아프가니스탄 사본에서 본 대승불교」(『대승불교란 무엇인가』)에도 보이듯이, 정예 연구자들에 의한 사본의 교정 출판이 이어지고 있다. 문헌연구도 새로운 시대로 들어간 느낌이다. 전 세계에서 보고되는 새로운 사본 중에는 아직 필자도 보지 못한 반야경 사본이 포함되어 있는데, 앞으로의 연구를 주목하며 근년의 새로운 정보에 한해서 보고한다.

1) 중국 소장 사본과 출판물

베이징에 있는 민족문화궁에는 산스크리트 사본이 대량 소장되어 있었다. 현재 그 일부가 베이징 대학 동방학 연구원(베이징 대학 범문패엽경 및 불교문헌 연구소 Research Institute of Sanskrit Manuscripts & Buddhist Literature, Peking University)에 있으며, 웹상(http://www.mldc.cn/sanskritweb/ms.htm)에 사진을 공개하고 있다.

그중에는 『팔천송반야』나 『십만송반야』도 있는데, 『십만송반야』를 교정하고 있는 기무라 다카야스는 Kimura[2010b]에서 이 『십만송반야』(제2장에 상당) 사본도 참고하고 있다.

또 베이징 민족문화궁 소장 사본에는 반야경 외에도 『법화경』, 다라니 문헌, 불교논리학 등 많은 산스크리트 불교사본이 있다고 한다. 반야경과 관련해서는 다음과 같은 것이 있다.

① 『십만송반야경』 범문사본 *Śatasāhaskrikā Prajñāpāramitā*
(원原 민족궁 소장 범문사본 제1호)
(Collection of Sanskrit Mss. Formerly Preserved in the China Ethnic Library, No.1)

② 『팔천송반야경』 범문사본 *Aṣṭtsāhasrikā Prajñāpāramitā*
(원 민족궁 소장 범문사본 제2호, 3호)
(Collection of Sanskrit Mss. Formerly Preserved in the China Ethnic Library, No.2, 3)

2) 스코엔 사본의 출판

최근에 아프가니스탄을 중심으로 계속해서 새로운 불교사본이 발견되고 있는데, 이들 사본을 모은 것이 이른바 스코엔 컬렉션 Schoyen Collection이다. 그중에 두 개의 반야경 사본이 포함되어 있다.

한 가지는 잔더 Lore Sander가 간행한 『팔천송반야 *Aṣṭasāhasrikā Prajñāpāramitā*』로, 2세기에서 3세기에 걸쳐 쿠샨 왕조기의 브라흐미 문자로 서사되었다고 추정되는 대단히 오래된 사본이다. 전체로는 약 40점의 작은 단편인데, 이것들은 산스크리트어가 아니라 불교범어로 적혀 있기 때문에 반야경이 처음부터 불교범어로 전승되었음을 확인할 수 있는 중요한 자료이다.

① Lore Sander, "New Fragments of the Aṣṭasāhasrikā Prajñāpāramitā of the Kuṣāṇa," *Manuscripts in the Schøyen Collection III, Buddhist Manuscripts volume II*, ed. by Jens Braarvig, Oslo: Hermes Publishing, 2002, pp.37–44.①

또 같은 컬렉션의 제4권에 필자(와타나베)와 해리슨P. Harrison이 협력해서 교정한 『금강반야 *Vajracchedikā Prajñāpāramitā*』가 수록되어 있다. 이 사본은 첫머리에서 제16절 중간까지에 해당하며, 그 전에 간행된 쇼펜G. Schopen이 교정한 길기트 사본과 더불어 6-7세기에 간다라에 유포된 본경의 모습을 밝히는 데 도움이 된다. 그런 의미에서도 매우 귀중한 사본이다. 또한 이 책에서는 이 사본의 재구본을 실었다.

② Paul Harrison and Shōgo Watanabe, "Vajracchedikā Prajñāpāramitā," *Manuscripts in the Schøyen Collection IV, Buddhist Manuscripts volume III*, ed. by Jens Braarvig, Oslo: Hermes Publishing, 2006, pp.89-132.

그리고 이 사본 ②를 포함해서 금강반야경의 산스크리트어 사본을 집성한 자료도 간행되었다. 이것은 단편을 포함해서 현존하는 금강반야경의 산스크리트 원전 여섯 편을 모은 것이다. 그중에는 필자가 급타 역에서 산스크리트로 환원한 것이 포함되어 있기 때문에, 엄밀하게 말하면 산스크리트 사본 집성이라고는 할 수 없다. 다만 급타 역은 일반적인 한역이 아니라 단어를 일일이 바꾼 채로 있는 미완의 번역이기 때문에, 한문보다 오히려 산스크리트 문으로 보는 것이 나은 점도 있다. 또 실제 산스크리트 어순이 그대로 남아 있기 때문에 산스크리트로 환원하기가 비교적 쉽다. 따라서 여기에서는 산스크리트 사본의 참고가 된다고 생각해서 대조 텍스트에 포함시켰다.

– 와타나베 쇼고, 『金剛般若經の梵語資料集成』, 山喜房佛書林, 2009.

3) 바주르 Bajaur 사본

다음으로 스코엔 사본과 마찬가지로 간다라 사본에 속하는 또 다른 사본을 소개한다. 근년에 파키스탄 북서부 아프가니스탄과의 국경지대에 있는 바주르 지방의 사찰 터에서 자작나무 껍질에 카로슈티 문자로 쓰인, 각각 내용이 다른 불교사본 열여덟 권이 발견되었다. 이들 사본은 대부분 단편이지만 몇몇은 완전한 형태로 남아 있다. 적어도 열아홉 명의 다른 필기자가 썼으며, 서체로 봐서 기원후 1, 2세기로 거슬러 올라가는 것으로 보인다. 내용은 중아함경, 초기의 미지의 다라니 rakṣā 문헌, 율 문헌, 대승경전 등 다양한 범주의 텍스트를 포함한다.

이것에 대해 베를린 자유 대학 Freie Universität Berlin의 팔크 Harry Falk 교수가 독일 연구진흥협회 DFG의 원조로 파키스탄에서 출토된 간다라 불전연구 프로젝트 Die Bajaur Collection: Identifikation und Edition buddhistischer Kharoṣṭhī-Handschriften를 설립해서 로잔 대학의 슈트라우히 Ingo Strauch 교수 등과 협력해서 이 바주르 사본 연구에 착수했다.

이 사본 가운데 『팔천송반야』의 사본이 포함되어 있다. 팔크 교수의 연구에 따르면, 그것은 제1장부터 제5장에 해당하는 부분의 자작나무 껍질 단편이다. 탄소 측정에 따르면, 서사연대가 1-2세기로 거슬러 올라가는 가장 오래된 반야경 사본이다. 프라크리트로 적혀 있고, prajñāpāramitā를 prañaparamida, bodhisattva를 bosisatva, kauśika를 kośiga, puṇyam을 puño로 하는 등 오래된 용어가 많이 보인다. 내용은 간결하고, 179-180년에 지루가참 Lokakṣema이 번역한 『도행반야경』과 유사하다고 한다.[31] 이러한 연구는 대승불교의 성립 상황을 해명하는 데 매우 중요하다.

또한 아프가니스탄이나 파키스탄에서 발견된 이들 간다리 불교사본 연구는 독일의 뮌헨에서 시작되었다. 뮌헨의 루트비히 막시밀리안 대학의 하트만 Jens-Uwe Hartmann 교수와 팔크 교수가 중심이 되어 독일 바이에른 주 과학 아카데미의 자금 원조에 의해 뮌헨에 The Center for Gāndhārī Manuscript Studies를 설립하고 '간다라에서부터의 초기 불교의 필적 - 바이에른 주 과학 아카데미 신 프로젝트'로서 2012년 여름부터 20년간의 연구를 시작했다. 향후의 연구 성과를 기대한다.

지금까지 간행된 바주르 사본의 연구에는 다음과 같은 것이 있다.

① Nasim Khan, M. & M. Sohail Khan. 2004(2006).

Buddhist Kharoṣṭhī Manuscripts from Gandhāra, A New Discovery, *The Journal of Humanities and Social Sciences* 12, 1-2. Peshawar, pp.9–15.

② Ingo Strauch. 2009.

The Bajaur collection of Kharoṣṭhī manuscripts – a preliminary survey, *Studien zur Indologie und Iranistik* 25, pp.103–36.

③ Ingo Strauch. 2010.

More missing pieces of Early Pure Land Buddhism: New evidence for Akṣobhya and Abhirati in an early Mahāyāna sūtra from Gandhāra, *Eastern Buddhist* 41, pp.23–66.

4) 기타

① 캠브리지 Cambridge 대학 도서관 소장 사본

캠브리지 대학 도서관(Add.1464, 1643)에는 두 가지의 『팔천송반야』 고古사본이 있다. 하나는 세계에서 가장 오래된 그림이 그려진 산스크리트 사본으로, 997년에 서사되었다고 한다. 다른 하나는 네팔계 사본으로서는 세계에서 가장 오래된 그림이 들어 있는 사본으로, 팔라 왕조 마히팔라 1세 때(1015)에 서사된 것으로 추정된다.

② 바렌드라 박물관 소장 사본

류코쿠 대학 아시아불교문화 연구센터의 와카하라 유쇼, 오카모토 겐스케가 2010년부터 방글라데시 불교를 조사해서, 라지샤히 시에 있는 바렌드라 박물관에 소장되어 있는 『팔천송반야』의 사본 두 점[No.689, 851](Sachindra Nath Siddhant ed., *A Descritive Catalogue of Sanskrit Manuscripts in the Varendra Research Museum Library*, Vol.I, Varendra Research Museum, University of Rajshahi, Rajshahi, 1979)을 사진촬영하고 그 개요를 보고했다. 두 점 모두 벵골 문자로 서사된 완본으로, 전자는 11–12세기에 비클라마프라(현재의 다카)에 수도를 둔 하리바르만 왕 시대에 서사된 것이다. 후자는 마지막의 콜로폰이 들어 있는 패엽이 소실되어 분명하지 않지만, 네와르 문자로 새로 부기된 마지막 패엽의 콜로폰에는 1576년(Nepal Saṃvat 696)에 네팔에서 서사되었다고 명기되어 있다.

③ 러시아 과학아카데미 동양사본 연구소 소장 사본

러시아 과학아카데미 동양사본 연구소에도 중앙아시아에서 출토된 반야경 범문사본이 다수 소장되어 있다. 그 대부분은 『일만팔천송반야』 또는 『이만오천송반야』의 대품계 반야경에 해당하는 단편이다. 최근에 호리 신이치로[2011]가 이 단편들을 비정했다. 거기에 따르면, 페트로프스키 컬렉션에 다섯 점, 말로프 컬렉션에 한 점의 단편이 존재한다. 그 밖에 이취경이나 금강반야경의 단편도 비정되어 있다.

④ 덴마크 왕실 도서관 소장 사본

코펜하겐의 덴마크 왕실 도서관에는 여러 반야경 사본이 소장되어 있다. 우선 『팔천송반야경』은 두 종류의 사본이 있다. 그중 하나는 38엽의 쿠틸라 Kuṭila 문자로 적힌 단편으로, 서사연대는 11세기경으로 추정된다(Cat. Nepal 174).

또 하나는 서체는 네팔계의 데바나가리이고, 서사연대는 1511년이며, 종이에 서사된, 284엽으로 된 완전한 사본이다(Cat. Nepal 152).

또 『십만송반야경』 사본도 있다. 이것은 다음과 같이 4장으로 구성되어 각각 따로 번호가 매겨져 있는데 모두 동일한 사본이다.

제1장: 741엽으로 된 완전한 패엽 사본(Nepal 81)

제2장: 776엽으로 된 완전한 패엽 사본(Nepal 175B)

제3장: 738엽으로 된 완전한 패엽 사본(Nepal 175C)

제4장: 815엽으로 된 완전한 패엽 사본(Nepal 175A)

또『반야심경』의 사본도 한 종류 소장되어 있다. 네팔에서 닐라파트라 nīlapattra로 알려진 검푸른 종이에 은색 문자(감지은니 紺紙銀泥)로, 랑자나 rañjana체로 적힌 2엽으로 된 사본이다(Cat. Nepal 52a).

자세한 것은 다음 책을 참고하기 바란다.

Hartmut Buescher, *Catalogue of Sanskrit Manuscripts: Early Acquisitions and the Nepal Collection* (*Catalogue of Oriental Manuscripts, Xylographs, etc, in Danish Collections*, vol.7), Nias Press: Det Kongelige Bibliotek, Copenhagen, 2011.

⑤ 기무라 다카야스 교정『이만오천송반야』와『십만송반야』 간본

기무라가 1986년부터 간행해온『이만오천송반야』가 2009년에 마침내 완성했다. 본서는 닷트 N. Dutt가 1934년에 Calcutta Oriental Series에서 간행한 제1장도 재교정해서 전8장을 전부 간행한 것이다(Cf. Kimura[1986-2009a]). 기무라는 계속해서『십만송반야』 교정본 간행을 시작했다. 본서는 고샤 Pratāpacandra Ghoṣa가 1902년부터 1914년에 걸쳐 Bibliotheca Indica에서 간행한 제1부에 이어서 제2부부터 간행을 시작했다(Kimura[2009b-2010b]).

1 梶芳光運[1980, pp.8-9, pp.512-513]은 원시 반야경에 『제삼회』 「선현품 제3」을 포함했지만 『제삼회』는 오히려 대품계에 포함된다. 예를 들어, 「선현품 제3」의 쪽수는 90쪽으로 확대했을 뿐만 아니라 「연기품 제일」, 「사리자품 제2」와 같은 제2단계에서 발전한 부분을 포함했기 때문에 여기서는 제외하였다. 다만, 『제삼회』는 장별의 분류로 보면 아직 단일한 장에 머물기 때문에 19장으로 발전된 『제이회』와는 구조상 차이가 있다. 이것을 『제삼회』가 소품계에서 대품계로의 발전과정을 나타난다고 보는 것도 가능할 것이다.

2 대승의 법멸 사상은 법멸구에 의해 표현되는 경우가 많다. 여기서 말하는 법멸구란 대승경전에 여러 번 설해지는 「如來滅後後五百歲, 正法欲滅時」나 「佛滅後, 後五百歲」(anāgate 'dhvani paścime kāle paścime samaye paścimāyāṃ pañca-śatyāṃ saddharma-vipralopa-kāle vartamāne)라고 말해지는 것이며 대승경전 성립에 깊이 관한 성구이다.

3 Wogihara[1973: 865].

4 산스크리트 제5장 말미는 『大般若經』의 해당 부분을 『初會』 「예가천 藝伽天 제52」, 『제이회』 「예가천 제58」, 『제삼회』 「예가천 제22」, 『제사회』 「예가천 제20」과 〈제일의 촉루 囑累〉 부분(『초회』 「촉루품(囑累品) 제 58」 - 『제오회』 「견불동불 제24」, 산스크리트본 제5장)에 해당한다.

5 藤田宏達, 「一乘と三乘」, 『法華思想』(横超慧日 편저), 平樂寺書店, 1975년, p.368.

6 藤田宏達, 위의 논문, 稻荷宣日, 『法華經一乘思想の研究』, 山喜房佛書林, 1975년, pp.95-129. 齊藤明, 「一乘と三乘」, 『インド佛教 3』, 岩波講座・東洋思想 제10권, 岩波書店, 1989년, pp.46-74.

7 齊藤明, 위의 논문, pp.56-57. 다만, 소승이라는 말은 반야경에서는 많이 보이지 않는다. 대반야경을 제외한 반야경전 가운데 겨우 4번 확인할 수 있을 뿐이다. 예를 들면, 『소품반야』에 3번(대정8, 578上29, 578中3), 『광찬』에 1번(대정8, 198上3), 『대반야경』 「제육회」에만 보이는 매우 드문 용법이다. 그런데 『대반야경』 「제육회」에서 소승・중승・대승 각각을 삼승(성문도・독각도・무상도)에 대응시켜 소승을 열등한 승이라고도 바꿔 말하였다. 「修小乘者示聲聞道. 學中乘者示獨覺道. 行大乘者示無上道. 如是聽法爲無上智. 終不爲得下劣之乘」(대정7, 935상21-23). 범본 『팔천송반야』에도 hīna-yāna라는 말은 없다. hīna-adhimuktika의 용례는 2번(p.246, *l*.4; p.649, *l*.26) 보이고 이것을 『불모 佛母』(639下2)에서는 '열신해 劣信解'라고 번역하였다.

8 『小品』 「大如品第十五」(대정8, 563下6), 「阿惟越致相品第十六」(564下15).

9 『小品』 「대여품 제15」(563下). 다만, 「불도」는 『도행』에 한 번 예가 보인다. 이것은 『도행』에 있어서의 수행도를 나타낸 중요한 부분이다. 「佛語須菩提菩提. 信般若波羅蜜者. 爲不信色. 亦不信痛痒思想生死識有. 不信須陀洹道. 不信斯陀含阿那含阿羅漢辟支佛佛道」(대정8, 441上1-3).

10 Wogihara[1973: 658, *ll*.5-6]. 이 외에 「是聲聞乘是辟支佛乘是佛乘者. 如是三乘如中無差別」(『小品般若』, 563下12-13) 등이 있다.

11 티벳역 『일만팔천송반야』(Pek, No.732, Vol.20, Pi 162a8)도 마찬가지로 불승이다. 그러나 『이만

팔천송반야』에서는 보살승으로 바뀐다.

12 『道行』 431上26, 『명도』 483下10-11, 『초경』 513下12-13, 『소품』 541下26-27, 『불모』 594下21-23, 『제사회』 772下26-28, 『제오회』 872中20-24.

13 『一萬八千頌般若』(Tib. Pek. ed., No.732, Vol.20, 162a4-5), PV, Kimura[1990: 133, *ll*.18-19].

14 Kimura[1990: 133, *ll*.19-20].

15 확대반야경의 삼지三智의 전개에 대해서는 渡邊章悟[2012]에서 이미 논했기 때문에 그것을 참조하기 바란다.

16 『翻譯名義集』(대정54, 1055上, 1057下12). 「五種不翻」이 현장에 의해 새워진 번역 규칙인 것은 988년에 완성한 贊寧撰 『송고승전』(대정2061, 50권) 이래의 설이었다. 志磐撰 「佛祖統紀」(1296년 왕성)에는 '반야라는 것은 지혜를 말한다. 5가지 번역할 수 없는 것 가운데 존귀尊貴에 해당하기 때문에 번역하지 않았던 것이다. 자세히 말하면 마야반야라는 것은 경에 따라 이름을 나타내기 때문이다.'(대정49, 147中3)이라고 하였다.

17 옛날에는 기독교를 배경으로 한 연구자가 그노시스주의자 사상과 불교를 비교하거나 신지학 협회의 사람들이 이 개념을 불교와 연결시키려고 하였다. 이에 관해서는 다음과 같은 논저가 있다. J Kennedy, "Buddhist Gnosticism, the System of Basilides," *The Journal of the Royal Asiatic Society of Great Britain and Ireland for 1902*, pp.377-415. C. W. King, *Gnosticism and Buddhism*, Kessinger Pub Co; Pamphlet판, 2006.

반야경 연구의 최대 공헌자인 Conze는 그 자서전에서도 그노시스주의자 Gnostic란 말을 사용한다(*The Memoirs of A Modern Gnostic, Sherborne*: Samizdat Pub. Co., 1979). 또 그는 다음과 같은 논문을 썼다. Buddhism and Gnosis, *Further Buddhist Studies*, 1975, pp.15-32. 이 논문에서도 불교학자를 위해서 이하의 그노시스주의의 교리서(H. Jonas, *The Gnostic Religion*, 1963)를 추천하고, 불교와 그노시스주의에 대해서 23가지에 달하는 사상의 유사성을 지적하고 있다.

18 E. Conze는 산스크리트어를 pra-JÑĀ-pāram-itā로 나누어 해석해서 축차적으로는 wisdom-gone-beyond이며 Transcendental Wisdom라고도 말할 수 있다고 하였다. Cf. Conze, *Buddhism: Its Essence and Development*, Brono Cassirer: Oxford, 1951, p.124.

19 팔리 문헌에서는 가끔 pāramī(최고인 것, 바라밀), pāramīpatta(바라밀에 이른다) 등이 사용된다. 한편, 산스크리트 문헌에서는 마찬가지로 pāramitā도 사용된다.

20 Wogihara[1973; 423, *l*.7].

21 Wogihara[1973; 455, *ll*.10-11].

22 渡邊章悟[2009a, pp.189-204]. 그리고 이 지혜의 발단에서 반야경의 전개를 논한 논문에 대해서는 渡邊章悟[2012]에서 정리하였다.

23 Wogihara[1973; 98, *l*.10].

24 『小品』(대정8, 539上21). 또한 『이만오천송반야』에서는 이것을 육바라밀이라고 명시하게 되었다.

25 evaṃ khalu subhūte prajñāpāramitā tathāgatasya janayitrī asya ca lokasya darśayitrī. (Kimura[1990: 71,

ll.20-21; *ll*.24-25]) 이것에 해당하는 두 가지의 한역은 다음과 같다. 「佛告須菩提. 般若波羅蜜是諸佛母. 般若波羅蜜能示世間相」(『大品』, 대정8, 326上7-8), 「是故般若波羅蜜者. 是諸佛之母. 爲世間之大明導」(『放光』, 대정8, 78上15).

26 Kimura[1990: 72, *l*.30].

27 Kimura[1990: 73, *ll*.7-27].

28 bhagavān āha / so 'pīdānīṃ subhūte puṇyābhisaṃskāro bodhisattvasya mahāsattvasya pajñāpāramitāyāṃ carataḥ śūnyaka ity evākhyāyate riktaka ity evākhyāyate tucchaka ity evākhyāyate asāraka ity evākhyāyate / Wogihara[1973, 706, *ll*.6-9].

29 sarvadharmā hi subhūte śūnyāḥ ṛktakāḥ tucchakā asārakāḥ anena subhūte paryāyena sarvadharmā ajānakā apaśyakāḥ) Kimura[1990: 71, *ll*.14-26]. 「一切法空虛誑不堅固. 是故一切法. 無知者無見者」(『大品』, 대정223, 제8권, 326上28). 여기에 나온 ṛktakāḥ tucchakā asārakāḥ은 『稻芉經』(*Śālistambasūtra* 88.14), (La Vallée Poussin ed., *Bouddhisme, Études et matériaux, Théorie des douze causes*, Université de Gand, 1913, pp.69-90) 혹은 *Śikśāsamuccaya* 227.6에 인용되듯이 후대 중관계의 경론에 영향을 미쳤다. 그리고 ṛktaka는 riktaka(Perf. Pt. of √ric)의 붕괴된 형태이며 의미는 같을 것이다.

30 '보살·마하살은 보살의 자성이 공이다. 반야바라밀은 반야바라밀의 자성이 공이다. 그것은 왜냐하면 그 본성이 그것(공성)이기 때문이다(bodhisattvo mahāsattvo bodhisattvasvabhāvena śūnyaḥ prajñāpāramitā prajñāpāramitā-svabhāvena śūnyaḥ / tat kasya hetoḥ / prakṛtir asyaiṣā/)'(*PV*, *K1-1*, p.53, *ll*.16-18).

31 Harry Falk, "The 'Split' Collection of Kharoṣṭhī Texts," in Stanford University(June 2009). 이 논문은 *Annual Report of The International Research Institute for Advanced Buddhology at Soka University*, 14, 2011, pp.13-23에 수록되었다.

참고문헌

가지요시 고운(梶芳光運)

1980 『大乘佛教の成立史的研究』, 山喜房仏書林.

사이구사 미츠요시(三枝充悳)

1971 『般若經の眞理』, 春秋社.

1983 『講座·大乘佛教2 般若思想』, 春秋社.

와타나베 쇼고(渡邊章悟)

2009a 『金剛般若經の研究』, 山喜房佛書林.

2009b 『金剛般若經の梵語資料集成』, 山喜房佛書林.

2012 「般若經の成立過程」, 『日本佛教學會年報』(經典とは何か②一經典成立と展開受容)77号, 平樂寺書店, pp.29-62.

호리 신이치로(堀伸一郎)

2011 「ロシア科學アカデミー東洋寫本研究所所藏中央アジアサンスクリット斷片について」『佛教學』53号, pp.1-24.

히라카와 아키라(平川彰)

1989a 『初期大乘佛教の研究I』 <平川彰著作集・第3卷>, 春秋社.

1989b 『大乘佛教の教理と教團』 <平川彰著作集・第5卷>, 春秋社.

Conze

1978 E. Conze, *The Prajñaparamita Literature, Bibliographia philologica Buddhica* Series Maior I, The Reiyukai Library, 1978. (1st. 1960 by Mouton & Co.)

Harrison & Watanabe

2006 Paul Harrison and Shōgo Watanabe, "Vajracchedikā Prajñāpāramitā" in *Manuscripts in the Schøyen collection IV, Buddhist Manuscripts Volume* III, ed. by Jens Braarvig (Oslo: Hermes Publishing, 2006), pp.89-132.

Kimura

1986 Takayasu Kimura ed., *Pañcavimśatisāhasrikā Prajñāpāramitā* (二万五千頌般若) I・III, Sankibo Busshorin Publishing Co., Ltd.: Tokyo, 1986.

1990 Takayasu Kimura ed., *Pañcavimśatisāhasrikā Prajñāpāramitā* (二万五千頌般若) IV, Sankibo Busshorin Publishing Co., Ltd.: Tokyo, 1990.

1992 Takayasu Kimura ed., *Pañcavimśatisāhasrikā Prajñāpāramitā* (二万五千頌般若) V, Sankibo Busshorin Publishing Co., Ltd.: Tokyo, 1992.

2006 Takayasu Kimura ed., *Pañcavimśatisāhasrikā Prajñāpāramitā* (二万五千頌般若) VI-VIII, Sankibo Busshorin Publishing Co., Ltd.: Tokyo, 2006.

2007 Takayasu Kimura ed., *Pañcavimśatisāhasrikā Prajñāpāramitā* (二万五千頌般若) I-1, Sankibo Busshorin Publishing Co., Ltd.: Tokyo, 2007.

2009a Takayasu Kimura ed., *Pañcavimśatisāhasrikā Prajñāpāramitā* (二万五千頌般若) I-2, Sankibo Busshorin Publishing Co., Ltd.: Tokyo, 2009.

2009b Takayasu Kimura ed., *Pañcavimśatisāhasrikā Prajñāpāramitā* (二万五千頌般若) II-1, Sankibo Busshorin Publishing Co., Ltd.: Tokyo, 2009.

2010a Takayasu Kimura ed., *Pañcavimśatisāhasrikā Prajñāpāramitā* (二万五千頌般若) II-2, Sankibo Busshorin Publishing Co., Ltd.: Tokyo, 2010.

2010b Takayasu Kimura ed., *Pañcavimśatisāhasrikā Prajñāpāramitā* (二万五千頌般若) II-3, Sankibo Busshorin Publishing Co., Ltd.: Tokyo, 2010.

Schopen

1989 G.Schopen, "The Manuscript of the *Vajracchedikā* Found at Gilgit," in *studies in the Literature of the Great Vehicle: Three Mahāyāna Buddhist Texts*, ed, by L.O. Gómez and J. Silk (Ann Arbor:

The University of Michigan, 1989), pp.89-139.

Vaidya

1960 P. L. Vaidya ed., *Aṣṭasāhasrikā Prajñāpāramitā with Haribhadra's Commentary Called Āloka, Buddhist Sanskrit Texts* No.4, Darbhanga, 1960.

Wogihara

1973 U. Wogihara, *Abhisamayālaṃkārālokā Prajñāpāramitāvyākhyā, The Work of Haribhadra*, Sankibo Busshorin Publishing Co., Ltd.: Tokyo, 1973(1st Pub., The Toyo Bunko, Tokyo, 1932).

제3장

반야경의 해석 세계

스즈키 겐타

1.
들어가는 말–붓다의 말에 관한 해석의 역사

약 2500년 전 깨달음을 연 석존은 아무도 그 깨달음의 내용을 이해하지 못하리라고 생각해서 다른 사람들에게 전하는 것을 주저했다. 하지만 범천의 간청을 받고 그 내용을 다른 사람들에게 전하기로 결심했다. 석존이 제일 처음에 가르침을 설한 것은 예전에 함께 고행을 했던 다섯 명의 수행자들이었다고 한다. '해석'이라는 말을 '의미를 명확하게 규정하는 것'이라는 뜻으로 이해한다면, 붓다의 말을 해석하는 행위는 저 다섯 명이 붓다의 말을 듣고 이해하는 과정에서 이미 시작되었다고 할 수 있을 것이다.

석존은 이 초전법륜 이후 80세로 입멸할 때까지, 인도 중부 각지를 돌면서 수행자나 일반 사람들에게 가르침을 설했다. 사람들은 석존의 말을 듣고 그것을 스스로 이해하고 해석했다. 석존의 말을 들은 제자들은 각지로 나가서 저마다의 장소에서 그 말을 다시 다른 사람들에게 전했다. 그때 자기가 해석한 내용을 석존의 말에 덧붙였을 가능성도 다분하다. 그 말은 석존이 입멸한 뒤에 제자들에 의해 정리되었다. 제자들이 석존의 가르침을 정리한 '경經'은 한꺼번에 성립한 것이 아니다. 경은 시대에 따라 변화했으며 그 변화의 양상도 다양했다. 그중에는 경을 전해받은 자가 해석을 가해서 생긴 변화도 있었으리라고 생각한다. 다시 말해 가르침을 받은 자가 자신의 해석 또는 가르침을 전달한 사람으로부터 들은 해석을 해석 대상과 하나로 합쳐서 전하는 경우도 있었을 것이다.

한편 이것과는 다른 방식의 해석도 있었다. 그것은 해석 대상과 해석 내용을 별개로 해서 전하는 방법으로, 말하자면 '논論'을 제작해서 해석을 제시하는 것이다. '논'이란 경이나 다른 논이 보여주는 교리를 제자가 해설하는 것으로, 기본적으로 경과는 다른 텍스트로 간주된다. '논'의 해석 방법에는 경이나 다른 논에 보이는 사상 혹은 중심교리에 초점을 맞춰서 해석하는 달의達意 해석과 경문을 일일이 해석하는 수문隨文 해석이 있었다. 후자가 소위 주석서로, '논'과는 다른 카테고리로 취급되기도 했다. 이러한 주석서의 작성은 예부터 특히 남전 상좌부 대사파大寺派에서 활발하게 이루어졌다. 그들은 주석 대상인 경율론을 삼장, 주석서를 앗타카타 Atthakatha로서 전승했다.[1]

한편, 북전 불교는 이와는 다르다. 북전 부파의 전적과 남전의 앗타카타를 비교하면, 북전의 아함 속에 남전의 앗타카타와 비슷한 내용이 보이는 경우가 있다.[2] 이것은 남전에서는 주석 대상과 주석 내용이 따로 전승되었지만 북전에서는 그것이 명확하게 구별되지 않았다는 사실을 보여준다.

대승불교의 경전도 북전 아함의 경우와 사정은 비슷하다. 대개 주석 대상인 경전 자체가 주석 내용을 흡수해서 점점 비대화하면서 전승되었다. 본고에서는 대승경전이 전승되는 이러한 양상을 반야경전을 둘러싼 제 문헌에 초점을 맞추어 고찰하고, 아울러 대표적인 반야경 주석문헌인 『현관장엄론광명現觀莊嚴論光明 반야바라밀다 석 *Abhisamayālamkārālokā Prajñāpāramitāvyakhyā*』(이하 『광명』)을 개관한다.

2.
반야경전류의 전개

'반야경' 해석의 역사를 보기 전에 먼저 해석의 대상이 되는 '반야경'의 성립과 발전의 역사를 정리해보자.[3]

'반야경'이란 반야바라밀을 주제로 한 경전의 총칭으로, 초기 대승경전에서 밀교경전에까지 수없이 존재한다. 이들 반야경전류 중에도 가장 초기에 등장했다고 생각되는 것이 『팔천송』 계통의 '반야경'이다. '반야경'은 기원전 100년경에 성립한 뒤에 점차 증광과 발전을 거치면서 각지에 퍼져 많은 불교사상에 영향을 미쳐왔다. 그 사이에 여러 가지 요소가 부가되어 몇 종류의 단독 경전이 형성되었다고 생각된다. 이들 수많은 '반야경'의 천 년 이상에 걸친 형성과 발전의 대강의 역사를 정리하면 다음과 같다.

(1) 초기 반야경전의 형성(기원전 100년-기원후 100년)

(2) 경전의 증광기(기원후 100년-300년)

(3) 교설의 개별화와 운문화의 시기(300년-500년)

(4) 밀교화의 시기(500/600년-1200년)

제1기에는 현존하는 『팔천송』의 원형의 형성되었고, 제2기에는 그 원형에 다양한 문장이 부가되어 『이만오천송』을 비롯한 여러 종류의 유사본이 형성되었다.

그리고 제3기에는 앞의 1, 2기와는 서사의 흐름이 다른, 비교적 소규모 경전이 작성되게 되었다. 『금강반야경』,[4] 『선용맹반야경』 등이 이 시기에 성립한 것으로 보인다.

마지막의 제4기는 '밀교화의 시기'로, 반야경이 불모로 신격화되고 경전 속에 다양한 만트라와 종자와 밀교적인 의례가 보이기 시작한다. 『이취경』 등이 이 시기의 것으로 보인다.

이러한 전개 외에, 동일 계통에 속하는 '반야경' 자체도 발전해가는 움직임이 있었다. 예를 들어 『팔천송』에는 산스크리트본, 티벳역 외에, 『소품반야경』 등 여러 한역본이 존재한다. 그것을 단순한 동본이역이라고 단정하기는 어렵고, 기본으로 삼은 원전이 제각기 달랐으리라고 본다. 즉, 『팔천송』의 원전 자체가 시대와 함께 발전하고 변화했다고 생각한다. 『이만오천송』 등도 마찬가지여서 '반야경'의 전개 양상을 보다 복잡하게 만들고 있다.

또 앞서 『팔천송』 계통이 『이만오천송』 계통보다 일찍 성립했다고 말했지만, 옛 사람들이 반드시 그렇게 이해한 것은 아니라는 점에도 주의가 필요하다. 고대 인도나 중국의 학승들은 『이만오천송』 계통이 먼저 성립했고 후에 그것을 요약한 『팔천송』이 완성되었다고 보는 듯한 구석이 있다.[5]

3.
경의 증광

'반야경'은 오랜 세월에 걸쳐 증광하고 발전해갔다. 『팔천송』과 『이만오천송』

계통에 한정해서 보더라도 복잡한 양상을 볼 수 있다. 우선 앞 절에서 말한 것처럼, 『팔천송』 계통→『이만오천송』 계통이라는 증광을 생각할 수 있다. 그밖에도 『팔천송』 계통古→『팔천송』 계통新, 『이만오천송』 계통古 – 『이만오천송』 계통新이라는 식으로, 동일 계통 안에서의 증광도 볼 수 있다. 그리고 『팔천송』과 『이만오천송』 양 계통의 증광도 각 계통만을 보면 못 보고 지나치는 수가 있다. 예를 들어 『팔천송』 계통에 증광이 있는 경우, 같은 요소가 같은 시기에 『이만오천송』 계통에도 부가되기도 한다. 또 오래전에 『이만오천송』 계통에만 있던 문장이 시간이 지나서 『팔천송』 계통에 보이게 되는 경우도 있다.[6] 『팔천송』과 『이만오천송』은 일단 구별되기는 하지만 때에 따라 동일시되는 경우도 있었기 때문에, 그 증광에도 가끔 관련이 보인다.

그럼 어떤 내용이 증광되었을까. 『팔천송』에서 『이만오천송』 사이의 큰 변화로는 삼지三智가 확립되고 보살 십지설, 다라니설, 18공성설 등이 새롭게 설시된 점을 들 수 있다. 그 밖에 『이만오천송』에 『팔천송』을 주석하는 내용이 보인다는 지적도 있다.[7] 이것은 해석 대상 속에 해석 내용이 편입되어 전해졌다는 것을 보여준다.

이처럼 경전이 증광된 부분 속에 그 경전의 고층古層에 대한 주석 내용이 들어 있는 것은 드문 일이 아니다. 보다 극단적인 예로 『대승열반경』을 들 수 있다. 이 경은 마치 논서처럼 다른 경의 제목을 들면서 경문을 인용하는 경우가 있다. 말하자면 경전이 주석서를 포함하고 있다고 할 수 있다.[8]

4.
경經에서 주註로

지금까지는 '반야경'이 증광하는 과정에 보이는, 해석 대상이 해석 내용을 포함하는 경향에 대해 언급했다. 그에 비해 해석 대상과 해석 내용을 구분해서 해석 내용을 대상 밖으로 보내는 움직임도 있었다. 거기에는 달의達意 해석을 하는 것 그리고 주석문헌처럼 수문 해석을 하는 두 가지 방법이 있었다. 여기에서는 후자에 대해서 살펴본다.

'반야경'을 문맥에 따라 해석한 것 중에 현존하는 가장 초기의 것은 나가르주나 Nāgārjuna(용수 150-250년경)의 저술이라고 전하는 『대지도론大智度論』이다. 『대지도론』은 단순히 『이만오천송』의 어구를 해석하는 데에 그치지 않고 불교의 모든 부문을 해설하고 있어서, 초기 대승불교의 교리를 전하는 것으로서 그 가치는 주석문헌의 영역을 넘는다. 다만 나가르주나의 저작이라는 사실에 대해 이의를 제기하는 연구자도 있고, 그 성립시기와 더불어 아직까지 정설은 없다.[9] 다만 구마라집이라는 역자와 역출연대(402-405)가 확정되어 있기 때문에, 이 역출연대가 『대지도론』 성립의 하한이 된다.

『대지도론』이 '반야경'을 해석하는 방법, 즉 경문에 대해 상세하게 어구해석을 하면서 광범한 불교 교리를 보이는 방법은 그 뒤 표면적으로는 인도의 불교 문헌사에서 일단 자취를 감추었다. 다시 언급하겠지만, 이후 '반야경' 주석문헌 중에 이것과 가장 가까운 해석방법이라고 생각되는 것이 하리바드라(800년경)에 의한 『광명』이다. 하지만 그것은 주석의 기본 틀로 『현관장엄론*Abhisamayālaṃkāra*』을 이용하고

있기 때문에, 현시점에서 『대지도론』과의 직접적인 관련은 찾아볼 수 없다.[10]

『대지도론』 이후 인도에서의 '반야경' 해석은, '반야경'의 내용을 게송으로 정리한 강요서를 작성하고 그 게송에 대해 주석하는 방법으로 이루어졌다. 이렇게 게송을 작성하고 거기에 대해 주석을 더하는 것은 북전의 논서에 자주 보이는 논술 방법이다.[11] 또 이런 게송 양식의 '반야경' 강요서가 등장한 시기는 '반야경'의 성립기 구분으로 말하면 제3기에 해당한다. 이 시기에는 경전과 논서 모두 짧게 짓는 경향이 보이는데, 암송을 염두에 두고 텍스트를 제작했을 가능성도 있다.

아상가 Asaṅga(무착 380-460년경)는 『금강반야경』의 내용을 77개 게송으로 정리한 강요서 『능단금강반야바라밀다경논송(*Triśatikāyāḥ Prajñāpāramitāyāḥ Kārikāsaptati* 能斷金剛般若波羅蜜多經論頌)』[12]을 짓고, 바수반두 Vasubandhu(세친 400-480년경)가 거기에 대한 주석 『금강반야바라밀경론 金剛般若波羅蜜經論』을 저술했다. 이것이 게송으로 된 강요서를 만들고 거기에 대해 주석을 덧붙이는 양식으로 구성되는 '반야경' 해석의 시초이다. 이어서 디그나가 Dignāga(진나 480-540년경)가 『팔천송』의 내용을 58개 게송으로 정리한 강요서 『반야바라밀다모섭송(*Prajñāpāramitāpiṇḍārthasaṃgraha* 般若波羅蜜多母攝頌)』을 짓고, 트리라트나다사 Triratnadāsa가 거기에 주석 『반야바라밀다모섭송주해』를 지었다.

한편 이들 저작과의 선후관계는 명확하지 않지만, 『이만오천송』의 경문의 순서에 따라서 그 전체 내용을 273개 게송(귀경게 제외)으로 정리한 『현관장엄론』[13]도 만들어졌다. 이 『현관장엄론』에 대한 현존하는 가장 오래된 주석은 아리야비묵띠세나 Ārya Vimuktīṣeṇa[14]의 『현관장엄주(*Abhisamayālaṃkāravṛtti* 現觀莊嚴註)』이다. 이 주석서는 『현관장엄론』의 게송과 『이만오천송』의 경문을 일일이 대응시키면서 경전 문구에 설명을 덧붙이는 방법을 취하고 있다. 이어서 바단타비묵띠세나[15]도 같은 주석 방법을 사용했다.

그 뒤에 등장한 하리바드라는 앞의 두 비묵띠세나와 달리 『팔천송』의 경문을 『현관장엄론』의 항목에 대응시키면서 주석했다. 그 저서 『광명』은 『팔천송』에 대한 수문 해석으로서는 현존하는 가장 오래된 문헌이다. 학승 라트나카라샨티 Ratnākaraśānti(10세기 말-11세기)도 하리바드라와 마찬가지로 『현관장엄론』에 의거해서 『팔천송』에 주석을 붙인 『최상심수(*Śāratamā* 最上心髓)』를 짓고 또 『이만오천송』에 대한 주석서 『구족정(*Śuddhamatī* 具足淨)』도 지었다. 이어서 많은 밀교 관련 저작을 남긴 아바야카라굽타 Abhayākaragupta(11세기 말-12세기 초)도 『현관장엄론』에 의거한 『팔천송』 주석서 『정처월광(*Marmakaumudī* 正處月光)』을 저술했다. 또 『현관장엄론』이 등장한 이후의 '반야경' 해석이 모두 『현관장엄론』만에 의거해서 이루어진 것은 아니다. 디그나가의 『반야바라밀다모섭송』 등에도 근거해서 주석을 했다고 하는, 인도불교 최후기, 12세기의 『팔천송』 주석서 『세존모요문수순(*Bhagavatyāmnāyānusāriṇī* 世尊母要門隨順)』이 그 예이다[16].

5.
『현관장엄론』과 『현관장엄론광명』

여기서 후기 인도불교에서 반야경 해석의 중심이 된 『현관장엄론』과 『광명』에 대해서 개관한다.

1) 『현관장엄론』

마이트레야의 저술이라고 알려진 『현관장엄론』은 '반야경', 특히 『이만오천송』을 수행의 과정을 설하는 경전이라고 보고, 그 내용을 273개 게송kārikā으로 정리했다.

이 저술의 목적이 붓다의 지혜인 일체상지자성一切相智者性을 획득하는 길을 설명하는 것에 있다는 것은 제1장의 첫 두 게송이 말하고 있다.[17] 일체상지자성이라는 용어는 『팔천송』 계통의 '반야경'에는 거의 보이지 않고, 『이만오천송』 계통 이후에 많이 쓰인다. 전통적으로는 '일체종지一切種智' '일체상지一切相智' 등으로 번역되는 용어로, 성문과 독각의 지혜인 '일체지자성一切智者性'이나 보살의 지혜인 '도지자성道智者性'과 구별되는 붓다의 지혜를 가리킨다.[18]

또 제목 속에 들어 있는 '현관'이라는 말은 '직면해서 바르게 깨닫는 것'을 의미한다고 한다. 하지만 불교에서 이 말이 나타내는 구체적인 내용은 한 가지가 아니다. 『현관장엄론』에서의 '현관'은 '일정한 수로 한정된 형상을 알고 그것과 일체가 됨으로써 세계와 일체가 되며, 그것이 곧 붓다가 되는 것이라고 생각하는 종교 실천'을 의미한다고 알려져 있다.[19] 그리고 그 일체상지자성을 획득해서 붓다가 되기 위한 실천을 아래의 여덟 가지 단계로 나타낸다.

1) Sarvākārajñatā(모든 형상에 대한 지혜, 일체상지자성)

2) Mārgajñatā(실천도에 대한 지혜, 도지자성)

3) Sarvajñatā(모든 사물에 대한 지혜, 일체지자성)

4) Sarvākārābhisaṃbodha(모든 형상에 대한 완전한 이해, 一切相現等覺)

5) Mūrdhābhisamaya(정점에 달한 현관, 頂現觀)

6) Anupūrvābhisamaya(점진적인 현관, 漸現觀)

7) Ekakṣaṇābhisaṃbodha(한순간의 각지覺知, 一刹那現等覺)

8) Dharmakāya(법신)

『현관장엄론』 자체는 이들 항목에 대해 구체적으로 정의하지 않기 때문에, 여기에서는 다니구치 후지오 谷口富士夫의 논고를 참고하면서 하리바드라의 『광명』에 보이는 현관의 여덟 단계를 소개한다. 먼저 1)에서 3)은 형상을 숙지하는 단계이다. 그 형상이란 객체의 사물의 존재방식이라기보다 주체의 인식의 양상을 의미하는 것으로 이해된다. 1)에는 110개 형상, 2)에는 36개 형상, 3)에는 27개 형상이 있다. 이러한 173개 형상을 숙지한 뒤에, 단계 4)에서는 그것에 자재하게 된다. 173개 형상에 대해서 단계 5)에서는 증득하고, 단계 6)에서는 확고하게 하며, 단계 7)에서는 익숙해진다. 그 결과 법신을 얻어서 붓다가 되는 최종 단계 8)에 이른다.[20]

이러한 실천 단계를 설하는 『현관장엄론』은 '반야경'을 해석하는 사람들에게 하나의 지침이 되었다. 말하자면 후대의 학승들은 「반야경」을 『현관장엄론』에서 보이는 수행의 과정을 설하는 경전으로 이해하고, 『현관장엄론』의 게송에 비추어 「반야경」을 해석하게 되었다. 이러한 경향이 사상사에서 중요한 위치를 차지하기 시작하는 것은 아리야비묵띠세나가 주석하고 이어서 하리바드라가 『광명』을 저술했을 무렵부터다.[21] 또 하리바드라가 특별히 경문에 해당개소가 없는, 『현관장엄론』만을 대상으로 한 주석서 『현관장엄론석 *Abhisamayālaṃkārakārikāśāstravṛtti*』[22](이하 『논석』)을 저술한 뒤에는, 비슷한 유형의 주석서가 많이 작성되었다. 하리바드라 이후『현관장엄론』에 대한 주석서 및 관련 논서가 많이 만들어져서, 후기 인도불교에 있어서 많은 학승들의 관심을 모으게 되었다. 또한『현관장엄론』에 대한 인도에서 찬술된 주석은 티벳 전승에 따르면 21종이 있다. 이들 문헌에 대해서는 이미 오버밀러를 비롯한 여러 연구자들이 자세히 소개했다.[23]

그런데 중국에는『현관장엄론』과 그 주석이 거의 전해지지 않은 것 같다.[24] 인도에서 찬술된『현관장엄론』에 대한 주석문헌은 티벳역과 몇몇 산스크리트 원전이 남아 있지만, 한역은 존재하지 않는다. 또 일본의 전통적인 불교와도 직접적인 관계를 찾아볼 수 없다.

한편 그것들은 티벳에 전해진 뒤에 더욱 관심을 모아 수많은 관련 논서가 나왔다. 현재도『현관장엄론』에 대한 학습은 티벳불교의 전통 속에 살아 숨 쉬고 있다.[25]

2)『현관장엄론광명』

(1)『광명』의 구성

이어서『현관장엄론광명』에 대해 개관한다.『광명』의 논술 구성은 대개 다음과 같다.[26]

a)『팔천송』 주석
b)『현관장엄론』 해석
c)『현관장엄론』 속 게송 인용

『광명』에서는 a) b) c) a) b) c) … 로 반복해서, 순서대로『현관장엄론』의 게송에 대응시키면서 『팔천송』을 주석한다. 이때 a)도 『현관장엄론』과 무관하게 논하는 것이 아니라, 『현관장엄론』에 제시되어 있는 개념에 근거해서 『팔천송』을 주석하는 경우가 있다. 또 b)에서는, 『논석』 속에 내용이 거의 일치하는 문장이 다수 보인다. 따라서 『현관장엄론』의 해석이라는 점에서 『광명』과 『논석』은 밀접한 관계에 있다.

그런데 『광명』은 이렇게 『팔천송』과 『현관장엄론』이라는 두 가지 해석 대상을 가지기 때문에 각각에 대응하는 두 종류의 장章 구분이 존재한다. 『현관장엄론』을 기준으로 했을 때, 장에 해당하는 것은 abhisamaya(현관)이다.[27] 『현관장엄론』에는 여덟 개의 abhisamaya, 즉 장이 있고 그것에 따르면 『광명』도 여덟 개의 abhisamaya로 구분된다. 한편 『팔천송』에서 장에 해당하는 것은 parivarta(장)이다. 『팔천송』에는 32개 parivarta가 있고, 거기에 따르면 『광명』도 32개 parivarta로 구분된다.

(2) 『광명』의 주된 논의

『광명』은 단순한 어구해석에 그치지 않고 많은 교설과 정보를 소개한다. 자신과 다른 설을 소개하는 경우도 있고, 또 자신의 주장을 겉으로 보이지 않고 몇 가지 이설을 병기하는 형식으로 소개하기도 한다. 이렇게 해서 방대한 정보를 제시하는 것이 이 책의 특징이다. 이때 많은 경론을 인용하는 데 서명을 밝혀서 인용하는 것으로 『구사론 *Abhidharmakośa*』, 『아비달마집론 *Abhidharmasamuccaya*』, 「입법계품 *Gaṇḍavyūha*」, 『법집경 *Dharmasaṃgītisūtra*』, 『이만오천송 *Pañcaviṃśatisāhasrikā*』, 『보운경 *Ratnamegha*』, 『능가경 *Laṅkāvatāra*』, 「율 *Vinaya*)」, 『석궤론 *Vyākhyāyukti*』, 『법화경 *Saddharmapuṇḍarīka*』, 『해심밀경 *Saṃdhinirmocana*』, 『금광명경 *Suvarṇaprabhāsottamasūtra*』, 『장엄경론*Sūtrālaṃkāra*』이 있다. 또 저자명을 밝혀서 인용하는 것으로는 아리야데바, 아상가, 찬드라고민, 디그나가, 나가르주나, 바수반두, 아리야비묵띠세나, 바단타비묵띠세나의 예가 있다. 물론 실제로 인용하는 경론은 그것보다 몇 배가 많을 것이다. 하리바드라는 '앞선 스승들이 말한다', '어떤 이들이 말한다', '다른 사람들이 말한다' 혹은 단순히 '~라고 한다'고 말할 뿐, 전거를 밝히지 않고 문장을 인용하는 경우가 무척 많다. 또 아무런 언급 없이 선행하는 경론의 문장을 저서 속에 그대로 옮기는 일도 적지 않다.

이처럼 하리바드라는 많은 자료를 인용해서 다양한 교설과 정보를 제시하면서 상세한 논의를 전개한다. 자이니에 의하면『광명』은 다음의 주제에 대해 논의한다.[28]

a) 삼승과 일승에 대해서(AAA pp.133-134)

b) 붓다의 반열반에 대해서(AAA pp.145-150)

c) 견도는 15찰나부터인가 16찰나부터인가(AAA pp.170-171)

d) 붓다의 환영과 같은 불이不二의 智의 성질(AAA pp.268-270)

e) 전지全知와 지각 대상의 한계(AAA pp.531-536)

f) 보살과 여래의 구별을 고려한, 진여의 일체법무차별성 고찰(AAA pp.624-642)

g) 율의와 율의 아닌 것의 본질(AAA pp.730-731)

h) 진지盡智와 무생지無生智의 성질(AAA pp.883-885)

I) 하나의 세계에 동시에 두 여래가 출현하는 것(AAA pp.960-961)

j) 원인 총체가 결과를 낳는지에 대한 고찰(AAA pp.969-976)

이상은 특정 주제에 관한 것이지만 경문과 관계없이 이루어진 논의가 아니라, 하리바드라가 보았을 때 오해를 낳을 수 있는 경문에 대해 그 이해를 한정하기 위해 진행한 논의라고 생각된다.

(3) 『광명』에 설해진 사상

하리바드라의 주장은 대부분 앞선 논사의 교설 속에서 비슷한 견해를 볼 수 있지만, 그에게 특징적인 사상이 전혀 없는 것은 아니다. 예를 들어 4종 신身을 세우는 그의 불신론佛身論은 특색 있는 것으로서 후세 학승들의 주목을 모은다. 『현관장엄론』 제1장의 제3부터 제17의 게송이 논의 전체 구성을 보여주는데, 거기에서 제8현관의 '법신'에 대해서 다음과 같이 말한다.

> 자성[신]과 수용[신]을 포함하고, 또 마찬가지로 변화[신]과 작용을 포함해서 '법신'이 네 종류라고 한다.[29]

『현관장엄론』의 문맥을 생각하면, 여기서 말하는 '법신'은 제8현관으로서의 '법신'이라고 생각된다. 그리고 그 항목으로 '자성[신]', '수용[신]', '변화[신]', '작용'의 네 가지를 드는 것으로 이해된다. 즉, 삼종의 불신을 말하는 것이다. 한편 하리바드라는 이 게송의 '법신'을 제8현관의 '법신'을 가리키는 것이 아니라 그 항목을 나타내는 말의 일부로 이해해서 다음과 같이 해석한다.[30]

> 자성[신]과 수용[신]을 포함하고, 또 마찬가지로 변화[신], 작용을 동반한 '법신'으

로 네 종류라고 한다.

이 경우 제8현관의 항목은 '자성[신]', '수용[신]', '변화[신]', '작용을 동반한 법신'의 네 종류라고 이해된다. 이 이해에 근거해서 하리바드라는 이법理法인 자성신과 작용을 동반한 법신(=지혜인 법신. 뒤에 '지법신 智法身'이라고 불린다)으로 나누어 이해하고, 승의에서 보면 자성신만 있지만 실세 속에서는 (지)법신과 수용신, 변화신을 설정한다고 한다.[31] 이러한 하리바드라의 4신설은 뒤에 3신설에서는 논사들로부터 엄격한 비판을 받게 된다.[32]

이와 같이 특징적인 교설이 없는 것은 아니지만, 『현관장엄론』을 지침으로 해서 정해진 틀 안에서 주석을 하는 한계라든가, 자설을 주장하는 경우에도 선행하는 경론을 인용하고 소개하는 것에 역점을 두는 경향이 보이며, 대부의 저작치고는 저자의 독자적인 교설은 많지 않다.

(4) 『광명』에 영향을 미친 논사와 논서

하리바드라는 『광명』의 첫머리에서 마이트레야가 『현관장엄론』을 작성하고 거기에 대해 아상가, 바수반두, 아리야비묵띠세나, 바단타비묵띠세나가 주를 지었다고 말한다.[33] 아상가와 바수반두의 주석은 현존하지 않기 때문에, 하리바드라의 보고가 사실인지는 확인할 수 없다.[34] 하지만 역사적 사실은 차치하고, 그가 이 주석서류의 계보에 자신의 『광명』을 두고 있었다는 점은 인정할 수 있을 것이다.

선행하는 『현관장엄론』 관련 주석서 중에, 실제로 하리바드라가 『광명』을 저술할 때 크게 의거한 것은 아리야비묵띠세나의 『현관장엄석』이다.[35] 다만 아리야비묵띠세나의 설명과 늘 같은 것은 아니고, 하리바드라는 아리야비묵띠세나의 『현관장엄석』의 내용을 취사선택하면서 『광명』을 저술한 것으로 생각된다.[36]

그 밖에 『광명』에 큰 영향을 미쳤다고 생각되는 인물로 디그나가를 들 수 있다. 그때까지 대부 '반야경' 중에 『이만오천송』을 이용한 주석서밖에 제작되지 않은 상황 속에서, 하리바드라는 『팔천송』을 이해하는 데에 『현관장엄론』을 이용했다. 그가 『팔천송』의 주석서를 짓기로 결의한 배경에는 다음에 인용하는 디그나가의 게송이 있었다고 생각된다. 『광명』은 두 차례에 걸쳐 이 게송을 인용한다.

> 이처럼 이 『팔천송』은 설해진 가르침을 결손하지 않았다. 이것은 본문을 간략히 설하고자 한 것이다. 그 의미내용은 설해진 것과 완전히 일치한다.[37]

이것은 『팔천송』이 『이만오천송』에 비해서 뜻을 결손하는 것이 없다는 주장이다. 이 견해에 따르면, 하리바드라가 한 것처럼 『현관장엄론』을 『이만오천송』뿐만 아니라 『팔천송』의 해석에 사용하는 것도 가능해진다.

하리바드라가 디그나가에게 의거하는 또 다른 중요한 점이 있다. 바로 '반야경'의 주제인 반야바라밀에 대한 정의이다. 하리바드라는 다음과 같이 말한다.

> 근본[적인 반야바라밀]은 붓다·세존이며 허깨비와 같은 둘이 아닌 智이다. 한편 거기에 도달하게 하는, 말이나 글의 집합으로 이루어진 텍스트와 견[도] 見道 등을 특징으로 하는 길은 부차적인 반야바라밀이다. 또한 스승 디그나가는 이와 같이 말한다. '반야바라밀은 둘이 아닌 지이다. 그것은 여래이자 증득해야 하는 것이다. 그것(둘이아닌지)과 같은 의의를 갖기 때문에 텍스트와 길은 그것과 같은 말(반

야바라밀)을 갖는다'라고.[38]

하리바드라는 반야바라밀은 둘이 아닌 지이며 불여래佛如來라고 한다. 거기에 덧붙여 '텍스트'와 '길'이라는 의미를 갖는다고 주장하는데, 이것은 디그나가가 제시한 정의와 거의 같다.[39]

또 하리바드라는 다양한 논의를 전개하는데, 거기에는 아리야비묵띠세나나 디그나가 이외의 많은 논사와 논서의 영향이 보인다. 그중에서도 카말라실라의 저작에서 인용한 것으로 보이는 문장이 『광명』 여기저기에 보여,[40] 그에게서 많은 영향을 받았음을 알 수 있다.

(5) 『광명』이 영향을 준 논사와 논서

하리바드라가 지은 것으로 『현관장엄론』에 관한 네 개의 저작을 들 수 있는데,[41] 그중에 후대에 가장 큰 영향을 미친 것은 『논석』이다. 한편 『광명』은 『논석』만큼은 아니지만 어느 정도 영향력이 있었다고 생각된다. 하리바드라 이후의 라트나카라샨티, 아바야카라굽타라는 위대한 학승도 마찬가지로 『현관장엄론』과 『팔천송』을 대응시키는 형식의 주석서를 작성했다. 라트나카라샨티는 때로 하리바드라에 대한 언급 없이 그에 대해 비판적인 입장을 취했고, 아바야카라굽타는 하리바드라에 대해 이름을 명시하면서 비판적인 의견을 말했다. 이것은 하리바드라의 반야경 이해를 뛰어넘으려고 하는 움직임이고, 그런 의미에서 그들의 저작도 『광명』의 영향 아래 성립했다고 할 수 있다.[42] 즉 인도에서 『팔천송』이 해석되어온 역사라는 관점에서 보면, 『광명』은 후대에 확실한 영향을 미쳤다.

6.
'반야경'과 『현관장엄론』 및 그 주석 문헌

『현관장엄론』은 일단 '반야경' 밖에서 경전을 해석하는 지침을 보인 것으로 이해할 수 있다. 하지만 한편으로 이 책이 '반야경'과 융합하거나 '반야경'에 흡수된 것 또한 사실이다. 예를 들어 『이만오천송』의 산스크리트 원전 속에는 『현관장엄론』에 근거해서 8장, 70절 또는 더 자세히 분류된 과문이 삽입된 것이 있다.[43]

또 『팔천송』 계통 중 현존하는 가장 오래된 한역인 『도행반야경』에서는 제1장의 제목이 「도행품」이고 그 원어가 'caryā(실천)'라고 추정된다. 하지만 현존하는 산스크리트 본에는 'sarvākārajñatā-caryā(일체상지자성의 실천)'라고 되어 있다. 또 후대의 한역인 『불모반야경』에도 장 제목이 「요지제행상품 了知諸行相品」으로, 원어가 'sarvākārajñatā'라고 추정된다. 『팔천송』의 경문 중에는 'sarvākārajñatā'라는 말이 거의 쓰이지 않는다는 점, 『팔천송』 제1장과 『현관장엄론』 제1장의 대응 범위가 일치한다는 점을 고려하면, 현재 볼 수 있는 『팔천송』 제1장의 제목은 『현관장엄론』 제1장의 제목 Sarvākārajñatā에서 영향을 받았다고 생각된다.[44]

이렇게 『현관장엄론』이 '반야경'에 흡수되는 경향이 있었던 반면, '반야경'과 그 해석을 명확하게 구별하는 움직임도 있었다. 해석 대상의 여러 사본들을 참조하는 것도 그런 현상의 하나라고 생각된다. 하리바드라는 『팔천송』을 주석할 때 여러 사본을 보았고 때로 그 해석의 차이를 비교했다.[45] 이렇게 여러 사본의 차이를 보여주는 것은 해석 대상을 객관적으로 파악하고, 해석 대상과 해석 내용을 명확히 구별했다는 것을 의미한다. 다만 이러한 경향도 『현관장엄론』의 영향을 받아서 경전

자체가 변용해가는 추세를 막지는 못한 것 같다.[46]

7.
맺는말

이상으로 '반야경'과 그것을 둘러싼 여러 문헌에 대해 개관했다. '반야경'에 대해서 초기에는 해석 내용이 해석 대상과 융합해서 전승되었지만 점차 구별되게 되었다. 『현관장엄론』이 제작되고 아리야비묵띠세나와 하리바드라가 그 주석을 저술한 것도 그런 움직임의 하나였다. 하지만 한편으로 『현관장엄론』은 '반야경'과 밀접하게 관계하게 되어, '반야경'의 장 제목이나 경문에 영향을 미치게 되었다. 다만 결국 해석 대상과 해석 내용이 완전히 분리되어 그 상태가 유지되는 일은 없었던 것으로 보인다.

1 森祖道[1984], pp.3-4 참조.

2 馬場紀壽[2008], pp.196-203 참조.

3 Conze[1978], pp.1-18, 渡邊章悟[2009], pp.24-25 참조.

4 Conze[1978]는 『금강반야경』을 제3기의 성립이라고 간주했지만, 中村元·紀野一義처럼 150년-200년 무렵의 성립으로 보는 견해도 있다.

5 梶山雄一[2001], pp.349-350 참조.

6 鈴木廣隆[1988], pp.112-116 참조.

7 鈴木廣隆[1988], p.108 참조.

8 下田正弘[1997], pp.254-256, pp.382-386, 下田正弘[2000], pp.335-336 참조.

9 加藤純章[1996]는 『대지도론』의 작자 문제에 대한 여러 학설을 정리하였다. 가토 자신은 『대지도론』의 작자를 구마라집으로 추정하였다. 한편, 武田浩學[2005]는 전승대로 작자를 용수로 간주하였다.

10 『대지도론』과 『광명』 등의 반야경 주석 문헌에 대한 해석 내용의 비교·분석은 향후의 과제로 한다.

11 江島惠教[1988], p.166 참조.

12 이 책의 산스크리트 텍스트 제목은 『三百[頌]般若波羅密에 대한 七十頌』이지만, 실체 게송 수는 70이 아니라 77이다(長尾·戶崎[2001], p.328 참조).

13 이 책의 성립연대를 특정하기는 어렵지만 谷口富士夫는 『대승장엄경론』, 『구사론』 등 기타 논사와의 관계에서 5세기 후반 성립으로 추정하였다(谷口富士夫[2002], pp.24-27).

14 그의 연대는 명확하지 않아 특정하기가 어렵지만, 磯田熙文[1975]는 6세기 전반, 谷口富士夫도 6세기의 인물로 보았다.

15 바단타비묵띠세나의 『현관장엄론』 주석서인 *Abhisamayālaṃkāravārttika*는 현재 티벳어밖에 입수할 수 없다. 이 책에 대해 쫑카파는 바단타비묵띠세나의 진작이 의심스럽다고 하였다(Obermiller [1932], p.12).

16 磯田熙文[1994], p.38 참조.

17 谷口富士夫[1988], p.44 참조. *Abhisamayālaṃkārālokā Prajñāpāramitāvyākhyā*(AAA라고 약칭) *The Work of Haribhadra*, ed. U. Wogihara Tokyo, 1932, p.5.

18 眞野龍海[1972], pp.66-72, 谷口富士夫[1988], p.44 참조.

19 谷口富士夫[2002], pp.47-54, pp.129-130 참조.

20 谷口富士夫[1988], pp.44-48, 谷口富士夫[2002], pp.57-63 참조. 이 谷口의 주장과 달리 제5현관에서 제7현관까지를 제4현관이라는 동일 과정을 세 측면에서 파악하고 해석하는 연구자도 있다(谷口富士夫[2002], p.62, 주5 참조).

21 하리바드라는 『광명』이나 『논석』의 귀경게 가운데 아상가와 바수반두도 주석을 하였다고 말하지만, 그것들은 현존하지 않고 게다가 하리바드라 이외에는 양자의 『현관장엄론』 주석에 대한 언급이 없는 듯하기 때문에 양자가 주석하였다는 것은 『현관장엄론』의 필자가 마이뜨레야라고 생각하는 과정에서 나타난 전승이 아닐까 한다(兵藤一夫[2000], pp.14-15).
또한 아리야비묵띠세나의 주석과 바단타비묵띠세나의 주석의 티벳역은 저자인 마이뜨레야에 관해서 언급하지 않았다. 게다가 마이뜨레야의 5論의 티벳어역 가운데 다른 4論은 모두 마이뜨레야가 저술하였다고 기술되어 있는 한편, 『현관장엄론』의 간기에는 작자에 대한 언급이 없다. 그러므로 兵藤一夫는 『현관장엄론』을 마이뜨레야에게 귀속시킨 것은 하리바드라 이후가 아닐까라는 주장을 하였다(兵藤一夫[2000], p.4).

22 티벳역에서 – vṛtti로 했지만, 산스크리트 사본의 표기는 '-vivṛti'로 되어 있다(天野宏英[1983], p.1, 주1 참조).

23 Obermiller[1932], pp.9-11, Conze[1978], pp.112-115, 眞野龍海[1972], pp.13-15, 兵藤一夫[2000], pp.8-14, 谷口富士夫[2002], pp.22-30 참조.

24 중국 淸朝時代에서 『현관장엄론』 관련 전적인 *Dag yig mkhas pa'i 'byung gnas*가 인쇄되었지만, 몽골사람들 사이에서만 읽혔을 뿐이며 중국의 불교자에게 수용되지 않았던 것 같다(磯田熙文[1982], pp.178-179 참조).

25 兵藤一夫[2000], pp.17-24.

26 天野宏英[1988], p.33 참조.

27 abhisamaya라는 말은 앞서 전술한 의미 이외에 단지 '章'이라는 의미에서도 쓰이는 것 같다(Sparham[2006], p. xiv 참조).

28 Jaini[1972], p.273.

29 svābhāvikaḥ sasāṃbhogo nairmāṇiko 'paras tathā/ dharmakāyaḥ sakāritraś caturdhā samudīritaḥ// (AAA p.21).

30 谷口富士夫[2002], pp.64-64 참조.

31 天野宏英[1964], pp.28-50 참조.

32 磯田熙文[1982], pp.178-179 참조.

33 AAA p.1.

34 谷口富士夫[2002], pp.22-24 참조.

35 하리바드라는 16번 아리야비묵띠세나에 언급하였다. 이것은 다른 논사들과 비교하면 가장 많다.

36 磯田熙文[1975], pp.178-179 참조.

37 AAA p.12.7-8 ; p.27.24-25, *Prajñāpāramitāpiṇḍārtha*, Minor Sanskrit texts on the Prajñāpāramitā ; 1 The Prajñāpāramitā-piṇḍārtha of Diṅnāga, ed. G. Tucci, JRAS, 1947(repr. in his *Opera Minora* II 1971), p.56.

38 AAA p.23.7-11. 服部正明[1961], p.120 참조.

39 유일하게 다른 점은 하리바드라가 '不二의 智' 앞에 "幻과 같다"라는 말을 붙인 것이다.

40 一鄉正道[1985], pp.23-25, 谷口富士夫[2002], p.57 참조.

41 『현관장엄론』과 관련된 것 가운데 『광명』, 『논석』, 『보덕장반야경』 주, 논서 『이만오천송반야경』의 4작품이 하리바드라에 의해 저술되었다(天野宏英[1964], p.278 참조). 다만, 뒤 2작품에 대해서는 하리바드라의 진작인지에 대해서 이의가 제기되어 있다(磯田熙文[1987], p.77, 兵藤一夫[2000], 참조).

42 磯田熙文[1988], p.77 참조.

43 "*Pañcaviṃśatisāhasrikā Prajñāpāramitā* I-1, ed. T. Kimura, Tokyo, 2007." etc.

44 眞野龍海[1972], pp.20-22 참조.

45 鈴木健太[2002] 참조.

46 磯田熙文[1994] pp.40-41, 庄司史生[2009], pp.1-16 참조.

참고문헌

가지야마 유이치(梶山雄一)

2001 『大乘佛典2 八千頌般若經I』, 中央公論新社.

가토 준쇼(加藤純章)

1996 「羅什と『大智度論』」『印度哲學佛教學』 11, pp.32-58.

나가오 가진(長尾雅人)・도자키 히로마사(戸崎宏正)

2001 『大乘佛典1 般若部經典』, 中央公論新社.

나카무라 하지메(中村元)・기노 가즈요시(紀野一義)

1960 『般若心經・金剛般若經』, 岩波書店.

다니구치 후지오(谷口富士夫)

1988 「現觀の智慧と對象 －『現觀莊嚴論』における一刹那の覺知」『宗教研究』 62-3, pp.41-59.

2002 『現觀體驗の研究』, 山喜房佛書林.

다케다 고가쿠(武田浩學)

2005 『大智度論の研究』, 山喜房佛書林.

마노 류카이(眞野龍海)

1972 『現觀莊嚴論の研究』, 山喜房佛書林.

모리 소도(森祖道)

1984 『パーリ佛教註釋文獻の研究』, 山喜房佛書林.

바바 노리히사(馬場紀壽)

2008 『上座部佛教の思想形成 － ブッダからブッダゴーサへ』, 春秋社.

사쿠마 히데노리(佐久間秀範)

1992 「『現觀莊嚴論』第八章をめぐるインド諸註釋家の分類 － 三身說と四身說」『四天王寺國際佛教大學文學部紀要』24, pp.1-30.

쇼지 후미오(庄司史生)

2009 「チベット語譯『八千頌般若波羅蜜多』の系統分類とその基準」『佛教史學研究』52-1, pp.1-22.

스즈키 겐타(鈴木健太)

2002 「『現觀莊嚴論光明』が註釋對象とした『八千頌般若經』」『印度學佛教學研究』50-2, pp.115-117.

스즈키 히로타카(鈴木廣隆)

1988 「『般若經』の系統について － 小品系と大品系」『印度哲學佛教學』3, pp.104-116.

시모다 마사히로(下田正弘)

1997 『涅槃經の研究』, 春秋社.

2000 「註釋書としての<大乘涅槃經> － ニカーヤ・アッタカターとの一致にみる涅槃經の展開形態」『加藤純章博士還曆記念論集 アビダルマ佛教とインド思想』, 春秋社, pp.327-339.

아마노 히로후사(天野宏英)

1964 「ハリバドラの佛身論」『宗教研究』37-4, pp.277-307.

1983 「現觀莊嚴頌論釋の梵本寫本(1)」『比治山女子短期大學紀要』17, pp.1-15.

1988 「現觀莊嚴論釋の著作問題再考」『成田山佛教研究所紀要』11-2, pp.33-57.

에지마 야스노리(江島惠敎)

1988 「經と論(1) － 經から論へ」『岩波講座東洋思想9 インド佛教2』, 岩波書店, pp.153-170.

와타나베 쇼고(渡邊章悟)

2009 『金剛般若經の研究』, 山喜房佛書林.

이소다 히로후미(磯田熙文)

1975 「Ārya-Vimuktasena:Abhisamayalaṃkāra-Vṛtti(I)」『文化』39-1 · 2, pp.158-184.

1982 「AbhayākaraguptaのHaribhadra 批判」『印度學佛教學研究』30-2, pp.30-35.

1984 「Lcaṅ skya rol paḥi rdo rje『Dag yig mkhas paḥi ḥbyuṅ gnas shes bya ba las "Phar phyin gyi skor"』」『密教文化』146, pp.110-95.

1985 「『Abhisamayālaṃkāra』の三身說と四身說」『印度學佛教學研究』34-1, pp.94-101.

1987 「アビサマヤ論書の眞僞」『佛教研究の諸問題』, 山喜房佛書林, pp.247-268.

1988 「RatnākarśāntiとAbhayākaragupta」『成田山佛教研究所紀要』11-2, pp.67-80.

1994 「『Āmnāyānusāriṇī』における十六空性說について」『日本佛教學會年報』59, pp.37-50.

이치고 마사미치(一郷正道)

1985 『中觀莊嚴論の研究 － シャーンタラクシタの思想』, 文榮堂.

핫토리 마사아키(服部正明)

1961 「ディグナーガの般若經解釋」『大阪府立大學紀要 人文・社會科學』9, pp.119-136.

효도 가즈오(兵藤一夫)

1984　「Bstan ḥgyur 所收の『二萬五千頌般若』についての二・三の問題 ー 特に『現觀莊嚴論』との關連において」『日本西藏學會會報』30, pp.7-12.

2000　『般若經釋現觀莊嚴論の研究』, 文榮堂.

2010　「ハリバドラ『八千頌般若經解說 現觀莊嚴論光明』試譯(1)」『佛教學セミナー』92, pp.1-20.

Conze, Edward

1978　*The Prajñāpāramitā Literature, Second Edition Revised and Enlarged*, The Reiyukai, Tokyo.

Jaini, Padmanabh S.

1972　The *Āloka* of Haribhadra and the *Sāratamā* of Ratnākaraśānti: A Comparative Study of the two commentaries of the *Aṣṭasāhasrikā*, *Bulletin of the School of Oriental and African studies*, 35-2, pp.270-284.

Obermiller, Eugene

1932　The Doctrine of Prajñā-pāramitā as exposed in the Abhisamayālaṃkāra of Maitreya, *Acta Orientalia*, 11, pp.1-133.

Sparham, Gareth

2006　*Abhisamayālaṃkāra with Vṛtti and Ālokā, Vṛtti by Ārya Vimuktisena, Ālokā by Haribhadra*, Fremont, California.

제4장

『화엄경』 원전의 역사 산스크리트 사본 단편 연구의 의의

호리 신이치로

1.
『화엄경』 원전의 전승과 코탄

한역 『화엄경』의 원전이 된 산스크리트 텍스트 *Buddhāvataṃsaka*의 전승에는 코탄이 차지하는 비중이 매우 크다.

서력 420년에 불타발타라 Buddhabhadra가 60권본 『대방광불화엄경』(이하 Bu)을 완역하는데, 『출삼장기집』에 따르면 그때 기본으로 한 산스크리트 원전은 지법령이 코탄에서 입수한 것이라고 한다.[1] 지법령이 산스크리트 사본을 입수했을 무렵(401) 코탄에 머물렀던 법현은 그곳에서는 많은 승려들이 대승불교를 배우고 있다고 기록했다.[2]

『역대삼보기』(597)에는 코탄 근처에 있는 차구가국 遮拘迦國(*타클라마칸 사막 서쪽, 지금의 사차 莎車 남쪽에 인접해 있던 고대국가)의 왕궁에 『반야경』, 『대집경』, 『화엄경』[3] 등이 보관되어 있다는 기록이 있다.[4] 644년 중국에 돌아가는 길에 코탄을 방문한 현장도 『대당서역기』 안에, 코탄에서는 대승불교가 성하고 국왕도 불교를 존중하고 있다고 적고 있다.[5]

692년에 22년 만에 토번의 손에서 코탄을 탈환한 측천무후는 보호령이 된 코탄에 『화엄경』의 산스크리트 사본이 존재한다는 소문을 듣고 즉시 사자를 파견해서 그것을 가져오게 했다.[6] 여제의 요청에 따라 낙양에 초빙되어 새로운 범본 『화엄경』 번역의 중심이 된 사람이 코탄 출신의 실차난타 Śikṣānanda이다. 695년에 시작된 이 번역 프로젝트는 699년에 80권본 『대방광불화엄경』(이하 Si)으로 결실을 맺었다.

티벳역 『화엄경』(이하 '장역 藏譯' 또는 Tib.)[7]의 경우는 산스크리트 원전이 어디에서 들어왔는지는 알 수 없지만, 번역된 시대가 안사의 난 이후 쇠약해진 당 대신 토번 왕국이 다시 코탄을 점령하던 시기(791/792-851년, Beckwith [1987: 155, 171])라는 점을 주목할 만하다.

이와 같이 오랜 시간에 걸쳐 중앙아시아에서 대승불교의 거점으로서 『화엄경』의 전승에 중요한 역할을 수행해온 코탄 왕국은, 11세기 초에 사상 최초로 투르크 민족이 세운 이슬람 왕조인 카라한 조의 유스프 카드르 한 Yūsuf Qadïr Khān에게 정복당하고(Barthold[1977: 273, 281]), 그 뒤 투르크화와 이슬람화의 길을 걷게 된다. 즉, 사람들은 대승불교에서 이슬람교로 개종하고, 중기 이란어 동부 방언인 코탄 사카어 대신 투르크어로 이야기하고, 인도에서 유래한 브라흐미 문자 대신 아라비아 문자를 쓰게 되었다.

11세기 후반에 마흐무드 알 카쉬가리 Maḥmūd al-Kāshgharī가 아라비아어로 편찬한 최초의 투르크어 방언 사전 *Dīwān Lughāt at-Turk*에는 코탄 사람들이 어두모음에 사투리 억양이 있는 투르크어 단어를 쓰고 있다고 적혀 있어서,[8] 언어의 투르크화가 진행 중이었다는 것을 보여준다.

1273년에 몽골 제국의 상도 上都(*중국의 옛 지명. 1250년대 후반부터 몽골제국과 원나라의 수도)로 가는 도중에 코탄을 경유한 마르코 폴로는 『동방견문록』 속에서 코탄 사람들에 대해 이슬람교도라고 적고 있어서,[9] 그 시점에는 코탄이 완전히 이슬람화했음을 알 수 있다.

1759년 건륭제가 회부 回部를 정복함으로써 코탄은 청조의 지배를 받게 되는데, 그 뒤도 계속해서 투르크어를 사용하는 이슬람교도가 대다수를 이루는 도시로서 현재에 이른다. 이렇게 해서 코탄에서는 대승불교의 전통이 완전히 끊기고, 오직 사막에 묻힌 폐허 속에서 그 미미한 흔적을 볼 수 있을 뿐이다.

천 년 가까이 사막 속에 잠들어 있던 산스크리트, 코탄, 사카 어로 된 불교문헌 사본이 다시 햇빛을 보게 된 것은, 영국과 러시아에 의해 중앙아시아가 식민지 확장 경쟁의 최전선이 된 19세기 말이다. 1890년, 영국의 육군 중위 해밀턴 바우어 Hamilton Bower가 쿠차에서 발견된 자작나무 껍질樺皮 산스크리트 사본을 입수한 것이 계기가 되었다. 열대나 아열대의 습한 지역에서는 물리적으로 장기 보존이 불가능한 오래된 문화재가 극도로 건조한 기후 속에 사막 속에서 남아 발굴된 것은 당시로서 부척이나 경이로운 일이었다. 카시미르 지방을 제외하고 영국령 인도에서는 있을 수 없는, 천 년도 더 된 산스크리트 사본이 타클라마칸 사막 각지에서 발견된 것은 인도 학계에 충격을 던져주었다. 1882년, 카슈가르에 설치된 러시아 영사관의 영사(뒤의 총영사) 페트로프스키는 1890년대 이후 산스크리트 사본을 비롯한 매장문화재를 정력적으로 수집해서 상트페테르부르크의 동양학자 올덴부르크에게 보내 연구를 부탁했다. 영국도 러시아보다 조금 늦은 1890년에 카슈가르에 외교대표부(뒤에 영사관, 총영사관)를 설치했다. 조지 매카트니 George Macartney(뒤에 총영사)를 비롯한 외교관들이 러시아의 외교관들과 다투어 사본을 수집하고 독일학자 회른레 A. F. Rudolf Hoernle가 그 해독을 맡았다.

20세기에는 타림 분지에서의 발굴을 위해 영국, 독일, 프랑스, 러시아, 일본 등 각국의 탐험대가 조직되었다. 코탄 주변의 발굴은 스타인 Marc Aurel Stein이 이끄는 영국 탐험대가 주로 했다.

회른레는 바우어가 입수한 산스크리트 사본을 1893년에 출판한 이래 정력적으로 논문을 발표했다. 그는 1916년에 각국 연구자들의 협력 아래 영국 컬렉션의 일부를 출판했는데(Hoernle[1916]), 그 후로 오랫동안 제대로 된 연구가 거의 이루어지지 않는 상태가 이어졌다. 회른레의 출판으로부터 70년이 지난 1986년, 마츠다 가즈노부 松田和信는 당시의 India Office Library(지금은 대영도서관에 통합)에서 주로 『대승열반경』의 산스크리트 단편을 조사해서 그 성과를 출판했다(Matsuda[1988b]).[10]

러시아 컬렉션은 영국의 컬렉션과 마찬가지로 코탄 주변에서 출토된 것으로 추정되는 산스크리트 사본을 다수 포함하고 있다. 올덴부르크는 1893년 이래 중앙아시아에서 상트페테르부르크로 전해진 산스크리트 사본에 대해서 많은 논문을 발표했는데, 러시아 혁명 후의 논문은 비교적 적다. 제2차 세계대전 뒤에는 보로뵤브 데샤토브스키, 보로뵤브 데샤토브스카야, 본가르드 레빈, 툠킨 등 소비에트 연방의 연구자들이 연구를 했다. 1980년대 중기까지는 냉전시대를 반영하듯이, 약간의 예외를 제외하고는 사실상 소비에트 연방의 연구자 외에는 연구를 하지 못하는 상태가 이어졌다.[11] 그 후 페레스트로이카에 따라 글라스노스트(정보공개)가 추진되자, 그들과의 공동연구라는 형식으로 그 밖의 연구자들도 상트페테르부르크의 산스크리트 사본을 연구할 수 있게 되었다. 소비에트 연방이 붕괴된 뒤 1990년대에는 필자를 포함한 일본인 수 명이 각각 러시아 연구자와의 공저라는 형식으로 『반야경』 단편에 관한 논문을 발표했다. 1995년부터 2002년까지, 동양문고 東洋文庫와 당시의 러시아 과학아카데미 동양학연구소 상트페테르부르크 지소 支所는 공동 프로젝트로서 지소가 소장하는 중앙아시아에서 출토된 다양한 언어로 된 사본을 350개가 넘는 마이크로필름으로 촬영했다.

코탄 주변에서 출토된 지금까지 보고된 산스크리트 사본에는 『법화경 *Saddharmapuṇḍarīka*』, 『반야경 *Prajñāpāramitā*』 등의 대승경전이 다량 포함되어 있다.

하지만 앞서 말했듯이 『화엄경』 산스크리트 사본이 코탄과 그 주변에 존재했다는 사실을 여러 시대의 한문 문헌이 언급함에도 불구하고, 21세기를 맞이한 시점에서 희한하게도 『화엄경』 산스크리트 사본은 단편 하나도 발견되지 않는다.

독일·투르판 컬렉션에는 『화엄경』 「입법계품」에 상당하는 범본 *Gaṇḍavyūha*(이하 Gv) 단편이 두 점(SHT I 531 및 SHT III 960. Hori 2002 참조), 「십지품」에 상당하는 *Daśabhūmika* 단편이 한 점 들어 있다(SHT I 414). 하지만 이것은 모두 제3차 독일·투르판 탐험대가 서역 북도 카라샤르(*Kharashahr, 파미르 고원을 넘어 카스로 들어온 상인이 타클라마칸 사막 북쪽을 거쳐 돈황으로 들어가는 길) 부근의 쇼르추크 Šorčuq 유적에서 발굴한 것이다. 엽葉 번호로 판단하면 두 Gv 단편은 전체 『화엄경』의 단편이 아니라, 단행 경전으로서의 Gv 사본의 일부라고 생각된다(Hori [2002: 115(116)]).

필자는 충분한 조사가 이루어지지 않은 회른레나 스타인 컬렉션에서 Gv의 단편을 찾을 수 있는 가능성이 있다고 생각하고, 2002년 여름 대영도서관에 소장되어 있는 중앙아시아 출토 산스크리트 단편을 조사했다. 추측한 대로, 거기에는 Gv 단편이 다수 있었을 뿐만 아니라 『화엄경』의 다른 품의 산스크리트 단편도 발견할 수 있었다. 조사 결과, 이들 단편이 『화엄경』 전체의 하나의 사본에 속한다는 것이 밝혀졌다. 코탄 왕국이 멸망한 뒤 천 년의 시간이 지나서 『화엄경』의 산스크리트 원전이 21세기에 살아난 것이다.

2.
새로 발견된 『화엄경』의 산스크리트 사본

여기에서는 새롭게 발견된 『화엄경』 산스크리트 사본의 특징과 그것을 『화엄경』 전체의 사본이라고 보는 이유를 구체적으로 설명한다.

현재의 소장기관

본 사본의 단편은 현재 이하의 세 컬렉션에 분산되어 있다.

⑴ 러시아 과학아카데미 동양사본연구소(상트페테르부르크) 페트로프스키 컬렉션

앞서 말했듯이 카슈가르 주재 러시아 총영사 페트로프스키가 수집해서 상트페테르부르크의 동양학자 올덴부르크에게 보낸 것이다. 러시아 컬렉션에 포함되는 이 단편은 SI P/83д이라는 번호를 갖는 Gv의 작은 한 단편 한 점뿐이다.[12]

⑵ 대영도서관 The British Library(런던), APAC(Asia, Pacific and Africa Collections), 회른레 Hoernle 컬렉션

매카트니 Macartney와 마일스 P. J. Miles 등 영국의 외교관이 1903년 이후 독일학자 회른레에게 연구용으로 송부한 사본으로, 이전에는 India Office Library(대영도서관에 통합)가 소장하고 있었다. 회른레 컬렉션에 들어 있는 본 사본의 몇몇 단편은 비교적 크다. 작은 것을 포함해서 수십 점의 단편이 발견되었다.

(3) 대영도서관, APAC, 스타인Stein 컬렉션

본 사본의 단편이 백 점 이상 있는데, 대부분 매우 작은 단편이다. 스타인 컬렉션의 산스크리트 사본은 스타인이 실시한 네 차례의 탐험에서 발굴된 것이다.

사본의 출토지

페트로프스키 컬렉션에 속하는 산스크리트 사본이 실제로 출토된 곳은 확실하지 않다.

회른레 컬렉션의 산스크리트 사본은 대부분 지역 주민들이 발굴하고 영국의 외교관들이 코탄의 중개인을 통해서 구입한 것이기 때문에(Hoernle[1916: 85, 139] 및 Skjærvø [2002: xl-xli]), 어디에서 출토되었는지 확실하지 않다.

스타인 컬렉션의 각 단편에는 대부분 발굴한 유적을 표시하는 기호가 붙어 있기 때문에 정확한 출토 지점을 알 수 있다. 본 사본의 경우는 보통 빨간 잉크로 'Kha. i.'라고 적혀 있다. 이 기호는 스타인이 제2차 탐험 중 1906년 9월에 발굴한 카달리크Khadaliq의 제1호 절터를 의미한다. 따라서 본 사본은 본래 카달리크의 Kha. i. 사찰 유적에서 발굴되었다는 것을 알 수 있다.

카달리크란 코탄에서 동쪽으로 약 115km 떨어진 곳에 위치하는 유적이다. 발굴 상황은 제2차 탐험의 공식 보고서 *Serindia*, vol. 1, pp.155-157에 적혀 있으며, 발굴된 산스크리트 단편은 같은 보고서 pp.1433-1440에 목록이 있다. 하지만 본 사본의 단편에 대해서는 'numerous minute fragments(다수의 미세한 단편)'라고만 기재되어 있을 뿐 비정은 전혀 이루어지지 않았다.

스타인은 출토된 당대唐代의 중국 동전에 보이는 연대에 근거해서 유적의 연대를 8세기 말 이전으로 추정하고 있다(같은 책 pp.159, 164). 따라서 출토된 사본의 하한도 8세기 말로 설정할 수 있다.

페트로프스키 컬렉션, 회른레 컬렉션에 속하는 본 사본의 단편도 스타인이 발굴한 장소와 같은 곳에서 지역 주민이 발굴하고 중개인을 거쳐 카슈가르의 러시아·영국 양 총영사관의 외교관의 손에 들어갔으리라고 생각한다. 기록에 따르면 회른레 컬렉션에 들어 있는 단편은 스타인의 제2차 탐험 이전에 발굴된 것이 확실하다. 회른레 컬렉션에는 비교적 큰 단편들이 들어 있는 데 비해, 스타인 컬렉션이 대부분 작은 단편이라는 사실은 발굴의 선후 관계를 말해주는지도 모른다.

본 사본은 스타인의 발굴 기록에 따라서 카달리크에서 출토된 것이 확정되었다. 이것으로 위에서 언급한 많은 기록대로 코탄 주변에 『화엄경』 산스크리트 사본이 존재했다는 사실이 입증되었다.

사본의 필기 매체

본 사본은 종이에 잉크로 적혀 있다. 인도와 네팔의 산스크리트 사본은 종이가 도입되기 이전에는 가공한 야자(학명 *Corypha umbraculifera*) 잎에 적혀 있었다(네팔에서는 16세기 전반까지). 한편 중앙아시아에서는 상당히 일찍부터 종이 사본을 사용했다. 중앙아시아에서 출토된 산스크리트 사본은 약간의 예외를 제외하고 대부분 종이본이고, 본 사본도 그 점에서는 특기할 사항은 없다.

본 사본의 단편은 대부분 무척 작고, 포함된 텍스트의 양도 적다. 작은 단편 중에는 아마도 인위적으로 찢은 것으로 보이는, 거의 같은 크기와 모양의 단편들이 있다.[13] 누가 무슨 목적으로 사본을 잘게 찢었는지는 알 수 없지만, 스타인은 참배

자가 일종의 공물로서 사본을 잘게 찢어서 불상 앞에 올렸으리라고 추정한다 (*Serindia*, vol. 1, pp.158-159, 163).

단편에는 겉에 물이 흐른 자국이 보이는 것도 있고[14] 다른 엽에서 잉크가 묻은 자국도 적지 않다. 따라서 간혹 본래 필사된 문자와 다른 곳에서 묻은 잉크의 얼룩이 구별되지 않아 해독이 곤란한 경우가 있다.

원본 크기와 행수

면석이 가장 큰 단편은 회른레 컬렉션의 142. S.B.49로, 가로가 86mm, 세로 245mm이다. 이 단편은 엽 번호가 27로, 회른레 컬렉션의 다른 단편 147. S.C. 276(Or 15010/197)도 같은 엽에 속한다. 전자는 뒷면 하단의 여백을 포함하고, 뒷면이 16행이다. 후자는 뒷면 상단을 포함하고, 그 셋째 행이 전자의 첫째 행과 일치한다. 따라서 적어도 제27엽에는 양면 18행이 있다는 것이 확실하다. 하지만 각 엽이 전부 양면 18행이었는지는 확실하지 않다. 실제로 행 수가 일정하지 않은 산스크리트 사본도 있다. 한문불교 사본에는 한 행의 글자 수 등 일정 양식이 있지만, 산스크리트 사본의 경우 한 엽의 행 수, 한 행의 글자 수, 가로세로의 크기는 사본에 따라 일정하지 않다. 따라서 동일 사본에 속하는지 추정하기 위해서는 먼저 한 엽의 행 수와 본래 크기를 확정하는 기초 작업이 선행되어야 한다. 본 사본의 경우는, 제27엽에 있는 양면 18행이라는 수를 잠정적으로 표준 행수로 가정하고 작업을 진행한다.

제27엽에 속하는 두 단편의 세로 길이에 근거하면, 본 사본은 본래 세로가 약 270mm였다고 추정할 수 있다.

최대 면적을 갖는 단편의 겉면은 한 행이 8음절, 한 시절詩節이 4행으로 된

anuṣṭubh라는 운율로 적혀 있다. 가로 폭은 최대 86mm이고 8음절 정도가 남아 있다. 티벳역을 참조하면, 사본 한 행마다 정확히 두 시절이 적혀 있음을 알 수 있다. 따라서 본 사본의 원형의 가로 폭은 86mm의 8배(두 시절 8행)라고 보면 약 700mm로 추정된다.

세로 약 270mm, 가로 약 700mm라는 크기는 중앙아시아에서 출토된 산스크리트 사본 중에서도 상당히 크다고 할 수 있다. 거대한 한 장의 엽을 만들기 위해 종이를 여러 장 붙이기도 한 모양으로, 풀칠을 위해 남겨둔 부분의 흔적도 관찰할 수 있는 단편도 있다.

본 사본은 종이 사본이기는 하지만, 인도 패엽 사본의 형식에 따라 가로로 긴 모양이다. 이런 형식의 사본은 위를 철해서 제본한 경우와 마찬가지로 한 엽의 겉과 속이 거꾸로 된다. 산스크리트 사본은 보통 제본하는 일이 없고 구멍에 실을 꿰어 흩어져 있는 각 엽을 모은다. 서역 남도에서 출토된 산스크리트 사본의 경우, 구멍 둘레에 잉크로 원이 그려져 있는 것을 흔히 볼 수 있다. 본 사본에도 구멍이 있었겠지만 구멍이 들어 있는 단편은 아직 발견되지 않았다.

엽 번호와 전체 엽 수

본 사본의 엽 번호는 겉면 열 번째 행(r10)의 왼쪽 여백에 적혀 있다. 엽 번호를 겉면에 쓰는 것은 서역 남도에서 출토되는 산스크리트 사본의 특징이고, 서역 북도에서 출토되는 사본 또는 네팔 사본에는 뒷면에 쓰는 경우가 많다.

회른레 Hoernle 컬렉션의 단편 144, S.C. 203(Or 15010/155), ra행의 왼쪽 여백에 적힌 엽 번호 382는 특히 중요한 의미를 갖는다. ra행은 다른 엽과 마찬가지로 열 번째 행이거나, 적어도 한 엽의 중앙에 위치한다고 생각된다. ra행의 뒷면에는 vd행이 있고, 두 행 사이에 있는 텍스트는 Gv의 스즈키·이즈미 본(이하 SuI)의 두 쪽 분에 해당한다.[15] 따라서 제382엽 전체는 그 두 배인 네 페이지를 포함하게 된다. 스즈키·이즈미 본은 전체가 약 550쪽이다. 가령 본 단편이 Gv만의 사본에 속하는 것이라면, 전체 엽수는 140을 넘기지 않을 것이다. 즉, 382라는 엽 번호는 본 단편이 단행경전 Gv에 속하는 것이 아니라는 것을 보여준다.

Śi의 첫머리부터 제382엽과 제28엽 각각에 해당하는 부분까지 텍스트의 분량을 비교하면, 382 대 28에 가깝다.[16] 이렇게 해서 아래에 언급할 콜로폰과 장 구성을 고려하면, 본 사본은 『화엄경』 전체의 산스크리트 사본이라고 결론내릴 수 있다. 본래의 전체 엽 수는 약 393이었다고 추정된다.

콜로폰과 장 구성

제27엽 r16행은 *[dv](i)[t]īyaḥ sa(māptaḥ)*라고 복원할 수 있다. 이것은 '제2(장)이 끝났다'라는 의미로, 제2장 말미에 있는 콜로폰의 일부로 간주된다. 마찬가지로 Śi와 장역에서도, 여기에서 제2장이 끝난다. Bu의 장 구성은 다른 것과 달리 여기에서 장이 나뉘지 않으며 「노사나불품」의 중간에 해당한다. 또 Bu에는 콜로폰 앞에 오는 운문 텍스트도 없다.[17] 콜로폰 다음부터 뒷면 마지막 행까지는 Śi와 장역 제3장에 해당하는 산문 텍스트다.

제28엽[18] vt행 *-buddhebhiḥ*는 Śi의 제3장 「보현삼매품」과 장역 제3장의 마지막 시절에 해당하고, 뒤에 산스크리트 사본에서 마침표의 의미를 갖는 이중 daṇḍa가 따른다. 그 마침표 뒤에는 제3장 끝의 콜로폰이 있으면 좋겠지만, *bu[ddh]*. 두 음절

밖에 없어서 아쉽다. 이 두 음절은 본 경전의 산스크리트 제목 *Buddhāvataṃsaka*의 첫 두 음절로 추정된다.[19] 그 뒤의 나머지 여섯 행(vu행부터 vz행)은 Śi 제4장 「세계성취품」과 장역 제4장 첫머리의 산문 텍스트와 일치한다.

Bu, Śi, 장역, 범본의 장 구성을 비교하면 다음과 같다.[20]

Bu	Śi	티벳역	범본
(2) 노사나불품	(2) 여래현상품	(2) *de bźin gśegs pa*	(2) 제2장 (-26엽, 27엽 r16행)
	(3) 보현삼매품	(3) *kun tu bzaṅ po'i tiṅ ṅe 'dzin daṅ rnam par 'phrul ba rab tu byuṅ ba*	(3) 제3장 (27엽r16행-28엽vt행)
	(4) 세계성취품	(4) *'jig rten gyi khams rgya mtsho śin tu bstan pa'i phyogs gsal bar bya ba yaṅ dag par bsgrubs pa*	(4) 제4장 (28엽vu행-)

또 제2-4장 및 마지막 장 Gv에 속하는 단편이 이미 비정되어 있는 것 외에도, 전체 『화엄경』의 끝에서 두 번째 장 *Lokottaraparivarta*에 속하는 단편이 발견되어 있다.[21]

서체

본 사본에 쓰인 서체는 독일의 인도학자 로레 잔더 Lore Sander의 분류에 따르면 'Early Turkestan Brāhmī, type b(초기 투르키스탄 브라흐미 문자 b형)'라고 불리는 타입이다.[22] 잔더는 독일·투르판 컬렉션에 들어 있는 산스크리트 사본의 서체를 분류하고, 사용된 서체의 지리적 분포를 조사해서 중앙아시아에서 사용된 브라흐미 문자 서체의 변천사를 확인했다. 중앙아시아에서 출토된 산스크리트 사본을 연구할 때는 우선 서체가 잔더의 분류에서 어느 타입에 해당하는지 확정할 필요가 있다. 본 사본에서 사용된 초기 투르키스탄·브라흐미 문자 b형은 잔더에 따르면 5-6세기까지 거슬러 올라간다고 한다.

여러 필사자

제26엽[23]의 한 단편 142. S.C. 234(Or 15010/174)는 겉면과 뒷면의 필적이 분명히 다르다. 겉면의 문자가 비교적 가는 데에 비해 뒷면은 굵다. 전체적으로는 굵은 필적으로 쓰인 부분이 많다. 이 굵은 필적에는 *ma*의 모양에 특징이 보여, 초기 투르키스탄·브라흐미 문자 a형과 모양이 비슷하다. 이 특징은 겉면의 비교적 가는 필적에는 보이지 않는다. 따라서 제26엽에는 적어도 두 사람의 필사자가 있었다고 추정된다. 그 밖에 양쪽 모두 약간 다른 필적이 관찰되는 단편이 있기 때문에, 필사자가 셋 이상 있었을 가능성도 있다.

운율과 문법의 특징

본 사본의 운문 텍스트에서 사용하는 운율에는 산스크리트에서 가장 일반적인 anuṣṭubh(śloka) 외에도, 팔리어 등 중기 인도어 텍스트에서 많이 쓰이는 āryā, 고전 산스크리트 문학에서 사용되는 vasantatilaka와 śārdūlavikrīḍita가 확인된다. 이들 운율은『화엄경』「입법계품」에 해당하는 네팔본 Gv와「십지품」에 상당하는 네팔본 *Daśabhūmika*에서도 사용된다(Smith 1950:16-17, 19, 22-23).

텍스트의 문법에는 다음과 같은 특징이 있다. 운문 텍스트는 네팔본 Gv나 *Daśabhūmika*와 마찬가지로 음운과 형태에서 중기 인도어적 특징을 많이 보인다.

반면 산문 텍스트는 운문에 비해서 산스크리트화가 진행되어 있고, 중기 인도어적인 형태는 적다.

산스크리트로 쓰인 불교문헌 속에 고전 산스크리트 문법을 벗어난 중기 인도어적 음운과 형태가 발견되는 것은, 네팔의 산스크리트 불교사본이 유럽에 전해진 19세기 중반 이후이다. 미국의 언어학자 프랭클린 에저튼Franklin Edgerton은 불교 산스크리트 문헌에 쓰인 언어를 'Buddhist Hybrid Sanskrit(불교혼성 범어)'라고 불러, 고전 산스크리트 문법으로 규정할 수 없는 음운이나 형태를 정리하고 고전 산스크리트 문헌에 보이지 않는 어휘와 어의를 집성했다. 또 그는 산스크리트로 적힌 불교문헌을 언어에 따라 다음의 세 가지로 분류했다.

제1류: 운문과 산문 모두에 중기 인도어적 음운과 형태가 많이 보이는 텍스트
제2류: 운문에는 중기 인도어적 음운과 형태가 있지만, 산문은 고전 산스크리트 문법에 가까운 텍스트
제3류: 운문과 산문 모두 고전 산스크리트 문법에 가까운 텍스트

에저튼은 『화엄경』의 일부를 이루는 Gv와 *Daśabhūmika*를 제2류로 분류했다. 본 사본의 텍스트도 확실히 제2류의 특징을 보인다.

이상과 같은 운율이나 문법의 특징은 산스크리트 원전이 없는 한 거의 알 수 없다. 물론 번역본의 음사어의 특징에서 원전의 음운을 추정할 수는 있다. 하지만 산스크리트 시절이 어떤 운율이고, 명사나 대명사의 격어미가 어떤 형태이며, 동사가 어떤 형태인지 티벳역이나 한역을 통해서 알아내는 것은 불가능하다(원전의 운율

이 한 행에 대략 몇 음절이었는지는 티벳역의 한 시행의 길이에서 추측할 수도 있다). 비록 작은 단편일지라도 산스크리트 원전이 귀중한 이유가 여기에 있다. 또 인도어 원전의 언어의 특징을 조사함으로써 각 문헌이 성립한 시기나 지역을 추정하는 실마리를 발견할 가능성도 있다.

네팔본 Gv와 본문의 비교

「입법계품」「십지품」에 해당하는 부분은 네팔에서 특히 중시된 아홉 점의 불교경전 중의 두 가지로서, 많은 산스크리트 사본이 카트만두 분지를 중심으로 전해졌다. 네팔 사본에 근거해서 두 텍스트가 교정·출판된 지도 오래 되었다.

본 사본에는 Gv의 단편이 꽤 많아서 네팔에서 전승된 텍스트와 비교할 수 있다. 문법적으로는 대응하는 네팔본 Gv가 표준 산스크리트 형으로 써 있는 데 비해, 본 사본의 산문에는 불규칙한 형태가 더러 보인다.[24] 말하자면 본 사본에 비해 네팔본은 산문의 산스크리트화가 보다 진행된 단계에 있다고 할 수 있다. 시대적으로 보면, 네팔본 Gv 대부분이 12세기 이후의 것인 데 비해, 본 사본은 8세기보다 내려가는 것이 없다. 따라서 본 사본이 오랜 형태를 보이는 것은 당연하다.

이처럼 산스크리트 텍스트가 이미 알려져 있는 문헌이더라도 종래의 전승본과 계통이 다른 사본을 대조함으로써 텍스트의 변천 양상이 보다 분명해지고, 본문비판이나 문법연구를 보다 심화 발전시킬 수 있다.

본 사본과 티벳역 및 한역의 비교대조

지금까지 발견된 본 사본의 단편 텍스트를 전부 합치더라도 『화엄경』 전체에서 보면 극히 일부에 지나지 않는다. 얼마 되지 않는 텍스트에 근거해서 티벳역 및 한역의 대응관계에 대해 결론을 내리기는 어렵지만, 잠정적으로 다음과 같은 경향을 지적할 수 있다.

본 사본의 텍스트는 티벳역과 일치하는 점이 많다. 그다음으로 가까운 것은 Śi이지만, 간혹 뚜렷한 차이도 보인다. Bu는 다른 두 역본에 비해 본 사본의 내용과 다른 점이 많고, 전술한 대로 장 구성도 다르다. 또 Bu의 제26-28엽에는 Śi, 장역이 함께 갖는 텍스트의 일부가 없다. 즉, 본 사본은 제2-4장의 장 구성과 본문의 증광에 관해서는 Śi와 티벳역이 일치하고, Bu는 다르다. 다만 본 사본이 Śi와 다른데 Bu와 일치하는 부분도 일부 존재한다.[25]

산스크리트 사본 단편 연구의 의의

유럽에서 출발한 현대 불교학은 항상 원전을 중시했다. 한역이나 티벳역 등 번역만으로는 알 수 없는 많은 것이 인도어 원전에 근거해서 해명되어 왔다. 불교학이 원전에 입각하고자 하는 한, 인도어 원전인 산스크리트 사본은 비록 아무리 작은 단편이라고 하더라도 귀중한 1차자료이다. 특히 본고에서 다룬 『화엄경』 전체의 산스크리트 사본은 지금까지 산스크리트 텍스트가 전혀 알려지지 않았던 장을 포함하는 대단히 귀중한 연구자료이다. 인류 역사에서 영원히 소멸해버릴 위기에 처해 있었던 산스크리트 원전의 본문을 단어, 음절, 문자 하나만이라도 가능한 한 정확히 복원하는 것이 현대 불교학에서 가장 중요한 과제의 하나라고 할 수 있다.

3.
본 사본의 산스크리트 텍스트

마지막으로 하나의 예로서 제27엽의 텍스트를 아래에 제시해서 주해한다.[26] 제27엽은 전술한 대로 제2-3장의 텍스트와 제2장 말미의 콜로폰을 포함한다. 회른레 Hoernle 컬렉션의 두 단편, 142. S.B. 49 및 147. S.C. 276(Or 15010/197)이 동일 엽에 속한다.

142. S.B. 49 … 86×245mm. 잔존행 r1-17, v3-18. 왼쪽 모퉁이를 포함하는 단편. 겉면의 상부 여백을 포함한다. r9, r10행 사이의 왼쪽 여백에 엽 번호 27이 있다.
147. S.C. 276(Or 15010/197) … 83×65mm. 잔존행 r15-18, v1-4. 중앙부의 단편. 겉면의 하부 여백을 포함한다.

해당 개소… Bu 408b11-12(r14-15), 408b14-c8(뒷면), Bu는 r1-13의 해당 개소가 없다. Śi 32a14-33a2(겉면), 33a4-33b11(뒷면). Tib. yi 89a6-90b5(겉면), yi 90b6-92b5(뒷면).

해당하는 장 … Bu 노사나불품 제2. Śi 여래현상품 제2, 보현삼매품 제3. Tib. *de bźin gśegs pa (le'u 2), kun tu bzaṅ po'i tiṅ ṅe 'dzin daṅ rnam par 'phrul ba rab tu byuṅ ba (le'u 3).*

산스크리트 사본의 라틴 문자 전사에 사용한 기호

()	복원된 철자(akṣara)
[]	파손한 akṣara 또한 확실하게 읽히지 않은 곳
+	상실된 akṣara
..	판독이 불가한 akṣara
.	판독 불가 혹은 상실된 akṣara의 일부
=	akṣara의 분해
///	사본이 찢어진 부분
*	virāma
‖	이중 daṇḍa
·	사본에 있는 구독점

텍스트

표면

r1 kṣetravicāra darśenti anya[m]. ///

r2 dhar[m]adhātu[carā kṣ]etr[āḥ] [y]. +///

r3 pravarttati [ekanay]. + +///

r4 saṃbhavaś=ca na vidyate 10 ‖ + +///

r5 bhonti dharmavegavivarddh[ī] .. +///

r6 tā sarvbabuddher=adhiṣṭhitā[ḥ] +///

r7 rajñānavikkrāmi dharmadh. +///

r8 parākkrama · 8 [c]i[ttakṣa]ṇ[e] +///

r9 balavīryamatib[o] .. [s]. [t]. +///

r10 mu[drabh]i · sarvba.. + + + +///

r11 buddhavimokṣa[da] .[śe] + + + +///

r12 śyantī jñānasā[g]. [r]. + + +///

r13 m=praṇidhi dharmadhā .. + + +///

r14 tathāgata .. + + + + + +///

r15 [s](a)mā bo[dh]. + + + + + +/// bodhim(a)[ṇḍ]. ta[y]. .. +[ku]. [vb]. ..///

r16 [dv]. [t]īyaḥ sa + + + + +/// [taḥ] pu[rat]. [s=t]. [sm]. [nn]=aiva [s]. ..///

r17 + + +.. .. + + + + +/// [ga]ta[ṃ] aśarīraṃ dharma[dhā] .. +///

r18 ///dhimaṇḍalaṃ saṃbhavasphara .. +///

뒷면

v1 ///[v]imokṣabodhisatvajñānaśa[rī]///

v2 /// +[ca]kkrodyotanaprabhāva[n]ā[dhi]///

v3 [ta]thāgataga[rdh]. + + + + +///ṣ[ṭā]kāś(a)[dhā]tu[ṃ] .. .. [v]. sān[a] .. .. ///

v4 .. dharmadhā[t](u) + + + + + +/// .. [d]. .ī + + + + + + + + +///

v5 [ya]prati[bh]. + + + + + +///

v6 katra ca kṣetre lok. + + + +///

v7 māpannaḥ sam. + + + + +///

v8 te ca samyaksaṃb[u] + + + + +////

v9 nti · etasya [c]ai .. + + + +///

v10 jñānasamudravi[v]. .. [ṇ]. [t]. +///

v11 tām=upādāya [anāv]. .. + +///

v12 nayavyavalokanatā[m=u] +///

v13 sya sarvbvajñatābalapra. [e] +///

v14 jñānaṃ copasaṃharati [s]. + +///

v15 haranti sma · sarvbasatv. + +///

v16 haranti sma · yathā[c/bh]. + +///

v17 yathāpi nāmetasyaiva .. +///

v18 tāṃ viśuddhapra[bh]āmaṇḍal[e] .. ///

주

r1-8, r10-13행의 음율은 anuṣṭubh.

r1 *kṣetravicāra*: 아마도 남성 단수 목적격 어미 -a(BHSG 8. 31, 34).

r1 *darśenti*: *aya* 어간이 *-e-*로 변화(BHSG 3.62). *kṣetravicāra darśenti*: anuṣṭubh (pathyā)의 홀수 pāda.

r3 *[ekanay].*: *[ekanay](a)*로 복원 ; Tib 89bl : *chig gi tshul*.

r4 *saṃbhavaś=ca na vidyate* : anuṣṭubhd의 제4 pāda.

r5 *bhonti*: *bhavanti*의 중기 인도어형(BHSG 3.75, p.224a).

r6 *sarvbabuddher*: 남성 복수 구격 어미 *-er* < *-air* 혹은 誤記인가? Cf. von Hinüber [2001]: §316 및 Oberlies[2001]: §30.8.

r6 *sarvbabuddher=adhiṣṭhitā* : anuṣṭubh의 짝수 pāda.

r7 *rajñānavikkrāmi*: *(gambhī)rajñānavikkrāmi*로 복원 ; anuṣṭubh(pathyā)의 홀수

pāda ; Tib. 89b7: *ye śes zab mo rnams gnon ciṅ.*

r7 *dharmadh: dharmadh(ātu)*로 복원.

r8 *parākkrama*: anuṣṭubh 제4 pāda의 cadence.

r9 *balavīrtamati*: 산문의 보살명의 일부.

r9 *b[o] .. [s]. [t].: b[o](dhi)[s](a)[t](va)*로 복원.

r11 *[da]. [śe]: [da](r)[śe](nti)*로 복원. ; Tib. 90a6 : *ston pa byed. buddhavimokṣa [da](r)[śe](nti)*: anuṣṭubh(pathyā)의 홀수 pāda.

r12 *śyantī*: *(pa)śyanti*로 복원 ; Tib. 90a7: *mthoṅ bar 'gyur.*

r13 *dharmadhā ..*: *dharmadhā(tu)*로 복원.

r14-15행은 Śi과 Tib.의 제2장 말의 산문에 해당한다.

r15 *bo[dh].*: *bo[dh](isatvāḥ)*로 복원.

r15 +*[ku]. [vb]. ..*: *(vi)[ku](r)[vb](ita)*로 복원.

r16 *[dv]. [t]īyaḥ sa*: *[dv](i)[t]īyaḥ sa(mātpaḥ)*로 복원. 제2장 말 간기 뒤로부터 v18 행까지는 Śi과 Tib.의 제3장 산문에 해당한다.

r16 *[taḥ] pu[rat]. [s]*: *(bhagava)[taḥ]pu[rat](a)[s]*로 복원 ; Tib. 90b5: *bcom ldan 'das kyi spyan sṅar.*

r16 *[t]. [sm]. [nn]=aiva: [t](a)[sm](i)[nn]=eva*로 복원. (*aiva*는 아마도 *eva*의 誤記) ; Tib. 90b6: *de ñid la.*

r16 *[s]. ..*: *[s](iṃhāsane)*로 복원 ; Tib. 90b5: *seṅ ge'i khri.*

r17 *dharma[dhā] ..*: *dharma[dhā](tu)*로 복원. Tib. 90b7: *chos kyi dbyiṅs.*

r18 *dhimaṇḍalaṃ*: *(samā)dhimaṇḍalaṃ*으로 복원 ; Tib. 90b8: *tīṅ ṅe 'dzin gyi dkyil* *'khor*.

r18 *saṃbhavasphara* ..: *saṃbhavasphara(ṇa)*로 복원 ; Tib. 90b8: *yaṅ dag par 'byuṅ bas rgyas par 'geṅs pa*.

v1 *°jñānaśa[rī]*: *°jñānaśa[rī](ra)*로 복원 ; Tib. 91a2: *ye śes kyi lus*.

v2 *°a[dhi]*: *°a[dhi](ṣṭhāna)*로 복원 ; Tib. 91a4: *byin gyi rlabs*.

v3 .. .. *[v]. sān[a]*: *(parya)[v](a)sān[a]*로 복원 ; Tib. 91a6: *mthas gtugs pa*.

v5 *[ya]prati[bh]*.: *(kā)[ya]prati[bh](āsa)*로 복원 ; Tib. 91b1: *sku thams cad kyi gzugs brñan*.

v6 *katra*: *(e)katra*로 복원.

v7 *māpannaḥ*: *(sa)māpannaḥ*로 복원 ; Tib. 91b4: *mñam par bźag go*.

v7 *sam*.: *sam(antabhadra)*로 복원 ; Tib. 91b4: *kun tu bzaṅ pos*.

v13 *°pra.[e]*: *°pra(v)[e](śa)*로 복원 ; Tib. 92a5: *rab tu 'jug pa'i*.

1 T2145, 55.61a1-2 :「華嚴經梵本凡十萬偈. 昔道人支法領. 從于闐國得此三萬六千偈.」

2 『高僧法顯傳』, T2085, 51.857b4-5 :「衆僧乃數萬人. 多大乘學.」

3 이 세 가지의 경전은 코탄·사카어로 쓰여진 논서『Zambasta의 書』13.13이며 'the exalted Mahāyāna'로 언급되어 있다. Emmerick[1968], pp.186-187 참조.

4 T2034, 49.103a13-17 :「崛多三藏口每說云. 于闐東南二千餘里. 有遮拘迦國. 彼王純信敬重大乘. … 王宮自有摩訶般若大集華嚴三部大經. 並十萬偈.」

5 T2087, 51.943a22-23 :「僧徒五千餘人. 並多習學大乘法教. 王甚驍武敬重佛法.」

6 則天武后, 『大周新譯大方廣佛華嚴經序』, T279, 10.1b4-5 :「朕聞其梵本先在于闐國中. 遣使奉迎近方至此.」

7 『화엄경』의 티벳역은 Jinamitra, Surendrabodhi, Yes śes sde의 역이고, 『덴깔마목록』에 기재되어 있기 때문에(Lalou[1953], 319, #17; Herrmann-Pfandt[2008], 12-13) 티벳역의 연대 하한은 동 목록의 성립연대와 같다. 동 목록의 연대에 관한 여러 설은 Herrmann-Pfandt[2008], pp.xviii-xxii를 참조.

8 Dankoff & Kelly[1982: 85], "The people of Khotan and Känčäk change every *alif* at the beginning of a word to *hā*'. For this reason we do not consider them among the Turks, since they insert into the speech of the Turks what does not belong to it. For example, the Turks call 'father': 'ATA' ata; they say: HATA' hata. And 'mother' is: 'ANA' ana ; but they say HANA' hana."

9 Yule[1929: 188], "Cotan is a province lying between north-east and east, and is eight days' Journey in length. The people are subject to the Great Kaan, and are all worshippers of Mahommet."

10 2000년대 후반에 들어와 대영도서관 소장 중앙아시아 출토 산스크리트 사본의 조직적 연구가 진행되고 있다. Karashima & Wille[2006] 참조. Karashima & Wille[2009]에는 본고에서 다룬 단편의 일부가 수록되어 있다.

11 이 시기까지의 연구에 대해서는 Bongard-Levin & Vorobyova-Desyatovskaya[1986] 참조.

12 SI P/83은 대영도서관 소장 스타인·컬렉션판 SS 50에 포함된 IOL San 669(Kha I.82. b), 회른레(Hoernle)·컬렉션판 20에 포함된 143. S. C 49(Or 15010/93), 회른레·컬렉션판 SH36에 포함된 IOl San 113, 회른레·컬렉션판 SH 50에 포함된 IOL San 1154, 이상의 4단편과 같은 일엽에 속한다. SI P/83 표면 텍스트는 Gv Sndarśana장(SuI 128. 16-21)', 뒷면은 Indeiyeśvara장(SuL 131. 21-26)에 해당한다.

13 예를 들면, 스타인·컬렉션판 SS 62, 63에 포함된 매우 많은 소단편은 각 엽의 오른쪽 각의 부분이며 거의 같은 모양이다.

14 예를 들면, 제27엽에 속한 회른레 Hoernle·컬렉션의 147. S. C. 276(Or 15010/197)의 양면에 물이 흐른 흔적이 있다.

15 144. S. C. 203(15010/155)의 해당 부분은 다음과 같다. Bu 779a7-11(표면), 779b9-17(뒷면) Śi 423a25-433b6(표면), 433c7-15(뒷면) ; Pr829a17-27(표면), 8829c4-23(뒷면) ; Tib. hi213a4-b1(표면), hi 216b1-5(뒷면) ; Sul 504.21-505.4(표면), 506.9-18(뒷면). ra행은 SuI 504.21, vd행은 SuI 506.18에 해당한다.

16 서두에서 본 사본의 제392엽과 제28엽에 각각 해당하는 부분까지 Śi는 大正藏에서 1295단, 99단을 포함하여 티벳역은 북경판 1560엽, 96엽을 포함한다. 이 수치를 계산하면 다음과 같다. 382÷28≒13.6 ; 1295÷99≒13.1 ; 1560≒96=16.25

17 Bu는 Śi 제2장 「여래현상품」 30a12-31a5, 31a28-32c14에 보이는 일부 운문 텍스트가 결락되었다. Bu408b13-409a26은 Śi 제3장 「보현삼매품」 32c23-33c24의 산문, 34a16-b8의 운문, 제4장 「세계성취품」 34b10-c17의 산문에 해당하지만 Śi의 산문 부분은 분량이 많고 운문 부분과 일부 산문의 배치가 Bu와 다르다. 이상의 몇 가지 점에서 산스크리트 산본 제26-38엽과 티벳역은 Śi와 일치한다.

18 회른레 Hoernle · 컬렉션 2단편인 142. S. C. 14(Or 15010/74) 및 147. S. C. 274(Or 15010/194)가 제28엽에 해당한다. 엽 번호 2[8]가 r10행의 좌측 여백에 남아 있다. vt행도 전자에 포함된다. 해당 부분은 다음과 같다. Bu 409a14(r4)-b5(rz), 409b10(v2)-15(v3), 408c23(vr)-409a8(vz); Śi 33b12-c29(표면), 34a3-b22(뒷면). Tib. yi 92b7-94b3(표면). yi 94b3-96a4(뒷면). Bu 제2장 「노사나불품」의 도중이며 장이 나뉘어지는 선이 없다.

19 '*Buddhāvataṃsaka*'라는 제목은 Bu 「보현보살행품」, Śi 「보현행품」에 해당하는 *Samantabhadracaryānirdeśa-parivarta*의 부분 사본의 간기에는 다음과 같이 기록되어 있다. "*buddhāvataṃsake mahāvaipulyasūtre śatasahasrikegranthe samantabhadracaryānirdeśaparivartto nāma triṃśatimaḥ samāptaḥ // 31 //*" 「*buddhāvataṃsakamahāvaipulyasūtra*(『불화엄 대방광경』)라는 십만 시절분 서물 가운데 「보현행의 설시」장이라는 이름의 제30장이 끝났다.」 해당 사본은 달라이라마 13세가 러시아에 기증한 산스크리트 사본 중에 포함되었고 현재 상트페테르부르크의 러시아 과학아카데미 동양사본 연구소가 소장하고 있다(Mironov[1914: 332] 및 Matsuda[1986a: 18-19] 참조). 또한 티벳·라사 포탈라궁에서 여러 불교 경전 20점을 연속하며 서사한 사본이 발견되었고 근년에 사본 전체의 교정본이 출판되었다. 이 20점의 경전 가운데 17번째에 Bu 「수명품」, Śi 「수량품」에 해당하는 1장 전체가 포함되어 있어 '*buddhavaṃsakād*'라고 명기되는 다음과 같은 간기가 남아 있다. "*buddhāvataṃsakād*"(사본에는 *buddhavaṃsakād*) *vaipulyapiṭakād anantabuddhakṣetraguṇobdhāvanaṃ nāma mahāyānasūtraṃ saptadaśamaṃ samāptam*"(Vinītā 2010:582). '*buddhāvatataṃsaka vaipulyapiṭaka*(『불화엄 방광장』)에서 『한결같은 불국토 공덕의 현시』라는 명의 17번째의 대승경전이 끝났다.'

20 Bu, Śi, 티벳역 및 지엄(602-668)이 대자은사에서 조사한 산스크리트 사본의 장구성의 대조표는 Kimura[1992: 6-7] 참조. 지엄이 『공목장』(T1870: 45.588a14-18)에서 대자은사 범본에 대해 '패엽'이 아니라 '지엽'이라고 한 것은 주목할 만하다. 7세기에는 인도에서 지사본은 사용된 적이 없었기 때문에 해당하는 사본이 인도 기원이 아니라는 것은 명확하다.

21 스타인· 컬렉션 SS 42에 포함된 IOL Sna 539과 회른레· 컬렉션 143. S.C. 54(Or 15010/109)의 2

단편은 *Lokottaraparivarta*의 동일한 엽에 속한다. śārdūlavikrīḍita이라는 음율로 쓰여 있다. 해당 부분은 다음과 같다. Dh『도세품경』 658a18-b15; Bu「이세간품」 674b8-c6; Śi「이세간품」 318a20-b18; Tib si 39b8-40b3.

22 Sander[1986: 167], plate 15, 16, 17 참조. Sander[1986: 181-182], Tafel 29-40에서는 같은 타입을 독일어로 "Früheturkistanische Brāhmī(Schrifttypus IV), Alphabet s"라고 번역한다.

23 회른레· 컬렉션의 세 단편인 142. S. C. 100(Or 15010/119)+142. S. C. 234(Or 15010/174)+142. S. C. 275(Or 15010/191)가 제26엽에 속한다. 앞의 2단편은 왼쪽 여백을 포함하여 r7행과 vt행으로 접합한다. 엽 번호 26이 142. S. C. 234의 r10 왼쪽 여백에 남았다. 표면 r1에서 rw까지, 뒷면 vv에서 vz까지는 다른 행과 필적이 같이 않아 결과적으로 제2단편의 표면과 뒷면의 필적이 다르다. 해당 부분은 다음과 같다. Bu 408a21(rx) – b2(rz), 408b6-7(v1), Bu는 rx, ry, rz, v1의 4행만 해당한다. Śi 30b2-31a18(표면), 31a23-32a8(뒷면) ; Tib. yi 85b5-87b1(표면), yi 87b2-89a4(뒷면).

24 Gv의 단편 SI P/83 r3행에 보이는 *caṃkkramaṃtasya*는 어근 *kram-*를 강조한 어간, 현재분사 능동태의 남성단수속격(BHSG 18.14, 39.1 p.208b "*caṅkrama-ti*"; 서사시 산스크리트의 유례는 Oberlies [2003] : 8.10 참조)이며 Pāli *caṅkamantassa*(e.g., *Theragāthā* 1044)에 해당한다. 한편, 네팔본은 규칙적인 중동태형을 나타낸다. SuI 128. 12-13 *caṇkramyamāṇasya*.

25 제26엽에 해당하는 147. S. C. 275(Or 15010/191)의 rz행 *..rvb. kṣetrarajapa[thaiḥ]*는 *(sa)rvb(a)kṣetraraja(ḥ)-pa[thaiḥ]*처럼 은율 anuṣṭubh의 짝수 pāda로 복원할 수 있다. Bu 408b1「일체불찰미진도」는 이 복원에 일치하지만 Śi 31a18「일체진찰중」에는 *pathaiḥ*에 해당하는 말이 없다. Cf. Tib. yi 87a8-b1 : *źiṅ kun rdul phran sbubs dag tu*.

26 제27엽을 포함한 본 사본의 산스크리트· 텍스트는 필자가 2008년 8월 8일에 The Second International Huayan Symposium(프랑스 Boutigny-sur -Essonne)에서 구두발표했고, Hori[2012]로 출판하였다. 또한 2011년 9월에 대영도서관에서 진행했던 실견 조사에 입각해서 제27엽에 대해서는 본고의 텍스트가 보다 개선되어 있다.

약호

BHSG = Franklin Edgerton. *Buddhist Hybrid Sanskrit Grammar and Dictionary*. Vol. 1: Grammar. New Haven: Yale University Press, 1953.

Bu = 불타발타라(Buddhabhadra) 역,『대방광불화엄경』 T278, Vol. 9.

Dh = 축법호(Dharmarakṣa) 역,『도세품경』 T292, Vol. 10.

Gv = *Gaṇḍavyūha*.

Rr = 반야(Prājña) 역,『대방광불화엄경』 T293, Vol. 10.

r = recto(표면)

Serindia = Marc Aurel Stein. *Serindia: Detailed Report of Explorations in Central Asia and Westernmost China*, Vols. 5. Oxford: Clarendon Press, 1921.

SHT I = Ernst Waldschmidt, Walter Clawiter and Lore Holzmann, eds. *Sanskrithandschriften aus den Turfan-Funden*. Teil I. (Verzeichnis der orientalischen Handschriften in Deutschland, Band X, 1). Wiesbaden: Franz Steiner Verlag, 1965.

SHT III = Ernst Waldschmidt, Walter Clawiter and Lore Sander-Holzmann, eds. *Sanskrithandschriften aus den Turfan-Funden*. Teil 3. (Verzeichnis der orientalischen Handschriften in Deutschland, Band X, 3). Wiesbaden: Franz Steiner Verlag, 1971.

Śi = 실차난타(Śikṣānanda) 역, 『대방광불화엄경』 T279, Vol. 10.

Sul = Daisetz Teitaro Suzuki and Hokei Idzumi, eds. *The Gandavyuha Sutra*. New Revised Edition. Part I-VI. Kyōto: Sekai Seiten Kankō Kyōkai, 1949.

T = Junjirō Takakusu and Kaikyoku Watanabe, eds. 『대정신수대장경』, Tōkyō: Taishō Shinshū Daizōkyō Kankōkai, 1924-29.

Tib = Jinamitra Surendrabodhi, Yes śes sde 역 *Saṅs rgyas phal po che źes bya ba śin tu rgyas pa chen po'i mdo*. Peking 761, Phal chen. Daisetz T. Suzuki, ed. 『影印北京版西藏大藏經 – 大谷大學圖書館藏 – 』 *The Tibetan Tripitaka, Peking Edition Kept in the Library of the Otani University, Kyoto*. Vols. 25-26. Tōkyō: Tōkyō Gakujutsusha, 1957-1958.

v = verso(뒷면)

참고문헌

Barthold, W.

1977 *Turkestan down to the Mongol Invasion*, 4th ed. (E. J. W. Gibb Memorial Series, New Series 5), Cambridge: E. J. W. Gibb Memorial Trust.

Beckwith, Christopher I.

1987 *The Tibetan Empire in Central Asia : a History of the Struggle for Great Power among Tibetans, Turks, Arabs, and Chinese during the Early Middle Ages*, Princeton: Princeton University Press.

Bongard-Levin, G. M. and M. I. Vorobyova-Desyatovskaya

1986 *Indian Texts from Central Asia* (*Leningrad Manuscript Collection*)(Bibliographia Philologica Buddhica, Series Minor V), Tokyō: International Institute for Buddhist Studies.

Dankoff, Robert, and James Kelly, ed. and tr

1982 Maḥmūd al-Kāšɤarī, *Compendium of the Turkic Dialects* (*Dīwān Luɣāt at-Turk*), Part I(Sources of Oriental Languages and Literatures 7), Cambridge: Harvard University Printing Office.

Emmerick, Ronald E, ed. and tr

1968 *The Book of Zambasta : A Khotanese Poem on Buddhism*(London Oriental Series 21), London:

Oxford University Printing Office.

Herrmann-Pfandt, Adelheid

2008 *Die Lhan kar ma : Ein früher Katalog der ins Tibetische übersetzten buddhistischen Texte. Kritische Neuausgage mit Einleitung und Materialien* (Österreichische Akademie der Wissenschaften, Philosophisch-Historische Klasse, Denkschriften 367; Beiträge zur Kultur- und Geistesgeschichte Asiens 59), Wien: Verlag der Österreichischen Akademie der Wissenschaften.

von Hinüber, Oskar

2001 *Das ältere Mittelindisch im Überblick 2,* erweiterte Auflage 2001(Österreichische Akademie der Wissenschaften, Philosophisch-Historische Klasse, Sitzungsberichte 467; Veröffentlichung der Kommission für Sprachen und Kulturen Südasiens 20), Wien: Verlag der Österreichischen Akademie der Wissenschaften.

Hoernle, A. F. Rudolf

1916 *Manuscript remains of Buddhist Literature Found in Eastern Turkestan. Facsimiles with transcripts translations and notes edited in conjunctions with other scholars* Vol. 1, Oxford: Clarendon press.

Hori, Shin'ichirō

2002 "Gaṇḍavyūha-Fragmente der Turfan-Sammlung.",『國際佛教學大學院大學研究紀要』*Journal of the International College for Advanced Buddhist Studies* 5, pp.113-132(pp.118-199).

2012 "Sanskrit Fragments of the *Buddhāvataṃsaka* from Central Asia." In : Robert Gimello, Frédéric Girard and Imre Hamar, eds. *Avataṃsaka Buddhism in East Asia : Huayan, Kegon, Flower Ornament Buddhism. Origins and Adaptation of a Visual Culture* (Asiatische Forschungen : Monographienreihe zur Geschichte, Kultur und Sprache der Völker Ost- und Zentralasiens, Band 155). Wiesbaden: Harrassowitz Verlag, pp.15-35.

Karashima, Seishi and Klaus Wille, eds

2006 *Buddhist Manuscripts from Central Asia : The British Library Sanskrit Fragments* Vol. 1, Tokyo: International Research Institute for Advanced Buddhology, Soka University.

2009 *Buddhist Manuscripts from Central Asia : The British Library Sanskrit Fragments* Vol. 2.1, 2.2, Tokyo: International Research Institute for Advanced Buddhology, Soka University.

Kimura, Kiyotaka(木村清孝)

1992 『中國華嚴思想史』, Kyōto: Heirakuji Shoten.

Lalou, Marcelle

1953 "Les textes bouddhiques au temps du Roi Khri-sroṅ lde-bcan.", *Journal Asiatique* 241, pp.313-353.

Matsuda, Kazunobu(松田和信)

1988a 「ダライラマ13世寄贈の一連のネパール系寫本について ―『瑜伽論』「攝決擇分」梵文斷簡發

見記」,『日本西藏學會會報』, *Report of the Japanese Association for Tibetan Studies* 34, pp.16-20.

1988b 「インド省圖書館所藏中央アジア出土大乘涅槃經梵文斷簡 ー スタイン・ヘルンレ・コレクション」, *Sanskrit Fragments of the Mahāyāna Mahāparinirvāṇasūtra : A study of the Central Asian Documents in the Stein/Hoernle Collection of the India Office Library, London* (Studia Tibetica 14), Tokyo: Toyo Bunko.

Mironov, N. D.

1914 Catalogus codicum manu scriptorum Indicorum qui in Academiae Imperialis Scientiarum Petropolitanae Museo Asiatico. Fasc. 1[Catalogi Musei Asiatici, 1].

Oberlies, Thomas

2001 *Pāli : A Grammar of the Language of the Theravāda Tipiṭaka. With a Concordance to Pischel's Grammatik der Prakrit-Sprachen* (Indian philology and South Asian Studies 3), Berlin: Walter de Gruyter.

2003 *A Grammar of Epic Sanskrit* (Indian Philology and South Asian Studies 5), Berlin: Walter de Gruyter.

Sander, Lore

1968 *Paläographisches zu den Sanskrithandschriften der Berliner Turfansammlung*(Verzeichnis der orientalischen Handschriften in Deutschland, Supplementband 8), Wiesbaden: Franz Steiner Verlag.

1986 "Brāhmī Scripts on the Eastern Silk Roads.", *Studien zur Indologie und Iranistik* 11/12, pp.159-192.

Skjærvø, Prods Oktor

2002 *Khotanese Manuscripts from Chinese Turkestan in the British Library : A Complete Catalogue with Texts and Translations* (Corpus Inscriptionum Iranicarum, Part. II, Vol. V, Texts. VI), London: British Library.

Smith, Helmer

1950 "Les deux prosodies du vers bouddhique.", *Kungl, Humanistiska Vetenskapssamfundets i Lund. årsberättelse* (*Bulletin de la Société royale des lettres de Lund*) 1949-1950, 1, pp.1-43, Lund: CWK Gleerup.

Vinītā, Bhikṣuṇī (Vinita Tseng), ed. and te

2010 *A Unique Collection of Twenty Sūtras in a Sanskrit Manuscript From the Potala.* Vol .I, 2-Editions and Translation (Sanskrit Texts from the Tibetan Autonomous Region, No. 7/2), Beijing: China Tibetology Pub. House, Austrian Academy of Sciences Press.

Yule, Henry, tr. and ed

1929 *The Book of Ser Marco Polo : The Venetian concerning the Kingdoms and Marvels of the East*, Vol. I, 3rd ed, London: John Murray.

제5장

『화엄경』의 세계상
특히 성문승과의 관계를 중심으로

오타케 스스무

1.
들어가는 말

『대방광불화엄경 *Buddhāvataṃsakā-mahā-vaipulya-sūtra*』 전체의 산스크리트 텍스트는 아직 현존이 확인되지 않았다. 현재 남아 있는 것은 동진 東晋의 불타발타라 역(5세기)과 당 唐의 실차난타 역(7세기)의 2종의 한역과 티벳역(9세기) 하나이다. 이 경은 한자문화권에서 전통적으로 『화엄경』이라고 약칭되었다. 하지만 뒤에서도 언급하겠지만, '불화엄 佛華嚴'은 특수한 의미를 갖는 복합어로서, 엄밀히 말하자면 '화엄'만 따로 분리할 수는 없다. 따라서 본 장에서는 『대방광불화엄경』을 대본 『불화엄경』이라고 약칭하고 세 종류의 번역을 순서대로 진역, 당역, 티벳역이라고 부른다.

본 장에서 필자는 대본 『불화엄경』의 세계상에 대해서 논한다. 다만 여기에는 제한이 있다. 반드시 세계상에만 해당되는 이야기는 아니지만, 대본 『불화엄경』의 서술에는 어느 부분에만 보이는 것과 전체적으로 되풀이해서 나오는 것의 두 가지가 있다. 여기서 자세한 논증은 생략하지만, 필자는 대본 『불화엄경』이 본래 '불화엄'이라는 이름으로 묶을 수 있는 느슨한 결합 관계에 있는 여러 독립경전을 고층부로 해서 편찬되었다고 생각한다. 대본 『불화엄경』이 그렇게 해서 성립된 대총서인 이상, 어떤 서술이 일정 부분에만 보이는 것은 당연하다. 그런 서술은 대본 『불화엄경』을 특징짓는 서술이 아니라, 각 부분의 기초가 되는 독립경전의 특징을 보여주는 서술이라고 해야 할 것이다. 대본 『불화엄경』을 특징짓는 서술은 전체적으로 되풀이해서 나오는 서술이다. 그러한 서술은 대본 『불화엄경』의 고층부를 이루는 여러 독립경전이 이미 공유하고 있었을 것이고, 대본『불화엄경』의 성격을 이해하기 위해 관건이 되는 서술이다. 대본『불화엄경』의 세계상을 논할 때도 전체적으로 반복해서 나타나는 서술에 한정해서 논해야 한다.

따라서 여기에서는 그러한 서술 중에 세 가지를 골라서 논한다. 세 가지란 색계色界 제천諸天의 수, 불화엄, 바이로차나에 대한 것이다. 이것은 순서대로 대본『불화엄경』이 설하는 세 가지 세계, 즉 사바세계, 삼천대천세계, 화장장엄세계해에 근거한다. 그리고 흥미로운 것은 이 세 가지에 전부 대본『불화엄경』과 성문승의 영향 관계가 보인다는 점이다. 이 고찰을 통해서 여전히 불확실한 부분이 많은 초기 대승불교의 형성에 대해서도 새로운 가능성을 제공할 수 있기를 바란다.

2. 색계 제천의 수–사바세계

불교의 세계관에서는 우리들이 사는 지구에 해당하는 세계를 사바세계라고 부른다. 사바세계 가운데 지하와 지상은 욕망이 있는 영역이라 해서 욕계라고 부르고, 욕계에서 가장 높은 수미산 상공에는 사천왕천, 삼십삼천, 야마천, 도솔천, 화락천, 타화자재천 등 욕계의 여섯 가지 천六欲天이 있다. 그 위는 욕망이 없고 색(물질)만 있는 영역으로 색계라고 불린다. 대본『불화엄경』 속에서는 깨달음을 얻은 석가모니가 인도 마가다국의 보광법당, 수미산 정상, 야마천, 도솔천, 타화자재천, 인도의 코살라국의 중각강당 등 욕계 각처에서 집회를 연다.

법장부 『장아함경』 「세기경」	설일체유부 『아비달마구사론』 세품
[01] 범신梵身천(*brahma-kāyika)	[01] 범중천(brahma-kāyika)
[02] 범보梵輔천(*brahma-purohita)	[02] 범보천(brahma-purohita)
[03] 범중梵衆천(*brahma-pāriṣadya)	—
[04] 대범천(*mahā-brahman)	[03] 대범천(mahā-brahman)
[05] 광光천(*ābha)	—
[06] 소광천(*parīttābha)	[04] 소광천(parīttābha)
[07] 무량광천(*apramāṇābha)	[05] 무량광천(apramāṇābha)
[08] 광음천(*ābhā-svara)	[06] 극광정極光淨천(ābhā-svara)
[09] 정淨천(*śubha)	—
[10] 소정少淨천(*parītta-śubha)	[07] 소정천(parīttā-śubha)
[11] 무량정천(*apramāṇa-śubha)	[08] 무량정천(apramāṇa-śubha)
[12] 편정遍淨천(*śubha-kṛtsna)	[09] 편정천(śubha-kṛtsna)
—	[10] 무운無雲천(anabhraka)
—	[11] 복생福生천(puṇya-prasava)
[13] 엄식천(*bṛhat)	—
[14] 소엄식천(*parītta-bṛhat)	—
[15] 무량엄식천(*apramāṇa-bṛhat)	—
[16] 엄식과실천(*bṛhat-phala)	[12] 광과廣果천(bṛhat-phala)
[17] 무상無想천(*asaṃjñin)	(설일체유부는 무상천을 광과천의 일부로 간주한다)
[18] 무조천(*avṛha)	[13] 무번천(avṛha)
[19] 무열천(*atapa)	[14] 무열천(atapa)
[20] 선견천(*sudṛśa)	[15] 선현천(sudṛśa)
[21] 대선견천(梵語未確定)	[16] 선견천(sudarśana)
[22] 아가니타阿迦尼吒천(*akaniṣṭha)	[17] 색구경천(akaniṣṭha)

욕계의 육천과 마찬가지로 색계도 여러 천으로 나뉘는데, 색계 제천의 수에 대해서는 성문승에 있어서 견해의 차이가 있다. 예를 들어 법장부는 22천이라고 하고 설일체유부는 17천이라고 한다. 법장부의 『장아함경』 「세기경 世記經」과 설일

체유부의 『아비달마구사론』에 따라 양쪽 설을 비교하면 앞의 표와 같다(『장아함경』에 부기한 범어는 어디까지나 참고일 뿐 원어가 범어였음을 의미하는 것은 아니다. ' – '는 한쪽 부파의 설 가운데 나오는 천이 다른 쪽 부파에는 없다는 것을 가리킨다).

대승의 유식파도 『유가사지론』에서 설일체유부와 마찬가지로 색계 17천설을 취한다.

그런데 대본 『불화엄경』 「십무진장품」에 보이는 색계 제천의 수가 설일체유부와 유식파가 채택하는 17이 아니라 22인 점에 대해서, 일찍이 수隋의 혜원이 『대승의장』 권8말 육도의六道義에서 언급했다. 근대에 미즈노 고겐은 1965년에 「십무진장품」의 색계 22천설과 초기 『반야바라밀경』의 색계 21천설에 대해서 '어떤 부파의 설과 관련이 있는지 현존하는 자료로는 전혀 알 수 없다'고 했는데,[1] 그 후 1966년에는 그것이 법장부의 색계 22천설과 관계있다는 것을 밝혔다.[2] 「십무진장품」의 색계 22천설은 법장부의 색계 22천설의 제일 앞에 범천梵天을 더하고 열입곱 번째의 무상천無想天을 뺀 것이다. 미즈노는 이 점을 진역에만 근거해서 지적했기 때문에, 여기서 당역과 티벳역까지 제시하면 다음의 표와 같다.

그런데 이번에 필자가 발견한 사실은, 이 「십무진장품」의 설과 같은 설이 대본 『불화엄경』 보광법당회의 현존하는 가장 오래된 이역본인 후한後漢의 지루가참支婁迦讖 역 『불설도사경』(2세기)에도 보인다는 점이다(현존하는 대본 『불화엄경』 보광법당회 속에는 보이지 않는다). 『불설도사경』에는 「십무진장품」의 22천 중에 열 번째와 스물한 번째가 없는데, 같은 지루가참 역인 『도행반야경』에는 둘 다 들어 있다(단, 『도행반야경』은 「십무진장품」의 22천 가운데 첫 번째가 빠진 21천설이다). 따라서 『불설도사

진역(대정9, 477中)	당역(대정10, 113中)	티벳역 (P no.761, Ri 101a8-101b2)
[01] 범천	[01] 범천	[01] tshangs pa
[02] 범신천	[02] 범신천	[02] tshangs ris
[03] 범보천	[03] 범보천	[03] tshangs lha nye phan
[04] 범권속천	[04] 범중천	[04] tshangs pa kun 'khor
[05] 대범천	[05] 대범천	[05] tshangs chen
[06] 광천	[06] 광천	[06] snang ba
[07] 소광천	[07] 소광천	[07] chung snang
[08] 무량광천	[08] 무량광천	[08] tshad med snang ba
[09] 광음천	[09] 광음천	[09] shin tu snang ba
[10] 정천	[10] 정천	[10] dge ba
[11] 소정천	[11] 소정천	[11] chung dge ba
[12] 무량정천	[12] 무량정천	[12] tshad med dge ba
[13] 편정천	[13] 편정천	[13] dge rgyas
[14] 밀신密身천	[14] 광廣천	[14] che ba
[15] 少密身天	[15] 少廣天	[15] chung che
[16] 無量密身天	[16] 無量廣天	[16] tshad med che ba
[17] 密果天	[17] 廣果天	[17] 'bras bu che ba
[18] 不煩天	[18] 無煩天	[18] mi che ba
[19] 不熱天	[19] 無熱天	[19] mi gdung ba
[20] 善現天	[20] 善見天	[20] shin tu mthong ba
[21] 善見天	[21] 善現天	[21] gya nom snang ba
[22] 色究竟天	[22] 色究竟天	[22] 'og min

경』도 본래 22천설이었는데, 인도나 중국 등에 전승되는 과정에서 열 번째와 스물한 번째가 빠졌을 가능성이 있다. 『불설도사경』과 『도행반야경』을 대조하면 다음의 표와 같다(양쪽에 부기한 범어는 어디까지나 참고일 뿐 원어가 범어였음을 의미하는 것이 아니다. ‘ – ’는 한 경전에 있는 천이 다른 경전에 없다는 것을 가리킨다).

『불설도사경』(대정10 · 446a)	『도행반야경』(대정8 · 435a)
[01] 범천(*brahman)	—
[02] 범가이梵迦夷천(*brahma-kāyika)	[01] 범가이천(*brahma-kāyika)
[03] 범불환梵弗還천(*brahma-purohita)	[02] 범불환천(*brahma-purohita)
[04] 범가산梵迦産천(*brahma-pāriṣadya)	[03] 범파합천(*brahma-pāriṣadya)
[05] 마하범천(*mahā-brahman)	[04] 마가범摩呵梵천(*mahā-brahman)
[06] 합盍천(*ābha)	[05] 합천(*ābha)[3]
[07] 파리타波梨陀천(*parīttābha)	[06] 파리타천(*parīttābha)
[08] 합파마나盍波摩那천(*apramāṇābha)	[07] 합파마나천(*apramāṇābha)
[09] 하회긍수阿會亘羞천(*ābhā-svara)	[08] 아회긍수천(*ābhā-svara)
—	[09] 수가首呵천(*śubha)
[10] 파율수하波栗羞訶천(*parītta-śubha)	[10] 파율다수가波栗多修呵(*parītta-śubha)
[11] 아파마수阿波摩羞천(*apramāṇa-śubha)	[11] 아파마수阿波摩修천(*apramāṇa-śubha)
[12] 수흘羞訖천(*śubha-kṛtsna)	[12] 수건修乾천(*śubha-kṛtsna)
[13] 권가權呵천(*bṛhat)	[13] 유가惟呵천(*bṛhat)
[14] 파율유가波栗推呵천(*parītta-bṛhat)	[14] 파율유가천(*parītta-bṛhat)
[15] 아파타가阿波墮訶천(*apramāṇa-bṛhat)	[15] 아파수阿波修천(*apramāṇa-bṛhat)
[16] 유간반惟干潘천(*bṛhat-phala)	[16] 유우반惟于潘천(*bṛhat-phala)
[17] 아유반阿惟潘천(*avṛha)	[17] 아유반천(*avṛha)
[18] 아타파阿陀波천(*atapa)	[18] 아타파천(*atapa)
[19] 수무須(蕪)천(*sudṛśa)	[19] 수무천(*sudṛśa)
—	[20] 수대지녹須覺祇耨천(*sudarśana)
[20] 아가니타阿迦膩吒천(*akaniṣṭha)	[21] 아가니타천(*akaniṣṭha)

이처럼 색계22천설은 현존하는 대본『불화엄경』에서는 「십무진장품」에만 보이지만, 대본『불화엄경』의 최초기에는 다른 품에도 설해졌다. 이것은 대본『불화엄경』의 여러 부분이 본래 법장부의 영향 아래 있던 사람에 의해 만들어졌는데, 그것이 후세에 다른 사람에 의해 부분적으로 개변된 결과 법장부의 영향이 흐려졌다는 것을 보여준다. 구마라집이 대본『불화엄경』의「십지품」에 해당하는『십주

경(*Daśabhūmika-sūtra*『십지경』)』을 한역할 때 법장부의 불타야사 佛陀耶舍(『장아함경』이나『사분율』의 역자)의 교시에 따라 의문을 해결한 점이나,[4]『십주경』을 주석한 나가르주나의『십주비바사론』을 한역할 때 불타야사의 암송에 의거한 점은[5]「십지품」이 법장부에 의해 수지되었음을 시사한다.「십지품」뿐만 아니라 대본『불화엄경』의 다른 품도 어쩌면 마찬가지였을지도 모른다.[6]

3.
불화엄-삼천대천세계

대본『불화엄경』의 '불화엄'의 원어에 대해서는 붓다 아바탐사카 buddhāvataṃsaka라고 하는 티벳 전승과 붓다 간다뷰하 buddhagaṇḍavyūha라고 하는 중국 전승이 있어, 메이지 明治 시대 이래 학자들의 논쟁의 대상이 되었다. 이 문제는 마츠다 가즈노부가 소개한 페테르부르크에 소장되어 있는 대본『불화엄경』의 범어 사본 단편 콜로폰에 붓다 아바탐사카로 되어 있는 것에 의해 결론이 났다고 할 수 있다.[7] 실은 사쿠라베 하지메 櫻部建가 지적한 대로 '불화엄'이라는 말은 진역과 당역 본문에도 사마디(정신통일)의 명칭으로 두 번 나오는데, 티벳역에 근거하면 그 원어가 붓다 아바탐사카라는 것을 알 수 있다.[8] 따라서 이 경전의 제목이 붓다 아바탐사카라는 것은 확실한데, 그것이 무엇을 의미하는지가 문제가 된다.

사쿠라베의 연구에 따르면, 붓다 아바탐사카라는 말은 본래 설일체유부의 불전문학『디비야 아바다나 *Divyāvadāna*』의『신변경(*Prātihārya-sūtra* 神變經)』에서 일종의 신변(기적)의 명칭으로 나온다.[9] 그것은 이교도가 석가모니에게 신변의 경쟁을 도전했을 때, 석가모니가 연화좌에 앉은 여러 붓다를 화작하고 그 붓다 하나하나가 또 연화에 앉은 여러 붓다를 화작하여, 마침내 색구경천(色究竟天 색계 최고의 천)에까지 달하는 거대한 붓다의 집단이 출현한 신변을 가리킨다. 팔리 상좌부에 따르면, 석가모니가 이교도에게 도전받았을 때에 보인 신변은 몸의 반쪽에서 불을 내고 다른 반쪽에서 물을 내는 쌍신변(雙神變 yamakapāṭihāriya/ yamakaprātihārya)으로, 붓다에게만 있는 신변이라고 규정한다. 그런데 설일체유부에 따르면, 석가모니가 이교도에게 보인 신변은 어디까지나 붓다 아바탐사카이다. 왜냐하면 쌍신변은 붓다와 성문에 공통되는 신변이고, 붓다 아바탐사카가 붓다에 특유한 신변이라고 규정되기 때문이다. 아바탐사카는 한 단어로서는 장신구(특히 귀걸이)를 의미한다. 따라서 한역은 이것을 '화엄(꽃이 달린 장식)'이라고 번역했다. 하지만 복합어로서의 붓다 아바탐사카는 위에서 말한 거대한 붓다의 집단을 가리키는 특별한 용어이기 때문에, 티벳역은 장신구가 아니라 'sangs rgyas phal po che(붓다의 대집단)'이라고 번역했다.

주목할 것은 대본『불화엄경』이 사마디의 명칭으로 두 번 붓다 아바탐사카를 드는데, 그중 첫 번째에 설일체유부와 유사한 규정이 보인다는 점이다. 즉, 보살이 붓다의 공덕을 가지고 스스로를 장엄하고 연화좌에 앉은 여러 붓다를 화작하는 것을 보살에 특유한 능력이라고 설함과 동시에,[10] 몸의 반에서 불을 내고 다른 반에서 물을 내는 것(쌍신변)을 성문에게 특유한 능력이라고 설한다.[11] 여기에서 이 부분의 작자가 설일체유부가 설하는 붓다 특유의 신변으로서의 붓다 아바탐사카에 대해서 지식을 가지고 있었으며, 대본『불화엄경』에 나오는 사마디의 명칭으로서의 붓다 아바탐사카도 거기에 근거하고 있다는 것을 추측할 수 있다.[12] 다만 이러한 서술은 대본 『불화엄경』 전체에 반복해서 나오는 것은 아니기 때문에, 대본 『불화엄경』 전체 명칭으로서의 붓다 아바탐사카까지 설일체유부가 말하는 신변의 명칭으로서의 붓다 아바탐사카에 근거한다고 볼 수는 없다.

그렇다면 이 경은 어떻게 해서 붓다 아바탐사카(붓다의 대집단)라고 불리게 되었을까? 그것을 알 수 있는 힌트는 대본 『불화엄경』 보광법당회의 현존하는 가장 오래된 이역인 『불설도사경』에 있을 것이다. 음사어 '도사'에 대해서는 여러 가지 원어를 추정할 수 있지만,[13] 필자는 『불설도사경』이 대본 『불화엄경』의 원형인 이상, '도사'를 아바탐사카의 속어형이라고 보는 것이 가장 타당하다고 생각한다. 다시 말해 『불설도사경』이 **Buddhāvataṃsakasūtra*(『불화엄경』)라고 불린 현존하는 가장 오래된 경전이라는 것이 필자의 견해이다.

여기서 무척 흥미로운 점은 『불설도사경』에 석가모니불이 여러 붓다('분신')를 화작하는 내용이 분명히 나온다는 사실이다. 즉, 『불설도사경』은 사바세계인 인도 마가다 국에서 석가모니가 회좌에 앉는 모습을 묘사한 뒤에 사바세계를 중심으로 하는 삼천대천세계(석가모니의 교화범위에 있는 십억의 세계)에 대해서 다음과 같이 말한다.

> 붓다의 분신은 십억의 세계 하나하나에 편재하는데, 그 각각의 세계에 하나의 붓다가 있어서 전부 십억의 붓다가 있으며 모두 보살들과 함께 자리에 앉았다.[14]

위 문장과 같은 내용이 『불설도사경』에 해당하는 대본 『불화엄경』 보광법당회의 첫머리에도 보이고, 또 이어지는 수미정회, 야마천궁회, 도설천궁회 각각의 첫머리에도 반복해서 나온다. 석가모니가 십억의 세계 각각에 붓다를 화작해서 결과적으로 거대한 붓다의 집단이 출현하는 것은, 대본『불화엄경』전체를 통해서 반복해서 변주되는 주제이다. 그래서 이 경을 붓다 아바탐사카(붓다의 대집단)라고 명명했을 것이다.

설일체유부의 '불화엄'과 대본『불화엄경』의 '불화엄'은 똑같이 붓다의 대집단을 의미하지만, 그 차이는 전자가 사바세계에 한하는 데 반해 후자는 삼천대천세계에 걸쳐 있다는 점이다. 성문승의 '불화엄'을 계승하면서 그것을 삼천대천세계에 있어서 우주 규모로 전개한 점에 대승의 대본『불화엄경』의 특징이 있다고 할 수 있다.

4.
바이로차나–화장장엄세계해

대본『불화엄경』의 적멸도량회와 중각강당회에서는 사바세계를 비롯해서 무수한 모든 세계를 내포하는, 화장장엄세계해라고 불리는 세계 집합체를 설한다. 이 세계 집합체는 대본『불화엄경』에 특유한 설이다. 한마디로 성문승 이래의 삼천대천세계를 더욱 확대한 것으로, 사바세계를 내포하는 삼천대천세계를 설함과 동시에 그 삼천대천세계까지 내포하는 화장장엄세계해를 설하는 구도이다. 적멸도량회에서는 일찍이 바이로차나(Vairocana, 밝히는 자, 태양)라는 붓다가 보살이던 무렵 그 화장장엄세계해를 청정하게 했다고 설한다.

> 오오, 승자의 아들들이여, 여기 이 화장장엄세계해는 바이로차나 세존 여래가 일찍이 보살의 행을 닦고 있었을 때, 세계해에 있는 티끌 수만 한 바다와 같은 겁을 거쳐 청정해지고, 또한 각 겁마다 세계해에 있는 티끌 수만 한 여래의 발밑에서 세계해에 있는 티끌 수만 한 바다와 같은 서원에 의해 청정해진 것이다.[15]

화장장엄세계해가 바이로차나에 의해 청정해졌다는 것은 바이로차나가 화장장엄세계해를 만들었다는 뜻은 아니다. 바이로차나는 단순히 그가 보살이던 무렵 여래들의 불국토인 화장장임세계해에서 그 국토를 청정하게 한 섯에 불과하다. 국토를 청정하게 한다는 것에 대해서, 인도 대승불교의 양대 학파의 하나인 유식파의 『대승장엄경논송』 XVIII.48a과 그 주석 『대승장엄경론』은 제8지, 제9지, 제10지 보살의 행이라고 규정한다.

주목할 점은 화장장엄세계해에 속하는 세계의 하나인 사바세계에 대해, 그 세계의 붓다를 바이로차나라고 한다는 것이다.

> 그 위, 불국토에 있는 티끌 수만 한 세계를 넘은 곳에 13개 불국토에 있는 티끌 수만 한 세계를 초월하는, 고리[輪]에 둘러싸이고, 미혹이 가라앉고, 다이아몬드를 기초로 하는 땅의 구분선을 가지며, 갖가지 색의 바람이 만드는 원으로 유지되고, 연화의 망을 근거로 하며, 둥글고, 신들의 궁전이 있는 허공으로 장식된, 사바라고 불리는 세계가 있고 거기에 바이로차나 세존여래가 계시다.[16]

사바세계의 붓다가 석가모니이므로 바이로차나는 바로 석가모니를 가리킨다고 추측된다. 이것은 적멸도량회에 이어지는 보광법당회 첫머리에 석가모니에 대한 열 가지 호칭[17] 중을 열거하는 중에 바이로차나가 있는 점 그리고 대본 『불화엄경』의 마지막 회인 중각강당회, 즉 『간다뷰하』(마야장)에서 석가모니의 어머니 마야가 스스로 바이로차나의 어머니라고 자처하는 것으로 입증된다. 또 인도의 주석가 스리야싯디는 『십지경론석』에서 『십지경』의 바이로차나를 석가모니에 대한 형용구라고 해설한다.[18] 이들 근거에 의해, 우리는 대본 『불화엄경』의 바이로차나를 석가모니라고 단정할 수 있다. 바이로차나는 인명이 아니라 석가모니에 대한 호칭이다.

바이로차나가 보살이던 무렵 화장장엄세계해를 청정하게 했다는 것은, 바로 석가모니가 전생에 화장장엄세계해에 들어 있는 무수한 세계에 환생해서 그 모든 세계를 청정하게 했다는 것이다. 성문승의 자타카(붓다의 전생담)를 보면 일단 보살시대의 석가모니는 사바세계를 떠나는 일이 없다. 하지만 대본 『불화엄경』에서는 석가모니의 보살시대가 무수한 모든 세계에 걸쳐 있기 때문에, 예를 들어 보광법당회의 첫머리에는 석가모니에 의해 보살시대에 자란 유정들이 시방의 모든 세계에 존재한다고 한다.[19] 말하자면 여기에 자타카의 다세계화를 볼 수 있다.

그리고 바이로차나는 석가모니의 붓다로서의 호칭이 아니라 보살로서의 호칭이었을 가능성이 높다. 왜냐하면 당역 제27품과 티벳역 제33품의 오래된 이역인 서진의 축법호 역 『등목보살소문삼매경 等目菩薩所問三昧經』은 당역의 '바이로차나 여래'나 티벳역의 '바이로차나 세존여래' 대신 '바이로차나 보살'이라는 표현을 쓰고 있기 때문이다.[20] 이 '바이로차나 보살'이라는 표현은 실은 대본 『불화엄경』의 다른 곳(진역 제30품, 당역 제35품, 티벳역 제41품)에도 나온다. 그것은 석가모니가 어머니 마야의 태내에 하생하기 직전에 도솔천에서 기적을 행한 대목인데, 그때 석가모니는 처음부터 끝까지 바이로차나 보살이라고 불린다.[21] 여기서 생각나는 것은 대중부의 불전 『마하바스투 *Mahāvastu*』(『대사』)가 보살시대의 석가모니를 '바이로차나인 보살(Vairocano bodhisattvaḥ 바이로차나 보살)'이라고 부른다는 점이다. 『마하바스투』의 『제2 아발로키타경』에서 깨달음을 열기 위해 나이란자나 강변에 도달한 보살시대의 석가모니를 나가의 왕 칼라 Kala가 맞이하는 장면이 다음과 같다.

> 하늘 아래 모든 빛을 동반한 바이로차나(태양)인 보살을 공경한 뒤에, 기쁨에 얼굴이 활짝 핀 [칼라가] 아뢰었다.[22]

대본 『불화엄경』이 석가모니를 바이로차나라고 부르는 것은 이러한 성문승 전통의 연장선상에 있다고 생각된다.

성문승의 바이로차나와 대본 『불화엄경』의 바이로차나의 차이는, 전자의 보살시대의 활동의 장이 사바세계뿐인 데 비해, 후자는 화장장엄세계해에 걸쳐 있다는 점이다. 성문승의 바이로차나를 계승하면서도 그것을 화장장엄세계해에 있어서 우주 규모로 전개한 점에 대승의 대본 『불화엄경』의 특징이 있다고 할 수 있다.

이와 같이, 대본 『불화엄경』에서는 석가모니와 바이로차나가 동일하다. 다만 후대로 가면 석가모니와 바이로차나를 별개로 보는 견해가 출현해서 지금까지 강한 영향력을 가지고 있다. 다음은 그것에 대해서 서술한다.

인도 대승불교에 중관파와 유식파의 양대 학파가 있는 가운데, 유식파가 붓다를 법신·수용신·변화신으로 구별하는 삼신설을 세운 것은 잘 알려져 있다(법신·

수용신 · 변화신은 당의 현장에 따른 역어. 북위의 보리유지는 법신 · 보신 · 응신[응화신이라고도]이라고 하고, 양의 진제는 법신 · 응신 · 화신이라고 한다). 유식파의 마이트레야(『금강반야바라밀다경논송』 제74송. 현존하는 범문 콜로폰에는 아상가 작이라고 하지만, 둔륜 『유가론기』 권1 등 오래된 중국 문헌에는 마이트레야 작이라고 한다. 내용상 마이트레야 작으로 보아야 한다)나 바스반두(『금강반야바라밀다경론』, 『묘법연화경우파제사』, 『석궤론』 제4장)는 석가모니를 변화신으로 보고, 석가모니를 화작한 수용신이 석가모니 밖에 존재한다고 간주한다. 또 중관파의 바비야는 『중관심론사택염』에서 대승을 불설이 아니라고 하는 성문승의 열두 가지 이유를 제시한 뒤, 대승의 입장에서 그것을 하나하나 반박한다. 그중에 일곱 번째가 다음과 같다.

> [대승에서는] 석가모니를 변화[신]이라고 하기 때문에, [석가모니에 의해 설시된 대승의] 모든 설시도 허망하다.[23]

'석가모니가 변화[신]이다'라는 것은 바로 마이트레야나 바수반두의 설인데, 바비야는 그들의 설을 지지하며 다음과 같이 말한다.

> 또 석가모니가 변화[신]에 다름 아닌 것은 타당하다. [왜냐하면 변화신은] 색구경천을 거처로 하는, 법신에 근거한 수용신에서 생겨난 것이기 때문이다.[24]

이 반박은 변화신이 수용신에서 생겨난 이상, 대승의 모든 설시는 실제로는 수용신에 의해 설시된 것으로 허망하지 않다는 뜻이다. 수용신이 색구경천을 거처로 한다는 것은 『입능가경』 「게송품」 제38게와 제39게에 근거한다. 흥미로운 점은 바비야가 뒤에 수용신을 '정거천에 주하는 바이로차나 여래'[25]라고 바꾸어 말한다는 사실이다(정거천은 무번천, 무열천, 선현천, 선견천, 색구경천이라는 색계의 상위 5천의 총칭). 이것으로 바비야가 석가모니를 변화신으로 보는 한편, 바이로차나를 수용신으로 간주한 것을 알 수 있다.[26] 대본 『불화엄경』에서는 석가모니와 바이로차나가 동일했지만, 바비야는 별개로 간주한다. 흥미로운 것은 바비야처럼 석가모니를 바이로차나에 의해 화작된 변화신이라고 간주하는 견해가, 중국 남북조 시대에 북조에서 찬술된 의경疑經 『범망경』 속에 뚜렷하게 나타난다. 『범망경』에서는 바이로차나가 스스로 석가모니를 자신의 변화신이라고 말한다.[27] 그에 따라 한자문화권에서는 석가모니와 바이로차나를 별개로 보는 견해가 압도적이 되었다. 다만 그것은 어디까지나 후대의 견해이고, 그러한 견해를 대본 『불화엄경』에 적용해서는 안 된다. 대본 『불화엄경』의 바이로차나는 바로 석가모니이다.

---

1 水野弘元, 「部派佛教と法華經の交涉」, 『法華經の思想と文化』, 平樂寺書店, 1965.

2 水野弘元, 「『舍利弗阿毘曇論』について」, 『金倉博士古稀記念·印度學佛教學論集』, 平樂寺書店, 1966. 재수록, 『水野弘元著作選集 第1卷 佛教文獻硏究』, 春秋社, 1996.

3 大正藏 본문에 「盧天」이라고 하는 것도 3본·궁본을 채용하였다.

4 「于時羅什出『十住經』, 一月餘日, 疑難猶豫, 尚未操筆. 耶舍既至, 共相徵決, 辭理方定」(慧皎, 『高僧傳』 권2, 대정50, 334中).

5 「『十住毘婆沙論』 一十六卷, 龍樹所造, 釋十地品義. 後秦耶舍三藏口誦其文, 共羅什法師譯出. 釋十地品內至第二地. 餘文, 以耶舍不誦, 遂闕解釋. 相傳, 其論是『大不思議論』 中一分也」(법장, 『화엄경전기』 권1, 대정51, 156中).

6 필자는 대본 『불화엄경』 모두가 법장부의 영향하에서 만들어졌다고 생각하지는 않는다. 필자 생각으로 대본 『불화엄경』은 『간다뷰하』(입법계품)보다 이전의 여러 품인 제1부와 『간다뷰하』인 제2부로 대별되어 제2부는 제1부가 거의 편찬된 후에 제1부를 염두에 두면서 제1부와 다른 경향을 가진 작자에 의해 만들어진 것이다. 이것은 지면 관계상, 여기서는 논술하지 않고 별도의 기회로 미룬다. 지금은 『간다뷰하』에서 색계제천의 수가 법장부의 색계22천설 영향을 받지 않은 것만 주의를 환기시킨다. 『간다뷰하』(희목관찰중생야천장)는 설일체유부와 똑같은 색계17천설을 설하고 있다. 다만 가장 오래된 진역만은 제3선천의 최하위에 소정과천(*parītta-śubha-phala)과 무량정과천(*apramāṇa-śubha-phala)과 정과천(*śubha-phala)과의 3천을 더하여 제4선천을 과실천(*bṛhat-phala)과 불열천(*atapa)과 선현천(*sudarśana)과 정거천(*śuddhāvāsa)과 아가니타천(*akaniṣṭha)과의 5천으로 설일체유부와 다른 색계17천설을 설하고 있다(초선천과 제2선천과의 구성은 설일체유부와 같다). 소정과천과 정과천과의 3가지는 현재 알려져 있는 제부파 설 속에는 보이지 않는 것이며 불열천과 선현천은 설일체유부에서는 정거천에 포함된다. 이것을 고려하면 진역의 색계17천설은 현재 알려지지 않은 다른 부파의 설일 것이다. 아마도 『간다뷰하』는 법장부나 설일체유부와는 다른 부파 영향하에서 만들어졌고 후세에 사람들에 의해 설일체유부의 색계17천설에 합쳐져 개변되었을 것이다.

7 松田和信, 「ダライラマ13世寄贈の一連のネパール系寫本について」, 『日本西藏學會年報』 34, 1988.

8 櫻部建, 「華嚴という語について」, 『大谷學報』 181, 1969. 재수록, 櫻部建, 『增補 佛教語の硏究』, 文營堂書店, 1997.

9 『神變經』은 한역되지 않았지만 나가르주나의 『십주비바사론』 권10에서 『大神通經』이라는 역명하에서 소개되어 있다. 「如『大神通經』中說. 佛從臍中出蓮花, 上有化佛, 次第遍滿, 上至阿迦尼吒天」(대정26, 72中).

10 【진역】「현수보살품」(대정9, 434上), 【당역】「현수품」(대정10, 73中), 【티벳역】 "bzang po'i dpal", P no. 761, Yi 239a6-b1.

11 【진역】「현수보살품」(대정9, 439上中), 【당역】「현수품」(대정10, 78中下), 【티벳역】"bzang po'i dpal", P no. 761, Yi 252a2-5.

12 지금 알려져 있지 않지만 설일체유부 이외의 부파에서도 붓다 아바탐사카가 설해졌을 가능성이 있기 때문에 필자는 이 부분이 설일체유부의 영향하에 있다고는 단언하지 않는다. 소속한 부파가 불확실한 지겸 역 『義足經』의 「異學角飛經第十」(대정4, 181上中)에서 붓다 아바탐사카가 설해진 것을 荒牧典俊 선생님께 개인적으로 배웠다.

13 「도사」의 원어로서 신행信行의 『번범어』 권1에서는 「『兜沙經』. 譯曰歡喜」(대정54, 985上)로 tosa를 상정하였고 荻原雲來(「華嚴經題目の研究」, 『荻原雲來文集』, 山喜房佛書林)는 daśaka나 daśottara를 상정하였으며 高崎直道 (「華嚴思想の展開」, 『講座・大乘佛教3 華嚴思想』, 春秋社, 1983)는 daśaka를 상정하였다.

14 佛分身悉遍至十億小國土, 一一小國土皆有一佛, 凡有十億佛, 皆與諸菩薩共坐. (대정10, 446中)

15 일본어역은 티벳역을 따랐다. 제 역을 대조하면 다음과 같다.

【진역】 諸佛子, 當知, 此蓮華藏世界海是盧舍那佛本修菩薩行時, 於阿僧祇世界, 微塵數劫之所嚴淨, 於一一劫, 恭敬供養世界微塵等如來, 一一佛所, 淨修世界海微塵數願行. (「노사나불품」, 대정9, 412上)

【당역】 諸佛子, 此華藏莊嚴世界海是毘盧遮那如來往昔於世界海微塵數劫, 修菩薩行時, 一一劫中, 親近世界海微塵數佛, 一一佛所, 淨修世界海微塵數大願之所嚴淨. (「화엄세계품」, 대정10, 39上)

【티벳역】 kye rgyal ba'i sras dag de la 'jig rten gyi khams rgya mtsho gzhi dang snying po me tog gi rgyan gyis brgyan pa'di | bcom ldan das de bzhin gshegs pa rnam par snang mdzad sngon byang chub sems dpa'i spyod pa'i tshe | bskal pa rgya mtsho 'jig rten gyi khams rgya mtsho'i rdul shin tu phra ba'i snyed kyis yongs su dag par byas ste | bskal pa re re zhing yang de bzhin gshegs pa 'jig rten gyi khams rgya mtsho'i rdul shin tu phra ba snyed kyi zhabs kyi drung du | smon lam rgya mtsho 'jig rten gyi khams rgya mtsho'i rdul shin tu phra ba snyed kyis yongs su dag par byas so ‖ ("'jig rten gyi khams rgya mtsho gzhi dang snying po me tog gi rgyan gyis brgyan pa'i yon tan rgya mtsho yongs su dag pas snang ba", P no. 761, Yi 109b1-4)

16 일본어역은 티벳역을 따랐다. 제 역을 대조하면 다음과 같다.

【진역】 없음

【당역】 此上過佛刹微塵數世界, 至此世界, 名娑婆. 以金剛莊嚴爲際, 依種種色風輪所持, 蓮華網住, 狀如虛空, 以普圓滿天宮殿莊嚴虛空而覆, 其上十三佛刹微塵數世界周匝圍遶. 其佛即是毘盧遮那如來世尊. (「화엄세계품」, 대정10, 43上中)

【티벳역】 de'i steng 'jig rten gyi khams sangs rgyas kyi zhing gi rdul shin tu phra ba snyed 'das pa na | 'jig rten gyi khams mi mjed ces bya ba 'jig rten gyi khams sangs rgyas kyi zhing bcu gsum gyi rdul shin tu phra ba snyed kyi 'khor gyis bskor ba | kun nas nyon mongs pa rnam par dag pa | rdo rje'i gzhi'i sa mtshams can | rlung gi dkyil 'khor kha dog sna tshogs can gyis shin tu bzang ba | pad mo'i dra ba la rab tu gnas pa | kun nas zlum pa'i dbyibs su gnas pa nam mkha' [corr. ; mkha'i] lha'i khang pa can gyis brgyan pa 'di yod de | de na bcom ldan 'das de bzhin gshegs pa rnam par snang mdzad 'di bzhugs so || ("'jig rten gyi khams kyi rgyud rnam par dgod pa shin tu bstan pa", P no.761, Yi 122a8-122b3)

17 열 가지의 칭호를 표시하면 다음과 같다(『도사경』은 열한 가지의 칭호를 주장한다).

『兜沙經』, (대정10, 446上)	『六十華嚴』 「여래명호품」, (대정9, 419上)	『八十華嚴』 「여래명호품」, (대정10, 58下)	『藏文華嚴』 「sangs rgyas kyi mtshan shin tu bstan pa」, (P no. 761, Li 193a7-b1)
波迦私提	① 悉達	① 一切義成	① don thams cad prub pa
勝達	–	–	–
世世慢陀	② 滿月	② 圓滿月	② zla ba'i dkyil 'khol
夷阿那坭提	③ 獅子吼	③ 獅子吼	③ seng ge'i nga ro can
釋迦牟尼	④ 釋迦牟尼	④ 釋迦牟尼	④ shā kya thub pa
鼓師薩沈	⑤ 神仙	⑤ 第七仙	⑤ drang srong dam pa'i mchog
墮樓延	⑥ 盧舍那	⑥ 毘盧遮那	⑥ rnam par snang mdzad
俱譚滑提	⑦ 瞿雲	⑦ 瞿雲氏	⑦ go'u ta ma'i rigs
摩呵沙門	⑧ 大沙門	⑧ 大沙門	⑧ dge spyod chen po
晨那愁樓提	⑨ 最勝	⑨ 最勝	⑨ rgyal ba dam pa
質多愁樓提	⑩ 能度	⑩ 導師	⑩ mu stegs byed

범어를 추정하면, ① *Sarvārthasiddhi, ② *Śaśimaṇḍala, ③ *Siṃhanādanādin, ④ *Śākyamuni, ⑤ *Ṛṣāisattama(*Ṛṣisaptama), ⑥ *Vairocana, ⑦ *Gotamagotra, ⑧ *Mahāśramaṇa, ⑨ *Jinaśresthin, ⑩ *Tīrthaṃkara이다.

18 P no.5499, Ji 10a7-10b3.

19 【진역】「여래명호품」(대정9, 420上中), 【당역】「여래명호품」(대정10, 60上), 【티벳역】"sangs rgyas kyi mtshan shin tu bstan pa", P no. 761, Yi 196b4-197a5.

20 【당역】비로자나여래(「십정품」, 대정10, 211中), 【티벳역】bcom ldan 'das de bzhin gshegs pa rnam par snag mdzad("ting nge 'dzin bcu", P no 761, Li 175b7), 【축법호역】墮樓近菩薩(『등목보살소문삼미경』, 대정10, 575上).

21 【진역】노사나보살(「불소상광명공덕품」), 【당역】비로자나보살(「여래수광명공덕품」), 【티벳역】byang chub sems dpa' rnam par snang mdzad("dpe byad bzang po'i 'od gzer bstan pa").

22 vairocanaṃ vā gaganasmiṃ sarvaraśmisamāgatam | arcitvā muditatuṣṭo bodhisattvaṃ samālape || (*Mahāvastu* ed. Senart, III, Paris 1897, p.304, *ll.* 9-10)

23 shākya thub pa sprul pa yin par smra bas bstan pa thams cad kyang log pa yin pa'i phyir.(D no. 3856, Dza 156a5-6)

24 shākya thub pa yang sprul pa kho na yin par rigs te | 'og min gyi spyod yul can chos kyi sku la brten pa'i longs spyod rdzogs pa'i sku las rab tu byung ba yin pa'i phyir ro || (D no. 3856, Dza 181a6-7)

25 gnas gtsang ma na gnas pa'i de bzhin gshegs pa rnam par snang mdzad. (D no. 3856, Dza 181b7)

26 바이로차나를 수용신이라고 간주하는 것은 유식파의 스티라마띠에 의한『대승장엄경론석소』에서도 볼 수 있다. '어떤 수용신의 명칭은 바이로차나라고 불려(rdzongs longs spyod pa'i sku kha cig gi mtshan rnam par snang mdzad ces bya)' 서장문전연구회,『西藏文獻による佛教思想研究 第2號 安慧造『大乘莊嚴經論釋疏』 - 菩提品(II) - 』, 山喜房佛書林, 1981, 장문 p.120, ll.10-11.

27 대정24, 997下.『범망경』이 북조에서 찬술된 것에 대해서는 다음 논문을 참조. 船山徹,「『梵網經』成立の諸問題」,『佛教史學研究』39·1, 1996.

제6장

동아시아의 화엄세계

김천학

1.
들어가는 말

화엄학은 중국에서 창시된 이래 독자의 교판을 갖는 화엄일승의 철학을 구성해 왔다. 화엄철학의 특징은 법계연기의 시점에서 『화엄경』의 붓다를 파악하는 것이다. 법계연기란 전 우주의 모든 현상이 끊임없이 관계성을 가지고 생겨나는 것을 가리키는 개념으로, 바로 화엄철학의 세계관이다. 동아시아 화엄종의 최대 과제는 화엄사들이 자신의 언어를 구사해서 이러한 법계연기로서의 붓다의 세계를 표현하는 것이라고 해도 과언이 아니다.

이러한 붓다의 세계를 일반적으로 사사무애 事事無礙라고 표현한다. 사사무애란 '사'와 '사'가 서로 방해하지 않고 조화를 이루는 것으로, 그 근저에는 보편적인 이理, 즉 존재하는 것의 다양성을 통일하는 원리가 있다고 한다.

하지만 동아시아 화엄사상사를 보면, 각 화엄사들의 무애에 관한 표현이 반드시 일치하지는 않다. 그중에는 '무진 無盡', '원융 圓融'과 같이, 법계연기의 한없는 사태와 그 속에서도 서로 융합하는 관계성을 표현하는 경우도 있다. 또 그런 관계성을 구체적으로 보여주는 개념으로 상즉 相卽, 상입 相入, 상시 相是, 상용 相容, 상자 相資, 상섭 相攝 등의 용어를 사용한다. 그들은 이들 용어를 무애나 원융의 속성으로서 '사항'과 '사항', '도리'와 '도리', '사항'과 '도리'의 관계를 동일시하거나 포섭하는 개념으로 사용한다.

무애설에 관해서는 서양 논리학의 입장에서 이루어진 연구도 있고,[1] 직관이나 수행이 있어야 도달할 수 있는 경지라는 주장도 있다.[2] 모두 동양의 사유방법의 특징을 고찰한 의미 있는 연구이다. 그에 비해 본고는 주로 당, 신라·고려, 일본의 삼국 화엄사상사의 흐름에 초점을 맞추어, 무애설의 전개를 둘러싼 삼국 화엄사상의 차이를 밝힘과 동시에 삼국 화엄불교의 연동을 파악하는 것을 목적으로 한다.

이것을 제대로 밝히기 위해서는 십현, 육상, 법계 등 화엄사상의 주요 개념에 대한 충분한 이해가 요구된다. 하지만 본 장에서는 주로 이와 사의 관계를 통해서 표현되는 화엄일승의 무애관이 당의 지엄 이래 일본으로 이어진 전개과정을 검토하는 방법을 취하기로 한다.[3] 따라서 본론에 들어가기 전에 먼저 지엄에 이르는 무애설의 전개를 개관한다.

2.
화엄종 성립 이전의 무애 개념

『불교어대사전』에 따르면 무애의 첫째 항목은, 범어로는 apratigha 또는 anāvṛti 이고, 티벳어로는 mi sgrib pa이다. '물질적으로 장소를 점유하지 않는 것, 다른 것을 거부하지 않는 것, 장애가 생기지 않는 것'이라는 의미를 가지며, 주로 『구사론』에 사용된다. 둘째 항목은 범어로 apratihata, asaṅga, 티벳어로 thogs pa med pa로 '걸림이 없는 것, 원만한 것, 어떤 것에도 구애받지 않고 자유자재한 것' 등의 의미를 갖는다.[4] 이것은 주로 대승의 경론에서 사용된다. 본 장에서 다루는 무애는 주로 이 두 번째 의미이다.

무애 개념은 중국불교에서 전문용어로 자리잡았다. 경전에서의 용법을 보면 일반적으로 '능설무애 能說無礙' 혹은 '지무애 智無礙'처럼 설법 행위나 사유에 있어서 장애가 없고 자유자재한 것을 의미한다. 이것은 중국불교에서 각 학파의 논소가 저술됨에 따라 '인과무애 因果無礙'처럼 두 항목 간의 무애를 논하거나 '대총상법문 大總相法門의 원융무애'처럼 여러 존재의 무애를 논하는 전문용어가 되었다. 이 개념은 화엄학파가 전개함에 따라 사상적인 의미를 지니게 되었다. 물론 『화엄경』의 교설은 화엄사상의 무애의를 포함하고 있다. 예를 들어 「십주품」의 제7 불퇴전주 不退轉住에는 '하나가 여럿에 즉하고 여럿이 하나에 즉하는 것을 안다(知一卽是多, 多卽是一)'와 같이 '즉卽'의 사상이 보인다. 하지만 그것이 구체화하는 것은 화엄사상사의 범주 안이다.

인도불교사상사에서는 '무애'라는 개념이 철학적인 의미를 띠고 전개되지는 않았다. 세친 Vasubandhu의 『십지경론』은 지론학파가 소의로 하는 논서이다. 뒤에서도 언급하듯이, 지론학파의 무애의가 화엄학파로 이어졌지만 세친 자신은 『십지경론』에서 특별히 무애의를 설하지 않았다. 세친의 무애의는 그의 『불성론 佛性論』에서 다소 새롭게 구사된다.

『불성론』은 6세기에 진제 眞諦가 번역한 논서로 중국과 일본불교에서 중시되었다.[5] 거기에서 세친은 초지보살이 얻는 지혜인 여리지 如理智와 여량지 如量智[6]의 속성으로서 무착 無著과 무애를 말한다. 무착이란 중생계의 자성이 청정함을 보는 것으로, 여리지의 작용이다. 무애란 무량무변의 세계에 대해 통달해서 관찰하는 것으로, 여량지의 작용이다. 여리지가 원인이 되어 생사와 열반이 생기하는데, 여량지는 그러한 사태를 아는 것이고 이것이 무애이다.[7] 여기서 세친이 무애를 관법 觀法으로서 제시했음을 알 수 있다.

지론학파는 『십지경론』을 중심으로 연구하는 그룹이다. 그중에 불타삼장 佛陀三藏이 찬술했다고 전하는 『화엄경양권지귀 華嚴經兩卷旨歸』에서는 '상융무애 相融無礙' '체융무애 體融無礙'라는 용어가 나온다. 이것은 다수의 현상 相과 다수의 본체 體가 융합해서 걸림이 없는 것을 표현하는 용어라고 생각된다.[8] 하지만 여기에는 수대 隋代의 역경이 쓰이고 있어서,[9] 초기 지론종의 문헌은 아닌 것 같다.

초기 지론종의 무애의는 법상 法上을 통해서 볼 수 있다. 법상(495-580)은 가명보살과 진실보살의 대비를 통해서 무애 개념을 인식한다. 즉, 그는 『십지론의소 十地論義疏』에서 진실보살이 아는 경지로 법계에 대한 '원통무애 圓通無礙'를 든다. 한편 가명보살은 이해하고 실천한다고 해도, 명칭과 형상에 집착하기 때문에 법계가 원만하고 융통하다는 사실을 깨닫지 못한다. 따라서 진실보살만이 법계가 원만하게 융통하고 걸림이 없다는 것을 깨닫는다고 한다.[10] 이와 같이 지론학파의 무애의는 상융무애, 체융무애, 원통무애라고 표현되듯이, 많은 사태를 융합하면서 걸림이 없는 것을 나타내는 개념으로서 전개된다.

그리고 『화엄경문답』은 오문론자 五門論者의 무애설을 소개한다. 오문론자란 지론계 문헌인 『대승오문십지실상론』을 근본 논서로 하는 학파를 가리킨다. 그들은 자체연기 自體緣起에 입각해서 완전하게 명덕 明德을 갖춘 무애자재의를 주장하고, 이러한 무애설을 '여여무애 如如無礙'라고 표현한다. 이것은 '여', 즉 진리에 환원하는 것만으로 무애가 설명된다고 보는 것 같다. 이러한 무애설은 아래에 소개하는 지엄이나 법장의 무애설과는 다르지만, 혜원, 징관 이후의 무애설과 상통하는 일면이 있다는 점을 지적할 수 있다.

또한 길장(549-623)을 제외하고 무애에 대해서 논할 수는 없다. 길장은 신삼론사

新三論師로 알려져 있지만, 그의 저술 중에는 화엄사상을 설하는 『화엄유의 華嚴遊意』가 있다. 거기에서 길장은 주로 인과 과, 정보와 의보 등 주체와 객체의 무애성, 즉 두 항목의 무애를 논한다. 한편 『법화현론 法華玄論』에서는 '무애관 無礙觀'이라는 용어를 쓴다. 공문 空門과 유문 有門이 원만하게 하나가 되는 것을 바라보는 것을 '공유무애 空有無礙'라고 한다.[11] 두 항목 간의 관계를 벗어난 용법은 아니지만, 독립적인 관법을 나타내는 술어로 사용한 점은 특필할 만하다.

길장에 따르면, 무애관을 완성하면 무애통(無礙通 걸림 없는 자재)과 무애변(無礙辯 걸림 없는 언어능력)을 얻는다고 한다. 그리고 무애관에 의해 마음에 걸림이 없고, 무애통에 의해 몸에 걸림이 없으며, 무애변에 의해 표현에 걸림이 없다. 이와 같이 삼업에 걸림이 없기 때문에 우리의 감각과 감각기관이 청정하게 된다고 한다. 이러한 무애의는 『이제의 二諦義』에도 그대로 적용되어, 무애에 대한 길장의 이해의 일면을 보여준다.[12]

3.
중국 화엄종의 무애의

지엄

무애를 본격적으로 설한 것은 지엄(602-668)이다. 지엄은 일승의 걸림 없는 다라니문을 『화엄경』의 신성한 방편 聖巧으로 표방했다.[13] 일승의 무애는 다라니처럼 신비스러운 관계를 나타내는 개념이라고 할 수 있다. 지엄의 사상을 기초로 해서 후대에 내용을 덧붙인 것으로 보이는 『일승십현문』에서는, 무애가 진실세계의 존재양상인 연기를 나타내는 개념으로 쓰인다. 연기 자체의 작용은 무애하며, 이것을 근거로 해서 시간적·공간적·계기적인 상호포섭과 상호동일화가 성립한다. 이런 점에서 지엄은 두 항목 간의 무애를 설하던 종래의 무애의를 완전히 극복하고 화엄사상의 무애의를 정착시켰다고 평가할 수 있다. 지엄의 무애 개념은 그 뒤 제자인 의상(義相 혹은 義湘)과 법장에 의해 다양하게 전개된다.

특히 지엄이 처음으로 제창한 십현문은 화엄종의 최고의 경지를 나타내는 무애 개념인 사사무애를 대표하는 무애문으로서 자리를 잡는다. 십현의 무애문은 전통적으로 지엄과 의상의 『법계도』와 법장의 초기 저작인 『오교장』의 십현문을 고십현 古十玄으로 하고, 법장의 후기 저작인 『탐현기』의 십현문을 신십현 新十玄으로 해서 구분한다.

『일승십현문』을 통해서 무애의를 이해하면, 모든 법과 삼종 세간과 삼세가 동시에 상즉하고 상입하는 것을 무애라고 할 수 있지만, 이것을 극한까지 밀고나가서 '다함이 없고 또 다함이 없는 無盡復無盡' 것을 무애의 궁극적인 사태라고 본다는 것을 알 수 있다. '다함이 없고 또 다함이 없는' 무애의 법계연기는 해인삼매에 든 여래의 능력으로 현현되며, 이러한 무진연기는 법장에게 계승된다.

그런데 지엄은 중중 重重의 사사무애적인 세계만을 말하는 것은 아니다. 그는 만년의 저작인 『공목장』 속에서, 일승에 따르면 하나가 곧 일체이고 일체가 곧 하나가 되어 인드라 및 미세를 갖춘다[14]고 한다. 화엄일승의 가르침은 제석천의 궁전에 있는 인드라망에 달린 무수한 보석이 서로를 비추는 듯 파악하기 어려운 존재세계를 설하는 것이다. 지엄은 그러한 세계에 대해서 삼승의 가르침에는 없는 보현보살의 경지라고 한다.[15] 다시 말해서, 중중의 사사무애적인 세계를 삼승은 알지 못한다. 하지만 지엄에게 인드라 및 미세가 꼭 사사무애의 세계에만 해당하는 것은 아니다. 『공목장』은 별교의 일승 진여문에서는 원통圓通의 이理와 사事가 무진의 인드라 및 미세를 통합한다고 하기 때문에,[16] 지엄에게 화엄일승의 인드라 및 미세의 세계는 중중의 이이무애적인 세계라고도 할 수 있다. 뒤에 검토하겠지만 지엄의 이러한 견해는 제자인 의상에게 계승된다. 하지만 이미 지적되었듯이, 법장은 지엄의 '원통이사圓通理事'를 '원통제사圓通諸事'로 바꾸어 사사무애의 세계만을 인정한다.[17] 여기에 의상과 법장의 견해 차이를 볼 수 있다.

법장

법장(643-712)은 다양한 무애론을 전개한다. 말하자면 경전을 설하는 붓다의 열 가지 무애,[18] 경전에 설해진 도리를 나타내는 열 가지 무애,[19] 일승의 열 가지 무애,[20] 연기의 열 가지 법을 다섯 그룹으로 나누어 논하는 십사오대十事五對의 무애[21] 등이다. 그것은 법계연기가 곧 무애라는 것을 다양한 측면에서 보여주고 있다. 여기에서는 붓다의 열 가지 무애의를 소개한다. 그것은 비로자나불에 관한 열 가지 무애의이다.

제1은 용주用周의 무애이다. 비로자나불은 한 개의 티끌 속에 모든 세계를 나타내고 일체 티끌 역시 그러해서 '다함이 없고 또 다함이 없다'. 이것은 무애론의 총론에 해당하며, 무애를 작용으로서 취급한다. 제2는 상편相遍의 무애이다. 각각 다른 작용 속에 그 하나하나가 모든 작용을 포함하는 것을 가리킨다. 제3은 적용寂用의 무애이다. 삼매 속에서 작용을 일으키는 것이 걸림이 없는 것을 말한다. 제4는 의기

依起의 무애이다. 해인삼매의 역용으로 일체가 나타나는 것을 말한다. 제5는 진응眞應의 무애이다. 법신이 평등한 일미이면서도 무한한 업용을 보이면서 걸림이 없는 것을 말한다. 제6은 분원分圓의 무애이다. 부분적인 것 하나하나가 일체를 갖추는 것을 말한다. 제7은 인과因果의 무애이다. 과에서 인을 나타내는 것에 걸림이 없음을 말한다. 제8은 의정依正의 무애이다. 정보인 여래의 신체에서 의보인 대상세계를 나타내는 것에 걸림이 없고, 따라서 미세한 대상세계 각각에 여래의 신체가 편재하는 것을 말한다. 제9는 잠입潛入의 무애이다. 붓다의 몸이 자유롭게 중생세계에 들어가는 것을 말한다. 이것은 여래장이 중생을 만들어도 자성을 잃지 않는 것과 같다. 제10은 원통圓通의 무애이다. 이 붓다의 몸이 진리에 즉하고 사상事象에 즉하는 등, 모든 상황과 사태에 즉해서 항상 화엄을 설하는 것을 말한다.

이렇게 법장이 나눈 무애의 열 가지 의미는 첫 번째 용주의 무애를 설명하는 가운데 '다함이 없고 또 다함이 없는' 존재세계를 나타낸다고 하는 것에서도 알 수 있듯이, 끝없이 겹쳐서 이어지는 관계에 의해 성립된다. 따라서 법장의 무애의가 『일승십현문』에서 설하는 무애의의 연장선상에 있음을 알 수 있다.

법장은 『오교장』, 『탐현기』 등 화엄관련의 모든 저술에서 연기의 무애에 대해 자세히 논한다. 그중에 『탐현기』에서는 제법의 무애가 성립하는 열 가지 이유를 제시하는데,[22] 그 첫 번째가 연기상유緣起相由이다. 연기가 서로 의존하기 때문에 제법의 무애가 성립한다는 것이다. 법장은 연기가 끝없이 각자 개아를 버리지 않고 녹아들어 화합하는 것鎔融을 '다함없는 연기' 또는 '무궁한 법계'라고 표현했다. 또 하나에 일체가 상즉하고, 하나에 포함된 일체의 하나에 다시 '일즉일체'의 관계가 성립해서 '끝없이 겹쳐서 다함이 없는 것(중중무진)'을 강조하고, 이것을 무궁의 한

형태로 인식했다.[23]

지금까지 검토했듯이, 법장은 무애라는 사태가 시간, 계기 繼起, 역용, 존재론 등의 관점에서 중층적이고 각각 끝없이 서로 관계하는 구조에 의해 성립한다는 것을 말하고 있다. 이것은 지엄의 『일승십현문』보다 더 극한까지 무애의 이론을 전개했다고 평가할 수 있다. 한편 법장의 무애론에서 간과할 수 없는 것이 법성융통문 法性融通門이다. 그것은 존재의 본성이 그대로 걸림 없는 무애라는 뜻으로, 앞의 연기상유문과 함께 법장의 무애 논증의 양대 사유로 볼 수 있다.[24]

뒤에 무애와 혼동되기도 하지만, 상즉과 상입의 개념은 본래 무애인 연기에 포함되는 작용이다. 위에 말한 십현연기의 무애문에서는 상즉, 상입, 상용 등의 술어가 항목 혹은 설명문 중에 쓰이지만, 그러한 작용의 결과로서 무진연기가 성립한다는 것도 알 수 있다. 『탐현기』에서는 '삼계는 허망해서 오직 일심이 만들어낸 것에 지나지 않는다'라는 경전 문구에 대한 다양한 이해를 열 가지 유식설로 요약한다. 그중에서 법장은 제8, 제9, 제10의 유식설을 별교, 즉 화엄교판상 최고의 단계에 있는 원교의 유식설이라고 한다. 제8은 사상 事象이 융합하고 상입하는 유식설, 제9는 일체의 사상이 상즉하는 유식설이라고 하고, 이것들을 종합하는 제망무애, 즉 제석천의 인드라망의 구슬이 서로를 끝없이 비추는 무애의를 제10의 유식설이라고 제시한다.[25] 상즉과 상입의 종합을 최종적으로 제망무애라고 표현하는 것에서도, 상즉과 상입을 무애에 포함되는 개념으로 이해했음을 알 수 있다. 법장은 이러한 상즉상입의 이론체계를 통해서 화엄원교의 무애의가 성립한다고 이해했다.[26]

혜원

사사무애는 화엄의 대명사처럼 불리는데, 그 용어를 처음 사용한 것은 법장의 제자인 혜원(673-743년경)이다. 그는 사사무애를 이사무애와 가치적으로 동등한 개념으로 이해했다. 물론 이러한 이해가 법장의 의도에 부합한다고는 생각하기 어렵다. 단적인 예로 앞서 말한 열 가지 유식설 중에 이사무애는 여섯 번째에 해당한다. 법장은 제7, 제8, 제9의 유식설이 별교에 속한다고 명언하고 있기 때문에, 이사무애는 교판상 별교가 될 수 없다. 그럼에도 불구하고 혜원이 이사무애를 사사무애와 동등하게 본 것에서 그의 진리관이 법장과 다르다는 것을 추측할 수 있다.

혜원이 말하는 이사무애는, 진여가 조건에 따라 일체법을 낳으면서도 무자성을 잃지 않는 사태를 표현하는 개념이다. 혜원은 『속화엄약소간정기 續華嚴略疏刊定記』에서 이사무애를 세 가지 측면으로 나눈다.[27] 첫째는 진리에 의거해서 사상이 성립하는 것 依理成事, 둘째는 사상을 모아서 진리로 되돌리는 것 會事歸理, 셋째는 진리와 사상이 상호성립하는 것 理事互成이다. 혜원은 각 측면에 대해 경론을 인용해서 설명한다. 정리하면 다음과 같다. 혜원은 먼저 성 性, 여래장, 장식 藏識, 알라야, 일심으로 불리는 진리에 의해 일체존재가 성립한다는 것을 경론을 이용해서 증명한다. 다음으로 사상은 진여, 법성, 해탈상 解脫相, 실성 實性, 여래비장 如來秘藏, 무성 無性 등으로 표현되는 진리와 둘이 아님을 증명한다. 마지막으로 진리와 사상이 서로 불가분의 관계에 있으며, '하나도 아니고 둘도 아닌' 관계에 있음을 증명한다. 다음으로 사사무애는 사상이 법성의 힘 혹은 신통 등에 의해 전변하는 사태이다. 법성의 힘이라고 할 때 '법성'이란 진성 眞性이라고 바꾸어 말할 수 있다. 그것은 법장의 법성융통문과 별반 다르지 않다. 신통이란 불보살의 신이한 힘을 의미한다. 법장도 신통에 의해 무애가 성립하는 것은 인정하지만 적극적으로 말하지는 않는다. 하지만 혜원은 이것을 무애의 가장 중요한 이유로 들고 있어서, 무애를 이론을 뛰어넘는 실천의 경지로 파악한다는 것을 알 수 있다.

혜원에 따르면 진여에 의해 사상이 존재하기 때문에, 사상 본래의 모습은 진여와 같아서 걸림이 없고 자재하다. 이로써 사상과 사상의 무애한 관계가 성립한다. 사사무애에 대한 혜원의 설명은 사상과 사상의 무애관계를 밝혔다는 점에서 주목할 만하다. 하지만 사사무애가 여래의 신통에 의해 성립한다고 하는 점은 무애를 연기 본래의 존재법칙으로서 인식하는 법장과는 해석이 다른 예로 지적할 수 있다.[28]

이통현

이통현(635-730년경)은 오대산에 칩거해서 『화엄경』을 연구했는데, 다소 이질적인 존재로 그의 주석서는 실천적이라고 평가된다.[29] 그는 법장의 중중무진의 무애관을 수용했는데, 법장이 말하지 않은 중중무애라는 용어도 사용한다. 또 그 중중무애란 단순한 중중이 아니라 '일체의 티끌 속에 불국토와 불신이 중중중중중중무진무진무진하게 항상 법륜을 돌린다'고 하듯이, 중과 무진을 반복함으로써 무애의 사태가 한없이 겹치고 그 무한이 다시 끝없는 무궁을 보이는 것을 특징으로 한다.[30]

또한 이러한 무애의 경지는 일찰나, 티끌 하나, 하나의 법신, 하나의 지혜, 하나의 말, 하나의 해탈, 하나의 신통, 하나의 불가사의, 하나의 경계, 하나의 연화좌가 함께 머물고 한없이 중첩되면서 걸림이 없는 사태라고 한다. 이것을 이통현의 용어로 말하면 바로 '일진법계 一眞法界'이다.[31] 그는 이러한 무애의 사태는 상식으로는 이해할 수 없지만 지혜의 눈을 통해 실제로 관할 수 있다고 한다.[32]

징관

화엄의 4종 법계를 제창한 인물은 징관(738-839)이다. 4종 법계란 사법계, 이법계, 이사무애법계, 사사무애법계로, 존재세계의 양상을 네 종류로 나눈 것이다. 그중에 사법계는 사상 事象의 법계이다. 여기서 사상이란 정신과 물질을 포함한다. 이법계는 진리의 세계를 의미한다. 이사무애법계는 진리와 사상 간에 교류와 융합이 이루어지는 세계이다. 사사무애법계는 사상과 사상 간에 교류와 융합이 이루어지는 세계이다.

징관은 『화엄경약책 華嚴經略策』에서 법계의 걸림 없는 존재양상에 대해 이법과 사법이 교류하고 긴밀히 연결되어 이사무애법계를 형성한다고 말한다. 말하자면 사상은 진리에 근거해서 성립하고, 진리는 사상에 의해 드러난다. 진리와 사상이 서로 갈등하면 사상과 진리는 함께 사라진다. 만약 함께 성립한다면 사상과 진리는 늘 존재한다. 네 번째의 사사무애법계는 진리에 따라 그들 사상이 융합하기 때문에 성립하는 것이다.[33]

법장의 제자 혜원도 이법계와 사법계가 하나도 아니고 둘도 아닌 관계에 있다고 한다.[34] 또 앞서 보았듯이, 이사무애법계와 사사무애법계는 이 理를 매개로 해서 성립한다. 여기에서 징관의 사법계가 혜원의 사유에 근거한다는 것을 알 수 있다. 혜원의 사유를 하나의 틀로 해서 법계론을 구성한 것이 징관이다.

징관은 혜원에 비해 이사무애를 더욱 강조하고, 사사무애는 이사무애를 전제로 해서 비로소 성립한다고 한다.[35] 따라서 징관의 사유에서 이 理를 배제하면 사상과 사상 간의 무애를 논하는 것은 불가능해진다.[36] 징관이 도생 道生의 영향으로 이를 강조해서 이사무애를 중시한다는 해석은,[37] 이 사사무애의에서도 알 수 있다.

또 이런 징관의 사유의 배후에 이통현의 영향도 무시할 수 없다.[38]

종밀

징관의 제자 종밀(780-841)은 화엄종 제5조로, 하택종의 전통을 이어받아 『원각경』을 중심으로 해서 화엄사상을 형성한 인물로 알려져 있다. 종밀은 근원으로서의 일심을 최고의 경지에 두고, 일심에 의해 화엄의 무장애법계가 성립한다고 주장한다. 그는 『도서 都序』에서 화엄의 무장애법계에 대해 논한다. 즉, 모든 존재는 일심을 완전히 갖춘 깨달은 존재이고 일심은 모든 존재를 완전히 갖춘 일심인데, 본성과 사상 事相이 원만하게 융합해서 자유롭게 하나가 되기도 하고 여럿이 되기도 하면서 전개한다. 따라서 거기에는 붓다와 중생이 완전히 교류하고, 정토와 예토가 융합하고 상통한다. 존재하는 모든 것은 서로 모든 것을 받아들이고, 티끌 하나하나가 전 세계를 품으며, 상호포섭하고 상호동일화해서 아무런 걸림도 없이 서로 융합한다. 그렇게 해서 십현문이라는 중층적인 무진을 갖추는 것이 종밀이 생각하는 무장애법계이다.[39]

그런데 종밀이 말하는 일심이란 원교의 일심이 아니라 돈교(선종)의 일심에 가깝다. 왜냐하면 이념적인 원교의 진리의 세계를 조망하면서도 동시에 현실세계로 향한 발판을 마련하고자 했기 때문일 것이다.[40] 그가 『원각경』과 『기신론』에 관심을 기울이고, 또 『화엄경』만을 최고의 경전이라고 하지 않았다는 점도 이러한 일심 이해와 관련이 깊다.[41]

자선

송의 자선(965-1038)은 정원淨源에 의해 송대 화엄이 중흥되기 직전의 인물이다. 주로 『능엄경』에 대한 강의로 유명하고 『기신론』에서 화엄원교의 요소를 발견했으며,[42] 징관의 무애관을 계승해서 이사무애를 화엄사상의 중심에 놓았다. 자선은 『기신론필삭기 起信論筆削記』에서 사종법계 중에 이사무애와 사사무애에 대해서 다음과 같이 말했다.

먼저 이사무애법계를 보면, 연기의 네 가지 법은 모두 진리에 근거해서 성립한다. 연기에는 자성이 없기 때문에 진리와 대립하지 않는다. 진리는 능동적으로 연기에 따르지만 사상과 대립하지 않는다. 따라서 진리와 사상 두 가지는 걸림 없이 상즉하고 상입한다. 다음으로 사사무애법계란 모든 사상이 각각 완전하게 진리를 갖추고 있기 때문에, 진리에 따른 사상도 서로 걸림이 없다는 것을 의미한다. 따라서 하나하나의 사상이 서로 동일화하고 포섭해서, 하나가 일체이고 일체가 하나이며, 하나가 일체에 들어가고 일체가 하나에 들어가고, 서로의 중심과 주변이 중중으로 겹쳐서 다함이 없다. 제석천의 인드라망에 걸린 모든 구슬이 서로를 비추어 걸림 없고 끝이 없는 것과 같다.[43]

자선은 사상을 진리에 의거한 사상이라고 규정하고, 사사무애는 진여의 수연隨緣에 따른다고 한다.[44] 여기서 그의 무애관이 『기신론』에 근거한 이사무애법계에 근본을 두고 있음을 알 수 있다.

선연

요遼의 화엄사상 역시 징관의 화엄사상을 근본으로 해서 전개된다. 그중에서도 징관의 『화엄경소』와 『화엄경연의초』에 대한 선연의 복주 『화엄경담현결택華嚴經談玄決擇』이 유명하다. 요의 도종道宗 대(1055-1101)에 활약한 선연은 진리와 사상의 관념을 통해 오직 하나의 궁극적인 진리를 파악하려고 한 점에서 징관보다도 이사무애의 방향을 철저하게 추구했다고 평가된다.[45]

선연은 '하나가 성립하면 일체가 성립한다'는 의미는 사사무애와 사리무애 어느 쪽에 의거해도 설할 수 있다고 말한다. 즉, 사사무애의에 따르면, 붓다가 중생을 포섭하면서도 그 사상을 파괴하지 않기 때문에, 하나가 성립하면 일체가 성립한다. 사리무애의에 따르면, 붓다가 시각始覺을 일으켜 본각을 증득했을 때 중생의 망상이 본래 공하다는 것을 완전히 알기 때문에 모든 것이 성립한다는 것이다. 선연은 '모든 것의 본성이 동일하다' 또는 '여래가 정각을 증득했을 때, 그 신체 속에서 일체 중생이 성불하는 것을 두루 본다'라고 설하는 경문을 무애의 교증으로 제시한다.[46]

이와 같이 '하나가 성립하면 일체가 성립한다'는 화엄의 명제가 사사무애와 사리무애의 입장에서 설명이 가능하다는 것은, 선연에게는 두 가지 무애가 관점이나 설명방법의 차이에 불과하며 가치적으로 동일하다는 것을 의미한다. 이는 혜원 이래의 화엄무애의의 경향을 따른 것이라고 할 수 있다.

4.
신라 및 고려 화엄종의 무애의

원효

원효(617-686)의 무애설은 『화엄경』과 『기신론』에 대한 주석서에서 볼 수 있다. 우선 『기신론별기 起信論別記』를 통해서 간단히 살펴보자.

가假의 유有는 유가 아니므로 무無를 움직이지 못한다. 가의 무는 무가 아니므로 유를 멸하지 못한다. [무가] 유를 멸하지 못하기 때문에 유는 완전히 유이고, [유가] 무를 움직이지 못하기 때문에 무는 완전히 무이다. 이와 같은 심오한 인연의 도리는 고요하고 의거하는 바가 없으며, 넓고 청량하고 걸림이 없다.[47]

원효는 '심오한 인연의 도리'를 무애로 표현한다. 무애는 유와 무가 관계하면서도 서로 엄연히 별개의 존재임을 나타내는, 연기하는 존재 법칙을 표현하는 방법의 하나이다. 원효는 화엄주석서에서는 보다 동적으로 무애를 표현한다. 예를 들어 표원이 인용한 원효의 대소론에서는 최대의 크기와 최소의 크기가 균등해지는 관계를 가지고 그것을 아는 것이야말로 모든 존재에 대한 사유를 초월해 있는 해탈이라고 단언한다.[48] 이러한 원효의 무애론은 『화엄경』이 무장무애법계를 설하는 사유를 초월한 진리법이라는 것을 강조하는 것으로, 『유마경』에 근거한 발상이다. 『화엄경소서 華嚴經疏序』에도 대와 소 등이 연기를 근거로 해서 상호포용 관계에 있음을 나타내는 무애론을 설한다.[49] 이러한 원효의 연기론에 따르면, 무애는 연기하는 존재들의 진리태에 의해 성립한다. 또한 무애는 곧 해탈이다. 말하자면 무애는 우리의 본래의 존재양상이자 존재방식이지만, 일상의 사유를 초월한 존재양식이다. 그래서 원효는 『화엄경소서』에서 무장무애의 법문이 모든 위대한 보살들이 들어가는 곳이자 삼세의 모든 붓다가 나오는 곳이라고 말한다.

원효는 4교판을 세우고 『화엄경』을 그 정점에 두어, 최종적으로는 화엄사상을 증득한다는 사상의 틀을 제시한다.[50] 다만 『유마경』을 염두에 두고 대소의 논리를 구사한 점에서, 그가 『유마경』도 『화엄경』 못지않은 뛰어난 경전이라고 인정했다고 보는 것이 타당할 것이다. 그는 『화엄경』만을 교판의 최고의 위치에 두고 화엄의 교리에 의거해서 무애설을 주장하는 화엄가들과는 다르다.

의상

지엄의 사유를 계승한 의상(의상 625-702)은 『일승법계도 一乘法界圖』에서 일승의 연기법을 대다라니 연기법으로 표현한다. 대다라니로서의 연기법이란 연기의 본질인 무장애법으로서의 법계를 의미한다.[51] 그것은 무애변재의 본질과도 상통한다.[52] 말하자면 무애는 연기법 자체의 존재방식이며, 연기법을 설하는 주체의 언어구사 능력까지 포함한다.[53] 이러한 무애의 존재방식을 진리와 사상의 관계로 표현하는 것이 상즉과 불상즉 不相卽에 관한 설이다. 의상은 별교일승의 범주에는 이사상즉, 이이상즉, 사사상즉 그리고 각각의 불상즉이 성립한다고 한다. 이것이 의상이 생각하는 무장애 법계이다. 이것은 물론 불보살의 법계에서만 인식할 수 있는 존재세계이다.[54]

『법계도』에서 말하는 상즉과 불상즉은 앞뒤 문맥을 종합하면 다음과 같이 이해할 수 있다. 이사상즉의 개념은 삼승의 차원에 그친다. 그것은 진리를 중심으로 해서 사상 事象을 수렴하려는 지향성이 있기 때문이다. 이로써 이사상즉은 일승에서 제외된다. 진리에만 즉해야 한다는 치우친 상즉개념이기 때문이다. 거기에는 사상에 즉한다는 사유가 없기 때문에 자재하지 않다. 자재하지 않기 때문에 걸림이 생긴다. 그것은 무애의 세계의 특징이 아니라는 것을 의미한다. 그렇다면 의상의 사유에 따르면, 지금까지 고찰해온 징관 이후의 화엄의 무애를 상징하는 이사무애의 구조는 화엄일승의 무애가 될 수 없다. 의상에 따르면 인드라의 세계가 아니기 때문이다. 그럼에도 불구하고 일승의 세계에 속한다는 것은 일승의 포섭의 관점에 입각한 표현이라고 생각된다.

다음은 이이상즉의 개념이다. 이것은 진리를 오직 하나라고 보지 않고 진리의 다양성을 인정하면서 진리와 진리 사이의 무애 관계를 상정하는 개념이다. 이러한 사유는 이미 지론종에서 시작되었는데, 스승인 지엄의 영향을 받아 의상이 구체화한 표현이다.[55]

다음은 사사상즉의 개념이다. 사와 사를 묶어서 상즉관계를 나타낸 것은 이이상즉과 마찬가지로 의상이 만든 조어이다. 사사상즉은 사상과 사상이 그대로 상호 동일화한다고 보는 개념으로, 굳이 사상의 근원으로서의 진리를 상정하지 않는 점에 특징이 있다. 이상 논한 이이상즉과 사사상즉을 달리 표현하면 각각 '理인다라'와 '事인다라'이다.

그런데 의상이 불상즉을 별교일승의 존재세계에 포함시킨 것은 어떻게 해석할 수 있을까. 균여는 법장의 『삼보장 三寶章』에 나오는 이사에 관한 4구의 상즉불상즉 가운데 '불상즉의 4구'를 의미한다고 해석한다.[56] 이것은 『법계도기총수록』「법기」를 따른 해석이다.[57] 『삼보장』의 4구의 상즉불상즉설에는 의상의 영향을 부정할 수 없는데, 그렇다면 「법융기」와 균여의 해석이 설득력을 갖는다.[58] 어쨌든 '불상즉'은 단순히 불협화음을 일으킨다는 의미가 아니다. 법장에게 4구의 불상즉은 결국 상즉에 포섭하기 위한 사전작업에 다름 아니기 때문이다.

의상은 『법계도』에 있어서 진리가 아니라 사상에 즉해서 자재한 것이 일승법이라고 강조한다.[59] 이렇게 사법事法을 존중하는 태도는 『화엄경문답』으로 이어진다. 『화엄경문답』은 '5척'이라는 현존재에 근거해서 무애를 논하는 것이 특징이다. 화엄의 보법普法에서는 무애의를 진리로 보고 우리의 신체를 사상으로 이해하는 것이나 그 반대가 모두 성립한다고 한다. 즉, 우리의 존재방식 그리고 설하는 주체가 연기법의 범주에 들어간다는 의미에서 무애인 이상, 무애의가 진리이고 우리의 존재방식이 사상이 되는 것은 아니다. 이러한 구분은 오직 중생의 소질에 맞추는 선교방편이다.[60] 의상의 사유는 무애의를 연기법의 존재법칙으로서 이해해온 종래의 관념적이고 객체적인 성격을 넘어서, 우리의 신체를 가지고 구체적이고 주체적으로 전개하는 무애의이며, 이후 의상학파의 화엄으로 이어진다.

표원

표원(740년대)은 신라 최초의 화엄학 개론서인 『화엄문의요결문답華嚴文義要決問答』을 저술했다. 사실 표원 자신의 말은 거의 없고 대부분 인용으로 이루어져 있지만, 그중에서 그의 특징적인 무애의를 찾아보자. 혜원은 법장의 무애 개념에서 가장 중시된 '연기가 서로 의존한다緣起相由'라는 원리를 권교勸敎대승 혹은 소승의 설로 낮추어보고, '존재의 본성이 융합해서 상통한다法性融通'는 원리를 주장했다. 표원은 이것을 아무런 비판도 없이 인용한다. 『요결문답』은 법장의 연기상유의를 길게 인용하기 때문에, 상기의 인용을 보고 바로 혜원의 설을 따랐다고 말하기는 어렵지만, 적어도 혜원설의 타당성을 인정했다고 이해해도 무리는 없을 것이다.[61] 그렇게 보면 표원 역시 이사무애를 중심으로 해서 무애설을 이해했다고 생각된다.

진숭 珍崇

의상학파의 인물로 보이는 진숭(8세기 중후기)에 대해서는 일문逸文을 검토한 연구가 있어서 그 사유를 대략 파악할 수 있다.[62] 그중에는 독특한 무애해석도 보인다. 일본의 화엄학자 조슌增春은 『화엄일승의사기 華嚴一乘義私記』 속에서, 동교同敎로 무진의를 설하는 것이 가능한지에 대해 논쟁한다.[63] 『탐현기』의 유식의 가운데 제10에서 제망帝網무애를 설한 뒤에 '총괄하면 열 가지를 전부 갖춘다. 이것은 동교를 기준으로 한 교설이다'라는 문장이 있다. 이것에 대해, 제망무애가 이미 동교 속에 포함되어 있기 때문에 동교에도 무진의가 있다고 봐야 한다는 견해에 대한 반론으로 진숭의 저술을 인용한다. 진숭은 『탐현기』의 '동同' 자는 '원圓' 자의 오류라고 단언한다. 말하자면 『탐현기』의 문자를 자의적으로 바꾸면서까지, 동교의 교설로는 무진의를 설할 수 없다는 입장을 견지했음을 알 수 있다. 이것은 『탐현기』의 애매함을 극복하기 위한 적극적인 해석으로, 무애의 사태는 별교일승에서만 설할 수 있다는 것을 강조하려고 했다고 해석할 수 있다.

견등 見登

견등(9세기 초)은 『화엄일승성불묘의 華嚴一乘成佛妙義』에서 일승의 성불설을 무애와 관련해서 논한다. 『오교장』에서는 십주十住에 있어서 불지에 이르는 여섯 위계는 하나의 위계에 도달할 때 나머지 모든 위계를 얻는다고 하며, 그 이유로

'상즉', '상입', '원융' 등을 들고 있다. 견등은 그중에 원융에 대해서 체와 용이 무애한 것이라고 해석한다. 견등에 따르면, 상즉은 체에 근거하고 상입은 용에 근거한다. 즉, 원융은 상즉과 상입에 의한 무애의를 나타내는 것이다. 견등은 이렇게 해서 상즉과 상입이 섞이고 다수의 중층적인 관계가 걸림 없이 중중으로 겹쳐서 다함이 없는 원융무애의 사태를 설한다. 따라서 초발심의 계위가 중심이 되면 나머지 계위가 주변이 되고, 불과佛果가 중심이 되면 나머지 계위가 주변이 되는 등, 모든 계위를 포섭하는 무애가 가능하다.[64]

『법계도기총수록』

『법계도기총수록』은 의상의 『일승법계도』의 주석서를 편집한 문헌으로, 「법융기法融記」, 「진수기眞秀記」, 「대기大記」가 중심이 된다. 그중에 「대기」에 보이는 무애설이 특징적이다. 「대기」에서는 육상六相에 대해 다음과 같이 해석한다. '육상이란, 총별總別의 두 가지 상은 법의 무진을 나타낸다. 동이同異의 두 가지 상은 법의 무애를 나타낸다. 성괴成壞의 두 가지 상은 법의 무측無側을 나타낸다. 일승법은 이 세 가지를 넘지 않는다'. 이렇게 「대기」는 육상을 세 쌍으로 나누어 무진, 무애, 무측이라고 해석하는데, 무진 속에 무애가 포함된다.

육상을 따로 해석한 문장에서는 '총상은 무주법無住法 자체를 직접 나타내는 것이다. 별상은 무주로서의 총상이 무수(무진)한 것을 가리킨다. 동상은 무진의 무애를 나타낸다. 이상은 무애가 무위無違인 것이라고 해석된다'고 한다. 여기서 무진과 무애의 관계를 파악하기 위해 별상과 동상의 의미를 좀 더 구체적으로 보자. 별상은 '총상으로서의 집'에 있는 무수한 구조물이다. 동상은 무수한 구조물이 집을 만드는 조건이라는 점에서 동일하기 때문에 서로 걸림이 없는 것을 나타낸다. 이러한 구조물의 관계를 생각하면, 동상이라는 무애한 조건이 존재함으로써 별상이라는 무진의가 비로소 의미를 갖게 된다고 이해했다고 본다. 이렇게 극한까지 무애를 밀고나감으로써 무진이라는 사태가 발생하는 것이다. 이것은 법장의 무애 개념에 대한 타당한 이해이며, 법장의 저술을 사용해서 『법계도』를 해석하는 것은 신라와 고려의 화엄에서는 흔히 있는 일이었다. 여기서 무진과 무애의 근원으로서 총상의 무주의를 상정하는 것은 「대기」의 독자적 해석이다.[65]

균여

균여(923-971)는 신라 의상의 사상을 계승한 화엄학자로서, 지엄, 의상, 법장의 저술에 대해 주석서를 남겼다. 균여는 『법계도』에 대한 주석서 『일승법계도원통기 一乘法界圖圓通記』에서 이이상즉 등의 이인다라와 사인다라는 모두 사사무애법계에 해당한다고 한다.[66] 균여의 이러한 해석은 특히 종래의 이이상즉 해석에 대한 비판적인 이해에서 출발한 것이다.

『총수록』「법융기」에서는 이이상즉에 대해서 '이공 二空이 함께 있는 것이 아니다. 함께 있으면 상즉하지 않기 때문이다'[67]라고 간략하게 해석한다. 이러한 설명으로는 뜻이 명확하지 않지만, 법에 자성이 없다는 근본적인 동일성을 통해서 이이상즉을 해석하려고 한 것으로 보인다. 또한 의상의 직제자인 표훈 表訓은 법장의 『삼보장』의 4구 가운데 이사 二事의 이 理(=이이상즉)를 종교 終敎와 돈교라고 보았다. 표훈의 시대에는 법장의 영향으로 이미 의상의 본뜻과는 달라졌음을 알 수 있다.[68] 손제자에 해당하는 신림 神林은 4구를 모두 원교라고 보았다.

이것에 대해서 균여는, 이이상즉설이 본래는 종교와 돈교에 해당하지만, 별교에서 동교를 포섭한다는 의미에서 4구가 모두 원교일 수도 있다고 해서 표훈과 신림의 설을 절충했다.[69] 균여의 아래의 설명을 참고하면 더 분명해질 것이다.

> 삼승에서는 이理를 들어서 무애를 설하고 이사를 들어서 무애를 설하지만, 사사무애는 설하지 않는다. 따라서 삼승과 구별하기 위해 사사무애를 설한 것이다. 그런데 실제의 입장에서 보면, 십현문의 열 가지 법이 이사 등의 제법을 구족해서 무애자재하기 때문에 사사무애, 이사무애 등을 설할 수 있다.[70]

여기서 '이를 들어서 무애를 설한다'는 것은 이이무애를 의미한다. 균여는 『법계도원통기』에서 '삼승에서는 이이상즉, 이사상즉, 사리상즉의 세 가지만을 설하고 사사상즉은 논하지 않는다'라고 해서, 이이상즉이 삼승에서 설하는 상즉임을 밝힌다.[71]

그렇다면 균여는 이이상즉에 대해서 표훈과 마찬가지로 삼승의 가르침으로 이해한 것이 된다. 단 일승의 입장에서라면 모든 것을 갖춘다는 표현에서는 신림과 같은 입장이라는 것도 알 수 있다. 즉, 표훈과 신림의 입장을 종합해서 무애론을 설하고 있다.

그런데 다른 한편 『법계도원통기』에서는 이이상즉과 사사상즉이 법성융통과 연기상유의 두 가지 측면에서 모두 설명된다고 한다. 그 내용을 요약하면, 배후의 진리가 융통하는 것이 전제가 되어 '일즉일체'가 되는 것이 사사상즉이고, 제법의 배후에 있는 모든 진리가 서로 '즉'이라는 관계에 있는 것이 법성융통문에서 말한 이이상즉이라는 것이다.[72] 법장에 의하면 이 두 가지 문(연기상유문, 법성융통문)은 일승의 무애론에 속한다.

이와 같이 균여는 기존 해석이 갖는 애매함, 특히 이이상즉에 대한 교판적 해석을 극복하려고 했지만 여전히 애매함을 남겼다. 다만 이이상즉이 삼승에서 논해진다고 한다면 이것은 지엄과 의상의 의도와는 다르다고밖에 볼 수 없다. 지엄은 다라니법을 일승에서만 논할 수 있다고 하고, 의상도 그것을 계승하기 때문이다.

5.
일본 화엄종의 무애의

주료 壽靈

일본의 화엄사상은 심상 審祥(=신조)에서 시작된다. 법장의 『오교장』에 대한 주석서인 주료(8세기 말)의 『오교장지사 五教章指事』에서 처음 구체적인 사상을 접할 수 있다. 주료의 무애설은 십불 十佛에 대한 설명 속에 보인다. 그는 여섯 번째 붓다인 법계불이 곧 무애법계라고 말한다. 그것은 무애법계가 붓다의 본체이기 때문이고, 법계불의 지혜광명이 구석구석까지 미치지 않는 곳이 없어서 법계와 동일하기 때문이다.[73] 여기에서 주료가 법계 자체를 무애한 붓다로 보고 있다는 것을 알 수 있다. 또 화엄원교가 원통무애 자재하다고 명언하고 있어서, 그가 『화엄경』의 교설 자체를 무애설이라고 이해한다는 것을 알 수 있다. 화엄사상을 논할 때 이 『화엄경』의 교설을 무애하다고 이해하는 것은 당연하겠지만, 그것을 명확하게 했다는 데에 의의가 있다. 또 무애법계를 붓다의 본체라고 이해하는 것은 주료의 독자적인 설이다. 그런데 주료는 혜원의 『간정기』를 인용하지만 사사무애라는 용어는 도입하지 않았다. 이것은 주료의 무애설이 이사무애적인 사유에 근거한다는 방증이기도 하다.[74]

『화엄오교십종대의약초 華嚴五敎十宗大義略抄』

저자 미상의 『대의약초』는 바로 일승 원융 무애법계의 성불의 도리를 설하는 경론으로서 『화엄경』과 『화엄론』 외에도 『기신론』을 들고 있다. 『기신론』이 화엄 원교의 무애도리를 보인다는 교판적인 규정은 『대의약초』에 처음 보인다. 이것은 일본 화엄종에서 심상(신조)의 시대부터 지쿄 智憬 등이 『기신론』을 중시해온 것에서 비롯되었다. 그리고 무애의 별칭이라고 할 수 있는 일승 원융의 도리에 사리원융, 이이원융, 사사원융이 있다는 설도 주목할 만하다.[75] 이는 일승에 사사원융, 즉 사사무애만 있는 것이 아니라 사리원융과 이이원융이 모두 포함된다는 것을 의미하며, 화엄의 포용성을 보여준다고 할 수 있다. 또 구조면에서 보면 신라 의상의 사상에 가깝다. 어떤 형태로는 의상의 문헌에서 영향을 받았으리라고 생각된다.

기쇼 義聖

기쇼(856-929)는 『오교장』 인문육의 因門六義를 주석한 『종자의사기 種子義私記』 속에서 종자 개념을 이용해서 무애설을 설한다. 즉, 원교의 종자는 일체법이다. 그것은 화엄원교에 세워진 계위를 원인의 측면에서 보면 법 전체가 원인이 되고 결과의 측면에서 보면 법 전체가 결과가 되기 때문이다. 이러한 종자설은 이사무애가 아니라 사사무애를 설하는 것이라고 한다.[76] 후키 普機는『화엄일승개심론』(830년경 저술)에서 혜원의 사사무애종 宗에 관한 문장을 그대로 인용해서 일본화엄에서 최초로 사사무애설을 도입했다. 기쇼는 야쿠시지 藥師寺 화엄종의 인물로서 사사무애설을 처음으로 도입해서 사사무애에 대한 독자적인 인식을 보여주었다는 점에서 중요하다.

기쇼가 이사무애설과 사사무애설을 구분해서 일본 화엄 사상 최초로 독자적인 사사무애설을 설한 것에서, 두 가지 무애를 동등한 차원으로 본 혜원과는 다른 교판 의식을 가지고 있었음을 알 수 있다.

『화엄십현의사기 華嚴十玄義私記』

『십현의사기』(9세기 중반)는 저자 미상의 사기이다. 여기에서는 광협문 廣狹門을 설명하는 가운데, 사상과 진리가 다르지 않기 때문에 사상과 사상이 서로 융통하며 그에 따라 진리와 사상이 융통한다고 한다.[77] 또 한 가지 주목할 것은 일승의 법계연기를 세속제라고 본다는 점이다. 연기법에는 본체가 따로 있는 것이 아니라, 진여에 의해 성립하기 때문에 진리와 사상이 서로 걸림 없이 융통한다고 한다. 이러한 법계연기설에 따르면 진여의 작용에 해당하는 것이 연기겠지만, 그 사상사적인 의미는 분명하지 않다. 『십현의사기』에는 신라 의상 계통 화엄사상의 영향이 다소 보여, 사를 중시하는 의상 사상과의 관련도 생각할 수 있을 것이다. 이에 따라 시간이라는 세속제의 무애가 성립한다. 또 이러한 설명이 법성융통문에 따른 것임을 밝힌다.[78] 하지만 '진리와 사상이 융통한다'는 표현으로 알 수 있듯이 사리무애적인 발상에 근거해서 사상과 사상의 융통을 설명한다는 점에서, 두 가지 무애를 명확하게 구별하는 인식이 없었다는 것을 알 수 있다.

조슌 增春

조슌(10세기 중반)은 삼매의 적용寂用 무애가 심화해서 교설을 일으킨 것이 화엄의 일승의 가르침이라고 이해했다. 그는『화엄일승의사기』에서 천태종의 사거四車와 화엄종의 사거의 차이를 설명하기 위해 4종의 사거론을 든다. 그중 화엄종에서는 본말무애문本末無礙門에 따라 삼일三一이 무애한 사거를 세운다고 해서 천태종의 그것과 구별한다. 또『문수반야경』을 인용해서, 일승이 곧 삼승이고 삼승이 곧 일승인 것이 본말무애문에 따른 삼일이 무애한 사거라고 한다. 조슌은 화엄종이 4종의 사거를 모두 포함하는 반면, 천태종은 제3의 섭말귀본문攝末歸本門의 사거만을 말한다고 평한다. 말하자면 천태종의 사거는 화엄에 미치지 못하고, 화엄종에 이르러 앞의 3종의 사거에 제4의 무애사거를 설한다고 한다.[79] 주료에게서 볼 수 있듯이, 일본의 초기 화엄종에서 화엄과 법화는 동등한 가치를 가졌다. 그런데 조슌의 시대에는 무애의를 통해서 화엄종과 천태종을 종파로서 구별한 것을 알 수 있다.

신엔 親圓

신엔(990-1063)은『화엄종성의초華嚴種性義抄』에서 원교의 무애의 도리에 따라서 초목성불이 가능하다고 주장했다. 무애의 도리에 따라 모든 환경세계가 성불할 수 있다고 주장하는 것은 화엄교학의 상식인지도 모르지만, 구체적으로 초목성불을 논한 것은 신엔이 처음이다.[80] 또 즉신성불을 주장한 점도 주목할 만하다. 이 두 가지 성불론은 일본 천태종의 영향을 받은 것이다. 신엔은 무애의 논리에 대해서는 이 이상 고찰하지 않는다.

게이가 景雅

게이가(1103-1189)는 『화엄론초 華嚴論抄』에서 『대의약초』에 명칭만 나온 세 가지 원융에 대해 구체적으로 설명한다. 말하자면 사상과 진리가 서로 융합해서 상즉상입하는 것이 '사리원융'이다. 법계는 일미로 오직 진리뿐 허망한 것은 없다는 것이 '이이원융'이다. 상에 즉해서 원융하기 때문에 연기를 기다리지 않는 것이 '사사원융'이다. 교판으로 말하면 각각 종교, 돈교, 원교의 삼교에 해당하는데, 원교에 입각하면 어느 것을 취하더라도 사상과 사상이 원통하고 자재하고 무애한 상태에 있다. 따라서 원교의 세계는 십현을 가지고 증명할 수 있고, 그러한 원융에 따라 불세계와 중생계가 상즉상입한다.[81]

이이원융은 '오직 진리뿐'이라고 설명하는 것에서도 알 수 있듯이 이법계의 원융이라고 보면 된다. 그리고 사사원융이 연기를 기다리지 않는다는 것은 사 事가 근거로서의 이 理를 기다리지 않는다는 뜻이라고 생각된다. 신라 의상의 발상과 비슷하고, 십현연기를 법계연기의 전형으로 파악하는 전통적인 화엄의 사사무애설과는 취지가 다르다.

또 이이원융에 대해서 덧붙이자면, 그 명제가 일본의 논의(論議 교리문답)의 항목에 포함될 정도로 일본 화엄종에서 관심이 높았던 이론이라고 할 수 있다. 논의에 따르면 이이원융은 지엄에서 출발했다고 하지만,[82] 인용하는 것은 의상 『법계도』의 '별교일승에 따르면 이이상즉, 사사상즉, 사리상즉이 성립한다'는 문장이다.[83]

따라서 논의에서는 이이원융의 이의 차별을 분명히 인정하고 있고, 중국 초기화엄의 이가 복수라는 인식에 접근했다고 할 수 있다.[84]

교넨 凝然

일본의 화엄 관련 저술 중에 교넨(1240-1321)의 『오교장통로기 五教章通路記』는 본격적으로 사사무애설을 논한 저술로 유명하다. 그의 사유는 중국의 법장이나 징관과 같지 않지만, 그에게 법장을 계승한다는 의식이 있었던 것은 확실하다. 그 예를 사사무애의 대명사라 불리는 '십현연기 무애문'에 대한 주석 속에서 보면, 교넨은 십현연기의 사사무애의 법계를 나머지 세 법계와는 선을 그어 명확히 구별했다. 그것은 법장과 다른 점이다. 또 징관이 중시한 이사무애 법계에 대해서도, 천태종의 원돈지관圓頓止觀의 설과 동일하다고 보고 화엄의 사사무애설과는 구분을 짓는 태도를 보인다.[85] 이렇게 교넨은 법장의 의도에 따르는 한편, 법장의 무애관에 있어서는 별교일승적인 사유만을 취하고 모든 법과 승을 포함하는 사유를 간과한다. 또 이사무애를 중시하는 징관의 사유와도 다소 차이가 생기게 되었다.

6. 맺는말

주지하는 바와 같이 중국화엄의 무애설은 지론학파의 무애설을 계승했다. 한편 길장의 상즉설이 화엄의 상즉설에 지대한 영향을 미쳤다는 점에도 주의를 기울일 필요가 있다.[86] 법장은 연기 본래의 존재법칙에 비중을 두면서도, 이것을 극한까지 가지고 가서 별교의 성격이 강한 무진연기를 창출했다. 법장의 제자 혜원은 종래의 화엄의 무애사상과 일선을 그어, 이사무애와 사사무애가 동등한 가치를 가지는 것으로 이해했다.

한편 징관의 사법계론 내지 무애론은 혜원과 이통현의 사상에 힘입은 바가 크다. 징관 이후의 중국화엄은 징관을 중심으로 전개되었으며, 그의 이사무애 법계를 기본으로 해서 그것을 극한까지 밀고 나가는 데에 특징이 있다. 그리고 거기에는 『기신론』의 사상이 중요한 역할을 수행했음을 알 수 있다.

신라와 고려 화엄사상에서의 무애의는 원효와 의상의 시대에 확립되었으며, 그 뒤는 그것이 전개하고 변용되는 과정이라고 생각할 수 있다. 원효의 무애의는 『화엄경』뿐 아니라 『기신론』과 『유마경』의 영향을 받아 형성되었다. 의상은 오직 『화엄경』에 의거한 무애론을 설했다. 일승의 무애를 다라니의 세계라고 정의한 것은 스승 지엄의 영향이지만, 지엄을 넘어서 사상事象을 통해서 무애의를 전개하고 그것을 더욱 밀고 나가 우리의 신체를 통해 무애를 이해하려고 한 점은 특필할 만하다.

의상학파의 무애의는 「대기」에 보이는 것처럼 무진의 세계의 구조를 나타내는 개념으로서, 무애를 이용해서 무주 개념을 설정하고 무애와 무진을 통합했다. 진숭은 『탐현기』 속의 문자를 임의로 바꾸면서까지 별교일승의 무애의를 강조했다. 견등은 성불론과 무애의를 결합하려고 했다. 한편 원효학파라고 알려져 있는 표원은 애매하기는 하지만 정법사 혜원의 입장을 따랐다고 볼 수 있다.

이와 같이 법장의 사상이 신라에 전래된 뒤, 의상학파에서는 의상과 법장을 통합하려는 시도가 있었다. 그런 경향은 일찍이 표훈과 신림의 시대에서도 확인할 수 있으며, 고려의 균여는 그런 과정에서 발생한 해석의 차이를 절충하려는 시도를 했다. 하지만 이이상즉에 대한 해석에서 본 것처럼, 여전히 애매한 부분이 남는다. 그것은 사상을 강조하는 의상을 계승하면서도 이사무애적인 발상에 근거해서 무애의를 전개하려고 한 것에서 비롯된 것이다.

불교는 중국 및 백제, 신라, 고구려 삼국을 통해서 일본에 전해졌다. 이러한 과정은 불교사상면에서도 마찬가지이다. 무애설에 대해서 보면, 중국의 법장, 혜원 및 신라의 원효, 의상의 무애설은 함께 일본에 수용되었다. 그중에 주료는 혜원을 인용하면서도 사사무애설에 대해서는 언급하지 않았다. 그것은 법장의 사유를 계승하는 입장에 있었기 때문이라고 생각된다. 사사무애설에 대한 독자의 해석은 기쇼의 『종자의사기』 혹은 저자 미상의 『십현의사기』에 처음으로 보인다. 기쇼는 이사무애와 사사무애를 구별하지만, 『십현의사기』에서는 그 구분이 명확하지 않았다. 『대의약초』에는 삼종 원융이라는 일본 특유의 무애설이 처음으로 등장한다. 이것은 뒤에 게이가가 인용해서 구체적으로 설명하는데, 사사원융이 일반적인 법계연기와는 다르다. 또 이이원융을 제목으로 하는 논의에서는 이이원융의 연원을 지엄에게 두면서도 인용하는 문장이 의상의 『법계도』라는 사실에 주의를 기울일 필요가 있다. 조슌의 설에는 천태종과의 대립 의식 아래 화엄의 무애의를 강조하는 내용이 보인다. 그리고 신엔의 『종성의초』는 천태종의 초목성불설의 영향을 받아 무애의에 근거한 초목성불과 즉신성불을 주장한다. 마지막으로 교넨은 법장 화엄을 계승한다는 의식은 있었으나, 그중에서 별교일승적인 사유만 계승하고 모든 법과 승을 아우르는 사유는 계승하지 않았다. 이처럼 일본의 화엄은 중국이나 신라, 고려의 화엄에 비해 사상적으로 다양한 모습을 보인다.

무애는 세계의 구조를 나타내는 세계관이다. 실천이라는 시점에서 볼 때, 무애란 연기하는 세계 자체를 표현하는 개념이라고 할 수 있다. 화엄의 최고의 경지라고 불리는 사사무애는, 의상의 견해를 빌리면 사상 事象에 입각한 세계라는 점에서 원리적인 세계와는 다르다. 요즘 식으로 말하면 '사적 事的 관계 주의'[87]라고 할 수 있다. 징관처럼 '이'에 근거해서 사사무애를 설하든, 견등이나 신엔처럼 성불과 관련지어서 이해하든, 무애가 인식의 새로운 전환에 의해 터득되는 것이라는 사실은 틀림없다. 그렇다면 동아시아 삼국의 화엄사들은 각각의 입장에서 사(현실)에 철저하지 않으면 무애는 드러나지 않고 사상에 입각해서 실천할 때 비로소 무애의 세계를 증득할 수 있다고 주장한 것이라고 생각한다.

1 末木剛博, 『東洋の合理思想』(東京: 講談社, 1970).

2 鈴木大拙, 『華厳の研究』(京都: 法蔵館, 1955) 井筒俊彦「事事無碍法界・理理無碍法界(下) − 存在解体のあと −」『思想』735, 1985, pp.17-37.

3 화엄학 일반의 理와 事의 개념에 대해서는 斎藤明, 「事と理 覚え書き − 仏教のダルマ(法)理論 −」『論集』6, 三重大学, 1990, pp.91-110.

4 中村元,『仏教語大辞典』「無礙」項目(東京: 東京書籍, 1981) p.1320.

5 『岩波仏教辞典』第二版의「불성론」항목 참조.

6 『불성론』(대정31, 802上中)에 의하면 如理智는 마음과 번뇌가 상호저촉하지 않으면서도 마음이 오염되는 것을 아는 지혜이다. 통상은 근본지, 절대지로 이해된다. 如量智는 일체 경계를 완전히 아는 지혜이다. 이렇세 일체 경계를 아는 지혜와 괴리되면 生死苦가 성립한다.

7 『仏性論』(대정31, 802上中).

8 『究竟一乗宝性論』(대정31, 827中).

9 石井公成,『華厳思想の研究』(東京: 春秋社, 1996) 부록 참조.

10 『十地論義』(대정85, 236下).

11 『法花玄論』(대정34, 361下).

12 『二諦義』(대정45, 85中).

13 『華厳経内章門等雑孔目章』(대정45, 586上).

14 『孔目章』(대정45, 586上).

15 『五十要問答』(대정45, 520下).

16 『孔目章』(대정45, 558下).

17 大竹晋, 『唯識説を中心とした初期華厳教学の研究―智儼・義湘から法蔵へ』(大蔵出版, 2007), p.366. 여기서 오타케는 지엄의 문장에 대한 법장의 개변은 무진의 상즉상입이 사의 영역에서 일어나는 것임을 명확히 한 것이라고 지적했다.

18 『華厳經指歸』(대정45, 591上中).

19 『華厳經指歸』(대정45, 594上).

20 『探玄記』(대정35, 160中).

21 『探玄記』(대정35, 191中).

22 『探玄記』(대정35, 124上).

23 石井公成, 前掲書, 第1部第4節「法蔵の華厳教学」p.317.

24 龜川教信『華厳学』(京都: 百華苑, 1949) p.26.

25 『探玄記』(대정35, 346下-347中).

26 陳永裕(本覺),「相即論の思想史的考察」,『三論教学と仏教諸思想』(東京: 春秋社, 2000) p.322.
27 『續華嚴略疏刊定記』(『新纂卍続』3, 583上-584上).
28 石井公成, 앞의 책, 第1部第4節「法藏の華厳教学」, p.306.
29 木村清孝『中国華厳思想史』, 第6章「李通玄の華厳思想」(京都: 平樂寺書店, 1992).
30 『新華嚴經論』(대정36, 757下).
31 『新華嚴經論』(대정36, 140下).
32 『新華嚴經論』(대정36, 944中).
33 『華嚴經略策』(대정36, 707下).
34 『續華嚴略疏刊定記』12(『新纂卍続』3, 812上).
35 『大方廣仏華嚴經隨疏演義鈔』(대정36, 9b)
36 조윤호, 『동아시아 불교의 화엄사상』(서울: 초롱, 2003) p.200.
37 鎌田茂雄『中国華厳思想史の研究』(東京: 東京大学出版会, 1965) p.421.
38 石井公成, 앞의 책, 第1部第4節「法藏の華厳教学」 p.327.
39 『禪源諸詮都序』(대정48, 407下).
40 조윤호, 앞의 책, pp.124-125.
41 木村清孝, 앞의 책, 第7章「宗密とその思想」.
42 吉田 剛,「長水子璿における宗密教学の受容と展開」『南都仏教』第80号, 南都仏教研究会, 2001.
43 『起信論筆削記』(대정44, 307下).
44 『起信論筆削記』(대정44, 308中).
45 木村清孝, 앞의 책, 第8章「鮮演の華嚴思想」 참조.
46 『華嚴經談玄決擇)』3(卍続藏經 11, 894中-895上).
47 『起信論別記』(대정44, 236中).
48 『華嚴經文義要決問答』(韓佛全1, 495上).
49 『華嚴經疏序』(『韓佛全』1. 495上).
50 南東信, 『영원한 새벽 「원효」』(서울: 새누리, 1999) pp.242-245.
51 『華嚴一乘法界圖』(대정45, 712中).
52 『華嚴一乘法界圖』(대정45, 756中).
53 金知見 譯,『一乘法界圖合詩一印』(서울: 초롱, 1997) p.98, 각주 250 참조.
54 『華嚴一乘法界圖』(대정45, 755中).
55 石井公成, 앞의 책, 第3章第4節.
56 『華嚴經明法品內立三宝章』(대정45, 625中); 均如『一乘法界圖圓通記』(韓仏全4, 23中).
57 『法界圖記叢髓錄』「法記」(대정45, 750下).
58 金天鶴,「義相과 동아시아의 불교사상」『義相萬海研究』第1集, 義相卍海研究院, 2002, pp.32-37.

59 『華嚴一乘法界圖』(대정45, 714中).

60 『華嚴經問答』(대정45, 598下).

61 『華嚴經文義要決問答』(韓佛全2, 376上中).

62 崔鈆植『珍嵩の「孔目章記」の逸文に対する研究」「韓國佛教學SEMINAR」9, 韓國留學生印度學佛教學研究會, 2003.

63 『華嚴一乘義私記』(대정72, 32下).

64 『華嚴一乘成佛妙義』(대정45, 776上).

65 『法界圖記叢髓錄)』「大記」(대정45, 734中) 佐藤 厚「「大記」の五重海印説について」『印度学仏教学研究』第44-2号, 印度学仏教学研究会, p.288.

66 『一乘法界圖圓通記』(韓佛全4, 3中).

67 『法界圖記叢髓錄』「法記」(대정45, 760上).

68 金天鶴「東アジア華厳思想における無碍説」『インド哲学仏教学研究`』12, 東京大学大学院インド哲学仏教学研究室, p.59.

69 『三宝章圓通記』(韓仏全4, 263下-267上).

70 『一乘法界圖圓通記』(韓仏全4, 3中).

71 『一乘法界圖圓通記』(韓仏全4, 23中).

72 『一乘法界圖圓通記』(韓仏全4, 23下).

73 『五教章指事』(대정72, 203上).

74 『五教章指事』(대정72, 230中下).

75 『華嚴五教十宗大義略抄』(대정72, 199中).

76 『五教章中卷種子義私記』(23,ウ － オ)「圓教中以何為種子. 答. 以一切法為種子. 問. 何故云爾. 答. 此教中因位之果 乃至仏立. 因門見時 皆唯因也. 若立果見時, 依之法皆唯果也. 非半因半果是即全因全果. 前教之中說理事無碍. 此教之中說事々無碍」(原文: 金天鶴, 「平安時代における東大寺・薬師寺の華厳学の相違」『南都仏教』86).

77 『華厳十玄義私記』「問. 此文説広狭事々相融. 答事不異理故. 事事相融 故顕理事融通也」(上93丁).

78 『華厳十玄義私記』「問就一乗門以法界縁起為世体云意何. 答無別体, 仮立縁起法 無別体 於真如立, 所以理与事相融無碍也. 所以時亦随無碍也. 所以云以法界縁起為世体. 此就法界融通門云九世法相由」(下38丁).

79 『華嚴一乘義私記』(대정72, 37下).

80 『華嚴種姓義抄』(대정72, 61下).

81 『華嚴論抄』(대정72, 67下).

82 蓑輪顯量,「日本における華厳思想の受容 － 理理相即・理理円融・理理無碍を中心に － 」『東大寺の歴史と教学』東大寺, 2003, p.44.

83 「至相大師 若依別教一乘 理々無礙亦得 事々無礙亦得 事理無礙亦得列 得理々無礙」 각주 84 참조.

84 金天鶴,「東大寺写本, 理理円融について」『印度学仏教学研究』57-2号, 2009年, pp.615-621.

85 凝然,『五教章通路記』(대정72, 489上).

86 석길암,「화엄의 상즉상입성설 그 의미와 구조」『불교학연구』10, 불교학연구회, 2005.

87 木村清孝,『華嚴經をよむ』(NHK출판, 1997).

제7장

『법화경』의 탄생과 전개

오카다 유키히로

1.
들어가는 말

『법화경』은 예부터 '모든 경전의 왕'이라 해서 동아시아 불교권에서 가장 숭상되고 사랑받아온 경전이다. 그것은 모든 사람이 붓다가 될 수 있다는 『법화경』의 핵심내용이 구마라집의 뛰어난 번역을 통해 쉬우면서도 깊은 감동을 동반해서 읽는 이의 마음속에 침투했기 때문일 것이다.

근대불교학의 관점에서의 『법화경』 연구는, 1820년대부터 네팔에 주재하고 있던 대영제국의 외교관 호지슨Hodgson이 수집한 범어 사본을 기본으로 해서 1852년에 뷔르누프Burnouf가 불역을 출판함으로써 시작되었다. 1884년에는 네덜란드의 케른Kern이 범문 사본에서 영역을 완성했고, 또 1912년에는 난조 분유南條文雄의 협력을 얻어 네팔본을 중심으로 한 『법화경』 범본의 교정본을 완성했다. 이것은 비록 문제점도 지적되기는 하지만 지금까지 정본으로 되어 있다(KN본).

『법화경』의 산스크리트어 사본은 20세기에 들어간 뒤 중앙아시아의 코탄이나 길기트에서 차례차례 발견되어, 1950년 이후 그 로마자 사본과 영인본이 출판되었다. 또 범어, 티벳어, 중국어 색인도 완성되었다. 1980년 이후에는 소재를 알 수 없던 사본이 재발견되고, 5세기 전후에 서사된 것으로 보이는 단편도 확인되었다. 그리고 금세기에 들어서, 각지에서 발견된 사본의 계통 분류가 확정되어 새롭게 교정본을 편찬하기 시작했다.[1] 한역 『묘법연화경』은 품 구성이나 고유명사의 번역을 비교 연구한 결과 중앙아시아에서 출토된 사본에 가깝다는 것이 밝혀졌다. 또한 『묘법연화경』보다 오래되고 286년에 한역된 『정법화경』은 『법화경』의 가장 오래

된 원전의 모습을 전하는 텍스트로서, 범어 사본 연구에 빠뜨릴 수 없는 자료임이 확인되었다.[2]

이와 같은 문헌연구와 병행해서 『법화경』의 사상사적 연구도 활발히 진행되었다. 대승경전을 독해할 때는 일반적으로 그 경전이 어떤 배경 속에서 독자적인 고유한 사상을 가지고 성립하고 전개했는가 하는 성립론이 문제가 된다. 『법화경』에 대해서는 전체 27품을 몇 그룹으로 나누어, 역사적 단계를 거쳐서 현행하는 『법화경』이 완성했다는 여러 가설이 제시되어 왔다. 예를 들어 먼저 원시 『법화경』이 있고, 거기에 단계적으로 몇몇 품이 부가되어 오랜 세월(2-3세기) 동안 확대의 과정을 거쳐서 성립했다는 설이 있다. 또 산문(장행)과 운문(게송)의 성립에 대해서도 시간적인 선후관계가 논의되어 왔다. 확실히 『법화경』의 각 부분이나 각 품의 설시 방식을 분석하면 차이가 보이는데, 그 원인이 단계적인 성립에 있다고 설명하는 것이다. 『법화경』에 관한 이러한 연구 동향은 1980년대 전반에 춘추사 春秋社에서 출판된 『강좌 대승불교』의 여러 논문에 반영되어 있다.

『법화경』 성립론의 주류였던 단계적 성립설에 대해, 그 후 유력한 '동시 성립설'이 제기되었다.[3] 가리야 사다히코 苅谷定彦는 『법화경』의 일관된 주제를 보살 사상이라고 보고, 『법화경』을 '일체중생이 모두 보살'임을 창도하는 문학작품이라고 한다.[4] 또 스구로 신조 勝呂信靜에 따르면 『법화경』의 서술구조는 각 품을 모아서 전개해감으로써 그 전체상을 나타내는 것으로서, 각 품의 배열 자체가 경전의 사상적 의미를 표현한다고 한다. 그리고 '한 세대의 일련의 편찬 작업에 의해 『법화경』 전체가 성립했다'는 동시 성립을 주장한다.[5] 스구로 신조도 말하듯이, 성립론은 엄밀하게 말하면 전부 가설이다. 반야경류나 화엄경과 달라서, 『법화경』의 경우는 문헌에 부가가 있었다거나 부분적으로 유포하고 있었다는 사실을 확실하게 증명하지 못한다. 따라서 '원原법화경'이나 '본래의 『법화경』'을 가정하고 그것을 기준으로 현행 『법화경』의 특정 부분(게송, 문절, 품 등)을 평가하거나, 이질적으로 보인다고 해서 '후대에 부가되었다'고 판단하는 데는 신중하지 않으면 안 된다.[6]

『법화경』은 새로운 경전을 제작하는 불교운동의 일환으로 성립했다. 고타마 붓다의 설법이 불제자들에 의해 경전으로 정리된 것과 마찬가지로, 『법화경』도 전통적 형식을 숙지하고 있던 전문가(비구)들에 의해 어디까지나 붓다의 말로서 완성되었다. 이하 『법화경』 전체를 시야에 넣어 그것이 탄생한 배경과 사상적 특징 그리고 전개양상 등에 대해 논한다.

2.
새로운 경전의 출현과 그 배경

붓다가 설한 말을 붓다 이외의 사람이 듣고 어떤 이해에 도달했을 때 처음 불교가 성립한다. 이러한 불교의 기본 구조는 불교가 탄생하는 과정을 보여주는 초전법륜의 설명에 보인다. 『법화경』은 이런 과정을 충실히 계승해서 교설을 전개했다. 먼저 붓다가 처음에 가르침을 설하고 그것을 이해하는 자가 탄생한 것을 전하는 불전의 서술을 확인하자.

6년에 걸친 수행의 결과 붓다가 된 석존은, 당초 자신이 깨달은 진리(다르마)가 난해해서 세상 사람들이 이해하지 못할 것이라고 생각하고 침묵하고 있었다. 거기에 범천이 나타나서 주저하는 붓다에게 가르침을 설할 것을 세 번에 걸쳐 간청한다. 붓다는 가르침을 설하기로 결심하고 일찍이 함께 수행했던 다섯 명의 수행승을 찾아가서 그들에게 가르침을 설한다. 그것을 듣고 그중의 카운딘야(Kauṇḍinya 橋陳如)가 '무릇 생기하는 본성이 있는 것은 모두 소멸하는 본성이 있다'라는 법안(진리를 보는 눈)을 획득했다. 그때 붓다는 '아아, 카운딘야는 깨달았도다(아즈냐타)'라고 감탄했다.

아함에는 붓다의 가르침에 따라 제자들이 '해탈'하고 '괴로움의 저편에 도달'했다는 기술이 있으며, 불제자를 의미하는 말로 복수형의 '붓다'라는 단어도 쓰인다. 붓다의 교화에 의해 실제로 깨닫는 제자들이 있었음을 알 수 있다. 붓다와 제자들의 차이는, 붓다는 타자를 깨달음으로 이끌고 불제자에게 '그대는 깨달았다'고 확인하고 보장한다는 점이다.[7]

붓다가 입멸한 뒤에 붓다의 언행은 교단을 형성한 출가승들의 구전에 의해 여러 세대에 걸쳐 계승되었다. 또 아쇼카 왕의 보호정책에 따라 교단은 경제적으로도 안정되었다. 교의나 교리의 해석에 차이가 있더라도 교단이 공양을 받는 대상으로서 위엄을 유지하는 한, 여러 부파가 공존할 수 있는 시대를 맞이한 것이다. 이러한 시대에 붓다가 존재하지 않는다는 현실을 불교도들은 어떤 식으로 극복하려고 했을까? 붓다에 대해 추모하는 감정을 품은 사람들이 택한 길은 불탑숭배였다. 그들은 출가와 재가를 불문하고 붓다의 유골과 치아 등을 불탑에 모시고, 마치 살아 있는 붓다가 거기에 존재하는 듯이 열심히 공양했다. 한편 아비다르마 논사들은 붓다의 교법을 분석해서 법의 체계로서 정리하려고 했다. 이때 붓다의 말의 유무는 별로 문제가 되지 않았다. 그들이 추구하는 이상의 경지는 일체의 번뇌를 끊은 아라한이었다.

그에 비해 어떤 출가자들은 가르침이 붓다의 말로 설해지는 것을 염원했다. 당시는 과거 혹은 미래의 붓다의 존재가 인정되었고, 공간적으로도 이 세계이 외의 세계에 여러 붓다가 존재한다는 것이 용인되었다. 그들은 선정을 통해서 모든 붓다를 보려고 했고, 붓다의 본질에 대한 고찰을 심화해갔다. 이러한 활동은 기원전 1세기경부터 인도 각지의 승원에서 활발해진 것으로 보인다. 새로운 운동을 담당한 사람들은 '깨달음'의 내용을 붓다의 말로서 펼쳐보이기 위해 경전을 제작했다.

『법화경』은 모든 사람들이 붓다가 될 수 있다고 설한다. 성불 여부에 대해서는 붓다 재세 시에 그러했듯이 붓다의 말이 필요하다. 이미 석가불이 없는 이 세계에서 실제로 존재하는 붓다가 '그대는 붓다가 될 것이다'라고 말해야 한다.[8] 『법화경』은 이러한 단순하고도 대담한 구상을 붓다의 말로 펼쳐보이기 위해 각 품을 주도면밀하게 배열했다. 다음은 그 내용을 살펴본다.

3.
「서품」-붓다의 입멸과 『법화경』 성립기의 불교세계

『법화경』의 주제를 요약하자면, 붓다가 이 세계에 출현한 것은 중생에게 붓다의 지혜를 열어 보여주고 깨닫게 하기 위함이며, 동시에 그것을 설하는 붓다는 아득한 과거부터 미래에 이르기까지 붓다라는 것이다. 이것은 개별적인 교리내용이 아니라 불교와 붓다의 본질에 관한 문제이다. 불설이라는 조건을 갖추기 위해서는 불제자나 보살이 설하는 교설에 대해 붓다의 승인이 필요하기 때문에, 아함경전과 대승경전을 불문하고 널리 채용되는 형식이다. 하지만 『법화경』은 붓다가 결단하지 않으면 설할 수 없는 가르침이기 때문에, 그 핵심적인 내용은 붓다에 의해 개시된다.

『법화경』의 작자는 불전을 기초로 해서 상당히 주의 깊게 각 부분을 배치했다. 『법화경』은 지금 여기서 설하고 있는 붓다가 곧 석존이라는 전제 아래 설시가 진행되었다. 그렇지만 『법화경』의 청중은 불교의 역사, 즉 붓다의 생애와 그 뒤의 불교의 전개를 암묵적으로 알고 있기 때문에, 이런 내용에 대해서도 경전 속에서 어떤 식으로든 언급할 필요가 있었다. 그래서 그것을 서술한 것이 제1장 「서품」(원제 니다나, '인연, 연고'라는 뜻)이다. 그 내용을 간단히 살펴보자.[9]

「서품」에서는 우선 『법화경』의 청중(회중)인 불제자와 보살과 여러 신들이 열거된다. 그리고 붓다가 미간의 백호에서 빛을 내어 동쪽에 있는 일만 팔천 개 불국토의 모습을 드러낸다. 이 불가사의한 현상에 대해 미륵(마이트레야) 보살이 궁금해하는 청중을 대표해서 문수사리(만주스리) 보살에게 질문한다. 문수는 대승불교의 개조開祖로 간주되는 보살이고, 미륵은 미래불로서 아함경에 등장한다. 「서품」 후반에서 미륵에 대해 문수의 제자였다고 밝히듯이, 문수는 미륵보다 단계가 높은 보살이다.

미륵은 장행과 게송(1-56)을 이용해서 동방의 불국토의 모습을 자세히 묘사한다. 예를 들어 여러 보살들이 온갖 보물이나 신체를 공양하는 모습, 계율을 지키고 인욕의 실천에 정진하는 모습, 여래의 지혜를 목표로 붓다의 지혜를 탐구하는 모습, 재가신자가 승원에 의식주를 제공하는 모습, 불제자가 중생을 교화하고 구제하는 모습, 붓다가 열반에 든 뒤에 불탑을 성대하게 공양하는 모습 등이다. 여기에서 『법화경』이 탄생했을 당시의 불교세계의 실태 그리고 그것에 대해 『법화경』을 편찬한 자가 어떻게 인식하고 있었는지를 알 수 있다. 위의 묘사 속에는 현상을 비판하는 듯한 표현도 없고, 불교의 특정 행위를 칭송하는 표현도 보이지 않는다.

미륵은 이러한 불가사의한 현상이 나타나는 이유에 대해 문수보살에게 질문한다. 문수는 과거에 『법화경』이 설해졌을 때도 마찬가지 현상이 있었다는 것을 미륵에게 말한다. 『법화경』에서 중요한 의미를 갖는 붓다의 입멸에 대해서는, 문수가 일월등명 日月燈明 여래의 유언을 인용하는 형식으로 다음과 같이 보여준다.

> '나(일월등명 여래)는 법의 안목 法眼을 설하고 법의 실상을 설했다. 비구들이여, 오늘 한밤중에 내가 열반에 들 때가 올 것이다. 그대들은 신앙을 중심으로 하며 방일해서는 안 된다 apramatta. 나의 이 가르침에 정진하라.(79-80게 전반)'

이 중에 '방일하지 말고 정진하라'는 말은 『마하파리닛바나숫탄타 *Mahaparinibbana Suttanta*』가 전하는 고타마 붓다가 입멸할 때 남긴 가르침과 같다. 또 문수보살이 '그 [일월등명 여래의] 유골이 널리 [온 나라에] 분포되어 몇 코티 나유타의 무수한 스투파가 세워졌다(84게 후반)'라고 해서, 입멸을 둘러싼 상황을 묘사한다. 이어서 『법화경』의 작자는 석가불이 열반에 들어가 지금은 사리로서 공양되고 있다는 현실을 바탕으로 해서, 붓다의 작용과 본질이 곧 붓다의 말이라는 구상과 신념을 가지고 새로운 붓다로서 「방편품」을 설하기 시작한다.

4.
「방편품」의 구성과 불제자에 대한 수기

「방편품」의 과제

「방편품」은 삼매에서 나온 석가불이 불제자 중에 지혜제일이라고 불리는 사리불에게 설하는 형식으로 되어 있다. 이것은 무엇을 의미하는 것일까? 모든 사람이 붓다가 될 수 있다는 확신을 체득한 붓다(『법화경』의 작자)는 그것을 우선 주위의 불교도들, 즉 실제로 승가(승원) 안에서 생활하고 있는 비구(출가수행자)들에게 설해서 전파해야 했다. 그런데 전통적인 성문의 길을 닦고 있는 비구들이 추구하는 이상은 번뇌를 없애고 열반에 들어가는 것이다. 그런 다수파 수행승들에게 느닷없이 성불을 설한들 불교의 전통을 무시한 망설이라고 배척당할 뿐이다. 또 새롭게 일불승이라는 이상을 내건다고 하더라도 붓다가 입멸한 뒤 정통적인 불제자들의 입장은 어떻게 되는가 하는 의문과 비판이 생긴다. 이러한 과제를 해결하기 위해 먼저 사리불(사리푸트라)에게 「방편품」을 설시하고, 이어서 불제자들에게 차례로 수기를 내리는 내용의 여러 품을 배열한다. 즉, 「방편품」에서 제9품까지는 불제자와 성문을 대상으로 재세 시의 붓다가 일불승을 설한다는 구조로 되어 있다.

「방편품」의 구조

「방편품」은 무척 절묘하게 구성되어 있다. 개관하면 다음과 같다.[10]

① 불지 佛智가 깊고 난해함(장행, 1-21게)

석가불은 제불의 지혜를 아는 것은 매우 어렵다고 말하며, 동시에 자신이 그 법을 증득했음을 선언한다. 이것은 과거, 현재, 미래라는 시간에 그리고 시방세계라는 공간 속에 여러 붓다가 존재한다는 것을 전제로 한다. 그 제불의 지혜, 깨달은 법은 전부 지금 이곳에 있는 석가불이 알고 있다. 불제자나 중생이 그것을 아는 것은 불가능하고 붓다가 자발적으로 설할 때 비로소 드러난다.

② 사리불의 의문(장행, 22-32게)과 세 차례의 간청(장행, 33-37게)

사리불은 붓다(세존)가 제불의 지혜를 칭송하면서도 설법하지 않고 침묵하는 것에 의문을 품고, 주저하는 세존에게 설법을 청한다. 그것이 세 번 반복된다. 이러한 과정은 고타마 붓다의 초전법륜 때의 범천권청의 일화와 같다. 「방편품」에서는 불제자 중 일인자인 사리불이 불전에서의 범천의 역할을 맡는다. 여기에서는 「방편품」에 초전법륜과 동등한 의의를 부여하는 『법화경』 편찬자의 확고한 신념을 읽을 수 있다.

③ 오천 명이 자리를 떠남 五千起去(장행)

세존이 설법을 시작하려고 하자, 청중 가운데 출가자와 재가신자 오천 명이 자리를 떠난다. 세존은 말없이 그것을 허락하고, 자신의 말을 믿고 받아들일 청중만 있는 것은 좋은 일이라고 말한다. 이 일화는 『법화경』이 붓다의 말을 믿는 자에게만 설시된다는 것을 의미한다. 오천이라는 수는 『법화경』에 귀를 기울이지 않는 불교도가 다수 있는 현실을 반영한 것으로 보인다. 자리를 떠난 오천 명의 그 후에

대해 경전 속에 직접적인 언급은 없다. 다만 제8품(「오백제자수기품」)에서,

> 카샤파여, 지금 이곳에서 자재를 얻은 이들 오백 명과 나의 다른 제자들을 이러한 자(=붓다가될자)라고 보아야 한다. 또 다른 제자들(=이자리에없는제자들)에게도 그렇게 말해야 한다(제33게).

라고 하는 것에서, 자리를 떠난 이들에게도 『법화경』에 의한 성불의 가능성이 남아 있음을 알 수 있다.

④ 붓다가 출현하는 목적과 일불승(장행)

여기에서는 『법화경』의 핵심을 다음과 같이 말한다(KN40, WT37).

> 붓다 여래는 해야 할 오직 한 가지 일을 위해 이 세계에 나온다. 붓다가 이 세계에 출현하는 이유·목적(인연)은 여래의 지견에 의해 중생을 교화하고, 중생에게 여래의 지견을 펼쳐보이고, 중생을 여래의 지견에 들어가게 하고, 중생에게 여래의 지견을 깨닫게 하고, 여래의 지견에 이르는 길에 들어가게 하는 것이다. 과거와 현재와 미래의 시방세계의 모든 붓다는 유일한 탈것, 즉 붓다의 지혜에 도달하는 탈것인 일불승을 설하는 것이다. 지금 여기에 있는 나(석존)도 일체지자(붓다)를 목적으로 하는 가르침을 설한다. 이 설법을 듣는 중생들은 모두 최고의 바른 깨달음을 획득하게 될 것이다.

이렇게 붓다는 지금 여기서 『법화경』을 들으면 붓다가 될 수 있다는 종래 없었던

사실을 선언한다. 여래는 교묘한 방편인 세 가지 탈것을 교시함으로써 오직 하나의 불승을 설하는 것이다.

⑤ 제불, 삼세의 붓다, 석가불(38-145게)

「방편품」의 후반은 107개의 게송으로 이루어져 있는데, 앞의 내용을 반복하는 것이 아니라 중생을 붓다로 이끄는 붓다의 활동을 축으로 해서 중층적으로 구성되어 있다. 그 요점을 보자.

a. 오천기거의 반복과 서언(38-43)

제불은 일불승을 깨닫고 방편에 따라 설한다.

b. 구분교 九分教, 방광경 方廣經과 일불승(44-59)

나(석가불)는 구분교(불설의 전통적 형식)를 설하고, 또 방광경(확대된 불설)에 의해 중생을 깨달음으로 이끈다. 참고로 많은 대승경전이 스스로를 방광 vaipulya이라고 부른다.

c. 붓다의 서원과 삼승의 개시(60-70)

나는 일찍이 일체 중생이 붓다가 될 수 있기를 생각하고 결의했는데 그 서원은 달성되었다. 윤회의 세계에 있는 중생에게 삼승을 설했지만, 승은 하나이므로.

d. 과거의 일체개성불一切皆成佛의 예(71-97)

여기서는 과거의 제불 밑에서 많은 중생이 불탑을 공양하거나, 아이가 장난으로 불탑을 만들거나, 한번이라도 나무아미타불이라고 외우는 등의 사소한 행위小善로 인해 '모두 깨달음을 얻은 자가 되었다'고 한다.[11] 이것은 과거의 성불의 예를 보이는 것으로, 이 시점에서 소선을 장려하는 것은 아니다. 그 의도는 '불교와 극히 적은 관계를 가진 과거의 사람들, 즉 죽은 이들도 과거의 제불 밑에서 모두 붓다가 되었다'는 사실을 말하는 것이다.

e. 미래불(98-103)

미래의 제불도 일불승을 설할 것이다.

f. 현재불(104-107)

현재의 시방세계의 제불도 일불승을 설하고 있다.

g. 석가불이 말하는 자전(108-134)

나는 중생의 안온을 바라고 출가해서 보리좌에 머물렀다. 보리수를 보고 경행하면서 깨달음의 지와 중생의 무지를 알았다. 신들이 설법을 권하여, 일단 주저했지만 제불을 생각하고 설법을 결심했다. 나는 바라나시에 가서 다섯 비구에게 제법적멸의 가르침을 설했다. 그 후 지금까지 윤회에서 열반으로 인도하는 가르침을 설해왔다. 하지만 지금 이 자리에 있는 제불의 아들들을 앞에 두고, 스스로 세상에 나온 목적을 자각하고 최고의 가르침을 설할 시기라고 결의했다. 나는 저들을 깨달음으로 인도하고 아라한들도 붓다가 될 것이다.

h. 맺음(135-145)

붓다의 최고의 가르침을 만나서 믿는 것은 희유한 일이다. 붓다의 진의를 이해하고 의혹을 버리면 붓다가 된다.

이상으로, 일불승에 의해 모든 사람들이 붓다가 된다는 「방편품」의 가르침은 석가불 혼자만의 깨달음이 아니라 과거와 현재와 미래 제불의 가르침이라는 것을 알 수 있다. 그것을 설하는 붓다와 중생의 관계 역시 현재에 그치는 것이 아니다. 이어서 석가불은 자신의 사적과 관련시키면서 일불승을 설하게 된 경위를 말한다. 청중에게 자전을 말하는 것은 '지금 여기서 『법화경』을 설하는 붓다가 다름 아닌 석가불'이라는 것을 확인하고 각인시키는 효과를 갖는다. 다른 시간과 공간에 있는 제불 역시 이 가르침을 설한다는 붓다의 중층성은, 붓다의 활동이 끊임없이 계속되며 이 세계에 있어서는 그것이 석가불의 말로 우리에게 주어졌다는 것을 보여준다. 이러한 붓다의 존재양식은 이어지는 「수량품」에서 명확하게 드러난다. 또 청중에 대해 '붓다의 아들'이라는 표현을 다용해서, 중생이 붓다가 될 수 있다는 『법화경』의 핵심을 직설적으로 표명한다는 점에 주목할 수 있다.

사리불에 대한 수기

「방편품」에서 일불승이 설해졌는데, 불제자들은 그 가르침이 자신들에게 어떻게 실현되는지를 확실히 알 필요가 있었다. 위에서 언급했듯이, 이것은 실제로 승원 안에서 아라한을 목표로 수행하고 있는 비구(출가수행자) – 그들의 이상은 사리불 이하의 불제자이다 – 에게 절실한 문제였다. 그 해결책이 미래에 성불한다는 예언, 즉 붓다에게는 '수기(授記 예언을 내려줌)'이고 불제자(성문)에게는 '수기(受記 예언을 받음)'였다. 수기의 내용은 성불한 뒤의 이름, 나라이름, 국토의 모양, 시대의 명칭, 붓다의 수명, 정법과 상법의 기간이었다.

「방편품」의 설을 제일 먼저 이해하고 석가불로부터 성불의 예언을 받은 사람은 사리불이다. 이 장면이 세 번째 「비유품」 전반부에 자세히 나온다. 『법화경』의 작자는 사리불에 대한 수기에서도 불전의 초전법륜을 모델로 한다. 「비유품」에서는 우선 사리불이 세존으로부터 일불승의 가르침을 들은 기쁨을 술회하며 붓다의 아들이라는 자각을 표명한다. 그때 세존은 사리불이 과거 오랫동안 보살이었다는 것을 밝히고 '사리푸트라여, 그대 역시 장래에 승리자, 즉 여래가 될 것이다(23게)'라고 수기한다.

그것을 눈앞에 본 청중은 환희한다. 신들은 이것을 '두 번째 전법륜'이라고 해서 의의를 부여한다(34게).

붓다의 가르침이 첫 이해자를 얻고 그 모습이 청중에게도 전해져 기쁨을 공유하는 때가 바로 법륜이 돌려진 때이다. 『법화경』의 작자는 여기에서도 불전의 카운딘야에 관한 서술을 의식적으로 반복한다. 일불승의 가르침이 붓다의 말로 설해지는 「방편품」과 그것을 이해한 자가 수기를 받는 「비유품」은 '붓다가 된다'는 불교의 기본 혹은 원점으로 복귀하려는 『법화경』 작자의 진의를 훌륭하게 보여주고 있다(오카다 유키히로[2007] 참조).

불제자들에의 수기의 절차

「비유품」 앞부분에서 사리불은 수기를 받았지만, 다른 불제자(성문)들은 여전히 이해하지 못했다. 그래서 세존은 사리불의 부탁에 답하는 형식으로, 삼거화택三車火宅의 비유를 들어 붓다가 주는 진실한 탈것은 불승뿐이라고 말한다.

다음의 제4품 「신해(아디무크티, 信에 대한 의욕)」는 사리불이 수기를 받는 것을 보고 경탄한 네 명의 성문, 즉 수보리(수브티), 마하가전연(마하카트야야나), 마하가섭(마하카샤파), 마하목건련(마하목갈라야나)이 세존에게 스스로의 믿음에 대한 의욕과 지향을 고백하는 형식을 취하고 있다. 그들은 '모든 것에 실체와 형상이 없다'는 것을 알고 열반을 얻었다고 생각했는데, 그만 그것에 만족해서 불국토에서 활동하려 하지 않고 최고의 깨달음을 추구하려고 하지도 않았다며 반성한다. 여기에는 자칫 허무주의적인 사고에 빠지기 쉬운 공사상에 대한 비판이 있다. 그때까지 낮은 수준의 신해에 머물러 있던 네 명의 성문은 뜻하지 않게 성불의 길이 열린 것을 기뻐하며, 그 심경을 장자궁자長者窮子의 비유로 표현한다. 그것은 가난하게 살던 아들을 찾은 부호 아버지가 위축된 아들의 마음을 꿰뚫어 보고 심사숙고한 결과 자신의 재산을 자연스럽게(본인은 모르더라도) 물려준다는 이야기이다. 성문은 적극적으로 구한 적 없던 성불이라는 보물을 지금 붓다 덕에 획득할 수 있게 된 것이다.

제6품 「수기」에서 석존은 이상의 가르침을 이해한 네 명의 성문에게 수기를 내린다. 이 단계에서는 사리불을 포함한 다섯 명이 성불한다는 예언을 받았지만, 여전히 일불승의 논리나 비유를 이해하지 못하는 성문들이 많이 남아 있었다. 그래서 제7품 「과거와의 관련(化城喩)」에서는 지금 『법화경』이 설시되는 것과 과거에 『법화경』이 설해진 것이 연관되어 있으며, 석존은 변함없이 성문에게 『법화경』을 설해서 성불로 인도하고 있었음을 말한다. 아득한 과거세에 붓다가 된 대통지승大通智勝 여래에게 이 붓다의 16명의 아들들이 '여래의 지견'을 설할 것을 부탁한다. 또 시방의 범천들이 번갈아가며 설법을 권청한다. 여기에는 불전 속에서 범천이 권청하던 문구가 그대로 사용된다. 그에 따라 대통지승불은 사성제와 십이지연기를 설한다. 이 부분 역시 정통의 불전을 답습한 것이다. 16명의 젊은이는 출가해서 『법화경』을 듣고 최고의 깨달음을 획득한 뒤에 시방의 불국토에서 성문과 보살을 교화한다. 16명은 사방과 사유에 배치되는데, 중앙의 사바세계에 있는 것이 석가모니불이다. 이러한 구성에서도 붓다의 설법은 과거세에서부터 계속되고 있으며 이 세계의 붓다가 석가불이라는 것을 알 수 있다. 또 붓다의 이러한 존재방식은 뒤의 「수량품」에서 한층 발전된 모습으로 나타난다.

붓다는 이상의 교설을 이해한 성문들에게 제8품과 제9품에서 수기를 한다. 제8품의 제목은 「오백 비구들에 대한 예언五百弟子受記品」이다. 먼저 붓다의 제자 중에 '설법제일'이라고 불리는 부루나富樓那가 수기를 받는다. 여기에서는 그가 설법자라는 것을 강조하면서, 겉모습은 성문이지만 남몰래 보살행을 하고 있었다며 칭찬한다. 이것은 뒤에 『법화경』을 설하는 법사가 등장하는 복선이기도 한다. 또한 천이백 명의 아라한들이 수기를 받는다.

제9품 「아난다, 라훌라 및 그 밖의 이천 비구들에 대한 예언授學無學人記」에서는 제목에서 알 수 있듯이, 붓다의 시자로서 수많은 경전을 기억하고 있던 아난과 붓다의 외아들 라훌라 그리고 아라한을 목표로 수학하는 비구 및 수학을 마친 비구(=학무학인)들이 수기를 받는다. 사리불에서 시작해서 아난, 라훌라에 이르는 불제자의 순서는 전통적 불교교단이 성문을 어떻게 평가했는지를 반영한다. 그런데 미래세에서 성불하고 난 뒤의 그들의 수명을 보면, 학무학인이 1겁으로 가장 짧고, 사리불과 수보리 이하 4대성문은 12소겁, 오백 제자는 6만 겁이고, 부루나, 아난, 라훌라는 무량아승지겁으로 수명에 한계가 없다. 이것으로도 알 수 있듯이, 제8품과 제9품의 세 불제자는 보살로서 평가하자면 기성의 교단과 반대이다. 이것은 무엇을 의미하는가? 부루나는 법을 해설하고 설명하는 법사이고, 아난은 경전을 수지하는 자이다. 또 붓다의 아들인 라훌라도 '법의 상속자' '여래의 아들'(제8-9게)이라고 불린다. 이 9품 이후는 『법화경』을 전파하는 것이 중심 내용이 되는데, 세 명이 갖는 이러한 역할과 지위가 이제부터 더욱 중요해진다는 메시지를 읽을 수 있다.[12]

5.
『법화경』의 담당자-수지와 유통

『법화경』의 유통

경전을 해석할 때는 전통적으로 서분, 정종분, 유통분으로 나눈다. 다른 경전에 비해 『법화경』은 유통분이 무척 확대되어 있다. 『법화경』의 교의(정종분)는 「방편품」에서 설한 일불승이고, 「비유품」 이하에서는 성문들이 그 가르침을 이해하고 붓다로부터 기(記 성불한다는 예언)를 받는다. 이것은 붓다 재세 시의 유통이라고 할 수 있을 것이다. 그리고 불멸 후의 세계에서 붓다의 부촉(付囑)을 받은 보살들이 『법화경』을 수지하고 전파하기 시작하는 것도 유통분에 해당한다. 또 『법화경』 성립론을 보면 「방편품」에서 「수학무학인기품」까지를 제1류, 「법사품」에서 「신력품」

까지를 제2류, 나머지 모든 품을 제3류로 보는 경우가 많다. 그것에 따르면 제1류는 붓다 재세 시이고, 제2류는 불멸 후를 시야에 넣고 유통을 테마로 하는 모든 품이라고 볼 수 있다.

「법사품」과 「보탑품」

제10 「법사품」부터는 붓다가 멸한 뒤에 『법화경』의 일불승이 어떻게 실현되는가 하는 주제로 이행한다. 그 메시지는 석가불이 사라진 시대의 청중을 향한 것이다. 「법사품」 첫머리에서 세존은 약왕보살을 비롯한 팔만 보살에게 '지금 여기에 있는 모든 청중이 이 법문(=『법화경』)의 게송 하나, 경문 한 구절이라도 듣고 한 번만이라도 마음을 일으켜 수희한다면, 나는 그들이 최고의 깨달음을 얻으리라고 예언한다'고 수기를 내린다. 또 '약왕보살이여, 여래가 입멸한 뒤에, 선남자와 선여인이 있어서 이 법문을 듣고 게송 하나라도 듣고 마음을 일으켜 수희한다면, 나는 그들이 최고의 깨달음을 얻으리라고 예언한다'고 선언한다. 말하자면 『법화경』을 조금이라도 믿으면 누구에게나 성불이 보장되는 것이다.

또 '『법화경』의 게송을 하나라도 수지하는 사람은 여래라고 보아야 하며, 이 법문을 설명하는 사람은 석가불이 멸한 뒤의 세계에서 여래의 사자이다'라고 말한다. 『법화경』에서 보살은 『법화경』을 수지하는 사람이고 『법화경』에 의해 깨달음을 얻는 사람이다. 그리고 『법화경』을 설하는 법사(다르마바나카)는 붓다와 동등한 존재이다. 또한 『법화경』을 서사한 경전에 대해서는 불탑을 대하듯 공양과 예배가 이루어져야 하며, 거기에 여래의 유골이 없더라도 지장이 없다고 한다.

이렇게 「법사품」에는 '불멸 후'가 표면에 드러난다. 그렇다면 석가불은 대체 어떤 붓다이며 불멸 후에 사바세계에 살아 있는 우리의 붓다는 누구인지 묻지 않을 수 없다. 그 대답의 일부가, 이어지는 제11품「스투파의 출현 見寶塔」에 보인다.[13] 그 내용을 정리하면 다음과 같다.

1. 갑자기 스투파(보탑)가 지상에 출현하고 그 안에서 과거불인 다보여래의 음성이 들려와, 석가불이 설하는『법화경』이 진실임을 증명한다.
2. 석가불은 자신의 몸에서 만들어져 시방세계에서 법을 설하고 있는 모든 붓다를 사바세계에 모으고, 불국토에 어울리도록 사바세계를 정화한다.
3. 석가불은 보탑 안에 들어가 다보여래와 나란히 앉는다.
4. 청중들을 공중으로 이동시킨 뒤, 자신이 곧 입멸한다고 예언하고『법화경』의 전파를 부촉한다.

『법화경』은 삼세와 시방에 제불이 존재한다는 세계관을 기본으로 한다. 본 품에서는 제불과 석가불의 관계를 장대하고도 상징적으로 보여준다. 즉, 현재 시방세계에서 활동하고 있는 제불은 석가불에 수렴된다. 다보여래라는 과거불에 의해 석가불의 정통성이 증명되었기 때문에, 시간적으로도『법화경』을 설하는 제불이 석가불에게 수렴된다는 것을 간접적으로 알 수 있다.[14] 또 사바세계를 정화해서 불국토가 실현하는 모습이 묘사된 점도 중요하다. 참고로 여기에 그려진 정토의 양상은 정토 경전류에 나오는 극락의 모습과 매우 유사하다.

『법화경』을 담당하는 보살

제12품의 산스크리트어 제목은 '인내, 노력'을 의미하는 우트사하 utsāha이다. 『법화경』을 전파할 때 만나게 되는 어려움을 인내하고 노력하는 것이 그 주제이다. 우선 약왕보살 등 2만의 보살이 불멸 후 중생에게 『법화경』을 전파하겠노라고 자청한다. 이미 수기를 얻은 성문들과 여기서 새롭게 수기를 받은 마하파자파티(석존의 양모), 야쇼다라(석존의 출가 전 아내)를 비롯한 비구니(여성 출가수행자)들은 사바세계 이외의 국토에서의 전파를 맹세한다. 또 여러 불퇴의 보살들이 어려움을 인내하며 『법화경』을 전파할 것을 맹세한다. 이 20개 게송에서 그들이 다른 비구(이 부분에서는 아란야, 즉 숲속 등에 살면서 고행을 하는 수행승)들로부터 비난과 박해를 받았음을 알 수 있다. 또 『법화경』의 보살은 다양한 역할을 가진 비구가 같이 살고 있는 승원에서 공동생활이나 활동을 금지당하는 처분을 받는 경우도 있었던 듯하다(제17게). 그 경우는 촌락이나 도회를 반복해서 방문하면서 『법화경』을 전파한다고 한다.[15]

다음의 제13품 「안락한 행법 安樂行」에서는 불멸 후의 세계에서 『법화경』을 전파하는 보살의 행동 지침을 석가불이 직접 자세히 설한다. 그것은 네 가지 안락행, 즉 신身, 구口, 의意, 서원誓願의 안락행이다. 신身의 안락행은 좋은 행동과 바른 교제범위이다. 거기에는 '승원精舍에서 함께 생활하며 아라한을 목표로 하는 비구와 신자에게는 다가가지 않고 모시지 않고 친하게 하지 않는다. 그들이 다가오면 그때그때에 따라서 가르침을 설하고, 그 밖에는 경행하는 곳에서도 정사에서도 그들과 한자리가 되는 일이 없도록'이라고 설시한다.

흥미로운 것은 이 품의 마지막 게송 부분에서 최고의 깨달음을 목표로 네 가지 안락행을 실천하는 위대한 성선(聖仙 보살)이 꿈속에서 붓다를 만나 그 가르침을 청문하는 과정에 대해 다음과 같이 말한다.

최고의 깨달음을 추구하는 위대한 성선(보살)은 붓다로부터 수기를 받는다(66게).
그는 [꿈속에서] 산속 동굴 속에서 법을 수습하고 있는 자신을 본다.
법을 수습해서 법의 실상에 도달하고 삼매를 얻어 붓다를 본다(67게).
꿈속에서 백 가지 복덕의 특징을 갖춘 금빛 붓다를 만난 그는 법을 청문하고,
청문한 뒤에 그것을 집회에서 설명한다. 실로 그의 꿈은 이와 같다(68게).

이 보살은 붓다를 체득하려고 수행하는 가운데 붓다를 만나서 붓다의 가르침을 듣고 그것을 집회에서 설해서 중생을 인도한다. 인용한 게송은 새로운 경전이 탄생하는 과정을 상징적으로 보여준다.[16] 견불이라는 체험에 근거해서 새롭게 붓다가 된 사람들, 즉 스스로 붓다의 말을 얻은 사람들에 의해『법화경』이 태어난 것이다.

보살의 출현

제14품「대지의 틈에서 보살이 출현함(從地涌出)」에서는,「보탑품」(제11품)에서 분신불과 함께 사바세계에 찾아온 8항하사의 보살들이 석존에게 사바세계에서『법화경』을 전파할 것을 요청한다. 석존은 그것을 거절하고, 사바세계에는 6만 항하사의 보살들이 있어서 그들이 이 세계에서『법화경』을 전파하리라고 알린다. 그러자 대지가 갈라지면서 그 속에서 보살들이 잇달아 출현하고, 그들의 대표인 네 보살(上行, 無邊行, 淨行, 安立行)과 석존이 친밀하게 대화를 나눈다.

이 희유한 광경에 놀라는 청중을 대표해서 미륵보살이 질문하자, 석존은 '저들

은 내가 이곳 사바세계에서 교화한 제자(나의 아들)이다'라고 설명한다. 하지만 미륵은 납득하지 못하고 '세존이 성불하시고 나서 아직 40여 년밖에 경과하지 않았습니다. 그 짧은 동안에 이 많은 보살을 깨달음을 향해 교화했다니 도저히 믿을 수 없습니다'라고 의문을 표시한다. 「서품」에서의 미륵의 질문을 발단으로 해서 「방편품」에서 일불승이 설해진 것과 마찬가지로, 여기에서도 미륵의 질문이 『법화경』 후반부의 절정인 「수량품」의 도입부가 된다.

6.
실제로 존재하는 붓다-「여래수량품」과 「여래신력품」

제15품 「여래의 수명의 양如來壽量」 첫머리에서는 붓다가 그의 말을 믿을 것을 호소하고, 미륵을 비롯한 청중은 붓다의 말을 믿고 지닐 것을 세 차례 반복한다. 『법화경』에서 세 번의 간청에 의해 설법이 시작되는 것은 「방편품」과 「수량품」뿐이다. 붓다는 우선 '세상 사람들은 나 석가불이 붓다가야 근교에서 깨달음을 열었다고 생각하고 있지만, 사실은 아득한 과거에 성불해서 헤아릴 수 없이 긴 수명을 가지고 있다久遠實成'고 밝히고, 그 사이에 계속해서 가르침을 설해서 중생들을 인도했다고 말한다. 또 '내가 보살의 수행을 닦아서 성취한 수명의 길이가 다하는 데는 지금까지의 수명의 곱절이 걸린다'라고 해서, 앞으로의 수명도 구원의 곱절이라고 설명한다. 그리고 석가불이 열반에 든 것처럼 보여주는 것은 중생으로 하여금 진지하게 붓다를 구하는 마음을 일깨우기 위해서라고 한다. 다시 말해 열반을 보여주는 것은 중생에게 붓다를 갈망하는 마음을 낳게 하는 붓다의 교묘한 수단方便威度이다. 이어지는 제23게 自我偈에서 석가불은 구원실성과 방편멸도를 재차 설하면서, 불멸 후의 세계에 사는 우리의 붓다로서 존재하고 있으며 법을 설해서 중생을 구제하고 붓다로 이끈다고 선언한다. 이를테면,

일심으로 붓다를 구하고 붓다의 말을 믿는 사람에게는 붓다가 나타난다.
붓다는 항상 이 세계(영취산 및 다른 장소)에서 가르침을 설한다.
붓다는 모든 중생이 신속하게 붓다가 되기를 염원한다.

라는 결의를 표명한다. 『법화경』을 믿는 자에게 '붓다란 항상 법을 설하고 무수한 중생을 교화해서 불도에 들어가게 하는' 존재이다. 여기에서 법(다르마, 가르침)은 추상적인 진리가 아니라, 중생을 교화하고 구제하기 위해 반드시 붓다가 설하는 것이라는 『법화경』의 기본 입장이 보인다.

보통 「수량품」을 붓다의 수명의 영원성을 설하는 것으로 보지만 그것만으로는 완전한 이해가 아니다. 중생과 붓다의 선후관계를 생각해보면, 중생이 존재하기 때문에 붓다가 나타나는 것이지 붓다가 시간을 초월(부정)해서 존재하는 것은 아니다. 붓다는 어디까지나 '되는' 것이고, 그 수명은 수행에 의해 획득된 것이다(제18게). 따라서 수명의 영원성이란 중생이 존재하는 한 붓다가 계속해서 중생을 교화한다는 의미다. 석가불은 『법화경』에 의해 부활해서 실제로 존재하는 붓다가 된다.

그렇다면 어떤 방법에 의해 붓다의 말이 지금 이곳에 출현하는 것일까? 이미 본 것처럼 「법사품」 이후는 불멸 후의 세계에 『법화경』을 전파하는 것이 중심 주제

였는데, 그 방법으로는 경전을 지니고 읽고 외우고 해설하고 서사하는 것을 권하고 경전을 공양하면 깨달음에 다가갈 수 있다고 반복해서 설한다. 그것을 마무리하는 제20품 「여래의 신통력 如來神力」에서 지용 地涌 보살들은 이 세계에서 『법화경』을 전파하겠노라 맹세한다. 붓다는 그들에게 다음과 같이 명언한다.

> 또한 양가의 자제들이여, 지상의 어느 곳에서 이 법문이 독송되거나 설명되거나 교시되거나 숙고되거나 서술되거나 독영되거나 책이 된다고 하자. 정원에서든 정사에서든 집에서든 숲에서든 도회에서든 나무 밑동에서든 누각에서든 방에서든 동굴에서든, 지상의 그곳에는 여래를 위한 탑(차이트야)이 세워져야 한다. 왜냐하면 지상의 그곳은 모든 여래들의 깨달음의 자리이며, 지상의 그곳에서 바른 깨달음을 얻은 존경할 만한 모든 여래들이 이 위없는 바른 깨달음에 도달했음을 알아야 한다. 또 지상의 그곳에서 모든 여래들이 법륜을 굴렸고, 지상의 그곳에서 모든 여래들이 완전한 열반에 들었음을 알아야 한다(KN391, WT331).

『법화경』은 붓다의 일생의 중요한 궤적, 즉 성도와 전법륜과 반열반 등의 의미를 새롭게 발견하고 의의를 부여해왔다. 따라서 『법화경』이 실행되는 장소는 붓다의 모든 활동이 전개되는 도량이 된다. 『법화경』에 대한 독송 등의 다양한 행위가 붓다를 출현시키고, 『법화경』이 적힌 경권은 유골을 대신해서 살아 있는 붓다의 역할을 수행하는 것이다.

제15 「수량품」에 이어지는 제16 「공덕품 如來神力」은 「수량품」을 듣고 지니는 공덕을 상세하게 묘사하고 있으며, 수량품의 유통분의 역할을 한다. 제17 「수희공덕품」은 『법화경』을 듣고 수희하는 공덕을 설한다. 특히 한 구절 한 게라도 듣고 수희해서 그것을 다른 사람에게 계속해서 전하는 공덕이야말로 절대적이라고 한다. 제18품 「설법자에 대한 칭찬法師功德」은 『법화경』을 수지하고 설시하는 법사는 여섯 가지 감각기관이 청정해져서 이익을 얻는다고 말한다.

제19품 「늘 경시하지 않는 보살常不輕菩薩」은 석가불의 전생 이야기이다.[17] 상불경보살은 자신을 경멸하고 괴롭히는 사람들에게도 '당신은 보살행을 행하십시오, 그러면 미래에 붓다가 될 것입니다'라고 호소하며 절을 했다. 뒤에 그는 『법화경』을 듣고 중생을 위없는 깨달음으로 이끌었다. 즉, 이 이야기에서는 보살이 붓다와 마찬가지 역할(수기를 내리고 깨달음으로 이끄는)을 수행한다. 뒤따르는 「신력품」에서는 보살에게 『법화경』의 전파를 위임하는데, 그 보살행의 기본을 여기에 미리 설시했다고 할 수 있다. 상불경 보살의 모습은 후대에 법화를 믿는 사람들에게 깊은 감동과 영향을 주었다. '초기의 『법화경』을 믿는 그룹이 신앙을 실천하던 형태는 모든 사람의 성불을 호소하는 상불경 보살의 예배 행위였다'는 말은 핵심을 찌르는 해석이라고 할 수 있다.[18]

7. 『법화경』의 전개

『법화경』 내부의 신앙의 전개

「서품」에서 「여래신력품」까지의 각 품은 일체중생의 성불과 사바세계에 실제로 존재하는 붓다를 설명하기 위해 긴밀하게 구성되어 있다. 그리고 불멸 후의 세계에 『법화경』을 전파할 것을 설하는 「신력품」에서 『법화경』은 사상적으로는 완결되었다. 그 뒤의 모든 품은 제3류라고 해서, 제1류와 제2류보다 뒤에 성립했다고 보는 학자도 있다. 제3류의 배열순서는 산스크리트와 한역 텍스트가 다르기 때문에 이하 간단히 대응관계를 보인다. 그리고 현행 『묘법연화경』에는 독립한 「제바품」이 들어 있기 때문에 그것도 포함시킨다.

범본	『묘법연화경』
11. 스투파의 출현	견보탑품 제11, 제바달다품 제12

(중략, 이하 「여래신력품」까지 묘법연화경의 품 번호는 범본에 1을 더한 번호)

20. 여래의 신통력	여래신력품 제21
21. 다라니	촉루품 제22(범본 27)
22. 약왕의 과거와의 연관	약왕보살본사품 제23
23. 묘음	묘음보살품 제24
24. 보문	관세음보살보문품 제25
25. 묘장엄왕의 과거와의 연관	다라니품 제26(범본 21)
26. 보현의 격려	묘장엄왕본사품 제27(범본 25)
27. 위촉	보현보살권발품 제28(범본 26)

우선 본래라면 마지막에 있어야 할 「촉루품」 – 모든 보살에게 『법화경』을 부촉하는 – 이 『묘법연화경』에서는 경전의 중간에 있는 점에 대해서, '마지막 여섯 품이 그 앞의 모든 품에 대해서 부록의 위치에 있음을 보이기 위해서'라고 해석할

수 있다(스구로 신조, 1993년, p.187).

이들 여섯 품에서는 약왕, 묘음, 관세음, 보현보살이 주인공인데, 특히 서북 인도 지방에서 유행하고 있던 일반적인 대승불교 신앙의 다양한 형태를 설하고 있다. 제 보살은 자유자재로 변신할 수 있는 현일체(現一切 보현) 색신 삼매에 의해 중생을 구제한다. 「약왕품」에서는 그 품의 공덕에 의해 무량수(아미타유스) 여래의 극락세계에 왕생할 수 있다고 설한다. 「다라니품」과 「보현보살품」에 나오는 다라니(신비로운 주문)는 『법화경』을 실천하는 사람을 수호하고 재액을 없애는 효과를 갖는다. 「묘장엄왕품」에서는 왕의 아들들이 공중에서 행주좌와하고 몸에서 물을 내는 등의 신통력을 발휘하고, 그것을 기뻐한 왕이 『법화경』에 귀의했다고 한다. 왕의 아들들의 행위는 독각(단독으로 깨닫는 수행자)의 특징이다. 『법화경』은 이러한 과거의 이야기를 통해서 일종의 초인적인 능력을 가지고 신앙을 모으는 수행자들을 자신의 그룹 속에 융합하려는 의도가 있었던 것 같다. 일체중생의 성불이라는 사상을 현실의 불교세계에서 구체적으로 전개할 때, 『법화경』 편찬자는 다양한 신앙과 실천을 포섭함으로써 그것들을 『법화경』 신앙의 형태로 통합한 것이다.

「제바품」의 성불사상

문헌학적 연구에 따르면, 『법화경』은 27품으로 성립한 뒤에 「제바품」에 해당하는 부분이 추가 편입된 것으로 보인다. 그 목적은 일체중생의 성불을 보다 철저하게 설하는 데에 있었다고 생각된다.[19] 석존의 사촌에 해당하는 제바달다 Devadatta는 석존의 교단에서 분파해서 대립했기 때문에 전통적으로는 악인으로 간주된다. 하지만 「제바품」에는 제바달다를 비난하는 내용은 없다. 제바달다는 전생의 석존에게 『법화경』을 가르쳐준 은인이라고 불리며 수기를 받고 성불한다.

그 이래 구분교의 형식의 하나인 우파데사(논의)에 의해 약설된 붓다의 말(숫타)을 제자들이 널리 분별(해석)하기 시작한다. 즉, 『법화경』 첫머리에서 세존은 '선남자 선여인이 『법화경』을 듣고 의혹을 품지 않고 믿으면 지옥에 떨어지지 않는다. 신이나 인간계에 태어나서 좋은 지위를 얻고, 어떤 불국토에 태어나더라도 여래 앞의 연꽃(파드마) 속에 태어날 것이다'라고 설한다. 세존의 이 말은 남녀가 평등한 성불을 설한 것이다. 다만 이 말만으로는 청중이 충분히 이해하지 못했기 때문에 '논의'를 통해 그 의미를 구체적으로 밝힌다. 세존은 지적 智積보살에게 문수보살과 함께 법을 의논해서 결착하도록 권한다. 그 뒤는 두 보살의 대화가 되고, 이어서 문수가 바닷속에서 『법화경』으로 교화한 용왕의 8세 딸이 등장하고 사리불도 포함해서 논의를 진행한다.

문수보살은 8세의 용녀가 깨달음을 완성해서 성불 가능한 상태에 있다고 한다. 그것에 대해 지적보살은 '무척 오랜 시간 수행을 쌓아야 겨우 불과에 도달한다'는 일반적인 성불론 歷劫修行論에 따라 반론한다. 또 사리불은 당시의 사회통념을 받아들이고 있던 전통적인 불교교단의 견해에 근거해서 '여성은 다섯 가지의 장애가 있어서 성불할 수 없다'고 주장한다. 그러자 용녀는 순식간에 남자로 변신해서, 남방의 무구세계에서 성불해서 설법하는 모습을 보인다. 청중들이 모두 말없이 그것을 받아들인다.[20] 지적보살과 사리불의 주장은 용녀가 순시에 남자의 모습으로 성불함으로써 실증적으로 반박된 것이다. 이상 이 품의 후반은 여자라는 것이 성불에 장해가 되지 않는다는 것과 그대로의 모습으로 신속히 성불한다는 사상을 표명한다. 「제바품」은 일부러 전통적으로 성불에서 연이 멀다고 간주되는 제바달다와 용녀를 들어서 『법화경』에 의한 성불을 구체적이고 철저하게 설했다고 할 수 있다.

인도불교사에 있어서의 『법화경』

초기 대승경전이 탄생한 뒤, 그들 경전에 근거해서 교리의 기초를 대성한 것이 나가르주나이다. 그는 『반야경』의 공사상을 기본으로 해서 『화엄경』 「십지품」의 보살의 십지를 대승불교의 깨달음으로 가는 단계로서 제시했다. 나가르주나에 있어서 『법화경』은 중심적인 역할을 담당했다고는 할 수 없다.[21] 『법화경』을 비교적 많이 인용한 논서는 『대지도론』과 견의堅意의 『입대승론』으로서, 수용의 일면을 보여준다.[22] 인도에서의 법화경 주석서로 현존하는 것은 세친의 『법화경론』(정확히는 『묘법연화경우파제사』)뿐이다.[23] 그 뒤의 중관파 문헌에서 『법화경』은 일승사상을 중심으로 수용되었다.[24] 대승경전의 교리가 정밀하게 아비다르마와 같은 방법으로 탐구되는 중기 이후의 인도불교사 속에서 『법화경』은 그다지 중시되지 않은 것 같다.[25] 오히려 『법화경』은 중국과 일본에서 사상적으로 체계화하고 실천적으로 전개되었다고 할 수 있을 것이다.

또 『법화경』의 '구원의 석가불'과 '일체중생이 모두 성불한다'는 사상은 각각 『대승열반경』의 '불신상주'와 '일체중생실유불성' 사상으로 전개했다고 생각된다. 하지만 『법화경』의 석가불은 어디까지나 시간의 흐름 속에서 출현하는 붓다이다. '붓다가 된다는 것'과 '불성(붓다의 본질, 유골)이 있다'는 가르침에는 결정적인 차이가 있다. '그대는 붓다가 된다'는 붓다의 말을 믿는 것, 여기에 『법화경』의 핵심이 있다고 본다.

1 KARASHIMA Seishi, *A Trilingual Edition of the Lotus Sutra — New editions of the Sanskrit, Tibetan and Chinese versions (1)-(4), Annual Report of The International Research Institute for Advanced Buddhology at Soka University*(創價大學國際佛教學高等研究所) 2003-2006. 기간본은 안락행품과 종지용출품의 서두 부분이다.

2 『법화경』의 범어 사본의 연구사와 현황에 대해서는 石田智宏[2006] 참조. 또한 堀内伸二[1997]의 '자료'와 '참고문헌'도 유익하다.

3 『법화경』 성립론을 테마로 한 연구에 伊藤瑞叡[2007]가 있다. 본 서에서는 뷔르누프에서 井本勝幸[2000]에 이르는 28의 성립론이 검증·평가되고 있다. 伊藤는 '勝呂說의 동시성립론을 긍정하여 필자가 명칭을 고안한 단기적(=定期間) 단계집성(=一定期間集成)설을 가설로 주장하고 싶다'라고 한다(p.458).

4 苅谷定彦[1883]. 『법화경』 후반부를 중심으로 한 최신 연구[2009]에서는 『법화경』의 고유한 부분은 서품에서 신력품에 이른 12품이며 후반부야말로 본론이라고 한다(p.398 이하).

5 勝呂信靜[1993] pp.61-62.

6 松本史朗[2010]은 방편품의 장행에서 설해진 일승(=불승)이 『법화경』의 근본적 입장이라는 시점에서 이것과 상위·모순된 다른 부분을 비판적으로 해명·분석하였다.

7 並川孝義[2005] p.49 이하 참조.

8 鈴木隆泰[2006]는 "『법화경』이 제시하는 붓다관은 설법을 통해서 현재화하고 중생에게 이익을 주는 '작용'이라고 파악할 수 있다."라고 정확히 핵심을 제시하였다(p.198 이하).

9 『법화경』의 위치를 보이는 것으로 서품을 논한 것에 久保繼成[1987]의 제1편이 있다.

10 下田正弘[1999] 참조.

11 적은 선으로 성불한다는 것을 어떻게 평가하는가에 대해서는 견해의 차이가 크다. 袴谷憲昭[2006], p.65, 津田眞一[2007], pp.68-71, 岡田行弘, 「小善成佛と常不輕菩薩」, 『佛教文化の樣相(坂輪宣敬博士古稀記念論文集)』, 山喜房佛書林, 2008년 수록, p.646 이하 참조.

12 『법화경』의 성문과 『유마경』의 등장인물과의 대응에 대해서는 平岡聰[2010] 참조. 이 논문은 『근본유부율』과 『법화경』의 접점에 대해서도 고찰했다.

13 「보탑품」은 불탑 신앙에서 벗어나 경전의 수지로의 이행을 나타낸다는 측면을 잊어서는 안된다. 鈴木隆泰[2001], p.392.

14 末木文美士[2009]는 '사자인 다보여래와 생자인 석가불이 일체가 되는 것으로 처음 영원한 힘을 획득한다'(p.75)고 지적하였다.

15 辛嶋靜志[2005]는 권지품의 게를 엄밀하게 검증하여 '『법화경』은 村住 혹은 村志向의 비구들에 의해 만들어졌다'고 결론 내렸다(p.67).

16 岡田行弘[2010] 참조.

17 상불경 Sadāparibhūta은 4가지의 방법으로 해석할 수 있지만 그 중심적 의미는 '늘 가벼이 하지 않는다'는 것이다. 상세한 내용은 植木雅俊 역[2008](하권, p.380)을 참조.

18 菅野博史[2001], p.130.

19 제바달다품의 역출과 『법화경』 편입에 대해서는 塚本啓祥[1986](p.462 이하) 참조.

20 植木雅俊[2004]는 정확하게 '변성남자'는 사리푸트라로 상징되는 소승불교 교단의 남성 출가자들의 선입관에 대한 '비꼼'이라고 이해하는 것이 타당하다. "『법화경』의 진의는 (중략) 女身 그대로 붓다가 될 수 있는 것(즉신성불)을 나타냄에 있다."라고 한다(p.226).

21 岡田行弘[2001], pp.369-382.

22 勝呂信靜[2009] 수록, 「インドにおける法華經の註釋的解釋」, pp.521-544.

23 상세한 해제와 국역이 붙여진 번역본이 출판되었다. 大竹晋[2011], pp.100-280.

24 望月海慧[1993] 참조.

25 유식 사상과 『법화경』에 명확한 관계는 보이지 않는다. 勝呂信靜[2009] 수록(p.625 이하)의 「唯識思想と法華經の交涉 － こころの概念を中心として」 참조.

참고문헌

KN본 : *Saddharmapuṇḍarīka*, ed. By H.Kern & B.Nanjio, *Bibliotheca Buddhica* X, 1908-12, Reprint, Tokyo 1970.

WT본 : 荻原雲來·土田勝弥 『改訂梵文法華經』 山喜房佛書林, 1994(제3판).

『정법화경』 서진(286) 축법호 역, 대정9, 63-134.

『묘법연화경』 요진(406) 구마라집 역, 대정9, 1-62.

참고문헌(1980년 이후의 문헌)

가라시마 세이시(辛嶋靜志)

2005 「初期大乘佛典は誰が作ったか － 阿蘭若住比丘と村住比丘の對立」 『佛教大學綜合研究所紀要別冊·佛教と自然』

가리야 사다히코(苅谷定彦)

1983 『法華經一佛乘の思想』, 東方出版.

2009 『法華經 <佛滅後>の思想 － 法華經の解明(II)』, 東方出版.

간노 히로시(菅野博史)

2001 『法華經入門』, 岩波文庫.

구보 츠구나리(久保繼成)

1987 『法華經菩薩思想の研究』, 春秋社.

나미카와 다카요시(並川孝義)

2005 『ゴータマ・ブッダ考』, 大藏出版.

나카무라 즈이류(中村瑞隆)

1995, 1998 『現代語譯法華經(上下)』, 春秋社.

1980 (편) 『法華經の思想と基盤(法華經研究VIII)』, 平樂寺書店.

다가 류겐(田賀龍彦) 편

1993 『法華經の受容と展開(法華經研究XII)』, 平樂寺書店.

마츠모토 시로(松本史朗)

2010 『法華經思想論』, 大藏出版.

모치즈키 가이슈쿠(望月海淑) 편

2006 『法華經と大乘經典の研究』, 山喜房佛書林.

모치즈키 가이에(望月海慧)

1993 「中觀派文獻にみられる『法華經』の受容」(앞의 책 『法華經の受容と展開』 수록)

스구로 신조(勝呂信靜)

1993 『法華經の成立と思想』, 大東出版社.

2001 (편) 『法華經の思想と展開(法華經研究XIII)』, 平樂寺書店.

2009 『法華經の思想と形成』, 山喜房佛書林.

스에키 후미히코(末木文美士)

2009 『佛典を讀む ― 死からはじまる佛教史』, 新潮社.

스즈키 다카야스(鈴木隆泰)

2001 「法華經見寶塔品の考察 ― stūpaからdharmaへ」(앞의 책 『空と實在』 소수)

2006 「Tathāgato Veditavyaḥ ― 如來であると知りなさい」(앞의 책 『法華經と大乘經典の研究』 소수)

시모다 마사히로(下田正弘)

1999 「「梵天勸請」說話と『法華經』のブッダ觀」『中央學術研究所紀要』 第28号.

에지마 야스노리(江島惠敎)

2001 江島惠敎博士追悼論集刊行會 『江島惠敎博士追悼記念論集 空と實在』, 春秋社.

오카다 유키히로(岡田行弘)

2001 「ナーガールジュナと法華經」(앞의 책 『空と實在』 소수)

2007 「法華經における佛傳的要素」『法華文化研究』 第33号.

2010 「『法華經』を說く佛の自畫像 ― 安樂行品の夢」『大崎學報』 第166号.

오타케 스스무(大竹晋)

2011 (校注) 『法華經論・無量壽經論 他(新國譯大藏經14 釋經論部18)』 大藏出版.

와타나베 호요(渡邊寶陽) 편

1985 『法華佛教の佛陀論と衆生論』(法華經研究X), 平樂寺書店.

우에키 마사토시(植木雅俊)

2004 『佛教のなかの男女觀』, 岩波書店.

2008 번역『梵漢和對照·現代語譯法華經(上·下)』, 岩波書店.

이모토 가츠유키(共本勝幸) 井本

2000 「法華經成立に關する私見」『法華學報』第10号.

이시다 도모히로(石田智宏)

2006 「法華經の梵語寫本 發見·硏究史概觀」『身延山大學東洋研究所所報』第10号.

이토 즈이에(伊藤瑞叡)

2004 『法華菩薩道の基礎的研究』, 平樂寺書店.

2007 『法華經成立の基礎的研究 − 法華經成立論史』, 平樂寺書店.

츠다 신이치(津田眞一)

2007 「小善成佛から願成就へ, <「方便品」三世代關與說>をもってする『法華經』「方便品」の救濟論の測深」『國際佛教大學院大學研究紀要』第11号.

츠카모토 게이쇼(塚本啓祥)

1986 『法華經の成立と背景』, 佼成出版社.

1982 (편)『法華經の文化と基盤(法華經研究IX)』, 平樂寺書店.

하카마야 노리아키(袴谷憲昭)

2006 「『法華經』の對極にあるもの」(앞의 책『法華經と大乘經典の研究』 소수)

히라오카 사토시(平岡 聰)

2010 「法華經の成立に關する新たな視點 − その筋書き·配役·情報源」『印度學佛教學研究』第59卷 第1号.

히라카와 아키라(平川 彰)

1989 『初期大乘と法華思想』(平川彰著作集第6卷), 春秋社.

1983 平川·梶山·高崎 편『講座大乘佛教4 法華思想』, 春秋社.

호리우치 신지(堀內伸二)

1997 「II 主要大乘經典解說2 法華部」『大乘經典解說辭典』, 北辰堂.

제8장

『법화경』의 중국적 전개

간노 히로시

1. 들어가는 말

본 장은 『법화경』 사상이 중국에서 어떻게 수용되고 전개했는지에 대해서 남북조와 수당 시대에 한정해서 고찰하고자 한다. 먼저 중국의 법화경 주석서에 보이는 『법화경』 사상의 수용 방식을 고찰한다. 또 『법화경』의 일부인 『관음경』에 근거하는 관음신앙과 『법화경』 신앙의 현세이익을 설한 영험담에 보이는 민중적 신앙에 대해서 논한다.

2. 법화경 주석서에 보이는 중국의 『법화경』 사상 수용

1) 『법화경』의 한역

『법화경』에 대해서는 예부터 '육역삼존六譯三存'이라는 말이 있다. 시오다 기손塩田義遜의 고증에 따르면, 중국에서 한역된 것은 완본으로서는 다음의 세 종류뿐이라고 한다.[1] 첫째는 서진의 축법호(생년은 대략230년대이고78세로 서거)가 번역한 『정법화경』 10권(286)이다. 두 번째는 요진의 구마라집(344-413 혹은350-409)이 번역한 『묘법연화경』 7권 혹은 8권(406)이다.[2] 세 번째는 수의 사나굴다(523-605)와 달마굽다(?-619)가 공역한 『첨품묘법연화경』 7권(601)이다. 『첨품묘법연화경』은 구마라집 역의 보정판이다.

『정법화경』은 역문이 난해하고 특히 당시의 불교학의 중심이 현학과 공통점이 있는 반야교학이었다는 것 때문에, – 동진 시대의 축도잠(286-374)의 강경을 잊어서는 안 되지만 – 불교계의 주목을 끄는 일은 별로 없었다. 그에 비해『묘법연화경』은 교판형성의 기준이 되는 개삼현일 開三顯一이나 일체중생의 성불을 주장하는 이상이 시대의 각광을 받아서 많은 사람들의 신앙과 연구의 대상이 되었다. 뒤에 소개하는 중국의 여러 주석서도 구마라집의 역본을 대상으로 했다.『첨품묘법연화경』은『묘법연화경』에 빠진 부분을 보충한 것이지만, 두고두고 독송된 것은 구마라집 역이었다. 사실 현행『법화경』에는 구마라집 역에 없던「제바달다품」등이 편입되어 있다.[3]

실역 경전『살담분다리경 薩曇芬陀利經』은「견보탑품」과「제바달다품」에 해당하는 것으로 무척 간결하다. 성립시기에 대해서는「제바달다품」의 성립과 관련해서 흥미로운 부분이지만, 아직 결론은 나오지 않고 있다.[4]

2) 중국의 법화경 주석서

현존하는 중국의 법화경 주석서를 보면, 우선 현존하는 가장 오래된 것으로 도생 道生(355경-434)의『묘법연화경소』가 있다. 도생은 구마라집의 문하인데, 일천제 성불설이나 돈오설[5] 등을 통해 그 독창적이고 투철한 불교이해를 높이 평가받았다. 그는 구마라집의『법화경』강의를 기록한 것을 기본으로 해서 이 주석서를 지었다고 말했다.

돈황에서 발견된 단편들을 제외하고 도생의『묘법연화경소』다음으로 오래된 법화경 주석서는 광택사 光宅寺 법운 法雲(467-529)의『법화의기 法華義記』이다.『법화의기』는 개선사開善寺 지장智藏(458-522), 장엄사莊嚴寺 승민僧旻(467-527)과 함께 양의 삼대 법사라고 불린 법운의 『법화경』 강의를 제자가 기록한 것이다. 법운의 법화학이 남북조 시대에 걸출한 지위를 차지하는 것이었음을 인정한 길장(549-623)과 지의(538-597)는 법운 법화학의 영향을 받으면서도, 『법화경』을 『열반경』보다 못하다고 생각하는 법운을 엄하게 비판함으로써 그들 자신의 법화학을 구축했다.

먼저 천태대사 지의에게는 명名, 체體, 종宗, 용用, 교敎의 오중현의五重玄義의 시점에서 『법화경』의 사상을 종합적으로 해석한 『법화현의法華玄義』 외에 『법화경』을 수문해석한 『법화문구法華文句』가 있다. 그런데 이 두 저서는 지의가 직접 지은 것이 아니라 제자인 장안章安대사 관정灌頂(561-632)이 지의의 강의를 기록하고 뒤에 그것을 정리해서 완성한 것이다. 특히 『법화문구』의 성립에 관해서 보면 길장의 『법화현론』, 『법화의소』을 상당히 참조했다. 지의는 『법화경』 지상주의자는 아니었지만, 『법화경』을 중심으로 해서 교판을 확립한 것은 사실이다.

다음으로 삼론학파를 대성한 가상대사 길장은 『법화현론法華玄論』, 『법화의소法華義疏』, 『법화유의法華遊意』, 『법화통략法華統略』 등 가장 많은 법화경 주석서를 저술했다. 세친의 『법화론』에 대한 『법화론소』도 지었다. 길장은 모든 대승경전이 길을 제시하는 점에 있어서 평등하다는 입장에 서서 법화경 주석서를 지었다.

마지막으로 법상종의 자은대사 기基(632-682)에게는 『법화경』을 해석하는 종래의 입장인 삼승방편·일승진실과는 완전히 다른 삼승진실·일승방편이라는 인도 유식사상의 입장에서 『법화경』을 해석한 『법화현찬法華玄贊』이 있다.

이들은 모두 중국불교사상 저명한 불교도로 각각의 종교·학문적 입장에서 『법화경』을 연구했다. 8세기 이후가 되면 위에 든 법화경 주석서에 대해 주석한 말주

末注가 나오게 된다. 예를 들면 담연(711-782)에 의한 『법화현의석참』, 『법화문구기』가 있고, 또 말주는 아니지만 『법화오백문론』이 있다. 『법화현찬』에도 혜소 慧沼(650-714)의 『법화현찬의결』 등 수 편의 말주가 저술되었다. 또 한참 뒤이지만 선종의 계환 戒環(?-1128-?)이 『법화경요해』를 짓고,[6] 지욱 智旭(1599-1655)은 『법화경회의』를 지었다.[7]

3) 중국에 있어서의 『법화경』의 사상적 수용

『법화경』의 중심사상은 '일불승 사상', '구원 久遠한 석존의 사상', '지용 地涌 보살의 사상'의 세 가지로 이해할 수 있다. 다음은 중국의 법화경 주석서가 이들 사상을 어떻게 해석했는지에 대해 고찰한다.

(1) 『법화경』의 '일불승 사상'에 대해서

『법화경』 제2 「방편품」에서 모든 중생을 평등하게 성불하게 하는 것이야말로 석존이 사바세계에 출현한 유일하고 중대한 목적 一大事因緣이라고 설하는 것이 '일불승 사상'이다. 이 사상 속에는 중생이 평등하게 성불할 수 있다는 것과 구제자로서 석존의 존재를 중시한다는 두 가지 특징이 보인다. 이하 몇 항목으로 나누어 중국에서의 '일불승 사상'의 수용 양상에 대해서 고찰한다.

a. 교판사상의 기준

대승과 소승의 경론이 거의 같은 시기에 무질서하게 전래된 중국불교에서는 교판사상이 큰 특징의 하나가 되었다. 교판은 주요한 대승경전의 한역이 끝나는

5세기 무렵부터 활발해졌다. 구체적으로는 구마라집(344-413/350-409)의 제자 중에서 원시적인 교판사상이 나왔다. 그때 기준이 된 것은 『법화경』 「방편품」의 개삼현일 開三顯一의 사상, 말하자면 성문, 독각, 보살의 삼승의 존재는 중생의 근기를 성숙시키기 위해 잠정적으로 설한 방편이고, 실제로는 일불승밖에 존재하지 않는다는 사상이다. 예를 들어 남북조 시대에 특히 남방에서 성했던 혜관 慧觀(생몰년 미상)의 돈점오시 頓漸五時 교판을 보자.

붓다의 가르침은 크게 돈교와 점교의 두 가지로 나눌 수 있다. 돈교에는 붓다의 깨달음을 직접 설한 『화엄경』이 있다. 점교는 『화엄경』을 이해하지 못하는 중생을 위해 얕은 가르침에서 깊은 가르침으로 단계적으로 설하는 것으로, 삼승별교 三乘別敎(『아함경』 등의 소승불교), 삼승통교(三乘通敎 『대품반야경』), 억양교(抑揚敎 『유마경』, 『사익범천소문경』), 동귀교(同歸敎 『법화경』), 상주교(常住敎 『열반경』)의 다섯 가지로 분류된다. 이 교판에서 『법화경』은 돈교인 『화엄경』이나 점교 중에 최고의 위치에 있는 『열반경』보다 하위에 놓이는데, 점교 중의 삼승별교(성문에게는 사제를 설하고 연각에게는 십이인연을 설하고 보살에게는 육바라밀을 설하듯이, 수행의 조건이나 그에 따라 얻는 결과가 각각 다른 가르침), 삼승통교(삼승에 공통되는 가르침), 동귀교(삼승의 구별 없이 모두 성불이라는 하나의 결과에 동일하게 귀착하는 가르침)는 『법화경』 「방편품」의 개삼현일 사상에 근거해서 고안된 것이다. '삼승에서 일승으로'라는 도식만으로 석존 일대의 가르침을 완전하게 정리할 수 없었을 때, 중국의 『법화경』 주석가는 「신해품」의 장자궁자의 비유를 교판의 관점에서 해석함으로써 보다 상세한 정리를 시도한 것이다.

이 돈점오시 교판은 『법화경』의 가치를 낮게 보았기 때문에 길장이나 지의에 의해 비판을 받았지만, 개삼현일 사상이 길장과 지의의 교판에 영향을 미쳤다는 점도 무시할 수 없다. 요컨대 『법화경』의 첫 번째 중심사상인 일불승 사상은 중국에서는 교판 형식에 기준을 제공하는 것으로서 수용되었으며, 나머지 사상과는 비교도 되지 않을 정도로 큰 관심을 모았다.

b. 개삼현일에 대한 법상종의 특수한 해석

이와 같이 중국에서는 개삼현일이 『법화경』의 중심사상의 하나로 이해되었는데, 법상종은 오성각별 五性各別 사상(중생에게는 성문정성, 연각정성, 보살정성, 부정성, 무성의 다섯 가지 차별이 있는데, 첫째, 둘째, 다섯째 종성은 성불할 수 없다)의 입장에서 『법화경』은 부정성을 성문이나 연각의 방향이 아니라 보살의 방향으로 이끌기 위해 개삼현일을 설한 것에 지나지 않고, 보다 큰 틀에서 보면 오히려 삼승이 진실이고 일승이 방편이라고 규정했다. 이러한 해석은 『법화경』 본래의 사상을 무시한 것이라고도 할 수 있지만, 달리 보면 법상종은 『법화경』과는 다른 해석 체계를 만들었다고 이해할 수 있을 것이다.

이 문제는 일본에서 사이초 最澄(767-822)와 도쿠이치 德一(생몰년 미상)의 삼일권실 三一權實 논쟁(삼승과 일승 중 어느 것이 진실이고 어느 것이 방편인가 하는 문제를 둘러싼 논쟁)으로 이어지는데, 동아시아 불교계에서는 일승진실의 입장이 역사적으로 승리했다고 할 수 있을 것이다.

c. 지의 智顗의 종숙탈 種熟脫의 세 가지 이익

일불승 사상에는 중생이 평등하게 성불하는 것뿐만 아니라 구제자로서의 석존의 존재를 중시하는 면도 있다는 것은 이미 지적했는데, 이것은 성불에 대한 『법화경』과 『열반경』의 차이와도 관계가 있다. 『열반경』에서 처음으로 확립하는 불성佛性이라는 용어는 『열반경』 이전에 성립한 『법화경』에는 나오지 않는다. 『열반경』은 '중생에게 모두 불성이 있다'고 주장해서, 모든 중생에 내재하는 불성을 중생 성불의 근거로 삼았다. 이에 비해 『법화경』은 '석존은 우리를 성불시키기 위해 사바세계에 출현했으며 그것을 유일하고 중대한 사명으로 한다'고 해서, 석존과 중생의 깊은 종교적 유대에 초점을 맞추었다.

이러한 석존과 중생의 종교적 유대에 대한 주목은 하종익下種益, 숙익熟益, 탈익脫益의 세 가지 이익이라는 개념에 나타난다. 이것은 식물의 씨를 뿌리고 성숙시켜서 수확하는 것을 의미한다. 구체적으로 말하자면 하종익은 석존과 중생이 처음으로 연을 맺는 것, 즉 종교적 유대를 맺는 것이고, 숙익은 중생의 근기를 성숙시키는 것 그리고 탈익은 중생을 해탈시키는 것이다.[8] 지의는 「화성유품」에 보이는 대통지승불의 이야기가 교화의 시종始終과 불시종不始終을 설하는 것으로 이해하고, 석존이 중생에게 주는 세 가지 이익으로서 하종익과 숙익과 탈익을 생각한 것이다.

d. 『법화경』의 불성에 대한 언급의 유무

『열반경』의 중심사상은 불신(법신)의 상주常住와 불성의 보편성이다. 이것은 각각 『법화경』의 중심사상인 구원한 석존의 사상과 일불승의 사상과 유사하다. 하지만 직접적인 용례를 보면, 『법화경』에는 『열반경』에 비해 불신 상주에 관한 표현은 별로 없고 불성이라는 용어도 보이지 않는다. 그래서 남북조 시대에는 『법화경』에 『열반경』에 나오는 불성과 불신 상주가 설해지지 않았다고 하는 평가가 일반적이었다.[9] 이 점에 대해 수대의 삼대 법사라고 불리는 정영사 혜원(523-592)과 지의와

길장은 『법화경』에도 원칙적으로 불성이 설해졌다는 것을 논증하려고 했다.[10]

(2) 『법화경』의 '구원한 석존의 사상'에 대해서

두 번째의 '구원한 석존의 사상'은 『법화경』 제16 여래수량품에 설해진다. 수량품의 주된 내용은 석존의 붓다로서의 수명이 끝없이 길다는 것, 그럼에도 불구하고 '방편현열반'[11](교묘한 방법으로 임시로 열반에 드는 모습을 보이는 것)에 근거해서 『법화경』을 설한 다음에 열반에 들어가는 점 그리고 믿음이 깊은 자는 구원한 석존이 눈앞에 출현하는 모습을 볼 수 있다는 세 가지이다.

중국에서 『법화경』의 구원한 석존의 사상에 대한 관심이 비교적 희박했다고 할 수 있다. 왜냐하면 앞서 소개한 오시교판에서는 『열반경』을 제5시 상주교常住教라고 규정해서 『열반경』이야말로 진정한 붓다의 영원성을 설하는 경전이라고 평가했기 때문이다. 말하자면 『법화경』의 첫 번째 특징은 개삼현일에 있으며, 붓다의 영원성은 『열반경』이 전문으로 하는 사상이라고 간주되었다. 단, 오시교판에 있어서 『법화경』에 설해지는, 석존이 무상한 존재라는 생각은 뒤에 엄격하게 비판되었다.

이른바 구원한 석존의 영원성에 대한 해석을 역사적으로 되짚어보자. 우선 구마라집의 제자 승예僧叡에 따르면 수량품의 붓다는 영원하고 무한한 수명을 상징한다. 이것은 오백진점겁五百塵点劫의 비유로 여래의 수명의 영원성을 상징적으로 보였다고 해석한 것이다.

그런데 법운法雲은 오시교판의 입장에서 이것과 정반대로 해석했다. 법운의 『법화의기』에 따르면,[12] 『법화경』이 밝히는 붓다의 수명은 『법화경』 이전에 설해진 석존의 일반적 수명인 80세나 『수능엄삼매경』이 설하는 7백 아승지보다도 훨씬 긴데, 그 이유는 중생을 구제하기 위해 신통력에 의해 수명을 연장했기 때문이라고 설명한다. 따라서 『법화경』이 설하는 수명도 『열반경』이 밝히는 진정한 불신의 영원성에 비하면 상대적인 길이에 그치기 때문에, 다시 무상한 존재라는 결론을 내린 것이다.

법운으로 대표되는 이러한 『법화경』의 불신무상설에 대해서 정영사 혜원과 지의와 길장은 『법화경』의 구원한 석존이 영원하다는 것을 논증하는 데 힘썼다.[13]

(3) 『법화경』의 지용 보살의 사상을 둘러싸고

세 번째 '지용 보살의 사상'은 『법화경』 제10 법사품, 제15 종지용출품에 나온다. 지용 보살은 이른바 발원에 따른 원생願生 보살이다. 즉, 과거세에 이미 깨달음을 얻었지만 중생을 향한 자비심 때문에 일부러 석존이 멸한 예토 악세인 사바세계를 골라서 출현한다고 한다.[14] 필자는 이 지용 보살을 『법화경』 성립 시에 『법화경』을 제작하거나 신앙하던 자의 자화상이라고 이해할 수 있다고 생각한다.

중국에서의 지용 보살은 경전에 등장하는 신화적 인물이라고 간주되어서인지, 역사적으로 실제로 출현하는 보살이라고는 해석되지 않았다.[15] 이 점은 미륵의 수적화신垂迹化身이 다양한 모습으로 여러 번 나타났다고 이해된 것과는 상당히 거리가 있다.

남악대사 혜사慧思(515-577)의 『법화경안락행의』에는 '강강악剛強惡' 중생에 대한 엄격한 조복의 사상이 나타나는데,[16] 지용 보살에 대한 주체적인 해석은 보이지 않는다. 또 삼계교의 신행信行(540-594)은 『법화경』의 일불승 사상을 구체적으로 실천한 상불경 보살의 예배행을 자신의 신앙 실천普敬에 포함시켰다. 무척 흥미로운 부분이지만 지용 보살의 자각과 직접적인 관계는 없다.

(4) 소결

중국에서 '일불승 사상'은 '개삼현일'이라는 교판사상으로서, 중국불교 특유의 교판사상의 형성이라는 문제의식과 관련해서 해석되었다. 또 『열반경』에 나오는 '불성'이 『법화경』에 설해졌는가 아닌가 하는 논의가 활발히 진행되었으며, 중생구제에 있어서 석존의 존재를 중시하는 것은 지의의 하종, 숙, 탈의 삼익 사상에 반영되었다. 다음으로 '구원한 석존의 사상'은 『열반경』의 그늘에 가려 반드시 중시되지는 않았지만, 『법화경』이 설하는 구원한 석존이 상주인가 무상한 존재인가 하는 논의가 활발하게 이루어졌다. 마지막으로 '지용 보살의 사상'에 대해서는 혜사나 신행처럼 흥미로운 보살행의 실천을 설한 사람도 있었지만, 『법화경』을 전파하는 주체로서 지용 보살의 종교적 자각을 가진 사람은 나타나지 않았다.

3. 『법화경』의 민중적 신앙

법화경 주석서에 보이는 『법화경』의 민중적 신앙이란 『법화경』에 대한 학문·사상적 연구 이외의 것을 가리킨다. 예를 들면 『법화경』의 독송, 서사, 문법(법문을 들음), 소신공양의 공덕 등 그 범위가 넓다.[17] 여기에서는 『관음경』, 『법화경』의 응험기와 영험기에 근거해서 그 실태의 일면을 고찰한다.

1) 관음신앙

중국에서는 다양한 응험기가 저술되었는데, 그중에서도 관음보살에 관한 것이 가장 일찍 성립했다. 관음보살은 물론 『법화경』 제25 관세음보살보문품의 별행본인 『관음경』의 주인공이다. 응험기란 중생을 구제하기 위해 불보살이 이 세상에 '응'현한 증'험'(증거가 되는 표시)에 대한 '기'록이라는 의미다. 불보살의 응현을 입은 범부 쪽에서 말하자면, 불보살의 신앙에 따른 공덕의 체험을 기록한 것이 된다. 그러한 체험담 속에는 현대에 보면 황당무계한 것도 있지만, 당시의 대중의 신앙 수준에서는 신비적이기는 하지만 현실에 일어날 법한 일이었고, 그것이 편찬유통됨으로써 포교에 큰 힘이 되었으리라는 것은 쉽게 상상할 수 있다.

관음보살의 인기는 물론 관음품을 포함하는 『법화경』의 세 가지 한역에 의하는 바가 크다. 하지만 동진의 축난제 竺難提에 의해 『청관세음보살소복독해다라니주경 請觀世音菩薩消伏毒害陀羅尼咒經』, 북주의 야사굴다 耶舍崛多에 의해 『십일면관세음신주경』 등 밀교계 경전이 번역된 것이나, 『무량수경』, 『관무량수경』 등의 정토계 경전에서 대세지보살과 함께 관음보살이 아미타불과 관련 있는 보살로 중시된 것도 다소 영향을 미쳤으리라고 생각한다. 그리고 관음신앙이 고조됨에 따라, 관음보살을 주인공으로 하는 많은 위경, 예를 들어 『고왕관세음경』, 『관세음보살왕생정토본연경』, 『관세음삼매경』 등이 제작되어, 이것이 관음신앙의 융성에 한층 박차를 가한 듯하다. 또 『관음경』, 『청관음경』에 관한 주석서나 참법의 성립도 관음신앙에 영향을 미쳤으리라고 생각한다.

(1) 관음품의 현세이익

본래 관음품은 이하와 같이 현세이익을 강조해서, 처음부터 대중의 신앙을 얻을 만한 소지가 있었다.

① 불속에 들어가도 관세음보살의 이름을 마음에 간직하면 불도 태우지 못한다. ② 홍수에 휩쓸려도 관세음보살의 이름을 외우면 얕은 곳에 도달한다. ③ 백천만억의 중생이 보석을 얻으려고 바다에 들어갈 때 폭풍이 배를 나찰의 나라로 날려버리려고 해도 그중 한 명이라도 관세음보살의 이름을 외우면 그들 모두 나찰의 화를 면할 수 있다. ④ 어떤 사람이 칼이나 몽둥이로 죽임을 당하게 되었을 때 관세음보살의 이름을 외우면 당장 그 칼이나 몽둥이가 부러져 살아날 수 있다. ⑤ 삼천대천세계의 야차나 나찰이 와서 어떤 사람을 괴롭히려고 해도 그가 관세음보살의 이름을 외우는 것을 들으면 그 악귀들은 그를 노려볼 수조차 없으니 해를 가하는 일은 더더욱 하지 못한다. ⑥ 어떤 사람이 죄가 있든 없든 수갑과 족쇄와 형틀과 사슬 등의 형구形具로 묶어도 관세음보살의 이름을 외우면 그 형구들이 전부 끊어져 즉시 벗어날 수 있다. ⑦ 한 사람이 많은 상인들을 이끌고 귀한 보물을 가지고 험한 길을 지날 때 삼천대천세계에 악의에 찬 도적이 넘쳐도, 그중의 어떤 이가 '선남자들이여, 두려워하지 말라. 그대들이여. 간절히 관세음보살의 이름을 외워야 한다. 관세음보살은 중생에게 두려움 없는 경지를 준다. 그대들이여. 만일 그 이름을 외우면 이 악의에 찬 도적들로부터 벗어날 수 있으리라'라고 말한다. 여러 상인들이 그 말을 듣고 함께 소리를 맞추어 '나무관세음보살'을 외우니 바로 벗어날 수 있다. ⑧ 탐욕과 성냄과 어리석음이 많아도 관세음보살을 마음속에 생각하고 존경하면 저 욕망에서 벗어날 수 있다. ⑨ 아들을 원하는 여인이 관세음보살을 예배

하고 공양하면 복덕 있고 지혜로운 아들을 얻고, 딸을 원하는 여인의 경우는 많은 사람들에게 사랑받는 예쁜 딸을 얻는다. 이 중에서 ①-⑦의 일곱 가지 곤란, ⑧의 세 가지 번뇌, ⑨의 아들과 딸의 둘을 합한 열두 가지 공덕이다.

(2) 관음보살의 응험기

다음으로 관음보살 관련 응험기에 대해서는, 중국에서 오랫동안 산일되어 있던 육고 陸杲(459-532)의 『계관세음응험기』가 일본의 쇼렌인 靑蓮院 길수장 吉水藏에 소장되어 있다는 것이 보고되었고, 마키타 다이료 牧田諦亮가 종합적인 연구 성과를 공개했다.[18]

육고 『관세음응험기』에는 부량 傳亮(374-426)이 지은 『광세음응험기』 7개조가 들어 있다. 광세음이라는 것은 물론 축법호 역 『정법화경』에서 '관세음보살'이 아니라 '광세음보살'이라고 번역한 것에 근거한다. 부량 『광세음응험기』의 성립에 대해서는 다음과 같은 연고가 있다. 동진의 사부 謝敷(4세기경)는 『관세음응험전』 십수 개조를 지어 그 초본을 친구인 부원 傳瑗에게 보냈다. 그 후 사부의 정본은 없어지고 부원에게 보낸 초본도 손은 孫恩의 난(399) 중에 산일되고 말았다. 그런데 그것을 애독하던 부원의 아들 부량이 기억에 의지해서 집필한 것이 『광세음응험기』 7개조이다. 그 후 유송의 장연 張演(5세기 전반)은 부량의 7개조에 10개조를 더해서 『속광세음응험기』 17개조를 지었다. 이어서 육고가 '지금 제나라 중흥 원년(501)에 삼가 이 권69조를 지어 부 傳와 장 張의 저작을 잇는다'고 하여 『계관세음응험기』를 지은 것이다. 말하자면 육고의 『관세음응험기』에는 부량의 7개조, 장연의 10개조, 육고의 69개조 영험담이 포함되는 것이다. 이 영험담은 말할 것도 없이 위에서 소개한 관음보살의 열두 가지 공덕과 관계있는 것이 많다. 그중 한 가지를 소개한다.

부량 7개조의 가운데 첫 번째로 축장서 竺長舒가 화재의 난을 면한 이야기다. 그는 평소 늘 불교를 받들고 『광세음경』을 즐겨 독송했다. 어느 날 옆집에 불이 났다. 장서의 집은 초가인 데다 바람이 부는 방향에 있었기 때문에 전소를 면하지 못하리라고 생각했는데, 『광세음경』을 독송하자 갑자기 바람 방향이 바뀌어 장서의 집은 무사했다. 사람들은 영묘한 응험이라고 생각했지만 몇몇 불량한 소년들이 바람 방향이 바뀐 것은 우연이고 신이한 것은 아무것도 없다고 큰소리쳤다. 그들은 건조한 날이 이어진 바람에 세게 부는 날을 골라서 장서의 집 지붕에 횃불을 던졌지만, 세 번이나 실패하고 놀라서 물러갔다가 다음 날 아침 장서를 찾아가서 간밤의 일을 고백했다. 장서는 광세음보살의 영묘한 감응이라며 소년들에게도 신앙을 권했다. 고향 사람들은 모두 이것(광세음보살)을 특히 공경했다.

또 제목에 관음의 이름은 나오지 않지만, 왕염 王琰이 찬한 『명상기 冥祥記』(단편뿐. 노신 魯迅의 『고소설구침 古小說鉤沈』에 수록)나 당임 唐臨이 찬한 『명보기 冥報記』 3권(영휘 永徽년중=650-655에 성립) 등에도 관음보살의 영험담이 수록되어 있다.

(3) 위경 『관세음삼매경』

다음으로 『관음경』 관련의 위경 중에 비교적 유명한 『관세음삼매경』의 개략을 소개한다.

『관세음삼매경』은 '이와 같이 나는 들었다. 어느 날 붓다는 비라륵 毗羅勒국의 전단 栴檀 정사에서 보살중 삼만 명과 함께 계셨다. 이천오백의 나한과 사부중과 천룡팔부가 모두 운집했다'는 전형구로 시작된다. 전형이라고는 하지만 '비라륵국'

은 성견聖堅이 번역한 『섬자경睒子經』에는 '문여시. 일시불재비라륵국, 여천이백오십비구, 급집보살, 국왕, 대신, 장자, 거사, 청신, 사녀불가칭계, 일시래회.'(대정 3, 440上, 17-19)라고 되어 있을 뿐이다. 또 성문보다 보살을 먼저 열거하고, 성문(여기에는 아라한)의 숫자도 일반적인 천이백오십 명이 아니라 이천오백 명이라는 등의 차이가 있다.

석존은 삼매에 들어가고 나서 아무런 설법도 하지 않았다. 그래서 청중을 대표해서 아난이 질문하자, 석존은 삼매에서 나와서 다음과 같이 설법했다. 석존이 관찰한 바에 따르면 삼계는 공무소유이고 제법은 공하다. 인연화합에 의해 제법이 생기하며, 이 법을 설할 수는 있지만 다 설하는 것은 불가능하다고 말한다. 그때 관세음보살이 설할 수 있는 법은 무가 아니고 무가 아닌 법은 설할 수 있다고 말하자, 붓다는 그 말을 긍정하고, 조건이 모이고 흩어지는 것으로 인해 제법이 생멸한다고 설한다. 아난이 붓다의 이런 설법을 무슨 경이라고 하느냐고 묻자 붓다는 『관세음삼매경』이라 한다고 대답한다. 또 석존이 과거세에 보살이었을 때도 과거불이 항상 이 경을 독송했다는 것, 석존은 지금은 성불했지만 지금도 계속 독송해서 멈춘 적이 없다는 것, 석존의 성불은 실로 이 경에 의한다는 것을 설하고, 또한 이 경의 위대함을 다양하게 묘사한다.

아난은 석존에게 이 경을 어떻게 수행하면 좋은지 그리고 어떤 응현을 기대할 수 있는지 질문한다. 석존은 방을 청정하게 하고 번개幡蓋를 많이 걸고 꽃을 뿌리고 향을 피우고 7일 동안 정좌하고 무념으로 『관세음삼매경』을 독송하라고 권한다.

그때 한 자 두 척의 자금색 관세음보살이 손에 연꽃을 들고 사람들 앞에 나타난다. 그리고 (경의 기술에는 확실하지는 않지만) 『관세음삼매경』을 독송하는 수행자에게

7일 동안 하루에 한 가지씩 새로운 현상이 나타난다. 첫 나흘간은 차례로 향기, 빛, 연꽃, 천인이 나타나고, 5일째는 수행자가 삼매에 들어 과거의 생사를 볼 수 있고, 6일째는 천궁이 나타나 네 보살이 설법하는 모습을 보고 시방세계를 꿰뚫어 볼 수 있게 된다. 마침내 7일째는 관세음보살이 나타나서 왼손으로 수행자의 머리를 쓰다듬고 오른손으로 서방의 무량수국(묘락국토)을 가리킨다. 수행자는 청정한 국토의 모습을 보고 번뇌와 무명이 소멸하는 공덕을 얻는다. 또 이 수행자는 과거, 현재, 미래 어느 세에서도 관세음보살을 만날 수 있으며 염부제의 어떤 국토도 볼 수 있다. 그뿐만 아니라 동방 아축불국의 부동여래, 북방 울단왈국, 상방의 향적불국, 하방의 백천만국 금강제국을 볼 수 있다. 수행자는 그것을 보고 육신통, 팔해탈, 무애지를 얻는 공덕을 획득한다. 석존은 『관세음삼매경』을 7일 주야로 독송하는 공덕이 이렇게 위대하다고 설하고 있다.

아난은 붓다를 칭송하고, 이 경을 믿지 않으면 악도에 떨어지고 붓다에게 귀의하지 않으면 악마 파순波旬이라고 한다. 붓다는 『관세음삼매경』은 안온처安穩處, 이뇌환離惱患, 제의혹除疑惑, 이악도離惡道라고도 불리며, 이 경을 독송하면 비구의 네 가지 금계禁戒와 다섯 가지 무간죄, 비구니의 여덟 가지 금계, 우바새와 우바이의 오역죄 등의 죄가 전부 사라진다고 설한다. 또 붓다는 술과 고기와 오신채와 제음여색을 끊고 청정한 범행을 닦고 관음신주를 독송해야 한다고 설하고 이 경을 수지할 것을 권한다.

그리고 붓다는 이 방등경전을 독송하는 자야말로 대보살로서, 석존 멸후에도 시방세계를 교화한다고 말한다. 이 경을 듣고 지니는 자는 악도에서 떠나 홍수, 화재, 강도 등의 재액에서 벗어나고, 여섯 가지 신통을 얻고자 하면 그것을 획득하며, 그 밖의 다양한 바람이 실현한다는 것을 보증한다.

이어서 아난은 석존에게 관세음보살에 대해 질문한다. 석존은 관세음보살은 자신보다 오랜 정법명正法明 여래라는 붓다이고, 자신이 그 붓다 밑에서 고행의 제자가 되어 이 『관세음삼매경』을 7일 주야로 독송해서 마침내 성불했다고 한다. 자신이 멸하거든 이 경을 널리 전파해야 한다. 하지만 이 경이 출현할 때는 많은 마가 생겨서, 비구와 비구니는 음주와 육식과 혼음과 오욕을 자행해서 타락하고 이 경을 불설이 아니라 마구니의 설이라고 비방할 것이라고 예언한다. 그런 사람들은 천겁이고 만겁이고 사람의 몸을 얻지 못하고 이 경을 듣지 못할 것이다. 하지만 수다원과須陀洹果에서 십주 보살까지의 사람들은 이 경을 믿고 널리 전파할 수 있다고 한다. 석존은 아난에게 이 경을 독송하면 과거의 죄가 점점 사라지고 독송하지 않으면 악도에 떨어진다고 한다. 또 게송으로 관세음보살을 칭송한 뒤에 이 경전을 독송하는 다섯 가지 과보를 밝힌다. 즉, ① 생사의 번뇌를 멸하는 것, ② 항상 제불과 함께 태어나는 것, ③ 미륵불이 출현해서 설법하는 것을 만나는 것, ④ 네 가지 악도에 떨어지지 않는 것, ⑤ 항상 정묘국토에 태어나는 것이다. 또한 성불하지 못하는 다섯 가지 부류, 즉 악행이 만행하는 변방의 국왕, 전다라, 파계한 비구와 비구니, 음란한 사람, 불법을 훼방하는 환속승에 대해서 말한다. 하지만 이 경을 독송하면 많은 죄가 소멸한다고 설한다. 마지막으로 이 경을 들은 신들은 각각 수다원도, 아라한, 아나함의 과보를 얻고 사람들은 위없는 바른 진리無上正眞(道)를 깨달아, 천룡귀신과 사중이 모두 기뻐하며 석존에게 고개를 숙이고 물러났다고 설하고 마친다.

이상 다소 자세하게 내용을 소개했다. 마키타 다이료는 『관음경』의 공덕을 일방적으로 강조하거나 통상의 의경疑經이 공덕이나 영험을 강하게 고취하는 것과 달리, 『관세음삼매경』은 수행자의 정화된 정신에 입각한 실천이 요구된다는 점에 주의한다. 예컨대 '종래의 관음신앙이 『법화경』 보문품을 기본으로 해서 관세음보살의 공덕위력을 설하는 것에 비해, 『관세음삼매경』은 관세음보살의 신위력을 설할 뿐만 아니라 이것을 신앙의 토대로 해서 자신의 일상생활에 대한 깊은 반성과 꾸준한 실천을 강조하는 점에 주목해야 한다. …… 이 『관세음삼매경』은 행의 그 자체는 별로 중시하지 않는다. 관세음보살의 위력을 설하기는 하지만 오로지 그 경의 취지를 수행자가 실천해야 한다고 설하는 점에 의의가 있으며, 이것이 단순하게 그 효험만을 설하는 다른 많은 의경류와 다른 점이다'[19]라고 지적한다.

2) 『홍찬법화전 弘贊法華傳』, 『법화전기 法華傳記』

경전의 영험기류 중에서 가장 먼저 성립한 것은 위에 인용한 『관음경』류이지만, 다음으로는 『법화경』, 『화엄경』, 『금강반야경』류가 있다. 『화엄경』에 대해서는 법장(637-714)이 『화엄경전기』 5권,[20] 정법사 혜원(생몰년 미상)의 『화엄경찬령기』 5권(단편), 호유정胡幽貞의 『화엄경감응전』 1권(783년=건중建中4년 성립) 등이 있다. 『금강반야경』에 대해서는 맹헌충孟獻忠의 『금강반야경집험기』 3권(718년=개원開元6년 성립)이 있다.[21]

본 장의 주제인 『법화경』에 대해서는 혜상惠祥 『홍찬법화전』 10권, 승상僧詳 『법화전기』 10권이 있다.[22] 두 문헌의 정확한 성립연대는 알 수 없고 선후관계도 불분명하다.[23] 이 문헌들은 한국의 적寂이 지은 『법화경집험기』[24]나 일본의 진겐鎭源이 찬한 『대일본국법화경험기』(1004년=長久4년경 성립)[25]에 많은 영향을 준 듯하다.

먼저 『홍찬법화전』은 도상, 번역, 강해講解, 수관修觀, 유신遺身, 송지誦持, 전독轉讀, 서사書寫의 여덟 과로 분류된다. 여기에서는 '송지'에 나오는 재가신자 왕범행王梵行에 대해서 소개한다.[26] 왕범행은 어릴 때 실명했는데 어머니가 『법화경』을 읽어주었다. 13세 때 겨우 『법화경』의 일부를 암송하게 되었다. 그 뒤 『법화경』을 만 칠천 차례 독송했다. 눈이 보이지 않아도 혼자 길을 다니고 직물, 재봉, 집필 등 눈뜬 사람보다 능숙했다. 채식을 하고 결혼도 하지 않고 71세로 죽었다. 시신을 초야에 버렸는데 짐승도 다가가지 않고 백골화했다. 결국 『법화경』을 독송하던 혀가 입에서 1척도 넘게 나왔는데 마치 연꽃 같고 오래도록 썩지 않았다고 한다.[27]

다음으로 『법화전기』는 부류증감部類增減, 은현시이隱顯時異, 전역연대傳譯年代, 지파별행支派別行, 논석부동論釋不同, 제사서집諸師序集, 강해감응講解感應, 풍송승리諷誦勝利, 전독멸죄轉讀滅罪, 서사구고書寫救苦, 청문이익聽聞利益, 의정공양依正供養의 열두 과로 분류된다. '제사서집'에는 승조가 찬했다고 전하는(실은 위작) 『법화번경후기』가 수록되어 있다.[28]

여기에서는 '서사구고'에 나오는 오룡烏龍, 유룡遺龍 부자의 일화를 소개한다.[29] 서도를 가업으로 하는 오룡은 도교 신자로 불교를 싫어해서 평생 불경을 서사한 적이 없었다. 이윽고 임종에 이르러서는 아들 유룡에게도 불경을 서사하는 것을 금하고 피를 토하고 죽었다. 그 뒤 『법화경』을 신봉하는 병주并州의 사마司馬가 달필인 유룡에게 『법화경』의 사경을 의뢰했지만, 유룡은 아버지의 유언을 내세워 거절한다. 하지만 결국 권력자의 압력에 꺾여서 '묘법연화경 권제1'에서 '묘법연화경 권제8'까지 제목만 64문자를 쓴다. 유룡은 아버지의 유언을 어긴 것을 후회했지만, 오히려 꿈속에 아버지가 나타나서 유룡이 쓴 64개 문자가 64체의 화불이 되어 지옥의 괴로움에서 구해주었다. 앞으로는 지금까지의 잘못을 뉘우치고 불경을 서사하는 것을 가업으로 하라고 훈계했다. 유룡은 꿈에서 깨어나 눈물을 흘리며 후회하고 그 일을 사마에게 보고했다. 듣는 이들이 모두 기뻐하면서, 마지못해 제목을 쓴 것만으로 이런 공덕이 있으니 스스로 서사하거나 남에게 서사하게 하는 자의 공덕은 헤아릴 수 없으리라고 감탄하고, 『법화경』을 서사하는 것이 널리 유행했다고 한다.

3) 소결

『법화경』의 민중적 신앙은 『법화경』이 설하는 여러 가지 실천, 예컨대 청문, 독송, 서사, 강의 등의 구체적인 공덕의 체험담을 강조하는 것으로, 주석서에 보이는 『법화경』에 대한 이론적 관심과는 그 실태가 많이 다르다. 중국에서의 『법화경』 연구에 있어서는 양쪽 모두 중요한 연구 분야이다. 고승에 의한 사상적 연구도 대중으로부터 많은 존경을 받아 『법화경』이 전파하는 데 많은 영향을 미쳤을 테고, 대중 수준의 체험담도 많은 사람들의 관심을 끌었을 것이다. 관세음보살에 의한 현세이익은 특히 인기가 높았는데, 본래 『법화경』의 관세음보살보문품에 근거하는 것이기 때문에 본 장에서 다루었다.

1 塩田義遜, 『法華教學史の研究』(1960년, 地方書院)는 「六譯三存三闕」의 「三闕」, 즉 『法華三昧經』, 『薩曇芬陀利經』, 『方等法華經』은 모두 竺法護譯 『正法華經』의 誤傳일 뿐이고 실체가 없는 것이라고 지적하였다. pp.91-102 참조.

2 길장이나 지의는 『법화경』을 7권이라고 하고 있다. 길장에 대해서는 『법화현론』 卷第4에 「三車諍論紛綸由來久矣. 了之即一部可通. 迷之即七軸皆壅.」(대정34, 389上1-2), 『법화의소』 권제3에 「故文雖七軸, 宗歸一乘.」(대정34, 482中20), 『법화유의』에 「此經文雖有七軸, 義有二章.」(대정34, 633中21-22), 「此經文雖七軸, 宗歸一乘.」(대정34, 639下4-5), 「此經文雖七軸, 宗歸大慧.」(대정34, 643上20) 등이 있고 『법화통략』 권1에 「文雖七卷二十八章, 統其大歸, 但明一道清淨.」(續藏1·43,7下8-9)이 있다. 거의 같은 시대의 지의의 『법화현의』 권제7上도 '今佛靈山八年說法. 胡本中事復應何窮. 眞丹邊鄙止聞大意. 人見七卷謂爲小經. 胡文浩博何所不辨.'(대정33, 765下20-22)이라고 있듯이 7권으로 하고 있다. 또한 경록에서도 『大唐內典錄』, 『大周刊定錄』에는 7권이라고 하지만, 『開元釋教錄』, 『貞元釋教錄』, 『至元法寶錄』에는 8권으로 하고 있다. 水野弘元, 「戒環の法華經要解の研究」(坂本幸男 편, 『法華經の中國的展開』所收, 1972년, 平樂寺書店) p.395 참고.

3 提婆達多品에 대해서는 僧祐의 스승인 法獻이 于闐國 또한 高昌에서 提婆達多品의 범문을 얻어 永明 8년(490)에 法意가 한역하였다. 후에 鳩摩羅什『妙法蓮華經』에 편입되었다. 『出三藏記集』 권제2의 「齊武皇帝時, 先師獻正遊西域, 於于闐國, 得觀世音懺悔呪胡本, 還京都, 請瓦官禪房三藏法師法意共譯出. 自流沙以西, 妙法蓮華經竝有提婆達多品. 而中夏所傳闕此一品, 先師至高昌郡, 於彼獲本, 仍寫還京都, 今別爲一卷」(대정55, 13中26-下3)을 참고. 길장 『法華義疏』 권제1 '後更有提婆達多品者, 釋道慧宋齊録云, 上定林寺釋法獻, 於于闐國, 得此一品. 瓦官寺沙門釋法意, 以齊永明八年十二月, 譯出爲提婆達多品經. 未安法華內. 梁末有西天竺優禪尼國人, 名婆羅末陀, 此云眞諦. 又翻出此品. 始安見寶塔品後也.'(대정34, 452上19-24)를 참조.

4 伊藤瑞叡, 『法華經成立論史 – 法華經成立の基礎的研究』(2007년, 平樂寺書店) pp.333-335를 참고.

5 闡提成佛說은 一闡提(斷善根, 信不具足)를 성불에서 배제하는 法顯譯 『六卷泥洹經』과 반대로 道生이 설한 것이기 때문에 建康(현재의 南京)의 불교계에서 추방당했다. 曇無讖譯 『열반경』 40권본의 도래에 의하여 도생의 설이 긍정되었다. 돈오설은 점진적·단계적 깨달음을 인정하지 않고 궁극적으로 깨닫기 직전까지는 어디까지나 미혹의 범주라고 한다는 깨달음의 초월성을 강조하는 설이다.

6 水野弘元, 「戒環の法華經要解の研究」(앞의 책)를 참조. 한국불교는 17세기 이후, 선종의 일파가 되어 『법화경』을 학습할 때에는 『법화경요해』와의 회본이 교재로 사용되었다. pp.401-402를 참조.

7 淺井圓道, 「智旭の法華經會義等の研究」(坂本幸男 편, 『法華經の中國的展開』所收, 앞의 책)를 참조.

8 『법화문구』 권제1상(대정34, 2下1-9)을 참조.

9 정영사 혜원의 『대승의장』 衆經敎迹義에서 소개되는 劉虬의 오시교판을 참조(대정44, 465上).

10 정영사 혜원에 대해서는 『대승의장』(대정44, 466上-中)을 참조. 지의에 대해서는 『법화현의』 권제5下(대정33, 744下-746上)를 참고. 길장에 대해서는 『법화현론』 권제1(대정34, 367上-中)을 참조. 그리고 菅野博史, 『法華經の出現』(1997년, 大藏出版)의 第5章 「佛性·佛身常住問題と中國法華思想」, 菅野博史, 『法華經思想史から學ぶ佛教』(2003년, 大藏出版)의 第6章 「中國佛教における『法華經』」을 참조.

11 『법화경』 여래수량품(대정9, 43中16)을 참고.

12 『법화의기』 권제1(대정33, 573下-574上)을 참조.

13 정영사 혜원에 대해서는 『대승의장』(대정44, 466中)을 참조. 지의에 대해서는 『법화현의』 권제10上(대정33, 802下-803上)을 참조. 길장에 대해서는 『법화현론』 권제2(대정34, 374下-378中)를 참조. 그리고 菅野博史, 『法華經の出現』(앞의 책)의 第5章 「佛性·佛身常住問題と中國法華思想」, 菅野博史, 『法華經思想史から學ぶ佛教』(앞의 책)의 第6章 「中國佛教における『法華經』」을 참조.

14 菅野博史, 「『法華經』における地涌菩薩について － 現實世界への關與」(『東洋學術研究』 49-1, 2010년 5월)를 참조.

15 일본의 日蓮(1222-1282)이 자신을 地涌 보살 중의 上行菩薩의 再誕이라고 한 종교적 자각을 가진 것은 법화사상사에 있어서도 매우 드문 형상이었다.

16 『法華經安樂行義』, 「於剛强惡衆生處, 爲調伏令改心. 故或與麁言, 毁呰罵辱, 令彼慚愧得發善心, 名衆生忍.」(대정46, 701中)을 참조.

17 道端良秀, 「中國佛教と法華經の信仰」(横超慧日 편, 『法華思想』, pp.506-523, 1975년, 平樂寺書店)을 참조.

18 澁谷亮泰, 『昭和現存天台書籍綜合目錄』(1943)에 존재가 보고되었고 塚本善隆, 「古逸六朝觀世音應驗記の出現 － 晉·謝敷, 宋·傅亮の光世音應驗記」(『京都大學人文科學研究所創立二十五周年記念論文集』 수록, 1954년 11월)에 의해 해석이 발표되었으며 牧田諦亮, 『六朝古逸觀世音應現記の研究』(1970년, 平樂寺書店)에 의해 번각·주석·연구가 공개되었다. 또 王枝忠, 『漢魏六朝小說史』(1997년, 浙江古籍出版社) pp.261-274 참조. 그리고 衣川賢次, 「傳亮 『光世音應驗記』」(『花園大學文學部研究紀要』, 219, 1997년 3월) 참조.

19 牧田諦亮, 앞의 책, p.126.

20 吉津宣英, 「華嚴經傳記について」(『印度學佛教學研究』 27-1, 1978년 12월) 참조.

21 吳光爀, 「『金剛般若經集驗記』 研究」(金知見·蔡印幻 편, 『新羅佛教研究』, 470-503, 1973년, 山喜房佛書林)를 참조.

22 的場慶雅, 「中國における法華經の信仰形態 (1) － 法華傳記」(『印度學佛教學研究』 31-1, 1982년 12월), 「中國における法華經の信仰形態 (2) －『法華傳記』と『弘贊法華傳』における法華經の讀誦と靈驗說話について」(『印度學佛教學研究』 32-2, 1984년 3월) 참조.

23 승상, 『법화전기』에 대해서 鎌田茂雄 편 『中國佛教史辭典』(1981, 東京堂出版)의 해당 부분(p.365)에서는 '아마도 당 天寶 13년(754) 이후에 완성했을 것'이라고 했지만, 『법화전기』 권제3의 「講解感應第七之二」의 「석지원」 부분에서 임종에 대해서 '임종 때에 제자에게 말하기를, '二十五

成衆을 맞이하여 정토에 왕생하려고 한다'(대정51, 59上19-20)고 한다. 지원은『송고승전』권제7 의해편「당오대산화엄사지원전」에 전해져 그 입멸에 대해 '會昌 4년에 머물러 춘추77, 승랍48'(대정50, 745中28-29)이라고 한다. 따라서 844년에 입멸했으므로 본 서 성립은 그 이후가 될 것이다. 한편, 혜상『홍찬법화전』에 대해서는 권제10에「玄際」에 대해 기록이 있고 그 입멸을 '춘추67, 즉 당 神龍 2년 3월 1일'(대정51, 47下1)이라고 하며 706년 이후에 성립했다고 추정된다. 따라서『홍찬법화전』이『법화전기』보다 일찍 성립했던 개연성이 높다고 생각되지만 확실한 것은 알 수 없다.

24 太田晶二郎,「寂法師の法華經の驗記は現存する」(『日本歷史』390, 1980년 11월), 三友健容,「寂撰『法華經集驗記』の一考察」(『渡邊寶陽先生古稀記念論文集 法華佛教文化史論叢』수록, 2003년, 平樂寺書店), 高平妙心,「『法華經集驗記』に關する一考察」(『印度學佛教學硏究』56-2, 2008년 3월)을 참조. 텍스트는『東京大學圖書館藏 法華經集驗記』(貴重古典籍刊行會第三期刊行 – 昭和56년 6월)를 참조.

25『大日本國法華經驗記』(井上光貞·大曾根章介 校注,『往生傳·法華經集驗記』, 1974년, 岩波書店), 金敬姬,「『大日本國法華經驗記』の成立と性質」(東京大學大學院總合文化硏究科博士學位論文)을 참조.

26 대정51, 32下를 참조.

27 劉亞丁,『佛教靈驗記硏究 – 以晉唐爲中心』(2006, 四川出版集團巴蜀書社)은『법화경』에 관한 영험기의 내용적 특징 가운데 첫째로 '惟舌不朽(오직 혀만이 썩지 않는다)'를 지적하였다. pp.202-209 참조.

28『법화번경후기』에 대해서는 金炳坤,「僧肇記『法華翻經後記』僞撰說の全貌と解明」(立正大學大學院佛教學會,『佛教學論集』27, 2009년 3월)을 참조.

29 대정51, 83下-84中을 참조.

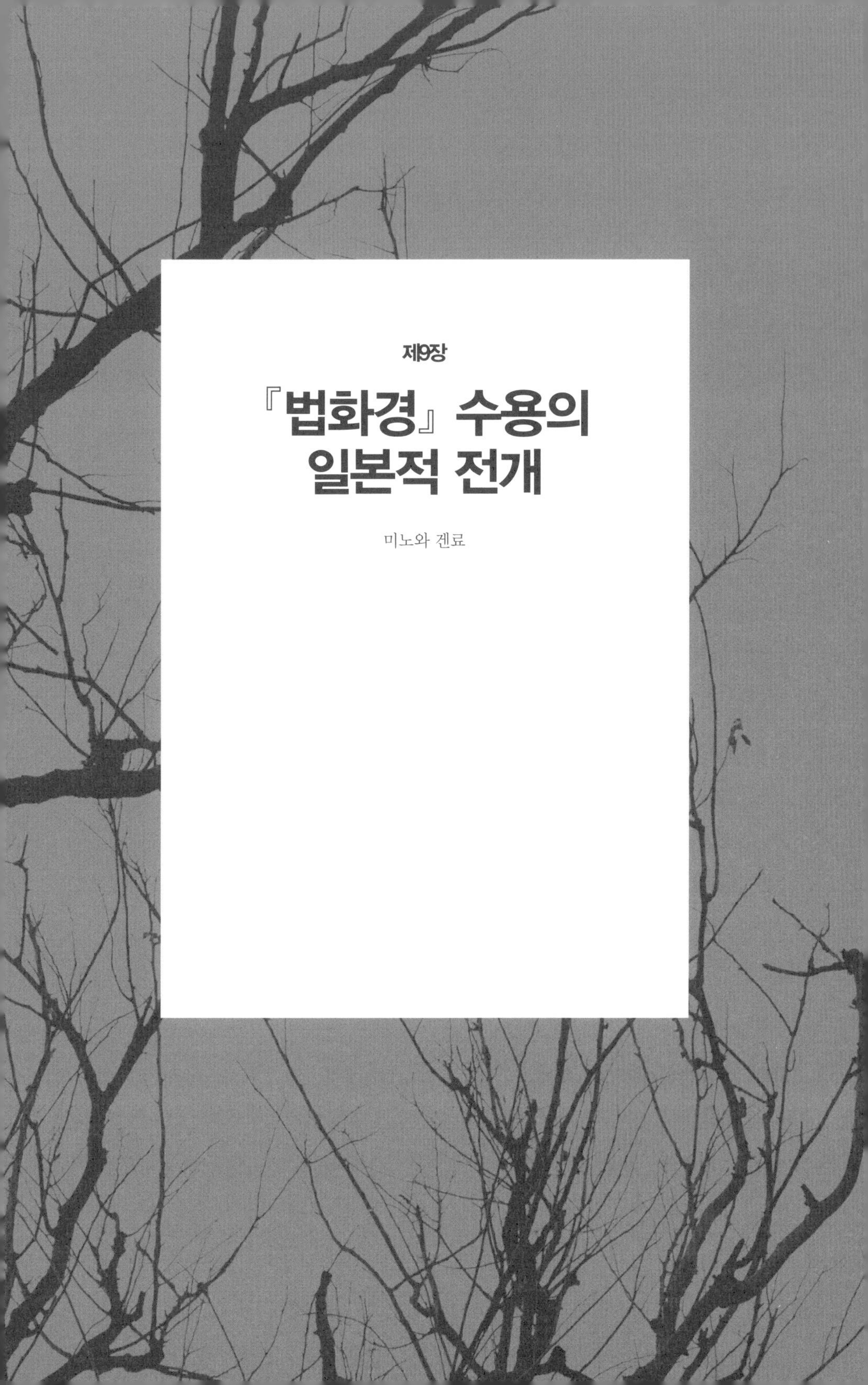

제9장

『법화경』 수용의 일본적 전개

미노와 겐료

1.
들어가는 말

일본에 들어온 대승경전 가운데 가장 유행한 경은 단연 『법화경』이다. 정토삼부경(『아미타경』, 『무량수경』, 『관무량수경』)이나 『반야심경』도 들 수 있지만, 많은 사람들에게 침투한 경전으로 『법화경』을 능가하는 것은 없을 것이다. 백제의 성명왕에 의해 불교가 공식적으로 전해진 6세기 중반 이래 현재에 이르기까지 『법화경』은 다양한 형태로 수용되어 왔다. 예를 들어 불교가 전래된 당초부터 경전 강실이 열렸는데 『법화경』도 가끔 강설되었다. 조정과 불교가 밀접하게 연관되어 있던 나라 시대나 헤이안 시대에는 『금광명최승왕경』과 『인왕반야경』과 함께 호국삼부경으로서도 수용되어 있었다.

하지만 『법화경』은 강설로만 그치지 않았다. 경전 자체도 설하고 있지만 '수지, 독, 송, 해설, 서사'(소위 제10 「법사품」에서 설하는 법사의 다섯 가지 행)를 권장했고, 실제로 다양한 형태로 경전의 수지가 이루어졌다. 특히 헤이안 시대에 등장하는 '지경자持經者'란 『법화경』을 수지하는 전형적인 사람들이었다. 본 장에서는 역사적인 전개를 시야에 넣어 『법화경』이 일본 사회에 어떻게 수용되었는지를, 강설과 수지라는 두 가지 관점에서 고찰하고자 한다.

2.
불교전래와 『법화경』

『법화경』은 일본에 불교가 공식적으로 전해진 것과 거의 동시에 전해진 것으로 보인다. 『부상략기 扶桑略記』 권3이 인용하는 약항 藥恒의 『법화험기』에 따르면 '백제국은 경론 200여 권을 전해주었다. 이 경론 중에 『법화경』도 있었다'(개정 『사적집람』 1, p.33)라고 하며, 전래 시기는 577년이라고 한다. 고대에는 멸죄와 호국의 경전으로 『법화경』을 이용했다. 왜냐하면 제바달다품에서 8세의 용녀와 제바달다 자신의 성불을 설하는 것, 안락행품에 눈, 귀, 코, 혀, 신, 의의 여섯 개 감각기관의 청정을 설하는 것 그리고 관세음보살보문품에서 관음의 이름을 외우면 모든 재난에서 몸을 지킬 수 있다고 하는 것 등에 유래한다. 그래서 여성과 관련된 경전 혹은 호국의 경전으로서 인식되게 되었다. 그래서 성무천황이 전국에 국분사와 국분니사를 창건했을 때 국분니사를 '법화멸죄의 사찰'이라고 명명했다.

『법화경』의 강설이 7세기 초엽부터 실시되었다는 것은 일단 확실하다. 『일본서기』 권22, 606(추고천황 14)년 조에 '이 해에 황태자는 『법화경』을 오카모토노미야 岡本宮에서 강한다. 이것을 크게 기뻐한 천황이 하리마 播磨국의 논 100정 町을 황태자에게 내린다. 이로써 이카루가데라 斑鳩寺에 들였다.'라고 하는데, 이것이 정사 正史에서 확인할 수 있는 『법화경』 강설에 관한 첫 번째 기술이다. 여기서 말하는 황태자는 쇼토쿠 聖德 태자를 가리킨다. 이 명칭은 후대의 것으로, 그 사적에 의경이 제시되어 있지만, 하지만 성덕은 시호이고 생전에는 우마야도 厩戸 왕자라고 하면, 다소의 과장은 있겠지만 조정 내부에 깊은 신봉자가 있어서 『법화경』을 처음 강설했다고 보아도 크게 틀리지 않을 것이다.

『법화경』은 7세기 중반에서 후반에 걸쳐서도 가끔 강설되었는데, 유감스럽게도 기록에 남아 있는 것은 드물다. 726년(진키 神龜3) 8월에는 '태상 太上 천황을 위해 석가상을 만들고 『법화경』을 필사해서 야쿠시지 藥師寺에 공양'했으며, 734년(텐표 天平6)에는 승려의 득도 시험에 『법화경』을 채용해서 암송을 의무화했다는 사실이 확인된다.

또 746년(텐표 天平18)에는 도다이지 東大寺에서 법화회가 창시되었다. 도다이지의 법화회는 사쿠라회라고도 불리는데, 846년(承和13)에 제작된 「도다이지 사쿠라회 연기 東大寺櫻會緣起」에 따르면 그것이 창시되었을 때의 일을 다음과 같이 말한다.

> '지난 텐표 天平 18년 병술 3월에 桂畏대웅대성천황, 고켄황제, 닌쇼 仁聖태후를 위해 당각을 장식하고 번개를 늘어뜨리고 방석을 깔고 명승을 초빙해서 방편문을 열어 진실상을 보인다.' (『동대사요록』 쓰쓰이 히데토시 편, 권8, 잡사장, p.295)

이 기록에서 도다이지의 법화회는 746년에 시작된 이래 꾸준히(호키 寶龜 연간부터 일시 중단되기도 했지만) 이어졌음을 알 수 있다. 그리고 가조 嘉祥 연간(1106-1108)부터는 다른 사찰에서 승려를 초빙하는 것은 그만두고 도다이지의 승려가 집행하게 되었다고 한다.

또 '그 회를 해마다 게을리하지 않았다. 이때에 당시의 별당승도 진칸 深觀이 시작하고 마치는 두 경 開結二經을 강하지 못함을 안타깝게 여겨서 처음으로 초랴쿠 長曆2년 무인 戊寅부터 하루를 더 늘여서 저 경전을 덧붙여 강해서, 계속 5일 9좌를 진행'했다고 한다.

위 기록을 보면 1038년까지는 강설이 나흘간 있었음을 알 수 있는데, 그 뒤는 5일 9좌가 되었다. 개결이경을 강하지 않는 형식도 있었다고 보이는데, 1038년 이후는 개결이경과 『법화경』을 강해서 소위 8강 형식이 되었다고 연기는 전한다. 하지만 5일 9좌는 의심스럽고 법화10강이라면 10좌가 될 것이다. 9좌라는 기록을 믿는다면, 7권으로 조권된 『법화경』을 사용했는지도 모른다. 어쨌든 도다이지에서도 『법화경』은 중요한 강설의 대상이었다.

그런데 748년(텐표 天平20) 7월에 이르면 『법화경』 천 부를 필사해서 태상 太上천황의 명복을 위해 바치는데, 이것은 후대의 법화천부회 法華千部會의 시초가 되었다. 또 텐표호지 天平寶字 연간에 감진 鑑眞이 가지고 온 전적 중에는 천태삼대부(『묘법연화경현의』, 『묘법연화경문구』, 『마하지관』)가 포함되어 있었다. 이렇게 『법화경』은 여기에서 천태종의 전적으로서도 그 중요성을 더해갔다. 이처럼 나라 조에 『법화경』은 중요한 전적으로서 정착되어 있었다.

또 후지와라 가문의 씨사 氏寺인 고후쿠지 興福寺에서도 정기적으로 법화회가 개최되었다. 『공사근원 公事根源』(이치조 가네라 一乘兼良가 1423＝오에이 應永 30년경에 완성)에 보이는 '9월 30일부터 7일간 남원당 南圓堂에서 묘법의 대회를 열었다. 10월 6일이 나가오카오미 우치마로 長岡大臣內麻呂의 기일이기 때문이다. 한원증태정대신 閑院贈太政大臣 오미 후유쓰구 冬嗣는 그 우치마로의 아들로, 아버지를 위해 처음 실시했다'(pp.94-95)라는 기록에서, 후지와라노 후유쓰구(775-826)가 그 아버지 후지와라노 우치마로를 위해 시작했다는 것을 알 수 있다.

『석가관반기 釋家官班記』 권下에 따르면 '법화회. 고닌 弘仁 8년(817) 한원 閑院좌

대신 후유쓰구가 선친 나가오카오미 우치마로를 위해 고후쿠지에서 열었다'(군서류종본 群書類從本 p.46下)고 한다. 고후쿠지의 학승을 강사로 하고 연학수의 硏學竪義로 다섯 명을 두었으며, 뒤에는 삼론종의 수의를 두 명 추가했다고 한다. 이 고후쿠지의 법화회는 법상종 사찰에서 개최된 법화회로서 중요하다.

이와 같이 『법화경』은 이미 나라 시대부터 활발하게 강설되고 있었지만, 거기에 박차를 가한 것은 헤이안 시대 초기의 간무조 桓武朝의 정책이나 사이초 最澄에 의한 일본 천태종의 개창이다. 간무제는 법회의 청중이나 강사를 경험하고서 율사나 승도, 승정으로 승진하는 시스템을 만들었는데, 그것은 법회를 중시하는 경향을 만들었다.

다음으로 교리적인 측면에서 일본 천태의 『법화경』의 수용에 대해서 고찰해보자. 주지하듯이, 천태종은 중국 천태산 국청사 國淸寺와 형주 荊州 옥천사 玉泉寺에서 활약한 지의(538-597)의 가르침을 계승하는 종파이다. 혜사 慧思가 창시했다고 하지만 집대성한 것은 지의이다. 지의는 오시교판을 완성해서 석가 일대의 교설을 화엄, 아함, 방등, 반야, 법화·열반의 다섯 시기로 나누고, 석가가 마지막으로 설한 『법화경』을 가장 중시하는 입장을 취했다. 그리고 문인인 장안 章安대사 관정 灌頂이 기록한 『묘법연화경현의』, 『묘법연화경문구』, 『마하지관』은 후대에 천태 삼대부라 해서, 천태종의 기본 전적이 되었다. 그것은 『법화경』을 중심으로 성립된 신앙이기도 하다. 사이초도 기본적으로는 이런 입장을 답습하지만, 사이초가 살았던 시대에 밀교가 큰 관심을 차지하고 있었기 때문에, 일본 천태종에서는 사이초 때부터 『법화경』과 밀교 경전의 관계를 논했고 기본적으로는 『법화경』을 중심으로 원밀 圓密 일치를 주장했다.

또 천태종에서는 지관이라고 해서 마음의 관찰을 중시했다. 그런 전통은『수습지관좌선법요(동몽지관)』, 『육묘법문』, 『마하지관』 등으로 결실을 맺었다. 덧붙이자면, 지止의 행에 들어 있는 반행반좌 삼매는 법화삼매라고도 해서 법화참법의 통칭이 되었다. 여기에는『법화경』이 행行의 시점에서 수용되었다고 볼 수 있다.

3.
헤이안 시대의『법화경』강설

구마라집 역『법화경』1부 8권을 강설하는 것을 법화 8강 또는 미하코御八講라고 불렀다. 중세에 성립한『원형석서元亨釋書』에 따르면, 곤조勤操 등 여덟 명의 대안사 승려가 도반 승려 에이코榮好의 어머니를 추선공양한 것에서 비롯된다고 한다. 일의 발단은 다음과 같다. 곤조의 옆방에 에이코라는 승려가 살았는데, 절 근처에 어머니를 모시고 항상 동자를 시켜서 식사를 나르게 했다. 그러던 어느 날, 에이코가 급사했다. 곤조는 에이코 대신 식사를 나누어 한탄하는 동자에게 에이코의 어머니를 공양하게 했다. 그런데 하루는 동자가 식사를 가져가는 것이 늦어지는 바람에 에이코의 어머니에게 에이코가 이미 죽었다는 것을 알릴 수밖에 없게 되었다. 사실을 알게 된 에이코의 어머니는 슬픔에 빠진 나머지 죽고 만다. 곤조는 에이코를 대신해서 어머니를 봉양하려고 했으나 이루지 못했기 때문에 친구 일곱을 불러서 '명복을 빌어 못다 한 봉양을 하고자 하니, 우리들 여덟 사람이 법화 8권을 나누어 온기媼忌에 만나 각자 한 권씩 강하여 추선공양'을 하기로 하고, '나흘간

매일 2좌의 강석을 열었다'. '그것을 법화팔강회라고 부른다. 엔랴쿠 延曆 15년의 일이다'(『大佛全』 101, 165上)라고 한다. 여기에서 『법화경』의 8강이 시작했으며 796년(엔랴쿠 15)년의 일이었음을 알 수 있다. 이후 '10강, 30강이 계속해서 나왔다'는 기록을 믿는다면, 법화 10강이나 법화 30강도 그 무렵, 즉 8세기 말부터 시작된 셈이다.

또 『무량의경 無量義經』과 『관보현경 觀普賢經』의 개결이경을 합한 계 10권을 한 권씩 강하는 것은 법화 10강 혹은 단순히 10강이라고 불렸다. 그 10강의 효시는 『남상초 濫觴抄』 권下에 따르면 간무천황의 798(연력17)년 11월 14일에 있었다고 한다. 거기에는 '전교대사 傳教大師가 칠대사 七大寺의 명승 열 명을 초청해서, 상월 霜月 법화회 10강을 처음 열었다'(p.316下)는 기록이 있다. 『전교대사전 傳教大師傳』에 따르면 '17년 겨울 11월, 처음으로 10강 법회를 열었다'고 하고, '열 명의 대승을 삼가 초청하여 3부의 경전을 강설'했다고 한다. 그리고 또 '엔랴쿠 20년 11월 중순, 히에잔 일승지관원 一乘止觀院'에 쇼유 勝猷 등 대덕 열 명을 초청해서 법화10강을 열었다. 이 법화10강은 후대에 이어져, 개최된 달에서 따서 상월회 霜月會(*상월: 음력 동짓달)라고 불리게 되었다. 또한 이듬해인 엔랴쿠 21년 정월에는 와케노 히로요 和氣廣世가 대덕 10여 명을 초청해서 다카오산사 高雄山寺에서 천태의 심오한 뜻을 강설하게 했다.

이렇게 『법화경』을 한 권씩 강의하는 강설의 전통은 8세기 말엽부터 시작했다고 볼 수 있다.

4.
법화회와 미하코

위에서 말했듯이 이와부치데라 石淵寺 곤조가 최초로 『법화경』 8권을 8좌로 나누어 강설했다고 하며, 이것이 뒤에 유행한 법화팔강의 효시로 보인다. 법화팔강은 미하코 御八講('미핫코'나 '고핫코'라고도 읽는다)라고도 불리는데, 헤이안 시대에서 가마쿠라 시대에 걸쳐서 가장 성행한 강경법회였다. 그런데 나라 조에 성행한 『법화경』 강설은 '~회'라고 불리는 것이 많았지만, 헤이안 후기나 가마쿠라 기의 강설은 '~코(강)'라고 불리는 것이 많았다. 경전을 강설하고 나서 질의문답이 뒤따르는 형식을 '강'이라고 한 것으로 봐서, 차이는 교리를 연구한 논의에 중점을 두었는지 아닌지에 있었다고 추정된다. 강설뿐만 아니라 논의에 중점을 둔 것을 '강'이라고 부르게 된 것 같다.

이렇게 경전의 강설과 논의는 출가자라는 전문적인 사람이 없으면 성립하지 못하지만, 한편으로 그것을 뒷받침하는 재가자가 없어도 성립하지 못하는 것 또한 사실이다. 법회에는 경제적인 부분을 해결하는 시주가 필요했다는 점도 잊어서는 안 된다. 고대에는 조정이나 귀족이 주로 담당했고, 중세가 되면 신흥무사계급도 시주가 되었다. 따라서 여기에서는 기록에 남아 있는 헤이안 시대의 『법화경』 강설의 하나인 권학회와 귀족이 주최한 대표적 법화회인 법화삼십강과 천일강에 대해서 살펴보자.

(1) 권학회 勸學會

귀족과 승려가 공동으로 운영하던 법회로, 히에이잔 기슭에서 열린 권학회가 주목할 만하다. 권학회는 한시문의 제작과 붓다에 대한 공양을 목적으로 한다. 백락천 白樂天의 영향을 받은 요시시게노 야스타네 慶滋保胤(?-1002)를 대표로 하는 대학료(*大學寮, 일본율령제의 관료양성 기관)의 기전도(*紀傳道, 대학에서 역사, 주로 중국사를 가르친 학과) 소속 사람들과 히에이잔 승려 쇼산 勝算 등이 처음 개최한 것이다. 매년 3월 15일과 9월 15일에 실시했는데, 결국 매년 열게 되어 964(康保 원)년부터 1122(保安 3)년까지 150년 이상 이어졌다.

『삼보회사 三寶繪詞』(*헤이안 시대 중기의 불교설화집) 권下에 실린 [히에이 사카모토 권학회]에 관한 기술에 따르면 '14일 밤, 승은 산에서 내려와 기슭에 모이고, 속은 달을 타고 절에 간다'고 한다. 재가자들은 백거이의 '백천만 겁의 깨달음의 씨앗, 83년의 공덕의 숲'이라는 게송을 외우며 걷고, 히에이잔에서 내려온 승려들은『법화경』의 일절을 외우며 기다렸다고 한다. 참가 인원은 히에이잔의 선승 20명과 대학료 학생 20명이었다고 한다. 마찬가지로『삼보회사』에 따르면 '15일 아침에는『법화경』을 강하고 저녁에는 미타불을 염한 다음 새벽까지 붓다를 칭송하고 법을 칭송하는 시 詩를 지어 절에 모신다'고 한다. 오전 중에는『법화경』을 강설하고 오후에는 염불을 외고 밤새 불과 법을 찬탄하는 시문을 제작한 다음 그것을 낭독하고, 마지막으로 완성된 시문을 모아서 사찰에 봉납한 것으로 보인다. 또한『삼보회사』의 작자인 미나모토노 다메노리 源爲憲는 이 권학회에 실제로 참가한 사람 가운데 하나였다. 이렇게『법화경』은 귀족과 승려가 합동으로 운영하는 장에서도 강설되었고, 염불과 한시문을 제작하는 작업도 함께 이루어졌다. 그리고 이렇게 강설하는 자리에서 한시를 짓는 전통이 후속하는 30강에서 와카 和歌(* 일본에서 가장 오래된 시가 형태)를 짓는 전통을 낳은 것이 아닌가 추측한다.

⑵ 법화삼십강 法華三十講

귀족이 개최한 법화회 중에 유명한 것으로 후지와라노 미치나가 藤原道長(966-1027)가 창시한 법화삼십강이 있다. 미치나가의 영화를 전하는 『영화이야기 榮華物語』 권15 [우타가히] 장을 보면, 미치나가는 자신도 『법화경』을 독송하는 한편, '내 內, 동궁 東宮, 궁녀들 모두 이것을 마찬가지로 실천하지 않으면 안 된다'(신편 일본고전문학전집32, p.187)고 해서, 황제, 황태자, 궁녀들에게도 『법화경』의 독송을 권장했다. 이윽고 각지의 수령들도 『법화경』을 읽게 되어 『법화경』은 나라 중에 널리 읽히게 되었다고 한다. 미치나가는 또 스스로 읽을 뿐만 아니라 승려들을 모아서 5월 1일부터 그믐날까지 '무량의경부터 시작해서 보현경에 이르기까지 『법화경』 28품을 하루에 한 품씩 정해서 논의하게'하기도 했다. 이 법화회에는 '남북 이경의 승강 僧綱, 승려, 학생'이 수없이 모였으며, 그 논의 법회는 '청중 20인과 강사 30인'을 초청해서 이루어졌다고 한다.

> 다만 지금은 이것을 귀족과 개인이 처음 교류하는 것이라고 생각하여, 초청되는 것을 체면이 사는 것으로 여기고 그렇지 않은 것을 애석하게 여겨 공부를 했다. 뜻 있는 자는 등불을 걸어놓고 경론을 공부하고, 어떤 이는 달빛 아래 나와서 『법화경』을 읽고, 어떤 이는 어둠 속에서 허공에 대고 외우고, 종일 밤새도록 배우고 모임에 … (이하 생략)(신편 일본고전문학전집32, p.189)

라고 하는 것에서, 승려들이 초청받는 것을 명예라고 생각했다는 것을 알 수 있다.

또 그런 법회의 자리에서는 귀족들이 『법화경』의 요체를 짧게 와카로 읊는 일도 있었다. 위에 언급한 『영화이야기』에도 시조다이나곤 四條大納言이라 불리는 후지와라노 긴토 藤原公任(966-1041)가 읊은 와카가 전한다.

> 수량품의 상재영취산 常在靈鷲山을 읽고
> 사람들은 나오고 들어간다고 보지만 매의 봉우리인 달은 세상과 함께 고요하다.
> 또한 보문품,
> 세상을 구제하기 전에는 아무도 들어가지 않는 너른 문을 사람이 가리키지 않는데도
> 모여서 이것(보문품)을 외우는데 과연 들리더라. 그래도 같은 마음으로 한결같지 않으면 끝까지 통하지 않으니 … (동상, p.190)

라고 해서, 경전의 내용을 짧게 와카로 읊고 그것을 참가자 일동이 창화했다는 것을 알 수 있다. 이렇게 와카로 경전을 읊은 것을 석교가 釋教歌라고 불렀는데, 그 제목의 소재에 『법화경』이 들어 있었다는 점이 주목할 만하다. 예를 들어 『습유와카집 拾遺和歌集』(1001-1005년경에는 성립)에는 『법화경』을 소재로 한 시가 보이고, 또 1012(寬弘9)년에 당시의 사이인 齋院(*교토의 가모 신사에 봉사했던 미혼의 황녀)이었던 센시 나이신노 選子內親王(964-1035)가 직접 골라서 편찬한 『발심와카집 發心和歌集』에는 수록된 시의 반 이상이 『법화경』을 읊은 것이었다. 그 후 와카집에도 수록되어 『후습유와카집 後拾遺和歌集』(1086년 성립)에서 '석교'라는 항목이 생기고, 이어서 『천재와

카집 千載和歌集』(1187년 성립)에서 처음 석교부가 독립된 권이 되었다. 이상의 경위에서 『법화경』의 가르침을 와카로 읊는 행위나 석교가가 사회에 점차 인지되었음을 알 수 있다.

(3) 천일강 千日講

헤이안 시대 중기인 10세기 말경부터 귀족이 주최하는 법회로 천일강이라는 것이 등장한다. 이것은 보다 많은 선행을 행함으로써 보다 많은 과보를 얻을 수 있다는 선을 많이 짓는 것이 공덕이라는 생각이 기본이 된 것이다. 천일강은 이름 그대로 천 일 동안 『법화경』을 독송하고 강설하는 법회였다. 여러 명의 강사가 릴레이식으로 『법화경』을 강설했는데, 강사의 담당 기간은 열흘간이 많았고 백 일을 단위로 했다. 천 일을 채우는 작선 作善, 끊임없는 공양, 원을 이룬 뒤에도 계속되는 실천이라는 세 가지 요소가 있었다고 한다. 이 천일강을 실시하는 데는 경제력이 요구되어, 황실이나 귀족이나 승려가 시주가 되는 일이 많았다.

중세의 기록 중에, 고노에 가문의 고노에 가네쓰네 近衛兼經(1210-1259)가 주최한 천일강에서는 아미타여래의 도상 및 필사한 『법화경』과 개결이경이 공양되었다. 『가마쿠라유문 鎌倉遺文』에 수록된 간겐 寬元 2년(1244) 3월 2일부의 '천일강원문'은 가네쓰네의 아버지 이에자네가 개최한 천일강의 모습을 기록하고 있다.

> 도회 圖繪아미타여래상 일천 체를 받들고, 흰 종이에 묘법연화경 백부 팔백 권, 무량의, 관보현 등 경 각 백 권 도합 일천 권을 받들어 모사하였다. 존상은 매일 한 체씩 마치고, 묘전은 매일 한 권씩 마친다. 아미타·반야심경 등 경 각 백

권과 함께 수명경 일천 권을 받들어 접사摺寫하였으며, 아미타경은 개경으로 하고 반야심경은 결경으로 하고 수명경은 매일 한 권씩 받들어 칭송하고 찬탄한다(『가마쿠라유문』 제9권, 6285).

이에자네는 아미타여래화상 일천 체를 그리고, 『법화경』 백부 팔백 권, 개결이경을 각각 일백 권, 합계 일천 권을 필사해서 준비했다. 그리고 존상과 경권을 매일 한 권씩 공양했다. 하지만 법화삼부경만 공양한 것은 아니었다. '접사'라고 하였으므로 판목에서 인쇄한 것으로 보이는 『아미타경』과 『반야심경』 각 백 권, 『수명경』 일천 권도 준비했다. 그리고 열흘을 기준으로 해서 첫날에는 『아미타경』을 넣어서 공양하고, 한 차례 끝난 마지막 날(즉, 열흘째)에는 『반야심경』을 넣어 공양하고, 또 매일 『수명경』을 합쳐서 공양했다. 이 『수명경』은 헤이안 조 귀족들이 중용한 『일체여래금강수명다라니경』이라고 생각한다. 즉, 법화삼부경뿐만 아니라 『아미타경』, 『반야심경』, 『수명경』 등 당시 유행한 경전을 공양했다. 이것으로 보면 특정 경전만을 신앙하는 의식은 별로 강하지 않았음을 알 수 있다.

5.
사원에서의 『법화경』의 강설

그럼 사원에서 열리는 『법화경』 강설에는 어떤 특징이 있을까. 경전의 강설로 격식을 갖춘 것을 창도唱導라고 불렀다. 창도는 말 그대로 소리 내어 읽어서 이끈다는 뜻으로, 경전을 강설함으로써 사람들을 신앙으로 이끄는 것이었다. 그것은 비유나 예화를 들고 미사여구를 덧붙이고 말하는 억양을 바꾸는 등 여러 가지 면에서 청중들을 감동시킬 필요가 있었다. 단순히 딱딱하게 경전을 강설하는 것이 아니라 그 자리에서 즉흥적으로 이야기를 만들기도 했다. 아무튼 승려에게는 설법의 기술이 요구되었고 그들을 창도의 명수라고 불렀다. 이하 창도에 대해 살펴보자.

중세 시대에 편찬된 고칸 시렌 虎關師錬(* 임제종 승려)의 『원형석서 元亨釋書』에 따르면 그런 설법의 명수는 안거원 安居院의 초켄 澄憲(1126-1203)과 쇼가쿠 聖覺(1167-1235) 부자가 효시라고 한다. 하지만 기록으로 남아 있는 창도에 관한 자료는 헤이안 시대 중기까지 거슬러 올라간다. 그것은 초켄이 그때그때 창도에 관한 다양한 자료를 모았기 때문이다. 우선 창도의 자료 중에, 법회의 시주인 귀족들이 적은 발원문류를 들 수 있다. 다음으로 법회의 목적을 밝히는 표백 表白(승려가 쓴)이 있다. 『본조문수 本朝文粹』, 『속본조문수 續本朝文粹』, 『원문집 願文集』, 『강도독납언원문집 江都督納言願文集』, 『전법륜초 轉法輪鈔』, 『언천집 言泉集』 등에는 발원문과 표백이 수록되어 있다. 그리고 경전의 강설에서 단연 중심이 되는, 경전을 해석하는 경석 經釋이 존재한다. 그 경석은 경전의 일정 분량을 해설하는 것이다. 현존하는 경석자료 대부분이 경전의 제목, 대의, 입문해석의 세 부분으로 이루어지는데, 비교적 짧은 것이 많다. 그것은 남은 자료가 '의초 擬草', 즉 법회에서 경전을 강설할 때 자리 오른쪽에 두던 비망의 자료였기 때문인지도 모른다.

또 사원마다 각각 특유의 종파가 전해지고 있었다. 알려진 바와 같이 히에이잔 엔랴쿠지 延曆寺나 미이 三井의 온조지 園城寺에는 천태종이 전해지고, 남도의 고후쿠지에는 법상종이 전해졌다. 도다이지는 '팔종겸학 八宗兼學의 도량'이라고 불렸는데, 그중에서도 중심은 화엄종과 삼론종이었다.

앞서 말한 대로 이들 사원에서도 『법화경』이 강설되었는데, 거기에는 각각 독자의 교학에 근거한 경석을 작성해서 강설을 진행했다. 예를 들어 천태종 사원에서 사용한 경석은 천태의 『법화문구』나 담연에게 가탁된 『법화경대의』를 참조로 해서 작성되었다. 한편 법상종 사원에서는 자은대사 기基의 『법화현찬』 또는 경수사鏡水寺 사문 서복西復이 기의 강의를 듣고 기록했다고 전하는 『법화현찬요집』을 참고로 한 것으로 보인다. 또 헤이안 시대 말기에 해탈방解脫房 조케이貞慶(1155-1213)가 『법화경』을 주석한 『법화경개시초』를 제작한 뒤에는, 법상종에서는 『법화경개시초』가 강설할 때 참조하는 기본적인 전적이 되었다고 한다.

또 앞서 언급했지만, 도다이지에서 열린 법화회에서는 삼론종의 법화경 주석서를 참조했다. 조금 시대가 내려가지만, 중세 시대에 제작된 『법화경』 경석 중 삼론종의 시조인 가상대사 길장이 제작한 『법화의소』나 『법화경유의』 등이 참조되었다. 또 이 경석에서는 백낙천白樂天과 원진元稹의 시문을 참조했다는 말이 식어에 적혀 있다. 조사의 주석서 외에 한시문집도 참조한 것은 청중을 감동시키기 위해 미문을 사용하는 것의 일환이었다고 생각된다.

경석은 경전 강설의 중심을 이루고 있었다고 보지만, 전체적으로 보면 일부분에 지나지 않았다. 실제로는 그 자리의 분위기에 맞추어 즉흥적으로 이야기를 하거나 비유나 예화를 들어서 청중을 감동시키는 장치가 있었다. 어쨌든 경석은 경전의 의의와 내용을 단적으로 표현하는 문언으로서 주목되는 자료이며, 그 내용으로는 제목해석, 대의, 입문해석의 세 부문으로 나누는 일정 형식이 완성되어 있었다.

그리고 『법화경』의 경석에는 다양한 형태가 있었음을 알 수 있다. 안거원의 초켄이 남긴 『석문비약釋文秘鑰』 속의 경석을 살펴보면, 1부 8권을 대상으로 한 '총석', 8권 각각을 대상으로 한 '권석' 그리고 28품 각각을 대상으로 한 '품석'의 세 가지가 있었다는 것을 알 수 있다. 총석은 한 강좌 안에서 강설되고, 권석은 법화팔강 혹은 개결이경을 포함한 법화십강의 자리에서, 품석은 법화삼십강의 자리에서 쓰였다고 본다.

또 고대에서 중세에 걸쳐서는 법회에서 『법화경』을 강설한 다음에 이어서 불교의 교리에 관한 교리문답을 진행하기도 했다. 히에이잔 엔랴쿠지의 상월회나 고후쿠지의 법화회 등이 그런 예이다. 하지만 교리문답이 딸린 『법화경』의 회좌로서 유명한 것은 단연 인세이기院政期에 창설된 홋쇼지法勝寺에서 열린 홋쇼지 미하코이다. 그럼 다음 절에서는 홋쇼지 팔강에 대해서 살펴보자.

6.
홋쇼지 미하코

홋쇼지는 시라카와白河 천황에 의해 시라카와의 땅에 세워진 황실의 원사願寺이다. 인세이기에는 원 권력에 의해 창건된 여섯 개의 원사가 있었는데, 홋쇼지는 그중에서도 선구적인 존재였다.

『홋쇼지 미하코 문답기法勝寺御八講問答記』 권1(도다이지 도서관 소장)에 따르면 홋쇼지 미하코는 1131(天承 원)년 7월 3일에 시작되었다. 그것은 5일간에 걸쳐 열린 법화십강이었다. 담당하는 자는 (상황의) 초청에 따라 강사 열 명, 청중 열 명과 교리문답을 판정하는 역할로 증성 證誠 한 명이 뽑혔다. 하루에 아침저녁 2좌를 기본으로 해서 『무량의경』과 『관보현경』의 개결이경을 포함한 합계 10권을 강설했다. 그런데 10강임에도 불구하고 이 강경은 미하코라고 불렸으며, 당시로서는 가장 격식 높은 법회의 하나로 자리 잡았다.

홋쇼지 미하코의 경전 강설에 어떤 내용이 있었는지는, 유감스럽게도 자세한 것은 알 수 없다. [경석]이 남아 있지만, 그것은 간결한 문언에 지나지 않는다. 예를 들어 『석문비약』 속에 들어 있는 초켄이 행한 아침의 경석이 경전의 제목, 대의, 입문판석으로 나뉘어 삼문석을 행한 것은 확실하지만, 임기응변의 비유나 예화 등을 포함한 실제 창도의 전체상을 알려주는 자료는 전하지 않는다.

한편 강설에 따르는 교리문답의 자료로 『홋쇼지 미하코 문답기』가 도다이지 도서관에 남아 있다. 이 사본은 도다이지의 존승원 尊勝院에서 활약한 소쇼 宗性 (1202-1278)가 직접 필사하거나 다른 사람에게 필사하게 한 것으로, 실제로 진행된 교리문답의 포인트를 알기 쉽게 정리하고 있다. 내용은 질문에 초점을 맞춘 문답 형식으로, 당시에 어떤 교리문답이 이루어졌는지를 보여준다.

교리문답은 두 개의 질문으로 이루어지며, 청중 가운데 한 사람이 묻고 강사가 답변자가 되어 질의응답, 즉 교리문답을 진행했다. 첫 번째 질문은 그 법회에서 강설한 『법화경』의 권에 등장하는 경전 문구에서 출발하는, 강사의 교학에 관한 질문이었다. 두 번째는 경전의 문구를 개재하지 않고, 강사가 속한 종파의 교학에 관한 질문이었다. 거기에는 『법화경』에 관한 교학만 말할 수는 없었다. 강사가 속한 종파에 따라, 그리고 경전 문구를 기초로 한 교리문답과 교학에 관한 교리문답을 합한 것으로, 불교교리학에 관해서 폭넓게 논의되었다. 또 그 교리문답의 특징은 대승의 입장에서 서서 모순되는 경론의 기술을 어떻게 정합적으로 해석할 것인가 하는, 교학의 회통과 모순의 지적(양쪽 兩方: 료요라고 읽음)에 있었다.

7.
지경자 持經者의 등장

『법화경』을 강설의 대상으로 하는 법회나 강講이 수없이 있었던 것은 분명하지만, 『법화경』의 수용이 법회라는 형식으로만 있었던 것은 아니었다. 강설을 중심으로 하는 법회를 집단적 수용이라고 한다면, 전혀 다른 수용 방식도 존재했다. 그것이 『법화경』을 스스로 지니는 개인적인 수용이었다. 그러한 수용의 방식을 취한 자들을 '지경자'라고 한다. 다음은 『법화경』의 지경자에 대해 살펴보자.

지경자란 말 그대로 '경을 지니는 자'라는 뜻이다. 『법화경』 법사품 게송 중에 '이 경을 지니는 것은 어렵다. 잠시 지니는 자가 있다면 나는 환희할 것이고 제불 역시 그러할 것이다'라는 구절이 있어, 경을 지닌다는 내용이 『법화경』 자체에 나온다. 경을 지니는 구체적인 방식은 경전의 표현에 따르면 '수지, 독, 송, 해설, 서사'로, 이것들은 '다섯 가지 법사의 행'이라고 불렸다. 이렇게 개인적으로 경전을 지니는 것을 권했고, 그런 식으로 『법화경』을 수용하는 사람들이 헤이안 시대부터 있었다.

지경자라는 용어가 등장한 것은 자료상으로는 『일본영이기 日本靈異記』가 처음이다. 「억지법화경득현보시기표연십팔 憶持法華經得現報示奇標緣十八」에는 '야마토

국 가츠라기 노 가미 葛木上 고을에 한 사람의 지경자가 있었다', '여덟 살이 되기도 전에 『법화경』을 지송하였는데, 마음에는 단 한 자밖에 얻지 못했다'라고 기술되어 있다. 이 이야기에서는 『법화경』을 독송해서 지니는 자가 등장한다. 이 이야기 속에서 지경자는 분명히 '경전을 암송해서 지니는 자'이다. 참고로 산스크리트어의 원어로는 dhārayati로 '기억해서 잊지 않음'이라는 뜻이므로, 경전을 암송한다는 행위는 원뜻에 가깝다. 또 고대 10세기에 이르기까지 지경자들은 조정이 장려한 경전암송정책의 영향을 받았음도 지적할 수 있다.

그런데 지경자가 자주 등장하는 것은 11세기에 편찬된 『법화험기 法華驗記』(이하 『험기』)에서다. 『험기』는 히에이잔 요코카와의 수행자인 진겐 鎮源에 의해 편찬되어 초큐 長久 4년(1043)경에 성립한 것으로 보인다. 『험기』를 일종의 왕생전이라고 보는 견해가 일반화하고, 요시시게노 야스타네의 『일본왕생극락기』 뒤에 나와 『금석이야기』에도 큰 영향을 미쳤다. 본서에는 『법화경』의 독송을 구체적인 내용으로 하는 지경자들의 영험담이 다수 수록되어 있는데, 여기서는 그중의 한 사람인 쇼샤잔 書寫山의 쇼쿠 性空(910-1007)를 든다.

『험기』 제45화에 따르면 쇼쿠는 '일승을 수지하고 오직 붓다의 지혜를 바라고' '깊은 산골에 초가를 짓고 살았다'고 한다. 스스로의 수행방법으로서 『법화경』을 암송했고 산림을 기반으로 하면서 활동하는 지경자였다는 내용이 나온다. 그리고 맛 좋은 음식을 먹은 꿈을 꾸고 잠에서 깨어보니 배가 차 있고 입안에 그 맛이 남아 있었다. 또 경전에서 하얀 멥쌀이 '저절로 튀어나왔다'. 이윽고 수행이 익자 '사람들을 교화하기 위해 산에서 나와서 세간에 살았다'고 전한다.

여기에는 암송으로 얻은 불가사의한 힘, 험력을 바탕으로 이타행을 행하는 지경자의 모습이 그려져 있다. 고대에는 국가적인 도첩(*득도한 승려에게 관이 교부하는 허가증) 제도로 인해 암송이 요구되었지만, 10세기경부터는 지경자의 성격에 변화가 생겼다는 것을 지적할 수 있다.

또한 『험기』는 『법화경』 지경자 한 사람 한 사람의 사실을 꼼꼼히 쫓고 있는데, 산속에서 수행하는 엄격한 지경자와 도시 사람들을 연결하는 수행자의 존재도 주목할 수 있다. 『험기』에 그려진 지경자에는 도시 사람들의 이상이 투영되었다는 점도 부정할 수 없지만, 그러한 지경자들의 존재를 알리는 역할을 담당한 수행자들이 조직을 형성하고 있었다는 것도 알 수 있다.

또한 제59화의 법공법사처럼 '현밀을 겸수한' 법사도 있었지만, 기본적으로는 「암송묘법화」(제19화), 「일심송법화」(제57화) 혹은 「명료풍송」(제58화)에 보이듯이 지경자들에게는 『법화경』 독송이 중심적인 실천으로 자리잡고 있었다. 경전을 독송하는 공덕에 의해 불가사의한 영험을 갖추고 도시 사람들과의 접촉이 있었다고 생각된다.

이처럼 10세기 이후에는 『법화경』을 독송함으로써 불가사의한 능력이 갖추어진다고 이해되었으며, 그러한 실천에 매진하는 지경자들의 존재가 있었다는 것도 틀림없다. 그리고 그런 사람들 중에는 기구가 갖추어진 사찰 주변에 있는 승려들도 다수 포함되어 있었다. 개인적인 수행의 하나로 경전을 암송했고, 그 대상에 『법화경』을 사용한 형태가 확실히 있었다.

8.
가마쿠라 시대 니치렌 日蓮의 수용–'색독 色讀'을 중심으로

중세 시대의 『법화경』 수용 중에 주목되는 것으로 니치렌(1222-1282)에 의한 것이다. 니치렌은 경전의 독송뿐만 아니라 '색독(신독 身讀이라고도 함)'이라는 독자적인 주장을 폈다. 그것은 『법화경』의 내용을 석가의 예언이라고 이해하는 것에서 출발했다. 즉, 『법화경』에 적힌 예언을 몸소 체험하는 것이 『법화경』을 몸으로 읽는 것, 즉 '색독'이라고 자리매김한 것이다. '색'은 신체를 의미하고, '독'은 『법화경』의 교설을 실천에 의해 자신의 몸으로 행하는 것을 의미한다. 니치렌은 『법화경』에 적힌 내용을 붓다의 가르침이라고 받아들이고, 『법화경』을 전파하는 것이야말로 『법화경』을 수용하는 것이라고 이해했다. 예를 들어 제10 법사품의 '만일 이 경을 설하려고 할 때, 누군가 욕을 하고 칼과 지팡이를 휘두르고 돌을 던지더라도 붓다를 염함으로써 마땅히 견뎌야 한다'는 말을, 현실의 세상 속에서 받는 박해를 인내하는 것이야말로 『법화경』을 몸으로 읽는 것이라고 이해했다. 그것은 니치렌의 유문의 하나인 『여설수행초 如說修行鈔』에 명시되어 있다. 박해를 받는다는 것은 이 세계가 석존의 예언대로임을 의미하며, 또 그것은 석존의 구제가 약속된 것임을 보이기 위한 필수적 요건이 되었다. 위기적인 말법의 세상을 구제하기 위해 박해는 불가결하다고 니치렌은 이해한 것이다.

예를 들어 니치렌은 이즈 伊豆의 마쓰바가야쓰의 법난에서 무사에게 머리를 맞았을 때의 경권이 우연히도 박해를 받는 것을 설한 「권지품 勸持品」 제13이 들어 있는 제5권이었다는 사실에 감동했다. 또 이즈의 법난과 사도 佐渡 귀양을 겪은 뒤,

'여러 번 추방당하니 사찰을 멀리할 수밖에 없다(數數見擯出 遠離於塔寺)'는 경문에 거짓이 없다는 확신을 얻었다.

니치렌은 이처럼 박해를 받는 것은 『법화경』이 바르다는 것을 증명하는 것이고, 그것이야말로 『법화경』을 자신의 몸으로 읽는 것이라고 이해했다. 자신의 몸으로 읽는 것을 '색독'이라고 부르고, 이윽고 『법화경』을 색독한 사람이 니치렌 외에 없다는 자부를 갖기에 이르렀다. 그래서 더더욱 『법화경』 경문에는 거짓이 없고 틀림없이 『법화경』에 의해 구제된다고 믿게 된다. 여기에 독자적인 수용과 전개가 존재했다고 할 수 있다.

9.
쵸슈 町衆에 의한 『법화경』 수용

무로마치 시대의 특징의 하나로 사회 속에 무사와 함께 쵸닌 町人이 대두한 점을 들 수 있다. 쵸닌들은 사카이를 비롯한 항구 마을이나 교토에서 활약했다. 본래 교토나 사카이를 중심으로 도시를 이룬 상인과 수공업자들은 쵸슈 町衆라고 해서 횡적 관계를 가지고 자치적인 조직까지 가지게 되었는데, 그들 속에 퍼진 것이 『법화경』 신앙이었다. 그들은 때로는 법화중 法華衆이라고 불렸으며 강대한 조직을 형성했다. 무로마치 시대 후반인 1532(天文 원)년에는 잇코잇키 一向一揆와 충돌해서 야마시나 혼간지 山科本願寺를 파괴하고 한때 교토 도읍에서 널리 세력을 키웠다. 하지만 1536년에는 바쿠후와 다이묘로부터 공격을 받아 괴멸하게 되었다. 이것을 텐몬 天文 법화의 난이라고 부른다. 쵸슈 중에 유행한 『법화경』 신앙에 대해 살펴보자.

교토의 법화종은 니치렌의 제자인 니치조 日像(1269-1342)에서 비롯되었다. 니치조는 니치렌에게 위촉을 받고 제일 먼저 교토 마쓰가사키 松ケ崎에 들어가서 법화중의 기초를 다졌다. 그 후 마쓰가사키의 집락은 한 사람도 빠짐없이 법화종 신자가 되었다고 한다.

교토에서는 우란분절에 죽은 이의 혼령이 돌아가는 저승 방향을 향해서 산에 불을 지폈다. 지금도 우란분절에는 마쓰가사키의 뒷산에 서쪽에 '묘 妙'자, 동쪽에 '법 法'자 모양으로 불로 지핀다. 이것은 『묘법연화경』의 제목에 근거한 것이다. 또 지금도 마쓰가사키에서는 우란분절에 제목춤을 춘다. 염불 마을의 염불춤은 아이치 현의 오쿠미카와 奥三河 아야도 綾渡의 밤염불 등처럼 각지에 남아 있지만, 제목에 대한 신앙을 기본으로 『법화경』의 공덕을 노래한 가요를 부르면서 춤을 추는 제목춤은 달리 예가 없어 귀중하다.

이렇게 『법화경』의 신앙은 지금도 교토에 살아 숨쉬고 있는데, 그것이 성하게 된 것은 무로마치 시대, 오닌 應仁의 난 전후 무렵부터였다. 교토의 도읍에 법화종이 뿌리를 내리는 데는 몇 가지 장애가 있었다. 즉, 가케이 嘉慶의 난, 오에이 應永의 난 등의 법난을 거쳐 신자를 늘려가고 있었다. 오닌의 난 직전인 간쇼 寬正 6년(1465)에는 '교토의 반이 법화종'이라고 하고, 법난 뒤에 구조 히사쓰네 九條尙經가 쓴 일기에 '분메이 文明의 난 이후, 온 교토에 가득하다'고 할 정도로 법화종은 교토 쵸슈의 신앙으로 뿌리를 내리고 있었다. 뒤이은 모모야마 시대에 걸쳐 교토 쵸슈의 태반이 법화신자였고, 그들은 법화중이라고 불렸다.

16세기 교토에는 묘켄지 妙顯寺, 혼고쿠지 本國寺, 혼노지 本能寺, 묘젠지 妙傳寺, 초묘지 頂妙寺 등 교토 법화종 21본산이라고 불리는 사찰이 이미 성립해 있었는데, 그들 사찰은 전부 교토의 도읍 안에 있어서 말 그대로 교토의 쵸슈와 함께하는 존재였다. 쵸슈 중에는 전문적인 직업을 가지고 기술자로 이름을 날린 사람들도 있었다. 가업으로 직업을 계승한 사람들 중에는 금속공예에 뛰어난 고토 後藤 집안이나 회화로 유명한 가노 狩野 집안 등이 있었는데, 그들은 법화종 신자로도 유명했다. 또 찻잔으로 유명한 라쿠 樂, 마키에(*옻칠 바탕 위에 금이나 은가루를 뿌려 무늬를 그려넣은 칠공예)에 뛰어난 야마모토 슌쇼 山本春正, 도검의 감정과 수리를 본업으로 한 혼아미 고에쓰 本阿彌光悅, 해외무역으로 이름을 떨친 차야 茶屋 집안 등도 모두 법화종의 신자로 이름이 높았다. 그중에서도 혼아미, 고토, 차야 집안은 교토 삼대 갑부라고 불릴 정도로 경제적으로 유력한 쵸슈였다. 그들은 한 세대뿐 아니라 대대로 가업을 이었다. 그리고 대대로 법화종 사찰에 조상을 모시고 그곳에 일족이 들어갈 묘를 마련하고 법화신앙을 고집했다(강신 强信이라고 불렸다). 특히 혼아미 가문은 유복하면서도 신앙에 근거해서 '자비'와 '정직정로'를 중시하는 소박한 생활을 보냈다고 알려져 있다.

그들의 활동을 지탱한 신념은 바로 니치렌의 법화신앙이었다. 예를 들어 니치렌의 유문인 [단월모어반사 檀越某御返事]에는 '일을 『법화경』이라고 생각하고, 세상의 모든 치생산업이 모두 실상과 위배되지 않는다는 것이 이것이다'(『쇼와정본 昭和定本』 2권, p.1493)라고 해서, 현세의 직업을 긍정했다. 그것은 사람들의 현세의 생활의 의의를 정면에서 인정하는 것이었다. 또 니치렌은 현세에서의 민중의 구제를 제창했는데, 바른 법인 『법화경』을 널리 유포하는 것, 곧 제목을 읊는 것이 이상

국토인 상적광토 常寂光土를 실현하는 것이라고 했다. 그것은 제목만 읊으면 일상생활의 모든 것이 그 의의를 인정받게 된다고 할 수 있다.

그들 쵸닌들에게는 현세에서의 성불을 바라는 것과 정법을 세워 국가를 평안하게 하는 것 立正安國을 근저에 두고 개인의 안심입명을 설한 니치렌의 가르침에 대한 공감이 있었다.

말하자면 제목을 읊는 일에 전념하면 실현하는 이상의 세계가 있었고, 그것이 쵸슈들이 매일 행하는 생업을 전면적으로 긍정하는 것이 되었기 때문에, 현세를 긍정하는 독자적인 문화를 꽃피우게 되었다. 여기에 중세 무로마치에서 모모야마, 에도 시대 초기에 걸친 『법화경』 수용의 하나의 전형을 볼 수 있다.

또 무로마치 시대에는 무로마치 바쿠후가 주최한 무가팔강 武家八講이라고 불리는 『법화경』 법회가 존재했다는 사실도 잊을 수 없다. 무가팔강은 교토 산조보몬마데노코지 三條坊門萬里小路에 있었던 선종 사원 도지지 等持寺(무로마치 말기에 폐사)에서 열린 법화팔강이었다. 도지지는 아시카가 장군 집안의 보리소 菩提所(* 선조의 위패를 모시는 절)라고 불린 절이었다. 이 팔강을 맡은 사람은 선승이나 다이고지 醍醐寺의 승려였다. 기도 슈신 義堂周信(* 임제종 승려)의 『공화일용공부약집 空華日用工夫略集』에 따르면 『법화경』 담의 談義(강설에 해당한다고 추정됨)가 이루어졌다는 것을 알 수 있다. 이와 같이 『법화경』의 강설은 현밀의 사찰에 한정되지 않고 새롭게 흥기한 선종 사찰에서도 실시되었다. 그것은 무로마치 시대의 『법화경』 강설의 자료로 보이는 『법화경직담초』에 선승이 자주 등장하는 것에서도 알 수 있다.

10.
에도 시대 하쿠인 白隱의 수용

근세를 대표하는 불교자로 스루가駿河에서 활약한 하쿠인 에카쿠 白隱慧鶴(1685-1768)가 있다. 임제종 승려인 하쿠인은 젊었을 때 선禪에 지나치게 빠져들어 선병 禪病으로 고생했는데, 교토 시라카와의 하쿠유시 白幽子라는 선인에게서 양생법을 배우고 건강을 회복한 일이 있다. 그때의 경험으로 저술한 작품이 『야선한화 夜船閑話』와 『원라천부 遠羅天釜』이다. 『원라천부』는 가나로 쓰인 대표적인 법어라고 할 수 있다.

하쿠인은 임제종을 중흥한 시조로 숭앙되었는데, 참선법으로 쓰이는 공안을 그 기능에 따라 구분했다. 공안을 기능별로 분류하는 전통은 가마쿠라 시대의 란케이 도류 蘭溪道隆(1213-1278)에서 보여서 '이치, 기관, 향상'의 세 가지로 구분했는데, 하쿠인은 더 자세하게 다섯(일곱이라고도) 가지로 분류했다. 즉, 법신, 기관, 언전, 난수, 향상이었다.

그 하쿠인도 42세 때 『법화경』 비유품을 읽고 '불조 향상의 기, 간경의 눈을 철저하게 깨달아 남는 것이 없다.'라고 느끼는 것이 있었다고 한다. 이 말은 경전의 진리와 선의 수행이 완전히 일치한다는 것을 깨달았다는 뜻이다. 실은 여기에 『법화경』을 이해하는 새로운 흐름이 보인다.

그는 『원라천부』 하권에 수록된 '법화종 노승에게 띄운다'라는 서간문 속에서도 『법화경』과 선의 일치를 말한다. 그 일절을 옮긴다.

> 마음 밖에 『법화경』 없고 『법화경』 밖에 마음 없으며, 마음 밖에 십계 없고 십계 밖에 『법화경』 없습니다. 이것이 바로 굳고 지극한 진리로, 저뿐 아니라 삼세의 여래도 시방의 현성도 궁극적으로 모두 이와 같이 설합니다. (이하 생략)

인용문의 첫머리에 보이듯이 『법화경』은 마음의 문제로 승화되어 선이 추구하는 것과 일치한다고 이해된다. 석존의 무한하고 깊은 뜻은 '묘법연화경의 다섯 글자에 수렴되고, 묘법연화경의 다섯 글자는 묘법의 두 글자로 수렴되며, 묘법 두 글자는 심心 한 글자로 돌아간다'고도 표현되어 『법화경』은 우리의 마음을 설하는 것이다.

> 궁극적으로는 『법화경』도 무량수불도, 선문에서는 본래면목이라고 말하고, 진언에서는 아자불생의 일륜이라고 말하며, 율가에서는 근본무작의 계체라고 말한다. 모두 일심을 뜻하는 중국의 명칭이라는 것을 알아야 한다.

라고도 말한다. 하쿠인은 이렇게 『법화경』이 설하는 것이 선, 염불, 진언, 율가에서 설하는 것과 일치한다는 주장을 전개했다. 선에서 얻는 것은 사람들이 본래 갖추고 있는 본성을 자각하는 것인데, 그것을 '법화의 진면목'이라고 본다. 이렇게 『법화경』이 설하는 것을 선, 염불, 진언, 율가의 주장과 일치하는 것으로 다시 위치지우는 점에서 새로운 전개를 볼 수 있다.

11. 근현대의 전개

메이지 시대의 폐불훼석은 불교에 커다란 타격이 되었는데, 근대 지식인 중에는 『법화경』의 영향을 받은 인물이 다수 있었다. 이하 메이지 시대에 큰 영향을 미친 국주회의 다나카 지가쿠田中智學에 대해 살펴본다.

국주회의 주장에 따르면 다나카의 영향을 받은 인물에는 미야자와 겐지宮沢賢治(1896-1933), 다카야마 쵸규高山樗牛(1871-1902), 이시하라 간지莞爾(1889-1949) 등이 있다. 또 친하게 교유한 인물로는 작가 쓰보우치 쇼요坪内逍遥나 종교학자 아네자키 마사하루姉崎正治(1893-1949) 등이 있어서 그 영향은 광범위에 미쳤다.

다나카 지가쿠는 에도에서 태어나 이치노에에 있는 일련종 사찰이었던 묘가쿠지에서 출가했다. 이윽고 지바 시모우사의 이이다카단림飯高檀林, 일련종 교학원에서 공부하고 아라이 닛사츠의 가르침을 받았는데, 온건하게 법을 설하는 섭수주의의 닛사츠와 맞지 않아 병을 얻어 이치노에에 돌아간 무렵부터 다른 길을 걸었고 19세에 환속해서 독자적인 종교 활동을 하게 되었다. 그 활동은 메이지 13년의 연화회부터 시작해서 메이지 17년에는 입정안국회를 결성했다. 다이쇼 3년에는 입정안국회가 국주회로 발전했다. 다나카는 정면으로 상대를 설복하는 절복주의에 서서, 청일전쟁, 러일전쟁 동안 그 국가주의적 성격을 드러내기 시작했다. 초기에는 『불교부부론』을 지어 부부는 종교와 윤리의 가장 근본이라고 주장했고, 이윽고 『불교승려육처론』을 지어 대승의 보살은 재가로 좋다고 주장했다.

『불교승려육처론佛教僧侶肉妻論』을 저작한 무렵부터 호법·호국 의식이 다나카의 머릿속에서 중요성을 더해가 『종문지유신 宗門之維新』에서 결실을 거두었다. 그것은 청일전쟁, 러일전쟁 무렵의 공통된 문제의식에서 출발하는데, '신명을 아끼지 않는 바른 믿음'을 강조하는 것이었다. 이 '불석신명'의 정신은 『법화경』 권지품에 나오는 '나는 신명을 사랑하지 않고 오직 무상도를 아낀다'는 경문에 근거했다. 『종문지유신』에서는 '말법의 도덕은 5계 10선이 아니라 (중략) 오직 하나의 신앙이다. 즉, 본화하종 本化下種의 근본적인 믿음이고, 신명을 아끼지 않는 마음이며, 정법을 호지하는 청원이다'라고 주장해서, 무엇보다 믿음에 기초한 행동이 필요하다는 입장을 선양했다.

이윽고 다나카의 행동은 종문에서 국가와 세계로 향해서 "'코란인가 검인가'는 무척 약하다. 반드시 '『법화경』이 검이다'라고 말하라."며 상대를 정면으로 설복시키는 절복의 태도를 전면에 드러내게 된다. 여기에 『법화경』의 수용은 믿음의 문제로 이해되었으며, 국가주의적인 색채를 띠게 되었다.

12.
맺는말

『법화경』은 일본에 전해지고 나서 현대에 이르기까지 다양한 형태로 수용되어 왔다. 그 특징은 크게 네 시기로 구분할 수 있다. 제1기는 『법화경』을 강설의 대상으로 받아들인 시기로 고대에 전형적인 특징이었다. 고대에는 강사나 독사 등의 존재가 있어서 경전을 읽고 해설했다고 추정되는데, 그때 사용된 경전이 『법화경』이었다. 그것이 완성된 형태가 아마 중세의 『법화경』에 관한 법회나 강이었을 것이다. 그중에서도 격식 높은 홋쇼지 미하코는 경전강설의 연장선에 있는 최고봉이었다.

다음으로 제2기에는 경전을 수지한다는 주체적인 수용 양식이 주목되는데, 그 주체는 헤이안 시대의 지경자였다. 말 그대로 그들은 '경전을 지니는' 존재였다. 그것은 경전 자체에 나오는 '수지, 독, 송, 해설, 서사'라는 법사의 다섯 가지 행에 근거하는 것으로 보이고, 가끔 암송에 의한 경전의 수지가 주목되었다. 그것은 고대의 불교자들이 경전을 암송해서 부르는 것을 기본으로 한 것에 유래한다. 그리고 그 연장선상에 중세에 큰 전환점을 가져온 니치렌이 등장했다.

즉, 제3기에서 『법화경』의 수용에 큰 전환점을 마련한 종교자는 역시 니치렌이다. 니치렌은 경전을 수지하는 위에 '색독'이라는 새로운 이해를 구축했다. 그것은 경전의 내용은 일언일구가 석존의 금구의 설이며 한 글자도 거짓이 없다는 신앙으로 발전했다. 달리 말하자면 경전은 석존의 미래를 예언한 예언서라는 의식을 낳았다. 니치렌은 자신의 체험과 경전의 내용이 일치함을 알고, 자신이 경전을 몸으로 읽은 유일한 종교자라는 자부심을 가지게 되었다. 이러한 이해 아래 『법화경』을 수지하는 방향성이 생겼다. 그것은 현세에서의 구제를 약속하는 것으로서도 받아들여졌다. 이것은 이윽고 일상의 생업을 시인하는 것이 되고, 중세의 후반부터 등장하는 쵸닌들에게 신앙으로 수용되었다. 교토의 쵸슈로 대표되는 쵸닌들은 가업을 지탱하는 신앙으로서 『법화경』을 선택했다. 그것은 일족의 신앙으로서 『법화경』을 수용하는 형태를 낳았다. 제목을 읊는 것에 의해 이 현실의 세계가 이상의 상적광토가 된다는 주장에서 현세, 즉 일상의 생활이나 생업이 인정받게 되었다. 그리고 현실의 곤란을 구제하는 주체로서 『법화경』이 존재한다는 신앙은 근대에 등장하는 신흥종교의 모체가 되었다고도 할 수 있다.

제4기는 근세로, 선종 중에 『법화경』의 주장은 선의 주장과 다르지 않다고 하는 이해가 등장했다. 그것은 임제종을 중흥한 시조라고 하는 하쿠인에게 볼 수 있는데, 『법화경』은 우리의 '마음'을 설하는 것으로 선의 '본래면목'과 다를 것이 없다는 견해를 보였다. 이 이해에는 자칫 '교'의 문제로만 다루기 쉬운 『법화경』을 '행'의 시점에서 다시 이해한다는 의미가 있으며 『법화경』 수용의 주목할 만한 양식이다. 이렇게 『법화경』은 일본 사회 속에 커다란 위치를 점하고 현재까지 전개해온 것이다.

참고문헌

간노 히로시(菅野博史)
2003 『法華經思想史から學ぶ佛教』, 大藏出版.
고미네 가즈아키(小峰和明)
2009 『中世法會文藝論』, 笠間書院.
고토 아키오(後藤昭雄)
1993 『平安朝漢文文獻の研究』, 吉川弘文館.
기쿠치 다이키(菊地大樹)
2007 『中世佛教の原形と展開』, 吉川弘文館.
2011 『鎌倉佛教への道 － 實踐と修學·信心の系譜』, 講談社選書メチェ.
다케누키 겐쇼(竹貫元勝)
1989 『日本禪宗史』, 大藏出版.
미노와 겐료(蓑輪顯量)
2009 『日本佛教の教理形成 － 法會における論義と唱導の研究』, 大藏出版.
미즈카미 후미요시(水上文義)
2008 『台密思想形成の研究』, 春秋社.
미츠하시 다다시(三橋正)
2000 『平安時代祭祀の研究』, 續群書刊行會.

스에키 후미히코(末木文美士)

2004 『明治思想家論 ― 近代日本の思想・再考II』, トランスヴュー.

2009 『佛典を讀む ― 死から始まる佛教史』, 新潮社.

오타니 에이이치(大谷榮一)

2001 『近代日本の日蓮主義運動』 法藏館. 2007년 제2판.

오초 에니치(横超慧日)

1980 『法華思想』, 平樂寺書店.

츠카모토 게이쇼(塚本啓祥)

1982 『法華經の文化と基礎』, 平樂寺書店.

2001 『白隱禪師法語全集 第九册 遠羅天釜 上・中・下』, 禪文化研究所.

하라다 마사토시(原田正俊)

1998 『日本中世の禪宗と社會』, 吉川弘文館.

후지이 마나부(藤井 學)

2002 『法華文化の展開』, 法藏館.

2003 『法華衆と町衆』, 法藏館.

색인

[ㄱ]
가라시마 세이시 11
『간다뷰하』 222
감진(鑑眞) 336
강설 333
개결이경 336, 339, 348
개삼현일(開三顯一) 308, 311, 312, 316
게이가(景雅) 260
견등(見登) 252
경권 숭배 89
경권 신앙 63
경석(經釋) 346, 349
『경집(經集)』 128
계환(戒環) 310
고고학적 조사 27
고노에 가네쓰네 344
고칸 시렌 346
곤조(勤操) 338
곰브리치 58
「공덕품」 294
공성 사상 136
공성설(空性說) 137
『관세음삼매경』 320, 324
『관세음응험기』 319
관음신앙 317
『광명』 170
『광세음경』 320
『광세음응험기』 319
교넨(凝然) 261
교판사상 310, 316
구원실성 293
권학회 341
균여 254
그레고리 쇼펜 44
『근본설일체유부율』 43
기 309
기도 슈신(義堂周信) 357
기무라 다카야스 146
기쇼(義聖) 257
『기신론』 246, 257
『기신론별기(起信論別記)』 248
길기트 37, 40, 41, 42
길기트 경장 51
길기트 사본군 38
길장 236, 315

[ㄴ]
나가르주나 160
나가르주나콘다 25
난조 분유 271
남원당(南圓堂) 336
니치렌(日蓮) 353, 354, 356

니치조 355

[ㄷ]
다나카 361
다니구치 후지오(谷口富士夫) 164
다보여래 289
담연 310
담의(談義) 357
「대기」 254
대승불교 운동 103
『대승열반경』 43
대영도서관 187
『대지도론(大智度論)』 160
대통지승(大通智勝) 여래 286
덴마크 왕실 도서관 145
도다 히로후미 11
도생 308
도쿠이치(德一) 312
돈점오시(頓漸五時) 311
동방학 연구원 139
디그나가 170

[ㄹ]
라훌라 287
란케이 도류 358
러시아 과학아카데미 145
러시아 컬렉션 184
로레 잔더(Lore Sander) 192
리스 데이비스 17

[ㅁ]
마이트레야 224
마키타 다이료 323
마하반야(Mahāprajñāpāramitā) 102
무가팔강(武家八講) 357
무장애법계 245
미나모토노 다메노리 341
미래불 282
미하코 340
민족문화궁 139, 140

[ㅂ]
바렌드라 박물관 144
바수반두 224
바이로차나 221, 225
바이로차나 보살 222
바이로차나라 223
바주르(Bajaur) 사본 39, 142, 143
반야바라밀(prajñāpāramitā) 101, 107, 117, 126, 127, 128, 132, 133, 135, 138, 157, 171
『반야바라밀경』 214
방편멸도 293
「방편품」 278, 281, 283, 284
『범망경』 225
『법계도기총수록』 253
『법계도』 260
법난 355
법멸(法滅) 114, 115, 116
법사(dharmabhāṇaka) 40, 76, 286, 288

법사 숭배 90
「법사품」 293
법상(法上) 236
법성융통문(法性融通門) 241, 242, 258
법신 168, 169
법운(法雲) 308, 314
법장 239, 240, 243, 254, 261
『법화경』 신앙 354
『법화경직담초』 357
『법화경집험기』 324
『법화문구』 309
법화삼십강 340, 342
법화신앙 356
법화십강 348
『법화전기(法華傳記)』 324, 325
법화중(法華衆) 354
법화팔강 340
법화팔강회 339
『법화험기(法華驗記)』 351
법화회 335, 336, 340
변화신 224
별교일승 249
보살불승 126
보살사상 107, 121, 126
보살승 121, 123
부량(傅亮) 319
『불교승려육처론(佛教僧侶肉妻論)』 360
불모 135
불상즉 249, 250
불성 73, 299
불승 122, 123, 125, 126
불신무상설 315
불전과 불탑 36
불탑 연구 13, 14, 16, 18, 20, 21
불탑=불전 47, 60, 63, 65, 72, 80
불탑공양 62
불탑과 불전 32
불탑과 승원 24, 26
불탑발굴 15
불탑신앙 63
불탑의례 20
『불화엄경』 211
브라우 82
비로자나불 239
「비유품」 284, 285

[ㅅ]
사리공양 48
사리무애 247
사리불 278, 279, 283, 285
사부(謝敷) 319
사사무애 233, 247, 261
사사상즉 249, 250
사상적 혹은 언어·문학적 방법 5, 7, 59
사이인(齋院) 343
사이초(最澄) 312, 337
사쿠라베 217
『삼보회사(三寶繪詞)』 341

삼승 120, 121, 123, 124, 125, 126, 281
삼승사상 107, 120, 126
삼종의 보살승 123, 126
삼지(三智) 107, 112
상불경 보살 295, 315
상제(常啼) 119
상즉상입 241
색계22천설 216
서사 경전 50, 56, 76, 78, 87
서사 텍스트 53, 57
「서품」 295
석가모니 220, 221, 223, 224, 225
석가불 279, 282, 289, 290
석교가(釋敎歌) 343
『석문비약』 349
선연 247
『섬자경(睒子經)』 321
성견(聖堅) 321
성무천황 334
성문 285, 286
성문승 222, 223
성불 285, 286, 308
성전연구 35
세속제 258
소쇼 349
쇼가쿠 346
쇼유(勝猷) 339
쇼쿠(性空) 351
쇼펜 20, 30, 33, 38
수기(授記) 74, 114, 115, 116, 117, 284, 285
수도론 107
「수량품」 283, 293, 294
수용신 224
수지 333
스코엔 사본 142
스코엔(Schoyen) 컬렉션 39, 140
스타인 183, 188
스타인(Stein) 컬렉션 187
승려 쇼산 341
승상(僧詳) 324
승예(僧叡) 314
승원精舍 86, 290
시마다 아키라 25
시즈타니 75
「신력품」 296
신림(神林) 254
신엔(親圓) 259
『실리론(實利論)』 25

[ㅇ]
아바탐사카 218, 219
아상가(Asaṅga) 161
아촉 신앙 119
『아파다나』 34
알렉산더 커닝엄 16
암송 351, 352
앙드레 바로 19
앨런 콜 65, 88

「약왕품」 297
약항(藥恒) 334
에이코(榮好) 338
「여래수량품」 292
「여래신력품」 292, 295
여시아문 81, 82, 83
역사학적 방법 5, 7, 9, 13, 22, 59, 91
연기상유문 241
『열반경』 316
영험담 319
『영화이야기(榮華物語)』 342
오문론자(五門論者) 236
오시교판 314
와케노 히로요 339
와타나베 쇼코 11
요시시게노 야스타네 341
용녀 298
원밀(圓密) 일치 337
원(原)법화경 273
원시 대승 75
원시 반야경 111, 112, 113
원융 257
원융무애 253
『원형석서(元亨釋書)』 338
원효 248
윌리엄 존스 15
윌프레드 캔트웰 스미스 35
유진 뷔르누프 16
육고(陸杲) 319
육바라밀 134
응험기 319
의상 249, 260
의초 346
『이만오천송』 138, 158, 161, 163, 170
『이만오천송반야』 135, 136
이사무애 242, 252
이이무애 239
이이상즉 249, 250
이이원융 260
이통현 243
인문학 방법론 3, 4
『일본영이기(日本靈異記)』 350
일불승 121, 283, 284, 287, 313, 315
일불승 사상 310, 312, 316
일승 351
일진법계(一眞法界) 243
『일승법계도(一乘法界圖)』 249
일체상지자성(一切相智者性) 163

[ㅈ]

자선 246
장연(張演) 319
전지자성 61, 62
정전기(正典期) 33
「제바품」 296, 298
제임스 퍼거슨 17
제임스 프린세프 15
조나단 월터스 27, 28, 29, 31, 35, 36, 49, 63

조슌(增春) 252, 259
종밀 245
종숙탈(種熟脫) 312
『종자의사기(種子義私記)』 257
주료(壽靈) 256
줄리아 쇼 23
지경자(持經者) 350, 351
지관 338
지론학파 236
지엄 237, 238
지의(智顗) 309, 312
진겐(鎮源) 324, 351
진숭(珍崇) 252
징관 244, 261

[ㅊ]
창도(唱導) 345
천일강(千日講) 340, 344
초켄 346, 348, 349
「촉루품」 296
추선공양 338
축장서(竺長舒) 320

[ㅋ]
캠브리지 대학 도서관 144
코탄 181, 184, 187
콜린 맥켄지 15

[ㅌ]
티벳역『화엄경』 181

[ㅍ]
파라미타 130
『팔리율』 49
『팔천송』 158, 170
『팔천송반야』 118, 132, 136
『팔천송반야경』 61
팔크 142
페트로프스키 컬렉션 188
폐불훼석 360
폴 뮈 20
표원 251
표훈(表訓) 254
프라즈냐 127
프라즈냐파라미타 131
프랭크 레이놀드 28
필립 오르몬드 47

[ㅎ]
하리바드라 164, 167, 168, 169, 171
하쿠인 359
하쿠인 에카쿠 358
해밀턴 바우어 183
행동과학적 방법 6, 7, 8
헤르만 올덴베르그 17, 48
『현관장엄론(Abhisamayālaṃkāra)』 160, 162, 163, 164, 165, 166, 168, 169, 171, 172

『현관장엄론광명』 165
현세이익 318
현재불 282
혜관(慧觀) 311
혜사(慧思) 315
혜상(惠祥) 324
혜소(慧沼) 310
혜원 242, 243
호지슨(Hodgson) 271
홋쇼지 미하코 348
『홍찬법화전(弘贊法華傳)』 324, 325
『화엄경문답』 251
『화엄론초(華嚴論抄)』 260
『화엄십현의사기(華嚴十玄義私記)』 258
『화엄오교십종대의약초(華嚴五教十宗大義略抄)』 257
화엄원교 241
『화엄일승의사기(華嚴一乘義私記)』 252
화장장엄세계해 220, 221, 222
회른레 184
회른레(Hoernle) 컬렉션 186, 188, 190
후지와라노 긴토 343
후지와라노 미치나가 342
후키 258
휴스만 39
히라카와 아키라 19, 48

저자 소개

시모다 마사히로(下田正弘)

1957년 후쿠시마현 출신. 도쿄 대학 대학원 박사과정 수료.

1993년 문학박사. 현재 도쿄 대학 대학원 인문사회계연구과 교수.

와타나베 쇼고(渡邊章悟)

1953년 군마현 출신. 도요 대학 대학원 박사과정 수료. 박사(문학).

현재 도요 대학 문학부 교수.

스즈키 겐타(鈴木健太)

1974년 아이치현 출신. 도쿄 대학 대학원 박사과정 수료. 박사(문학).

현재 홋카이도 무사시 여자단기대학 조교수.

호리 신이치로(堀伸一郎)

1965년 야마구치현 출신. 도쿄 대학 대학원 박사과정 수료.

현재 국제불교학대학원대학 국제불교학연구소 부소장.

오타케 스스무(大竹晉)

1974년 기후현 출신. 추쿠바 대학 대학원 박사과정 수료. 박사(문학).

전 하나조노 대학 강사, 붓쿄 대학 강사.

김천학(金天鶴)

1962년 서울 출신. 한국학중앙연구원 한국학대학원 박사과정 수료. 철학박사.

도쿄 대학 대학원 박사과정 수료. 박사(문학).

현재 동국대학교 불교문화연구원 한국불교융합학과 부교수.

오카다 유키히로(岡田行弘)

1953년 오카야마현 출신. 도쿄 대학 대학원 박사과정 수료. 본 대학 철학박사.

현재 릿쇼 대학 법화경문화연구소 특별연구원.

간노 히로시(菅野博史)

1952년 후쿠시마현 출신. 도쿄 대학 대학원 박사과정 수료. 박사(문학).

현재 소카 대학 문학부 교수.

미노와 겐료(蓑輪顕量)

1960년 치바현 출신. 도쿄 대학 대학원 박사과정 수료. 박사(문학).

현재 도쿄 대학 대학원 인문사회계연구과 교수.

• 역자 소개

김천학

한국외국어대학 태국어과를 졸업하고 한국학중앙연구원 한국학대학원 석 · 박사과정을 이수하였다. 동 대학원에서 1999년에 철학박사학위를 취득하였다. 이후 도쿄 대학교 인도철학불교학 박사과정을 이수하고 2007년에 박사(문학)학위를 취득하였다. 2006년부터 히메지 도쿄 대학 조교수, 2008년부터 금강대학교 불교문화연구소 HK교수와 연구소장을 역임하였다. 2014년부터 동국대학교 불교문화연구원 HK교수와 한국불교융합학과 부교수로 재직 중이다.

저서로는 『균여의 화엄사상 연구』, 『역주 화엄일승성불묘의』와 일어 저서로 『平安期華嚴思想の研究』가 있다. 공저로는 『남북조시대의 불교사상』 등이 있으며, 일어 공저로 『신아시아불교사10 - 한자문화권으로의 확장』 등이 있다. 논문으로 「설파상언의 징관 「화엄소초」 이해의 일고찰」, 「법화경론자주 사본의 유통과 사상」, 「법융(法融) 화엄사상의 일고찰」, 「종밀에 미친 원효의 사상적 영향 - 『대승기신론소』를 중심으로」 등 다수가 있다.

김경남

이화여자대학교 철학과를 졸업하고, 한국학중앙연구원 한국학대학원 석 · 박사과정을 이수하였다. 도쿄 대학교 인도철학불교학 석 · 박사과정을 이수하고 문학(박사)학위를 취득하였다. 현재는 전문 번역가로 일하고 있다.

역서로는 『화엄연기』, 『화엄경을 읽는다』 등의 불교서적과 『일본의 검은 안개』(상 · 하), 『잠복』, 『점과 선』, 『시간의 습속』, 『나쁜 놈들』(상 · 하) 등 일본 작가인 마츠모토 세이쵸의 소설을 번역하였다. 그 외 『구로사와 아키라, 자서전 비슷한 것』, 사키류조의 『복수는 나의 것』 등 다수가 있다.

시리즈 대승불교 4

지혜 · 세계 · 언어_대승불전 I

초판인쇄 2017년 4월 18일
초판발행 2017년 4월 25일

저 자 시모다 마사히로 외
역 자 김천학, 김경남
펴 낸 이 김성배
펴 낸 곳 도서출판 씨아이알

책임편집 박영지
디 자 인 구수연, 추다영
제작책임 이헌상

등록번호 제2-3285호
등 록 일 2001년 3월 19일
주 소 (04626) 서울특별시 중구 필동로8길 43(예장동 1-151)
전화번호 02-2275-8603(대표)
팩스번호 02-2275-8604
홈페이지 www.circom.co.kr

I S B N 979-11-5610-082-9 94220
979-11-5610-078-2 (세트)
정 가 22,000원

시리즈 대승불교 도서 안내(저자/역자/출간일/쪽수(판형)/가격순)

시리즈 대승불교 1 **대승불교란 무엇인가**
사이토 아키라 외 저 / 안성두 역 / 2015년 8월 / 296쪽(152*224) / 20,000원

시리즈 대승불교 2 **대승불교의 탄생**
사이토 아키라 외 저 / 이자랑 역 / 2016년 3월 / 280쪽(152*224) / 20,000원

시리즈 대승불교 3 **대승불교의 실천**
스에키 후미히코 외 저 / 김재권 역 / 2016년 12월 / 296쪽(152*224) / 20,000원

시리즈 대승불교 4 **지혜 · 세계 · 언어_대승불전 I**
시모다 마사히로 외 저 / 김천학, 김경남 역 / 2017년 4월 / 368쪽(152*224) / 22,000원

시리즈 대승불교 5 **부처와 정토_대승불전 II**
시모다 마사히로 외 저 / 원영상 역 / 미정 / 미정 / 미정

시리즈 대승불교 6 **공과 중관**
사이토 아키라 외 저 / 남수영 역 / 2015년 12월 / 244쪽(152*224) / 20,000원

시리즈 대승불교 7 **유식과 유가행**
가츠라 쇼류 외 저 / 김성철 역 / 2014년 9월 / 292쪽(152*220) / 20,000원

시리즈 대승불교 8 **여래장과 불성**
시모다 마사히로 외 저 / 김성철 역 / 2015년 05월 / 372쪽(152*224) / 22,000원

시리즈 대승불교 9 **인식학과 논리학**
가츠라 쇼류 외 저 / 박기열 역 / 2017년 2월 / 320쪽(152*224) / 22,000원

시리즈 대승불교 10 **대승불교의 아시아**
스에키 후미히코 외 저 / 최연식 역 / 2015년 10월 / 352쪽(152*224) / 22,000원